ÉTUDES SUR LE THÉÂTRE ET LES ARTS DE LA SCÈNE
sous la direction de Marco Consolini, Tiphaine Karsenti
et Florence Naugrette
27

Paradise Now en paradis

Ouvrage publié avec le soutien du laboratoire Cultures anglo-saxonnes
de l'université Toulouse II – Jean Jaurès

Emeline Jouve

Paradise Now en paradis

Une histoire du Living Theatre à Avignon et après (1968/2018)

Préface de Pascal Ory

PARIS
CLASSIQUES GARNIER
2022

Emeline Jouve, professeure à l'université Toulouse – Jean-Jaurès, est spécialiste du théâtre étatsunien d'avant-garde. Elle est l'autrice de *Susan Glaspell's Poetics and Politics of Rebellion* (Iowa, 2017) et de *Avignon 68 & le Living Theatre. Mémoires d'une révolution* (Montpellier, 2018). Elle est éditrice en chef de la revue *Miranda*, présidente de l'International Susan Glaspell Society et de la société théâtrale RADAC.

ISBN 978-2-406-13816-7 (livre broché)
ISBN 978-2-406-13817-4 (livre relié)
ISSN 2273-3884

ILL. 1 – *Paradise Now* (Living Theatre), avec Mary Mary, Echnaton, Julian Beck. Cloître des Carmes, Avignon, juillet 1968. © Jean-Marc Peytavin.

Je dédie cet ouvrage à mes grands-parents, mes parents
et à l'adolescente que j'étais.

ABRÉVIATIONS

L'écriture du présent ouvrage a été nourrie de nombreux entretiens, aussi afin de faciliter la lecture, les références entre parenthèses comportent la mention « E » avant l'année de réalisation de l'entretien cité. Par exemple : (Jouve & de Baecque, E2018). Ils sont référencés dans une section à part à la fin de la bibliographie (voir *infra*, « Bords de scènes, entretiens et transcription », p. 322).

Par ailleurs, certains ouvrages et autres éléments bibliographiques étant inédits en français, ils ont été traduits conjointement par l'auteure (Émeline Jouve) et Aurélie Delevallée. Dans ce cas, la version originale est donnée en note précédée de la mention « Trad. A.D. & E.J. ».

PRÉFACE

Le Living Theatre est mon grand *non-souvenir* de théâtre. Un certain jour de juillet 1968, je débarque en Avignon, inscrit aux « Rencontres » que le Festival propose libéralement à des jeunes – j'aurai, à la fin de ce mois-là, précisément vingt ans, quarante-huitard doublé d'un soixante-huitard. Préparé depuis plusieurs jours par les émissions en direct de Lucien Attoun sur France-Culture, je sais déjà que je tombe dans un grand chaudron, plein de bruit et de fureur. Non seulement c'est beaucoup de découvrir en l'espace d'une seule journée le Sud, le Rhône, la Cité des Papes (le dernier pape en date s'appelle Jean Vilar), le Festival, la Cour d'honneur et Maurice Béjart, mais ça l'est bien plus encore quand on apprend que, le soir de ce premier jour, le destin du Festival est suspendu à ce que va faire Béjart : va-t-il décider de ne pas donner *À la recherche de*, par solidarité avec le Living ? Aujourd'hui, on sait comment l'Histoire a tranché : Béjart va parler – moment étonnant, dont les moindres détails me sont restés gravés – puis il va jouer – sous les sifflets d'une petite partie du public – et le Festival va continuer, jusqu'au moment où j'écris, c'est à dire pendant encore au moins cinquante-quatre ans ; le Living, lui, qui venait de décider de quitter le Festival, va continuer à tourner, à jouer, à représenter – ces trois mots mériteraient un long commentaire – à Chateauvallon, puis encore ailleurs, puis de moins en moins, puis plus du tout. Ici une dernière image, crépusculaire, me revient à l'esprit : une dizaine d'années plus tard, je me trouve un soir à Privas, chef-lieu du département de l'Ardèche, petite ville dont émane pour moi, à cet instant-là, un fort sentiment de tristesse, de solitude et d'abandon. Rien de plus éloigné, spirituellement, de l'atmosphère solaire, populeuse et carnavalesque du Festival de 68. La nuit règne, nulle âme qui vive à l'horizon et là, sur un mur, l'affiche effrangée d'une petite troupe théâtrale locale. Je m'approche : c'est une affiche du Living.

Émeline Jouve analyse ici l'aventure des vaincus de la confrontation de 68 jusqu'au-delà de la disparition de la troupe initiale, jusqu'à la transformation de cette aventure en mythe et, pour finir, en patrimoine. Elle l'analyse avec l'empathie que suscite chez elle cette hétérotopie – concept foucaldien préféré ici, à juste titre, à celui d'utopie – et nous livre avec honnêteté tous les éléments de ce que, sous l'Ancien régime – je parle ici de celui d'avant 1789, pas de celui d'avant 1968 –, on aurait appelé un « mémoire en défense ». Le regard que je porterai sera différent. Il se situera au croisement de l'histoire culturelle et de l'histoire politique – et c'est, au reste, ce croisement qui fait tout l'intérêt du Living. Mais, dès lors, il amène à conclure que, si cette expérience est, assurément, intéressante, voire saisissante, par son projet, elle l'est, plus encore, par son échec.

La force esthétique – entendons par là sensible, corporelle, émotionnelle – de la troupe résidait dans l'étroite homologie de ses moyens dramatiques et de son ambition politique, qu'il est arrivé aux initiateurs eux-mêmes de résumer dans le mot *anarchie*. À cet égard, une lecture – qu'on aurait à peine osé esquisser à l'époque – par les cultures nationales s'impose : avec le recul le Living apparaît comme le pur produit de la grande culture protestante et démocratique qui s'appelle les États-Unis, là où l'hétérotopie des festivals et, tout particulièrement, du Festival d'Avignon a tout d'un pur produit de la grande culture catholique et monarchique française. La rupture entre la troupe et Vilar est à cette image. Mais l'on n'est pas seulement devant une confrontation culturelle. L'art dont il est question ici s'appelle le théâtre, élargi par l'époque en « arts du spectacle ». Il est donc tout dans la représentation et tout dans la politique, au sens où il n'existe pas sans un double rapport : à une société qu'il met en scène – au même titre que la littérature ou les arts plastiques – et à un public supposé présent dans le présent, en corps individuel et en corps collectif – ce qui, là, change tout.

Émeline Jouve pose avec justesse la question de l'efficacité symbolique. Le Living Theatre peut être légitimement questionné sous ce regard puisqu'il n'a jamais caché qu'il cherchait à « utiliser le théâtre comme arme révolutionnaire », selon les mots de l'auteure. Le Living n'a pas tué le Festival d'Avignon, comme le craignaient ou le souhaitaient certains des acteurs – dans tous les sens du mot – de juillet 68 mais, assurément, le Festival a, de fait, tué le Living qui, l'espace de quelques jours cruciaux, avait posé en face du théâtre civique de Jean Vilar un théâtre qui se voulait révolutionnaire. Toute la différence entre une certaine culture de gauche française et un certain gauchisme américain, entre l'Union de la gauche des années 1970, qui ira montante jusqu'à la victoire de 1981, et le mouvement dit « hippie », entre une esthétique moderne et une esthétique radicale. Comparé à celui du théâtre public français jusqu'au ministère Lang compris, le destin du Living aux États-Unis dit tout : les hautes figures de la nouvelle génération théâtrale française, de Planchon à Mnouchkine ou de Vincent à Chéreau, s'installeront sans vraie difficulté dans les lieux à eux confiés par la Culture administrée, alors que le Living, confronté à un pur marché artistique et à la division traditionnelle de la gauche radicale, dans tous les pays, entre ligne libertaire et ligne autoritaire, sera condamné à une mort lente avant de connaître pire encore : l'embaumement. L'histoire du mouvement du mai 68 français est celle d'un échec politique débouchant sur un succès culturel ; l'errance finale du Living, elle, s'origine dans la séquence initiale – aussi éclate-t-il en trois tendances, déterminées, à lire Émeline Jouve, par l'idéologie : la ligne *ashram*, la ligne d'avant-garde et le canal historique, strictement politique, du couple fondateur. Les gauchistes français des années 1960, parvenus peu à peu au pouvoir culturel dans les années 1970 et 1980, n'auront rien perdu de fondamental de la fin des Trente Glorieuses, les libertaires américains y perdront tout : artistiquement et politiquement.

De cette confrontation entre deux variétés d'échec ressort une interrogation, plus fondamentale, sur le rôle (métaphore théâtrale) imparti au spectacle dans le changement social et, plus précisément, dans toute révolution politique. À considérer l'évolution « sociétale » depuis lors, on peut dire que les valeurs libertaires ont progressé dans les sociétés – pour peu qu'elle fussent libérales… –, même si le succès du populisme à l'orée du XXIe siècle laisse rêveur sur la manière dont les sociétés en question interprètent les mots de « Peuple » et de « Révolution », à l'heure de Donald Trump et de l'occupation du Capitole. Mais en quoi l'art, posé et supposé par tant de fidèles de la religion artistique comme annonciateur voire comme moteur de l'histoire politique, en a-t-il été autre chose qu'un accompagnateur ? Aucunement perturbateur, au mieux performateur, voire percussionniste ? *Le Mariage de Figaro*, aimé en son temps par Marie-Antoinette, n'a pas fait la Révolution française, comme on le lit encore ici ou là, mais il permet d'en comprendre le sens. Pour le reste la seule réponse à une proposition artistique est une réponse artistique, de même qu'à des questions politiques on ne peut donner que des réponses politiques.

Considérés avec plus d'un demi-siècle de recul Jean Vilar, Maurice Béjart et le Living participaient d'une même représentation. Les manifestants qui, au nom du Living, descendirent dans les rues d'Avignon aux cris de « Vilar, Béjart, Salazar » jouèrent, eux, la carte de la répétition – dans tous les sens du mot : imitation de mai en juillet et préparation révolutionnaire. L'histoire n'est pas tragique parce qu'elle se répète en farce, suivant le schéma marxien : c'est parce qu'elle est tragique que la répétition avignonnaise apparaît comme farcesque.

Pascal Ory
Mai 2022

INTRODUCTION

« Des espaces autres »

> Et je vis une lumière en forme de fleuve fulgurant de splendeur, entre deux rives peintes d'un merveilleux printemps.
> DANTE, *La Divine Comédie*, « Le Paradis », chant 30.

PROLÉGOMÈNES : DÉFINITION DU PROJET

Paradise Now *en paradis. Une histoire du Living Theatre à Avignon et après (1968/2018)* est une étude culturelle et esthétique de l'œuvre emblématique du Living Theatre, considérée dans son contexte de création, celui de la révolutionnaire année 1968 en France où la troupe fut invitée à participer à la XXIIe édition du Festival d'Avignon dirigé par Jean Vilar. Le cinquantenaire de la pièce qui, en 2018, fut revisitée par des artistes, appelait à revenir sur ce spectacle qui marqua non seulement l'histoire du théâtre mais aussi l'histoire sociopolitique en raison de son rôle dans les contestations de juillet 1968 à la Cité des Papes où se rejouaient les événements de mai. Pour les cofondateurs de la compagnie new-yorkaise, Judith Malina et Julian Beck, les controverses de 1968 apporteraient « la preuve de la réussite de [leur] travail » (Beck, 1969b, p. 161). Cette déclaration de Beck, depuis la scène de l'Odéon occupée, rend compte de la nature éminemment politique de *Paradise Now* initialement imaginée comme arme révolutionnaire pacifiste. En proposant de nouvelles interprétations de la pièce cinquante ans après sa création, les artistes qui nous sont contemporains interrogent directement ou indirectement l'hypothèse du cofondateur et ainsi la réussite esthétique et politique de *Paradise Now*.

Revenir à *Paradise Now* au plateau (avec des remises en jeu par des artistes contemporains) ou par l'analyse (avec le présent ouvrage) tend à exhumer, en quelque sorte, le travail du Living Theatre de son paradis où l'Histoire officielle française l'avait, semble-t-il, relégué depuis ces dernières décennies : après avoir fait beaucoup parler d'elle, la pièce s'est ensuite vu attribuer le statut de note de bas de page dans le grand récit du théâtre du XXe siècle. L'ouvrage est né du désir de comprendre l'œuvre qui fit paradoxalement entrer le Living Theatre dans l'Histoire tout en lui en montrant la sortie. Devenue emblématique du travail de la compagnie américaine, *Paradise Now* fait souvent écran. Objet artistique complexe, l'œuvre paraît difficile à cerner et les traces mémorielles de ce travail sont en effet fréquemment réduites à des anecdotes relatives à sa réception dans un contexte avignonnais des plus troubles. La référence au « paradis » dans le titre du volume renvoie donc à cette marginalisation de l'œuvre consignée en paradis perdu, dans l'ombre des canons théâtraux, avant que des artistes réveillent ce monstre des eaux troubles du passé prouvant ainsi que l'œuvre parle encore au présent. « En paradis » renvoie également à l'ambition même de la troupe désireuse de performer son utopie et d'offrir à ses spectateurs-acteurs un voyage au cœur d'un *paradiso* qui serait la réalisation du paradis sur terre aux portes de la révolution. Le paradis devient un lieu réel, une utopie non pas réaliste, mais « effectivement réalisé[e] », c'est-à-dire une « hétérotopie ». Cette notion, forgée par Michel Foucault dans sa conférence « Des espaces autres. Hétérotopies » (1967), structurera notre analyse puisqu'il s'agira de démontrer en quoi le spectacle *Paradise Now* peut en effet, bien plus que tout autre événement théâtral, être qualifié d'« hétérotopie ». Il faut rappeler que, selon Foucault, le théâtre est par définition hétérotopique puisqu'il fait « succéder sur le rectangle de la scène toute une série de lieux qui sont étrangers les uns aux autres » et a ainsi « le pouvoir de juxtaposer en un seul lieu réel plusieurs espaces, plusieurs emplacements qui sont en eux-mêmes incompatibles » (1984, n.p.). Cependant, la création du Living Theatre est hétérotopique au-delà de la juxtaposition du lieu de la représentation (le cloître des Carmes) et du lieu considéré comme fictionnel dans une vision traditionnelle du théâtre (le Paradis). En effet, avec *Paradise Now*, le lieu de représentation devient un espace anarchique qui ne se juxtapose pas au cloître des Carmes mais fusionne avec lui pour transformer la réalité contextuelle de l'ici-et-maintenant. S'incarner au paradis le temps d'une performance où la fiction est bel et bien performée, réalisée, vécue, modifiant ainsi la réalité intime du participant qui se transforme, constituait, selon les membres de la troupe, la première étape pour changer une société considérée comme aliénante. Cette étape franchie grâce à l'œuvre théâtrale, il devenait alors possible de construire une nouvelle culture loin des schémas militaires et capitalistes qu'ils dénonçaient. Par le truchement du paradigme de l'hétérotopie, il s'agira alors d'envisager la performance en tant qu'articulation entre l'intime et le politique. L'étude de *Paradise Now* sous l'angle foucaldien permet de repenser la notion de « performance » et d'ouvrir ainsi de nouvelles perspectives définitoires.

ANNONCE DU PLAN

À l'image du voyage mis en scène dans la pièce, Paradise Now *en paradis. Une histoire du Living Theatre à Avignon et après (1968/2018)* est pensé et structuré comme un voyage au cœur de l'hétérotopie qu'incarne l'œuvre avignonnaise du Living Theatre qui ne peut véritablement être cernée que si son contexte originel de création et de réalisation est pris en compte. Le Festival d'Avignon de 1968 sera ainsi notre principal cadre spatio-temporel d'étude, même s'il conviendra de considérer l'avant et l'après 68 pour définir la genèse de ce travail et sa postérité.

La présente introduction se terminera par un chapitre contextuel visant à définir les principes hétérotopiques propres à 1968. En démontrant la dimension hétérotopique principalement de mai 1968, nous mettrons au jour les mécanismes en jeu qui se répétèrent ensuite au mois de juillet. Comprendre les dynamiques qui animèrent les contestataires avant la dissolution de l'Assemblée Nationale permet de cerner l'énergie qui agitait les révoltés à Avignon. La première partie de l'ouvrage, « Théâtre de la marge : le Living Theatre, 1947-1967 », présentera l'histoire pré-68 de la compagnie américaine et envisagera les soubassements utopiques, les idéaux idéologiques et esthétiques préexistants, à l'origine de l'entreprise hétérotopique de la compagnie à Avignon. La deuxième partie, « Hétérotopie de crise : *Paradise Now*, rites et passages », portera sur *Paradise Now* et analysera la dimension initiatique de la pièce visant à transformer le spect-acteur en Adam Kadmon[1]. De cette portée initiatique découle la qualité révolutionnaire, du point de vue esthétique et politique, de ce théâtre de réponses que le Living Theatre inaugurait en 1968. Hétérotopie de crise, l'œuvre avignonnaise peut être aussi définie comme une hétérotopie de déviation comme nous le verrons dans la troisième partie, « Hétérotopie de déviation : Avignon 68 ou la naissance de la tragédie ». Cet été-là, le Festival incarna « la dualité du dionysien et de l'apollinien », telle qu'évoquée par Nietzsche dans *La Naissance de la tragédie* (1977, p. 27) : la Cité des Papes fut le théâtre de forces contradictoires mais complémentaires sur lesquelles nous reviendrons pour tenter de cerner les enjeux idéologiques de ce mois de juillet 68. La quatrième partie, « 2018, des Paradis aujourd'hui : la survivance des lucioles ? », revient métaphoriquement à Dante et son *Paradiso*. En écho à l'œuvre dantesque, nous empruntons à Georges Didi-Huberman l'image des lucioles pour interroger, toujours dans une perspective hétérotopique, l'héritage de *Paradise Now* cinquante ans après la première. Trois propositions artistiques autour de *Paradise Now* furent présentées en 2018 : *Re-Paradise* de Gwenaël Morin, *Paradise Now (1968-2018)* de Michiel Vandevelde & Fabuleus et enfin *Paradis Maintenant* de Ferdinand Flame et des élèves de l'École Supérieure d'art dramatique du Théâtre National de Strasbourg. La focale sur la France et la Belgique n'est pas le résultat d'un choix subjectif discriminant mais le reflet de la réalité des commémorations artistiques de *Paradise Now*. En effet, si la pièce tourna en 1968 en France, en Suisse et aux États-Unis, seuls des artistes français revinrent sur cette production en 2018[2]. Le chorégraphe Michiel Vandevelde fêta quant à lui le cinquantenaire de l'œuvre du Living Theatre à Bruxelles avec un an d'avance

1 Paradise Now *en paradis. Une Histoire du Living Theatre à Avignon et après (1968/2018)* propose des descriptions précises de *Paradise Now*. Cependant les mots restent parfois insuffisants pour décrire cette œuvre complexe. Ainsi, pour faciliter la lecture de l'analyse de ce travail, lectrices et lecteurs pourront visionner un court montage de la pièce (45 min environ pour une pièce pouvant durer jusqu'à 5h), à partir de la tournée américaine de 1969 de la troupe : Marty Topp, *Paradise Now : The Living Theatre in Amerika* [USA Tour], *UbuWeb Film*, Universal Mutant, 1969, 46'03, https://ubu.com/film/living_paradise.html (consulté le 18/09/2021).

2 En 1968, le Living Theatre présenta *Paradise Now* à Avignon (juillet), Ollioulles (août), Génève (août) avant d'entamer leur tournée étatsunienne qui les conduisit jusqu'à New Haven (septembre), New York (octobre), Stony Brook (octobre), Cambridge (novembre), Pittsburgh (novembre), Castleton (novembre), Bennington (novembre), Philadelphia

car la pièce y fut présentée pour la première fois en décembre 1969. Aux États-Unis, seule une projection de *Paradise Now* fut programmée au Metrograph Cinema à New York en septembre 2018, comme Thomas Walker, archiviste et directeur artistique associé de l'actuelle compagnie du Living Theatre, le souligna. Les études de la réinterprétation de l'œuvre par des artistes contemporains témoigneront de ce qui fait survivance dans l'œuvre originale. L'ouvrage se clôturera par le chapitre « *Paradise Now* : de l'autre côté du miroir » où l'image foucaldienne du miroir nous permettra de conclure sur la nature hétérotopique de la pièce. Hétérotopie de déviation et de crise, *Paradise Now* transforma, le temps d'une représentation, le Festival d'Avignon 1968 en un lieu réel d'utopie révolutionnaire (saluée ou décriée) et devint le réceptacle de nos propres projections et réflexions sur la faculté de la performance à véritablement être politique.

INTRODUCTION DE LA MÉTHODE

La recherche qui précéda la rédaction du présent ouvrage fut conduite selon une méthode immersive dans la mesure où il s'agissait d'aborder les œuvres et leurs contextes de production de l'intérieur. Pour parvenir à entrer dans le *Paradise Now* original « comme dans un cheval de Troie », pour reprendre l'expression de Stéphanette Vendeville (Jouve & Vendeville, E2018), deux stratégies principales furent adoptées : la recherche en archives et l'enquête de terrain auprès d'actrices et acteurs des différents événements. Si des écrits et des entretiens de Julian Beck, Judith Malina, Jean Vilar ou d'autres qui participèrent de près ou de loin à la création de *Paradise Now* ont été publiés et peuvent encore se trouver avec plus ou moins de facilité, il convenait de compléter ces lectures par celles de manuscrits, tapuscrits, notes, lettres, jamais encore parus. Ainsi les sources primaires des fonds Living Theatre de la Beinecke Rare Book & Manuscript Library (New Haven) et du Lincoln Center for the Performing Arts (New York) et celles des fonds Paul Puaux et Jean Vilar de la Bibliothèque Nationale de France à la Maison Jean Vilar furent consultées. Ce voyage au cœur de 1968 passa également par des rencontres avec celles et ceux qui pouvaient encore témoigner de leur

---

(novembre), Ann Arbor (décembre), Rochester (décembre), Ithaca (décembre), Boston (décembre) et à nouveau New York (décembre).

expérience. Des entretiens furent alors réalisés avec des personnes qui participèrent ou assistèrent à *Paradise Now*. Les transcriptions de ces témoignages donnèrent lieu à la publication en mai 2018 d'*Avignon 68 & le Living Theatre. Mémoires d'une révolution*. Comme les quelques vidéos de *Paradise Now* ne peuvent se substituer à une expérience directe, un stage « Living Theatre / *Paradise Now* : l'énergie au service du corps en révolte » fut mis en place dans le cadre de l'American Theatre Project en avril 2018[3]. L'invité d'honneur était alors le comédien Hans Echnaton Schano (alias Echnaton) qui participa à la création de *Paradise Now*. Son intervention visait à permettre aux intervenants d'explorer l'œuvre en son centre par le truchement de divers exercices. Ce travail au plateau et les échanges qui suivirent avec cet ancien membre du Living Theatre furent très riches d'enseignements et permirent de comprendre des aspects de l'œuvre restés opaques pour moi qui n'avais pas participé aux événements de 68, contrairement à ceux de 2018 auxquels je pus assister[4]. Pour saisir le sens de la démarche des metteurs en scène et du chorégraphe, des entretiens furent également conduits. Les échanges autour de *Paradis Maintenant* avec Ferdinand Flame mais aussi avec l'élève dramaturge, Hugo Soubise, et les apprentis comédiens du Théâtre National de Strasbourg (TNS) furent particulièrement nombreux à l'occasion d'une série de quatre séminaires sur le Living Theatre que j'animais pour le Groupe 44[5]. Ces séances de travail au TNS nourrirent le travail de recherche grâce aux regards des jeunes praticiens sur la compagnie américaine. Paradise Now *en paradis. Une histoire du Living Theatre à Avignon et après (1968/2018)* est donc le fruit de cet ensemble de rencontres avec des écrits et des personnes qui ont eu la générosité de se confier à moi, afin de tenter de percer certains des mystères d'une œuvre exigeante qui divise mais qui, en aucun cas, ne laisse indifférent.

L'approche immersive est donc l'une des originalités de l'ouvrage qui, contrairement au recueil d'entretiens publié en mai 2018, propose « une histoire » au-delà d'une transcription des « mémoires » de *Paradise Now* à

3 Le stage dans le cadre du projet American Theatre Project du laboratoire CAS (Université Toulouse – Jean Jaurès) et de la Compagnie Innocentia Inviolata eut lieu du 8 au 11 avril 2018 au Centre Chorégraphique James Carles.

4 J'assistai à plusieurs représentations de *Re-Paradise* et *Paradise Now (1968-2018)* mais ne pus cependant qu'une seule fois la pièce de Ferdiand Flame qui me fit cependant généreusement don d'une captation visionnable à l'envi.

5 Les séminaires eurent lieu du 24 au 28 avril 2018.

Avignon. Après le premier travail de collecte de données afin de prendre la mesure de la pluralité des expériences de juillet 68, il s'agissait d'en proposer une analyse dans le but de cerner les enjeux formels et politiques de la fameuse œuvre avignonnaise du Living Theatre. Ce travail analytique de mise à distance par la convocation de théories et concepts propres aux champs de la dramaturgie, la théâtralité, l'historiographie ou encore la socio-philosophie, est à la croisée des études esthétiques et des études culturelles (*cultural studies*). La double entrée « texte[6] et contexte » inscrit cet ouvrage dans les traditions stylistiques françaises et civilisationnelles anglo-saxonnes[7]. Cette bi-disciplinarité est une autre spécificité de mon approche qui peut être également définie comme binationale dans la mesure où je m'intéresse à des artistes américains en France. Ce chassé-croisé entre les USA et l'Hexagone, et entre l'histoire et l'esthétique, ancre le manuscrit à la fois dans l'anglistique et dans les arts du spectacle. Le recours à différents spectres analytiques sous l'ombrelle du paradigme structurant de l'hétérotopie pour interpréter les différentes sources primaires mobilisées vise à reconstituer non pas l'Histoire du Living Theatre à Avignon mais bien *une* histoire de la participation de la troupe, celle qui rend compte de la complexité non seulement de l'œuvre mais également de son contexte de création. Il ne s'agira pas d'encenser ou de discréditer le travail de la compagnie américaine comme certains se sont employés à le faire (aspect sur lequel nous reviendrons) mais de démontrer dans quelle mesure *Paradise Now* fut, en 1968, une « utopie effectivement réalisée » afin, comme précédemment indiqué, d'envisager la notion de performance en tant qu'articulation entre l'intime et le politique.

6 Ou plutôt ici « performance ».

7 L'adjectif *stylistique* est employé dans son acception large d'« étude de style » et renvoie ici aux notions de dramaturgie et de théâtralité.

CONTEXTE : 1968, LE TEMPS DES HÉTÉROTOPIES

DEVENIR-RÉVOLUTION : L'UTOPIE AU PRÉSENT

À l'occasion d'un entretien avec Toni Negri en 1990, Gilles Deleuze déclarait :

> Dans un grand livre de philosophie, *Clio*, Péguy expliquait qu'il y a deux manières de considérer l'événement, l'une qui consiste à passer le long de l'événement, à en recueillir l'effectuation dans l'histoire, le conditionnement et le pourrissement dans l'histoire, mais l'autre à remonter l'événement, à s'installer en lui comme dans un devenir, à rajeunir et à vieillir en lui tout à la fois, à passer par toutes ses composantes ou singularités. Le devenir n'est pas de l'histoire ; l'histoire désigne seulement l'ensemble des conditions si récentes soient-elles, dont on se détourne pour « devenir », c'est-à-dire pour créer quelque chose de nouveau. C'est exactement ce que Nietzsche appelle l'Intempestif. Mai 68 a été la manifestation, l'irruption d'un devenir à l'état pur. (Negri, 1990, n.p.)

Expression de « l'Intempestif » nietzschéen pour le philosophe français, mai 1968 mais aussi, juillet auquel Deleuze ne prit pas part, furent non pas des révolutions mais des « devenir-révolutions ». Défini en opposition à l'histoire, le concept de « devenir » est précisé dans *Mille Plateaux : Capitalisme et Schizophrénie 2*, coécrit avec Félix Guattari et publié en 1980 :

> Contrairement à l'histoire, le devenir ne se pense pas en termes de passé et d'avenir. Un devenir-révolutionnaire reste indifférent aux questions d'un avenir et d'un passé de la révolution ; il passe entre les deux. Tout devenir est un bloc de coexistence. Les sociétés dites sans histoire se mettent hors de l'histoire [...] parce que ce sont des sociétés de devenir [...]. Il n'y a d'histoire que de majorité, ou de minorités définies par rapport à la majorité. (Deleuze & Guattari, 2013, p. 7471)

Nous pourrions poser l'hypothèse que les constats de l'échec politique de 1968, suite à l'incapacité des pouvoirs à assimiler l'événement ou des militants à prendre le pouvoir, privèrent 1968 de son statut de « révolution », dans l'acception classique du terme. Cette acception est celle de la « majorité », de la norme, comme Deleuze et Guattari le rappellent en se référant à l'histoire. S'il n'y a pas eu à sa suite une transformation profonde des structures étatiques, 1968 fut révolutionnaire dans son rapport au présent. Les mois de révolte incarnèrent en effet l'élan, le souffle du changement. Dans cet effort de « créer quelque chose de nouveau », les « enragés » et leurs camarades qui initièrent le Mouvement du 22 mars visaient à mettre en place leurs utopies gauchistes et/ou anarchiques[8]. Il est important d'insister sur le pluriel d'utopie car les factions politiques qui remettaient en question le pouvoir étaient bien plurielles (des situationnistes aux trotskistes, des maoïstes à la Jeunesse anarchiste communiste) et les façons d'envisager une société meilleure différaient, mais tous se rejoignaient sur la nécessité de croire en ce monde nouveau et d'envisager sa réalisation. Sur les murs de l'Odéon occupé, l'on pouvait lire « la révolution c'est une initiative » (Bouyer, 1968, p. 84). Cette définition par les contestataires eux-mêmes est en rupture avec la définition traditionnelle de « révolution » qui renvoie au renversement effectif de l'ordre établi. La finalité, la fin de l'entreprise subversive, est valorisée dans la vision conventionnelle alors que pour ces jeunes rebelles le « commencement » (*initium*), les premiers actes séditieux, faisaient révolution. Forcer les portes du Théâtre de France et le transformer en « Ex-Théâtre de France » était une révolution en soi car la transgression était inédite. Si les portes de l'Odéon se refermèrent derrière celles et ceux qui en avaient fait leur « tribune libre », l'impulsion révolutionnaire, elle, restait à jamais inscrite en ce lieu. Avant même la théorisation de Deleuze et Guattari, l'auteur de l'inscription murale « la révolution c'est une initiative » explicitait ce que les deux penseurs du poststructuralisme articulèrent avec le concept de « devenir ». Ce devenir-révolution qu'est 1968 est une hétérotopie, c'est-à-dire une « sort[e] d'utopie effectivement réalis[ée] » selon Foucault, puisque, comme nous allons le démontrer, il est une utopie réelle du commencement qui se conjugue au présent et qui est portée par la marge, c'est-à-dire ce qui est « autre » par rapport à la norme.

---

8 Dans *Les Mots de mai 68*, le terme « enragés » est défini comme suit : « souvenir du label pris par les ultra-révolutionnaires d'Hébert ou de Roux sous la Révolution, *enragés* a été réactivé en 1966 par les étudiants de Strasbourg puis par ceux de Nanterre à l'issue du 22 mars 1968, il préfigure en signature de plusieurs tracts et graffitis de leur Mouvement. Par la suite, la signature "Enragés" figure au bas des tracts situationnistes, dont ceux des Enragés de Montgeron. Elle ne spécifie, en général, aucun groupe. » (Tournier, 2008, p. 44.)

L'insistance sur le commencement plutôt que sur la finalité de la rébellion est à l'image de l'utopie à l'œuvre puisqu'au commencement, il y eut le rêve : « [O]ublier tout ce que vous avez appris. Commencer par rêver » (Legois, 2018, p. 69). Comme les slogans de l'époque le montrent, rêver était devenu une stratégie de lutte et un principe de réalité : « [S]oyons à la mesure de nos rêves » (*ibid.*, p. 63), « le rêve est réalité » (*ibid.*, p. 61), « soyez réalistes, demandez l'impossible ! » (*ibid.*, p. 59). L'utopie n'était plus perçue comme un idéal mais comme un mode de vie, une façon de s'incarner dans les idées : « [N]ous ne sommes ni idéalistes, ni utopistes, nous vivons les idées » (*ibid.*, p. 68). En « vivant les idées », les contestataires brandissaient le paradigme de l'ici-et-maintenant. L'idée représente ce devenir, l'impulsion intellectuelle qui dans le présent de l'événement ouvre de nouvelles perspectives. L'événement 68 concrétise cette ouverture dans laquelle les révoltés de 68 s'installèrent « comme dans un devenir » pour « rajeunir [et] vieillir en lui tout à la fois [pour] passer par toutes ses composantes ou singularités » (*ibid.*, p. 59). L'expérience du vécu importe alors plus que « l'effectuation dans l'histoire », pour revenir à la conception plus conservatrice de l'événement présenté par Deleuze par le truchement de Péguy (Negri, 1990, n.p.). « À bas le sommaire, vive l'éphémère » pouvait-on lire encore dans la cour de la Sorbonne (Legois, 2018, p. 21). La réalisation concrète du renversement, l'effectuation dans l'histoire, avait moins d'importance aux yeux des révolutionnaires que la réalité de l'expérience puisque « le devoir de tout révolutionnaire est de faire la révolution » (*ibid.*, p. 45). Ce slogan de Sciences Po souligne une fois de plus la primauté du fait d'entreprendre sur le résultat de l'action : le devoir est de faire la révolution, pas de la réussir. L'utopie est alors bel et bien réaliste puisque tenter de vivre ses rêves est à la portée de tous.

Non seulement réaliste, l'utopie est réelle et en cela la révolte de 1968 est hétérotopique. Cette réalité n'étant donc pas liée à l'effectivité de l'action, son résultat, mais à l'effectivité de l'existence, elle s'ancre dans le présent. Cet ancrage dans l'« ici-et-maintenant » concrétise l'expérience qui est en effet « effectivement réalisée » par la *présentification* de l'idée, du rêve. En qualifiant, dans son dialogue avec le philosophe italien, la révolte de 1968 d'« irruption d'un devenir à l'état pur », Deleuze réaffirme l'indifférence du devenir-révolution vis-à-vis « d'un avenir et d'un passé » puisque l'irruption (*irruptionem*), c'est avant tout la rupture (*rumpere*). L'emploi du terme « irruption » peut se lire comme une référence intertextuelle au texte d'Henri Lefebvre, « L'Irruption de Nanterre au sommet », publié dès 1968, dans le dossier sur la révolte étudiante de la revue *L'Homme et la Société.* « L'événement déjoue les prévisions » (Lefebvre, 1968, p. 49) : ces mots sur lesquels s'ouvre l'article du philosophe marxiste font écho à l'approche de Deleuze et au détachement de l'événement vis-à-vis du passé et du futur qui rend toute prévision impossible. C'est ce que Boris Gobille appelle : « l'inouï de mai » (2018, p. 101). En rompant ainsi avec l'avant et l'après, 1968 a proclamé l'importance du présent. Être présent au présent, c'est exister. En occupant les lieux symboliques de l'appareil en place ou en descendant dans la rue, étudiants et travailleurs investissaient le présent et tournaient le dos au passé qu'ils rejetaient. En s'arrogeant le droit de prendre ces espaces dirigés par l'institution qu'elle soit politique ou économique, les contestataires affirmaient que le présent leur appartenait désormais et faisaient ainsi exister l'utopie qui était la leur le temps d'une occupation, d'une manifestation. 1968 est ainsi hétérotopique notamment car le principe de réalité est affirmé en tant que principe d'existence, d'être au *présent.* L'autre condition qui entérine le concept d'hétérotopie renvoie à l'axiome de la différence, une donnée qui fut également en vigueur en 1968.

Les *hetero-topos* sont des espaces « autres », des « contre-emplacements » comme l'explique Foucault (1984, n.p.). En occupant les lieux de pouvoir, les révoltés du printemps et de l'été 1968 déplacèrent le centre de gravité et la marge devint alors centrale. Jean-François Sirinelli compare les lieux occupés comme l'Odéon et la Sorbonne à des « chaudrons » : « [E]n toile de fond, les rêves et les utopies, en un mot les imaginaires brassés et amplifiés dans ces chaudrons qui devinrent aussi les deux endroits », écrit-il (2013, p. 3155). Ces lieux symboliques devinrent des bouillons de cultures idéologiques où se retrouvaient différentes sensibilités politiques et dont les débats auguraient de l'apparition d'un autre monde qui sortirait, par la magie de la parole conquise, de ces chaudrons. Le chaudron est un lieu « autre », espace marginal du centre : logé au cœur du foyer, il est un espace bien réel d'incubation ayant la capacité de créer une essence nouvelle à partir d'une variété d'ingrédients, d'éléments, qui mis ensemble peuvent potentiellement faire exploser le foyer qui a paradoxalement favorisé les conditions de leur fusion. Ces ingrédients sont représentatifs de la marge, des populations qui se considéraient lésées par les normes imposées. Les jeunes, qui n'avaient pas encore l'âge de ce qui est défini comme la « majorité », et les ouvriers, dont la marge de manœuvre était à l'image de leur marginalité sociale qui les réduisait à de simples exécutants, sortirent soudain du silence pour réclamer le droit de rêver et de poursuivre leurs rêves. En prenant les universités, les usines, les théâtres, les minorités silencieuses et exécutantes revendiquèrent la marginalité comme cœur battant. Après avoir été mises à l'écart, ces populations posaient leurs droits comme centraux pour s'assurer de leur bien-être et par là même assurer l'équilibre de la nation. L'« autre » devenait alors la référence, l'entité qui, l'espace de quelques semaines, fit vaciller l'autorité normative.

Après le temps des cerises, des « cerises d'amour [...] tombant [...] en gouttes de sang », celui des communards lors de la Semaine Sanglante qui mit fin à l'utopie d'autogestion que l'on appela la Commune de Paris, le temps des rêves éveillés advint au surlendemain de la Seconde Guerre mondiale qui vit émerger un nouvel ordre international (« Temps des cerises »). 1968 fut alors le temps des hétérotopies. Ces hétérotopies semblent plus radicales que celles définies par Michel Foucault, dans la mesure où, dans la cartographie du philosophe, la marge reste à la marge alors qu'à l'époque qui nous occupe, l'espace hétérotopique marginal devint central. Foucault décrit des espaces hétérotopiques le plus souvent érigés par l'institution dominante pour maintenir les débordements à sa lisière et donne alors pour exemples l'asile, la prison, le cimetière, le théâtre. En 1968, la marge s'émancipa et reprit ses droits sur le centre en envahissant ses enceintes. Après la dissolution de l'Assemblée et le retour à la normalité structurelle qui repositionna le centre du pouvoir au centre de la cité qu'il orchestrait, c'est à Avignon que la marge tenta de saisir le présent pour vivre l'expérience révolutionnaire. Comme nous le verrons, la participation au Festival de la compagnie Off-Broadway, une troupe à la marge du théâtre commercial américain comme le préfixe *off* l'indique, participa à réactiver le principe hétérotopique du mois de mai.

« L'IMAGINATION PREND LE POUVOIR » : LE ROMANTISME AGISSANT

Les espoirs d'une vie meilleure par-delà le gaullisme dont les contours variaient en fonction des affinités idéologiques de chacun furent, si ce n'est pleinement réalisés, tout du moins vécus, incarnés dans l'ici-et-maintenant des lieux occupés, des pavés martelés. Cette expérience de la marge qui toucha du doigt ses idéaux n'est pas à minimiser. Si la révolution au sens traditionnel du terme n'a pas eu lieu d'un point de vue politique, elle eut lieu sur le plan social. En effet, si les structures politiques furent consolidées après les élections législatives de juin 1968, la façon de penser *le* politique, c'est-à-dire le vivre ensemble, se transforma profondément. Plus haut, nous évoquions l'image des chaudrons d'où un nouveau monde émergerait « par la magie de la parole conquise ». Parmi les expériences utopiques que firent les contestataires (la vie en communauté promue par certains groupes, la découverte d'une plus grande mixité, etc.), celle de la conquête de la liberté d'expression retiendra particulièrement notre attention. L'on se souvient de la fameuse déclaration de Michel de Certeau, dans *La Prise de parole* : « [I]l s'est produit ceci d'inouï, nous nous sommes mis à parler » (1994, p. 7). 1968 bouleversa notre rapport à la parole en levant les tabous et en nous invitant à questionner sans cesse son statut comme l'écrivaine Leslie Kaplan, qui vécut les événements depuis une usine occupée, l'explique dans la présentation de son ouvrage *Mai 68, le chaos peut être un chantier* :

> Mai 68 a été une immense prise de parole dans toute la société française, entre étudiants et ouvriers, entre jeunes et vieux, entre femmes et hommes. On a parlé de tout, de tout, de tout, de la politique comme de la sexualité, des revendications comme des désirs, et ce mouvement culturel qui contestait la société capitaliste marchande dans son ensemble et dans ses détails nous a légué des outils pour penser aujourd'hui, et d'abord, pour continuer d'explorer la parole : pourquoi parler, comment parler, un dialogue, c'est quoi. (Kaplan, 2018, 4e de couverture)

Dans « L'événement monstre », l'historien Pierre Nora rend également compte de cette nouvelle propension à soudain « parl[er] de tout » :

> Toutes les formes cohabitèrent pour constituer l'événement lui-même : paroles des leaders et parole anonyme, parole murale et parole verbalisée, parole étudiante et parole ouvrière, parole inventive ou citative, parole politique,

> poétique, pédagogique ou messianique, parole sans paroles et parole bruit. L'événement est devenu intimement lié à son expression. (Nora, 1972, p. 163)

Pour Nora, l'événement venait se confondre avec son expression d'où la valeur « autoréférentielle » de 1968, comme il l'explique plus tard dans la « Métamorphose de la commémoration ». Cette analyse, sur laquelle nous reviendrons, semble affaiblir la portée de la parole agissante : en réduisant l'événement à son expression, l'historien nie l'impact de l'expression sur l'événement puisqu'il postule que le faire c'est le dire (l'événement est l'expression) or, le dire fut aussi le faire (l'expression est l'événement) en 1968. La parole agissante, que Claude Lévi-Strauss associe à la notion d'« efficacité symbolique » dans son étude des rites et plus particulièrement des cures shamaniques, peut être définie comme une « manipulation psychologique » : le dire, qu'il corresponde aux incantations des shamans ou aux slogans des militants, vise à « rendre pensable une situation donnée » en laquelle l'individu, membre d'un groupe partageant les mêmes croyances, va en effet croire. Cette « vision éclairante » engendrera la guérison du sujet qui va se libérer de ses maux (Lévi-Strauss, 2018, p. 12, 18 et 15). La parole agissante, à l'œuvre en 1968, aurait donc tout d'abord eu une fonction cathartique qui émancipa le sujet qui cherchait alors, même après la fin des événements, à faire fi des tabous qui l'oppressaient. Cette fonction de la parole resta effective à la suite de 1968 comme Kaplan en témoigne. En plus du pouvoir de la parole sur le sujet lui-même, la liberté d'expression engendra de véritables transformations sociales et le verbe devint alors performatif dans le sens développé par John Langshaw Austin.

Nous distinguerons ici « la parole agissante » de ce que le linguiste nomme « les énoncés performatifs » en posant le fait que « la parole agissante » transforme d'abord l'individu alors que les « énoncés performatifs » agissent sur l'environnement de l'individu. « Actes de langage », les énoncés performatifs permettent d'accomplir une action par le seul fait de son énonciation. Un exemple de cette dimension performative est celui de la prise de l'Odéon. En ce 15 mai, le slogan « l'imagination au pouvoir » tagué sur les murs de Science Po prit acte, comme le passage de l'injonction à l'assertion « l'imagination prend le pouvoir » le prouve (Legois, 2018, p. 25). Les tracts du Comité d'Action Révolutionnaire (CAR), appelant la population à le rejoindre et à occuper le théâtre dirigé par Jean-Louis Barrault, affirmaient en effet l'effectivité de cette prise de pouvoir :

> L'IMAGINATION PREND LE POUVOIR !
> La lutte révolutionnaire des travailleurs et des étudiants qui est née dans la rue, s'étend maintenant aux lieux de travail et aux pseudo valeurs de la société de consommation.
> Hier, Sud Aviation à Nantes, aujourd'hui le Théâtre dit de France : l'Odéon.
> Le Théâtre, le cinéma, la peinture, la littérature, etc., sont devenus des industries accaparées par une « élite » dans un but d'aliénation et de mercantilisme.
> Sabotez l'industrie culturelle ! Occupez et détruisez les institutions ! Réinventez la vie !
> L'art, c'est vous ! La révolution, c'est vous !
> Entrée Libre à l'ex-Théâtre de France, à partir d'aujourd'hui. (Tract du CAR, cité dans Loyer, 2008, p. 226-227)

Le pouvoir performatif de la parole est ici illustré : la volonté de faire qui est exprimée est ensuite actualisée. Clamer la prise de pouvoir résulte en une prise de pouvoir. En rebaptisant l'Odéon « l'ex-Théâtre de France », les militants se réappropriaient le lieu et destituaient le gouvernement de sa tutelle. En effet nommer est linguistiquement la marque de l'appropriation : changer le nom du théâtre équivalait à planter le drapeau noir sur son fronton pour faire table rase du passé. En donnant au pouvoir du verbe la primauté, les contestataires affirmaient la dimension utopique de leur entreprise qui, pour reprendre le raisonnement proposé plus haut, « n'était plus perçue comme un idéal mais comme un mode de vie, une façon de s'incarner dans les idées ». Le performatif traduit en effet cette incarnation des mots, de l'utopie. Le slogan « assez d'actes, des mots ! », qui renverse le paradigme traditionnel, augure du renversement même de l'État et de ses représentants dont la politique était perçue comme autoritaire et fondée sur le principe d'actions coercitives infertiles. Le mot, c'est-à-dire l'idée et donc la créativité, l'imagination, se devaient désormais d'être à l'origine de tout acte, lui donner l'impulsion afin de rompre avec les politiques d'antan. Pour les contestataires, le pouvoir se devait d'être aux mains de l'imagination. La nature poétique de la contestation fut souvent soulignée par les commentateurs. Jean-Paul Sartre applaudissait la créativité de cette génération qu'il encourageait :

> Vous avez une imagination beaucoup plus riche [que vos aînés], et les formules qu'on lit sur les murs de la Sorbonne le prouvent. Quelque chose est sorti de vous, qui étonne, qui bouscule, qui renie tout ce qui a fait de notre société ce qu'elle est aujourd'hui. C'est ce que j'appellerai l'extension du champ des possibles. N'y renoncez pas. (Sartre cité dans Bantigny, 2018b, p. 373)

Comme l'illustrent les divers slogans, les contestataires faisaient de la créativité, de la poésie leur cheval de bataille. Ludivine Bantigny intitule l'un des sous-chapitres de *1968, de grands soirs en petits matins* « poétique du politique » pour qualifier la spécificité de cette parole militante (*ibid.*, p. 247). Lors d'un entretien avec Richard Schechner, Judith Malina insista sur l'importance du poétique dans la révolte en France : « Ces jeunes militants parisiens sont tellement beaux : ils écrivent de la poésie sur les murs et leur participation à *Paradise Now* n'est comparable à celle d'aucun autre public » (Schechner, 1969, p. 33)[9]. Pour l'artiste, la nature poético-politique de l'engagement de la jeunesse à réformer la société française expliquait la qualité de sa participation dans *Paradise Now*. Ce constat de Malina nous rappelle qu'il est en effet primordial de considérer le contexte général pour cerner la nature de la réception de leur création avignonnaise.

Cette primauté de la parole agissante ou performative peut être perçue comme la marque de la volonté des contestataires de faire de leur désir une force et de l'expression de ce désir une action. Cette modalité volitionnelle est alors à rapprocher de ce que Lefebvre définissait comme le « romantisme agissant » de cette génération. Dans son analyse « à chaud » des événements de 68, le philosophe écrit :

> Cette jeunesse cherche et peut-être apporte une nouvelle façon de vivre. Ces jeunes gens ont traversé le fade romantisme yéyé : ils l'ont surmonté et vont vers un romantisme révolutionnaire, sans théorie, mais agissant. Ils ont une façon surprenante de « vouloir », de revendiquer en contestant, de contester en revendiquant. Ceux qui les ont vus dans les manifestations ont été surpris par leur style : décontractés dans la violence, partant à la conquête de la ville et de la vie avec une audace transcendante, souvent sous le signe des drapeaux noirs. (Lefebvre, 1968, p. 79)

Plutôt qu'un manque de théorie, il semblerait plus juste d'évoquer la multitude des théories inspirées des diverses idéologies évoquées plus haut, une pluralité qui pouvait en effet donner l'impression d'une absence de ligne de conduite claire à ce romantisme agissant. L'oxymore « décontracté dans la violence » interpelle. Si, selon Michael Löwy et Robert Sayre, auteurs de *Révolte et mélancolie. Le Romantisme à contre-courant de la modernité*, la violence de ce « romantisme agissant » est « bien sûr,

9 Trad. A.D. & E.J. – « *Parisian revolutionary kids who are so beautiful that they can write poetry on the walls and they can play Paradise Now like no other audience.* »

l'incendie des voitures, symbole exécré de la société de consommation et d'une modernité industrielle agressive », l'agressivité de ces mois d'insurrection est, si ce n'est à nier, du moins à relativiser (1992, p. 230). En effet la rhétorique révolutionnaire était employée et déployée par les manifestants vêtus des oripeaux de leurs aïeux, mais la violence fut bien moindre que dans les précédentes révoltes comme celles menées par les sans-culottes ou les communards et ce parce que les révolutionnaires n'étaient pas de la même trempe mais aussi parce que les forces opposantes n'avaient plus la même impunité comme Jean-Pierre Le Goff l'explique :

> Mai 68 remet en scène tout un héritage révolutionnaire avec les manifestations, les occupations, les barricades et les nuits d'émeutes, en même temps que le pas qui mène à la guerre civile n'est pas franchi. On a « flirté avec la limite » sans commettre l'irréparable. La violence des manifestants et de la répression est bien réelle ; les affrontements aboutissent à des blessés et à des morts de part et d'autre. On ne cherche plus cependant à tuer, à écraser l'adversaire [...]. Les autorités veulent à tout prix éviter de renouveler les drames du passé, d'autant plus qu'elles ont affaire à un type de manifestants qui tranche par sa jeunesse et son statut. Le gouvernement compte alors dans ses rangs un nombre non négligeable de normaliens et d'agrégés imprégnés de culture historique pour qui la France moderne n'en demeure pas moins celle où la littérature et les arts occupent une place centrale. Les étudiants en révolte, leurs héritiers, sont considérés comme les futures élites de la nation.
>
> En mai et juin, les journées de violence ont été moins nombreuses que celles consacrées à la parole et aux manifestations pacifiques. On a surtout pris la parole et c'est cette parole qui caractérise avant tout l'événement. (Le Goff, 2017, p. 180-181)

La libération des mots fut la véritable victoire de 1968. À l'image de la parole, le romantisme de 1968 fut agissant et donc effectif. Cette expression qui transforme le sujet et/ou affecte son environnement actualisa de fait la prise de liberté, l'émancipation vis-à-vis de la norme et créa ainsi en 1968 des « espaces autres » bien réels. Pour cerner les enjeux de juillet 1968 et saisir la parole poétique et politique portée par le Living Theatre dans le Palais des Papes, il était nécessaire de revenir sur les principes révolutionnaires qui animèrent les contestations de mai parce qu'ils conditionnèrent les événements qui suivirent. Les notions de « devenir » et de « performativité du verbe » sont primordiale pour comprendre et la démarche de la compagnie américaine et sa création *Paradise Now*.

Ma gratitude à celles et ceux qui m'ont permis de remonter le temps jusqu'au fiévreux mois de juillet 1968. Merci aux artistes qui, en 2018, ont accepté de revenir sur leur exploration de l'œuvre. Les passions de ces témoins et acteurs furent communicatives : je souhaite rendre un vif hommage à leur générosité.

THÉÂTRE DE LA MARGE

Le Living Theatre, 1947-1967

America when will we end the human war?
Go fuck yourself with your atom bomb.
Allen GINSBERG, « America » (1956).

Dans un dossier des archives du Lincoln Center intitulé « Theatre Managements Papers, 19th St. Theatre (1959) », se cache le document promotionnel « A History of the Living Theatre » qui présente le Living Theatre comme l'une des premières compagnies « Off-Broadway » de New York :

> Étant l'une des plus anciennes compagnies new-yorkaises dites « Off-Broadway », le Living Theatre est considéré comme pionnier du mouvement. Elle a été imaginée en 1946 par Judith Malina et Julian Beck et officialisée en 1947. Pendant quatre ans, les deux metteurs en scène ont recherché les acteurs et techniciens qui devaient composer la troupe qui démarra l'aventure du Living Theatre en 1951[1].

Le terme *Off-Broadway* apparut dans les années 1950 pour désigner « à la fois les créations et les théâtres new-yorkais en dehors de la fameuse zone dite "Broadway" aux alentours de Time Square et, selon une réglementation mise en place par l'*Actors' Equity Association*, les lieux de représentation ayant une jauge comprise entre 100 et 299 sièges » (Banham, 1992, p. 731)[2]. Si l'expression naquit de la nécessité de rendre

1 Trad. A.D. & E.J. – « *One of the oldest of the Off-Broadway companies in NYC, The Living Theatre is considered one of the pioneers of the movement. It was conceived by Judith Malina and Julian Beck in 1946 and first incorporated in 1947. For four years the directors sought the actors and technicians who were to form the company that opened The Living Theatre in 1951.* »

2 Trad. A.D. & E.J. – « *The term [was] coined in the 1950s, both for New York productions or theatres outside the so-called "Broadway" area surrounding Time Square and an Actors' Equity*

compte d'une réalité à la fois géographique et légale suite à la volonté de ce puissant syndicat du spectacle vivant, la distinction entre un théâtre commercial principalement concentré le long de Broadway dans le quartier dit « des théâtres » près de Times Square à Manhattan, et un théâtre non commercial au-delà de l'avenue et de l'industrie théâtrale existait avant l'apparition de cette locution. Dans les années 1910, face à l'importance grandissante du cinéma qui menaçait les arts de la scène et en réaction aux productions théâtrales à but lucratif, on assista au développement du *Little Theater Movement* qui démarra notamment à Chicago avant d'atteindre New York en partie par le truchement de la compagnie amateur des Provincetown Players. Fondée en 1915 par George Cram Cook et Susan Glaspell, la troupe est considérée par les spécialistes du théâtre américain (Robert Brustein, Christopher Bigsby, Matthew Roudané, Linda Ben-Zvi, Brenda Murphy, etc.) comme pionnière dans le déploiement d'un théâtre étatsunien en raison des expérimentations formelles qu'elle encourageait mais aussi sa volonté de créer des pièces qui mettaient en scène des problématiques politiques et sociales de leur temps. Dans *Le Nouveau Théâtre américain* publié en 1970, Franck Jotterand compare d'ailleurs l'aventure de Beck et Malina à celle de Cook et Glaspell : « À trente-six ans de distance, écrit-il, l'aventure des Provincetown se renouvelle » (1970, p. 98). À la suite de la métaphore familiale selon laquelle, la troupe donna au théâtre américain un « père » en la figure d'Eugene O'Neill et une « mère » en la personne de Susan Glaspell, nous pourrions alors dire que Julian Beck et Judith Malina en sont les « enfants terribles », en référence à Jean Cocteau que le couple admirait (Greenwald, *et al.*, 2001, p. 21). Bien avant sa définition légale, le théâtre *Off-Broadway* s'était édifié depuis les années 1910 comme un théâtre de la marge. Cette marge géographique était également – et surtout – idéologique. Lorsqu'en 1916, les Provincetown Players rédigèrent les « Résolutions » guidant leur entreprise théâtrale, ils insistèrent en préambule sur la nécessité de rompre avec Broadway, emblème selon eux de la médiocrité artistique :

> A été acté :
> Que l'objectif premier des Provincetown Players soit d'accompagner le développement d'une production dramatique américaine d'une grande qualité

Association contract for theatres with 100-299 seats. »

> artistique et littéraire – par opposition à Broadway. Que ces pièces ne soient pas considérées pour leur valeur commerciale puisqu'il ne s'agit pas d'un théâtre à but lucratif. (Les Provincetown Players cités dans Kenton, 2004, p. 27)[3]

Greenwich Village, où la compagnie ainsi qu'une myriade d'autres troupes non conventionnelles résidaient, devint alors le bastion d'un théâtre fondé non pas sur le profit mais sur la qualité artistique, selon la vision des rebelles bohèmes[4]. À la fois espace et mouvement artistique, avant de devenir une entité légale dans les années 1950, *Off-Broadway* est une hétérotopie, cet « espace autre », cette utopie théâtrale réelle à la marge du quartier des théâtres que l'on qualifiera plus tard de *mainstream*. Les Provincetown Players et, dans leur sillage, le Living Theatre tentèrent d'inventer des formes théâtrales nouvelles en s'émancipant des modes de production traditionnels et mercantiles, en expérimentant avec de nouveaux matériaux et en cherchant à impliquer le spectateur. En se présentant comme « pionnier » du mouvement *Off-Broadway*, le Living Theatre jouait avec l'ambiguïté historique de l'expression *Off-Broadway* qui fut en effet consacrée au moment même où la troupe se constituait mais qui se référait alors à une réalité plus ancienne dont les membres de la compagnie étaient les descendants et non les initiateurs. Ce jeu illustre l'effort en communication de la part du Living Theatre qui cherchait à se faire connaître par le biais, notamment, de documents promotionnels. Cette attitude peut sembler contradictoire de la part d'une troupe qui souhaitait rompre avec le modèle capitaliste. Selon l'auteur Jack Gelber, Julian Beck était un « *businessman* » et il était fier de son travail d'administrateur car il le mettait au service de l'art et de la révolution : comme l'auteur de *The Connection* (1959) le note dans son hommage de 1986 au cofondateur décédé un an plus tôt, « le sens des affaires de Beck était motivé par des principes autres que le profit » (Gelbert, 1986, p. 6)[5]. Ouvrir leur « Histoire du Living Theatre » en affirmant le caractère à la fois original et originel de leur démarche

---

3 Trad. A.D. & E.J. – « *Be it resolved : / That it is the primary object of the Provincetown Players to encourage the writing of American plays of real artistic, literary and dramatic – as opposed to Broadway – merit. / That such plays be considered without reference to their commercial value, since this theatre is not to be run for pecuniary profit.* »

4 Fondée à Provincetown, dans le Massachussetts, où les membres de la compagnie passaient leurs vacances d'été, la compagnie élut résidence dès 1916 à MacDougal Street, dans le quartier newyorkais de Greenwich Village.

5 Trad. A.D. & E.J. – « *[B]usiness was determined by principles other than the profit motive.* »

revenait à revendiquer l'ampleur historique de leur aventure théâtrale qui tournait le dos aux conventions en vigueur dans un élan hétérotopique en rupture donc avec le *Great White Way*[6]. Lorsque le Living Theatre quitta New York en 1963 pour vivre en Europe, les membres adoptèrent un mode de vie marginal, poussant les limites de l'hétérotopie puisqu'ils abandonnèrent l'idée d'avoir un lieu à eux pour ne dépendre de rien ni de personne. Leurs productions, et non plus leurs théâtres en tant que bâtisses, devinrent alors ces « espaces autres », des parenthèses spatio-temporelles bien réelles que les spectateurs appréhendaient concrètement en étant immergés organiquement. Pour cerner la nature hétérotopique de *Paradise Now* en tant qu'événement artistique et que manifestation sociale, il convient donc de remonter le temps et de revenir sur l'histoire atypique de la compagnie, de sa naissance en 1947, à la veille de sa participation au Festival d'Avignon. La première partie de ce chapitre, « Une Histoire du Living Theatre : repères chronologiques », reprend le titre du document d'archive éponyme et rend compte de l'évolution de la compagnie : d'un théâtre du verbe à un théâtre du corps, d'un théâtre poétique à un théâtre politique. Comme nous le verrons dans la seconde partie, « Influences esthétiques : repères théoriques », ces transitions progressives furent le fruit de sources d'inspiration diverses. Ces influences esthétiques étaient également idéologiques car les maîtres à penser du Living Theatre avaient des conceptions sociales de l'art que les membres de la troupe s'approprièrent et dépassèrent pour créer un théâtre original. Construite notamment à partir de témoignages, cette première partie met en avant les visions, mais aussi les interrogations des membres de la compagnie vis-à-vis de leur entreprise à différents moments de leur carrière. Il est intéressant de noter que les Beck étaient leurs premiers critiques et qu'ils voyaient les limites de leurs tentatives à réaliser leur rêve d'un théâtre révolutionnaire jusqu'à la création de *Paradise Now*, œuvre perçue comme la concrétisation de leurs idéaux.

---

6 *The Great White Way* est le nom qui fut donné au quartier des théâtres dans les années 1910 en référence aux lumières qui encadraient les devantures des théâtres et les affiches des spectacles.

« UNE HISTOIRE DU LIVING THEATRE » : REPÈRES CHRONOLOGIQUES

La création de *Paradise Now*, en 1968, marqua un tournant dans l'histoire de la compagnie qui avait fêté son vingtième anniversaire l'année précédente. Invités pour représenter la jeune création au Festival d'Avignon, les Beck étaient pourtant des artistes chevronnés dont l'art, à force de travail et d'expérimentation, évolua au cours des décennies alors que leurs convictions politiques s'affinèrent. Les mutations progressives de l'approche du Living Theatre sont le résultat d'une constante remise en question de la forme de leur art, de son rapport au public, de son utilité sociale. Cette capacité à renouveler son travail, plutôt que de se figer dans une esthétique, peut expliquer que la troupe ait été perçue comme « jeune » alors qu'elle fut fondée la même année que le Festival, soit en 1947. Cette perception peut être également justifiée par l'attrait, voire la fascination, des post-adolescents français pour la culture artistique américaine. Lorsque le cinéaste, urbaniste et écrivain, Claude Eveno revient sur son passé de jeune révolté en 1968, il rend hommage à l'Amérique, sorte de muse pour sa génération :

> L'Amérique fascinait ma génération. Les États-Unis, c'était quand même le pays de Bob Dylan, *The Times They Are a-Changin'* ! Il y avait ce mélange de subversif, de colère et de mélancolie et, en même temps, de jubilation collective, d'appétit et de fusion dans des gestes inédits… (Eveno dans Jouve, 2018a p. 75)

Si nombre d'étudiants français remettaient en question la politique de l'Oncle Sam ainsi condamnée pour son impérialisme et son militarisme, ils ne rejetaient pas les États-Unis en bloc et voyaient dans les communautés marginales de New York des modèles d'émancipation. Tout en soulignant l'ambivalence de ce phénomène qui s'appuyait sur la médiatisation de masse créée par le capitalisme, Edgar Morin décrit, dans son analyse de 1969, « Culture adolescente et révolte étudiante », l'intérêt porté aux rebelles américains par les jeunes français qui se retournaient contre leurs parents et l'ordre établi. En écho aux propos d'Eveno, le sociologue fait état de cette « fascination » pour ces contre-cultures des « beatniks puis des hippies » qu'il définit comme des « utopies concrètes où la vie est vécue différemment, avec une autre morale » (Morin, 1969, p. 767). Pour Morin, ces communautés américaines créaient donc des hétérotopies auxquelles la jeunesse française rêvait en écoutant Bob Dylan. Le Living Theatre, qui avait traversé les décennies, représentait à la fois les *beatniks* des années 1950 et les hippies des années 1960, incarnant donc cette hétérotopie américaine. Cette association de l'avant-garde américaine à la jeunesse justifiait la présence de la compagnie dans ces nouveaux espaces que Vilar avait souhaité mettre à disposition de la nouvelle création dès 1967. Un voyage dans le temps, dans les entrailles de l'histoire du Living Theatre, est nécessaire pour parvenir à cerner les raisons qui justifient l'attraction de la jeunesse pour cette troupe qu'amateurs de théâtre ou militants anarchistes vinrent applaudir à Avignon. Cette partie se décline en trois sous-parties qui font chacune état des différentes « vies » de la compagnie qui proposa tout d'abord un travail d'expérimentation scénique à partir de matériaux textuels, avant de proposer un théâtre plus politiquement engagé, en dévoilant ce qu'ils considéraient comme les maux de leur société et allant jusqu'à créer des pièces où le texte était relégué au second plan pour favoriser l'implication totale du public dans un élan révolutionnaire.

« PREMIERS PLANS POUR UN THÉÂTRE » : 1947-1959

> Premiers plans pour un théâtre – nous avions vingt, vingt-et-un ans. Aucun intérêt pour le théâtre de l'époque, peinture des gens sous-humanisés, patriotiques par-dessus le marché, le patriotisme passe-temps des dupes à l'exception de celui qui est la passion pour la terre et son peuple, ce qui est une passion d'amant. Comme quoi la seule image du théâtre de notre temps est suffisante pour précipiter une révolution. (Beck, 1978, p. 27)

Les « premiers plans » de Judith Malina et Julian Beck, comme le rappelle ce dernier dans une note de 1963, étaient donc de révolutionner le théâtre américain de « [leur] temps ». Né de la contestation contre ce que les Beck percevaient comme le « théâtre bourgeois » de Broadway, le Living Theatre fut fondé en 1947 en tant que théâtre « vivant » et libre, à l'image de ses deux fondateurs utopistes. Ces amoureux du théâtre ne faisaient qu'un avec leur art avec lequel ils « fusionnaient », comme Beck l'écrit dans *La Vie du théâtre* : au-delà de la vision romantique de l'union ultime, leur dévouement à la compagnie jusqu'à la fin de leurs jours démontre, qu'en effet, le théâtre était « devenu [leur] vie » (*ibid.*, p. 17)[7]. Judith Malina avait dix-sept ans lorsqu'en 1943 elle rencontra le jeune peintre Julian Beck, d'un an son aîné. Le père rabbin de Judith et sa mère, qui abandonna ses rêves de comédienne suite à son mariage pour se consacrer à son foyer, quittèrent l'Allemagne pour s'installer à New York en 1928 : Judith avait alors deux ans. La petite fille hérita des rêveries de sa mère et s'inscrit en 1945 à la *New School for Social Research*, où elle se forma auprès d'Erwin Piscator[8]. La famille de Julian Beck, juive elle aussi mais implantée aux États-Unis depuis plus longtemps que celle de Malina, était plus aisée. Son père, homme d'affaires, et sa mère, enseignante, nourrissaient de grandes ambitions pour leur fils cadet qui préféra, en dépit de leurs espoirs, abandonner Yale pour se consacrer à la peinture puis au théâtre. Si Malina et Beck se marièrent en 1949 et eurent deux enfants ensemble, ils concevaient le couple avec la liberté qui les caractérisait et vécurent des amours diverses, partageant parfois le même homme. Ce refus des structures traditionnelles et des relations normées, hiérarchisées, fondées sur des rapports de force, ne se bornait pas à la sphère du privé. Judith Malina et Julian Beck s'opposaient à toutes formes de coercition, de violences fussent-elles physiques ou symboliques. Malina aimait à raconter qu'elle devint pacifiste vers l'âge de dix ans après avoir vu au cinéma *Nurse Edith Cavell* (1939) qui lui fit réaliser que la haine était destructrice[9].

7 La citation intégrale est la suivante : « Je ne choisis pas de travailler dans le théâtre mais dans le monde. Le Living Theatre est devenu ma vie, le théâtre vivant. Nous nous dévorons l'un l'autre. Je ne peux pas distinguer l'un de l'autre. Judith et moi fusionnons. »

8 Parmi les diplômés du séminaire de Piscator qui sortirent de l'école durant la décennie de Malina, on compte Marlon Brando, Harry Belafonte, Rod Steiger, Walter Matthau, Jerry Stiller, Ben Gazzara, Bea Arthur, Elaine Stritch, et Tony Curtis.

9 « *I saw a film called* Nurse Judith Edith Cavell *about that legendary British nurse who refused to differentiate the side and who was shut by the Germans […]. [Cavell said] : "patriotism is not enough. I must have no hatred, no bitterness for anyone." That's true, I said. I got so excited. [I had] finally heard something that is irrefutable. "I must have no hatred, no bitterness towards anyone" […]. And out of that moment really came a life commitment. The first thing I did is that I harried on to my father who was working to wake up the American people to what was happening to the German people in Germany and I said "you know, papa, you know, we must not hate the Nazis." I got in terrible trouble and I have been in trouble from that day to this. I have been in jail in 12 countries… The reason I was in jail was because I [deeply related to] Cavell when she said "I must have no hatred, no bitterness towards anyone."* » (Malina, 1989, n.p.) – « J'avais vu un film qui avait pour titre *Edith Cavell* sur cette célèbre infirmière britannique qui refusait de considérer de quel côté étaient les malades et qui fut fusillée par les Allemands […]. [Cavell disait] : "le patriotisme ne suffit pas ; je ne dois ressentir

Les Beck commencèrent à s'engager dans l'action politique publique en réaction à la guerre de Corée. Leur liberté de mœurs et leurs désirs d'expérimentations artistiques au-delà de Broadway mais aussi, comme nous le verrons, leurs positions gauchistes et antinationalistes à une époque où le conservatisme social, la commercialisation de la culture, le maccarthysme et le nationalisme battaient leur plein rappellent l'anticonformisme des Bohèmes du Greenwich Village du début du siècle dont Malina et Beck étaient les descendants, dans la lignée donc des Provincetown Players qui redéfinirent, aux marges des traditions, les façons de penser la vie et le théâtre.

Comme les Provincetown Players, le Living Theatre jouait des pièces contemporaines pour un public contemporain. La compagnie, telle que Beck et Malina l'envisageaient en 1947, proposait un théâtre de répertoire avec à l'affiche plusieurs pièces qui alternaient d'une soirée à l'autre. Ce théâtre n'était alors qu'une abstraction, puisqu'en 1947, le couple n'avait pas de lieu pour proposer sa programmation. En quête de soutien, les jeunes artistes prirent des contacts et écrivirent notamment au célèbre scénographe Robert Edmond Jones. Ce dernier les reçut et se désola d'apprendre qu'ils avaient un petit pécule qu'il leur fallait compléter pour démarrer leur aventure : « dommage, je préférerais que vous n'ayez pas d'argent du tout », leur dit-il, « [p]eut-être qu'alors vous pourriez renouveler le théâtre » (Jones cité dans Biner, 1968, p. 15). Cet ancien membre des Provincetown Players qui avait fait ensuite carrière à Broadway s'était-il senti aliéné par la machine commerciale au point de souhaiter au couple d'être pauvre pour mener à bien son entreprise théâtrale révolutionnaire. Jones ne leur prêta donc pas d'argent mais leur proposa de mettre son studio à leur disposition. Le couple déclina l'offre, un refus qu'ils qualifièrent plus tard « d'erreur de jeunesse » (*ibid.*, p. 16). L'argent fut toujours un véritable obstacle pour les Beck

---

aucune haine, aucune amertume envers qui que ce soit." C'est vrai, me suis-je dis. J'étais tout enthousiasmée. Je me suis dit que j'avais enfin entendu un argument irréfutable : "Je ne dois ressentir aucune haine, aucune amertume envers qui que ce soit" [...]. Et l'engagement de toute une vie est alors né à ce moment-là. La première chose que j'ai faite a été d'aller harceler mon père qui travaillait à éveiller la conscience des Américains sur le sort des Allemands en Allemagne et je lui ai dit : "Tu sais, papa, tu sais, il ne faut pas que nous ressentions de haine envers les Nazis." Ça m'a attiré de gros ennuis, et jusqu'à aujourd'hui, ça m'a attiré beaucoup d'ennuis. J'ai fait de la prison dans douze pays... et tout cela parce que je me suis identifiée à Edith Cavell lorsqu'elle a déclaré : "Je ne dois ressentir aucune haine, aucune amertume envers qui que ce soit." » (Trad. A.D. & E.J.)

car il leur imposait des compromis avec leur conscience anarchiste. Comme Judith Malina l'exprima au début de leur exil volontaire en Europe[10], sans cet argent qui les corrompait, ils peinaient à rassembler les conditions nécessaires pour créer. Lorsqu'ils tentaient d'ouvrir puis de maintenir un théâtre à New York, ils se heurtaient à la difficulté de, d'abord, lever des fonds puis de rentrer dans leurs fonds. En dépit des succès rencontrés, le Living Theatre devait faire face aux dettes et aux manquements de paiement des comédiens. Julian Beck confia à Pierre Biner qu'en 1964 il passait « quatre-vingt-cinq pour cent » de son temps à chercher de l'argent (cité dans *ibid.*, p. 58). Si le Living Theatre jouait parfois gratuitement, beaucoup de leurs pièces étaient payantes. Les spectateurs achetaient leur place ou donnaient une contribution pour les pièces jouées dans les lieux qu'ils ouvrirent à New York ; la troupe vendait également ses représentations à d'autres théâtres ou à des festivals, notamment en Europe. La question de l'argent resta problématique : s'ils aspiraient à changer le système, ils dépendaient du modèle capitaliste pour survivre.

Faute de trouver en 1947 des financements, les premières représentations n'eurent lieu qu'en août 1951 dans l'appartement des Beck au 789 West End Avenue dont le loyer était pris en charge par le père de Julian Beck. Ils proposaient ce que Stéphanette Vendeville définit comme du « théâtre de chambre » et présentaient alors quatre pièces (2008, p. 44) : *Childish Jokes* (1951) de l'anarchiste Paul Goodman, *Ladies' Voices* (1922) de Gertrude Stein, *He Who Says Yes / He Who Says No* (1929/1930) de Bertolt Brecht et *The Dialogue of the Manikin and the Young Man* (1936) de Frederico García Lorca. Cette première programmation en rupture avec la tradition réaliste américaine était représentative des ambitions du Living Theatre qui choisissait des textes formellement subversifs :

> Nous voulions changer la façon de jouer. Mais ça n'a pas commencé comme ça. C'était d'abord le langage qu'il fallait changer. Par réaction contre le naturalisme, contre la version américaine de Stanislavski, nous nous sommes orientés vers les poètes contemporains, vers le théâtre poétique. Nous voulions

10 Sur la question de l'argent, Malina déclarait : « *chaque fois* que *j'accepte* un *dollar* de quelqu'un ou que je donne un franc à quelqu'un, *je me sers* du *système guerrier* et *sanglant* que les hommes ont adopté pour leurs échanges, et *je lui apporte mon soutien.* » (Malina citée dans *ibid.*, p. 9.)

> que le théâtre accomplisse enfin la révolution qui avait bouleversé les autres arts : musique, peinture, sculpture. (*ibid.*, p. 202)

Comme le précisa Beck à Robert Brustein, lors d'une discussion publique à l'*Experimental Theatre of the Yale School of Drama*, en septembre 1968, c'est la poésie, verbale d'abord, puis plastique, scénique, qui guida le travail du Living jusque dans les années 1960. Bien que Judith Malina et Julian Beck aient été tous deux très impliqués dans la politique qui influença certes leur art, elle ne devint cependant une force de création que dans un deuxième temps :

> Tous nos premiers efforts étaient principalement dictés par la poésie verbale et plastique du théâtre. À cette époque, nous étions pourtant également politisés mais la politique, la métaphysique, n'intervenaient pas dans la sphère théâtrale de façon claire et audacieuse. Je dirais plutôt qu'elle était présente de façon subtile, et toutefois significative, mais elle ne guidait pas nos créations. (Beck & Malina cités dans Brustein, 1969a, p. 21)[11]

Grâce aux 6 000 $ hérités de la tante de Julian, les Beck purent enfin établir résidence, à partir de décembre 1951, dans un véritable théâtre : le Cherry Lane Theatre situé dans Greenwich Village et ouvert en 1924 par Edna St. Vincent Millay, qui elle aussi avait fait partie de l'aventure des Provincetown Players. Pour gérer le lieu, Judith Malina et Julian Beck s'associèrent avec leurs amis Merce Cunningham et John Cage (qui joua pour la première fois *Music of Changes* en janvier 1952 au Cherry Lane). Les Beck proposaient six pièces dans le théâtre où ils poursuivaient leur expérimentation avec le langage. Les mises en scène étaient principalement de Malina et Beck s'occupait « des décors, des costumes, de l'administration » (Beck cité dans Biner, 1968, p. 29). Ils présentèrent *Doctor Faustus Lights the Lights* de Gertrude Stein une autrice qui, selon Malina, « n'a jamais cessé de faire la révolution du mot, de vivifier le langage » (citée dans Vendeville, 2008, p. 50). Le travail sur la versification à partir de *Beyond the Mountains* (1951) de Kenneth Rexroth et *Faustina* (1952) de Paul Goodman fut particulièrement compliqué et

---

11 Trad. A.D. & E.J. – « *[A]ll of our early efforts were very much concerned with poetry of the theatre verbally and with poetry of the theatre plastically. At that time, however, we were also politicized, but the politics, the metaphysics, did not enter into the theatrical world in a clear, bold way. I think it always entered in a subtle way, a nevertheless important way. But it did not guide the form of the productions.* »

poussa Julian Beck à s'interroger sur cette forme : « peut-être que les pièces en vers nécessitent plus de temps de répétition parce que nous n'avons pas d'affinité naturelle avec la versification et qu'on passe du temps aux répétitions à chercher un style de production satisfaisant » (cité dans Vendeville, 2008, p. 52). *Faustina* fut une pièce douloureuse pour la comédienne jouant le rôle éponyme car les Beck lui demandaient de « casser les barrières psychologiques et physiques entre les acteurs et les spectateurs, comme l'avait suggéré Piscator, en s'attachant à établir un dialogue avec le public » (*ibid.*, p. 52). D'une part, la comédienne ayant été formée à la Méthode de l'Actors Studio avait du mal à dépasser l'approche psychologique et, d'autre part, elle vécut mal les vives réactions du public qui se sentait insulté par ses prises à partie. La soirée intitulée *An Evening of Bohemian Theatre*[12], composée de la reprise de *Ladies' Voices* (Stein), de *Sweeny Agonistes* (1932) de T.S. Eliot et de *Desire Trapped by the Tail* (1941) de Pablo Picasso, fut le premier véritable succès du Living Theatre. La recette, qui fut enfin bonne, donna une respiration à la compagnie financièrement acculée. Avec *Ubu, the King* d'Alfred Jarry, Beck fit évoluer sa scénographie pour que, « comme le jeu », elle devienne « vivante » dans l'abstraction, à l'image de sa peinture qui tendait à rendre compte des vibrations d'une réalité non objective (Beck cité dans *ibid.*, p. 55). *The Heroes* de John Ashbery sera le dernier spectacle du Living au Cherry Lane. La pièce choqua par son langage cru et les références à l'homosexualité. « Coïncidence ou non », écrit Biner, « c'est le moment que choisit le Service Incendie pour fermer le théâtre, après trois représentations seulement. [...] Les Beck devront recommencer à zéro », conclut-il (1968, p. 27). Cette clôture de leur théâtre par les autorités américaines augura une série de fermetures contraintes. Il faudra plus d'un an à Malina et Beck pour trouver de l'argent et un nouveau lieu où implanter la compagnie. Le local, nommé *The Studio*, se trouvait à l'angle de West 100th et Broadway.

Ouvert en 1954, *The Studio* ferma ses portes en novembre 1955 suite à la demande de la Commission de sécurité des bâtiments (*Department of Buildings*) de réduire le nombre de sièges, ce que les Beck refusèrent. Le Living Theatre ne vendait pas de billets d'entrée et les contributions des spectateurs étaient donc volontaires, ce qui permettait de couvrir les

12 Stéphanette Vendeville traduit : « Une Soirée au théâtre de la Bohème » (2008, p. 54).

frais mais n'était pas suffisant pour payer convenablement les comédiens qui acceptaient donc de travailler pour très peu d'argent. Les décors de Julian Beck étaient conçus à partir de matériaux simples, souvent de récupération. Ils prirent le parti de limiter au maximum les publicités payantes. En plus de leur activité au Studio, Beck et Malina avaient un emploi alimentaire pour subvenir à leurs besoins et ceux du théâtre. D'après Pierre Biner, le Studio « représent[ait], du moins avant la grande aventure européenne, une sorte d'idéal, qu'ils regrett[èrent] » puisqu'ils étaient parvenus, dans une certaine mesure, à se soustraire d'une « société dans laquelle le spectacle est estimé d'après les sommes qu'a coûté la production » (1968, p. 33). Sept créations furent présentées sous le toit du Studio. La première représentation fut *The Age of Anxiety* (1947) du poète W.H. Auden pour laquelle Jackson Mac Low composa une partition musicale dodécaphonique. À l'issue de la performance, les Beck proposèrent un échange avec le public autour d'un punch dans leur appartement, une invitation qui devint un rendez-vous régulier. Dans son journal à l'entrée du 29 mars 1954, soit une semaine après la première, Judith Malina nota :

> J'aime parler au public après la pièce, casser la représentation pour en faire une scène d'amitié. Nous y apprenons en quoi notre travail affecte les gens qui parlent librement et font à la fois des louanges et des critiques. (Malina citée dans Vendeville, 2008, p. 61-62)

Pour *The Ghost Sonata* de Strindberg, une musique fut spécialement composée par celui qui allait devenir le directeur musical du Living Theatre pendant plusieurs années, Alan Hovhaness. L'importance de la musique dans les créations de la compagnie devenait une évidence. *Orpheus* de Cocteau fut présentée en octobre 1954. Le couple avait écrit à l'écrivain français pour avoir l'autorisation d'utiliser l'un de ses dessins comme logo. Jean Cocteau répondit : « [J]e suis votre ami et suis d'accord pour tout ce qui peut vous faire plaisir ou vous rendre service » (cité dans *ibid.*, p. 63). Le mot était accompagné d'un dessin d'Orphée qui devint alors le visuel du Living Theatre. Julian Beck joua ensuite le personnage éponyme de *The Idiot King* (1954) par Claude Fredericks, posant la question du pacifisme. En dépit du sujet qui tenait particulièrement à cœur aux Beck, la pièce ne fut pas très bien reçue contrairement à *Tonight We Improvise*. Avec ce travail sur l'œuvre de

Pirandello, le Living Theatre s'essaya à nouveau à l'interaction scène-public qui fut si difficile pour *Faustina*. Cette fois, la troupe se détourna de l'implication directe du spectateur en positionnant des acteurs dans le public au nom duquel ils interpellaient les acteurs sur scène. Les Beck s'écartèrent ensuite du répertoire contemporain pour présenter *Phèdre* de Racine qu'ils traduisirent eux-mêmes. D'après Pierre Biner, c'était « la première fois que la tragédie de Racine [était] jouée en anglais sur une scène professionnelle à New York » (1968, p. 32). Biner note également que « pour la seconde fois, le Living Theatre [fit] appel à un metteur en scène extérieur, Richard Edelman, qui avait déjà réalisé *The Idiot King* », précisant que « ce seront les seules et uniques fois où Judith et Julian laisseront à quelqu'un d'autre le soin de diriger un spectacle, exception faite des mises en scène réalisées en Europe » (*ibid.*). *The Young Disciple* (1955) de Paul Goodman fut la dernière représentation du Living au Studio. Merce Cunningham signa la chorégraphie de cette adaptation en prose et vers de l'Évangile selon Saint Marc qui valut au Living la visite de la police qui, selon Malina, avait « parlé de "troubles" possibles après la première parce qu'[ils] fais[aient] une pièce obscène » (citée dans Vendeville, 2008, p. 72). Stéphanette Vendeville revient sur les stratégies mises en place par la compagnie pour ironiquement contourner la censure :

> Un policier est présent [au Studio] pendant les répétitions et les représentations, pour capter les « mots grossiers » fréquemment utilisés dans la pièce ; le mot « *fuck* » par exemple. Mais la régie installe un signal d'alarme lumineuse, et chaque fois qu'un intrus entre dans la maison, les acteurs y substituent systématiquement le mot « censure », cela peut donner quelque chose du genre : « *Our master is censoring his only world* » (Notre maître censure le seul monde qu'il ait). Quand l'alerte est donnée, le public, averti, peut participer à l'absurde de la situation. (*ibid.*)

Ces méthodes leur permirent d'esquiver les autorités, du moins en apparence. En effet, l'intervention du *Department of Buildings* qui résulta en la fermeture du lieu fut peut-être la preuve que les instances officielles eurent finalement le dernier mot.

À cette époque, les convictions anarchistes pacifistes de Malina et Beck s'affirmèrent, ce qui leur causa des ennuis avec la justice. Judith fut arrêtée et alla derrière les barreaux pour la première fois au printemps 1955, suite à une manifestation contre le programme de défense militaire des États-Unis (raids aériens, bombe nucléaire, etc.) à laquelle elle participait aux côtés de Dorothy Day, fondatrice des *Catholic Workers*, et auprès de qui elle s'investit en dépit de leurs différences religieuses. En 1957, le couple rejoignit à nouveau Day pour protester contre le *State Defence Emergency Act*, ce qui lui valut une peine de prison. La prison confirma leurs convictions anarchistes et pacifistes qui furent aussi renforcées par leur rencontre avec celui qui redécouvrit l'hassidisme, le philosophe et théologien Martin Buber, défenseur du pacifisme et de l'anti-impérialisme. Alors que le Living Theatre reçut le *Lola d'Annunzio Award* décerné par le célèbre journal *The Village Voice* pour l'importance de sa contribution au mouvement Off-Brodway en 1958, Malina et Beck cherchaient encore des fonds pour ouvrir un nouveau lieu et pouvoir poursuivre leur aventure artistique. En 1956, Judith hérita de 2 500 $ de sa mère. Selon John Tytell, Beck aurait souhaité investir la totalité de l'argent dans leur nouveau théâtre mais, amusé par la coquetterie de Malina, il accompagna son épouse dans ses démarches pour se faire refaire le nez (1997, p. 124).

LA TRANSITION : 1959-1963

Il fallut attendre 1959 pour que le Living Theatre ait à nouveau une adresse. Grâce à l'aide du producteur Paul Williams, les Beck ouvrirent un nouveau théâtre en partenariat, une fois encore, avec John Cage et Merce Cunningham. La compagnie élut alors domicile à l'angle de la 14ᵉ rue et de la 6ᵉ avenue pour cinq ans. Les Beck se consacrèrent désormais exclusivement au théâtre et abandonnèrent leur emploi alimentaire pour créer et chercher l'argent nécessaire aux créations. En 1959, Julian Beck définit le théâtre du 14th Street comme un théâtre d'expérience partagée, un théâtre de la « vie même » (Living Theatre, s.d.[b], n.p.). Les années 1959 à 1963 peuvent être définies comme une période de transition vers un théâtre militant. Le texte resta central mais l'envie d'impliquer plus avant les spectateurs s'affirma afin de gommer la frontière entre fiction et réalité ; frontière que les comédiens eux-mêmes tentèrent d'effacer en développant une approche de jeu nouvelle. Une autre caractéristique de ces années concerne la dénonciation de la société capitaliste et militaire qui devint alors plus directe. Avant la reprise de *Tonight We Improvise*, leur première création dont les décors et la mise en scène étaient signés de Beck, *Many Loves* (1959) du poète William Carlos Williams fut tout d'abord proposée. Sur fond de triangle amoureux, la pièce soulève la question du théâtre en vers ; question discutée par un auteur, un producteur et une actrice. Dans un article du *New York Times* du 22 mars 1959 intitulé « *Why Vanguard ? Value of Experimental Theatre Discussed* », Julian Beck inscrit la pièce dans la continuité de leur exploration métathéâtrale et présente l'implication du spectateur comme une des spécificités du théâtre expérimental :

> Le Living Theatre a monté des pièces de Cocteau, Pirandello, Paul Goodman et d'autres auteurs ayant utilisé la même méthode. La raison est évidente. L'artiste d'avant-garde est libre d'utiliser tout moyen qui soit pour donner vie au théâtre, pour rendre l'expérience de chaque spectateur active et non passive. « La pièce, c'est le public ! » s'exclame l'un des personnages de *Many Loves*. Ce que veut dire ici le Dr Williams est clair : le vrai théâtre est là, dans le présent partagé avec le public[13].

Si Beck revient plus tard sur la pertinence de leur démarche, l'intention était bien à cette époque de placer le spectateur au cœur de l'action théâtrale, une intention que le Living va pousser encore avec la mise en scène en 1959 de *The Connection*, première pièce de Jack Gelber, mettant en scène un groupe de drogués qui attendent « *the connection* », leur vendeur de drogue donc. L'œuvre de Gelber est une pièce sur l'attente[14]. En effet, « rien ne se passe dans *The Connection* », comme l'écrit Jonas Mekas, qui ajoute : « [*The Connection*] capte quelque chose de l'essence de notre vie d'aujourd'hui simplement par le fait qu'elle ne traite de rien. [La pièce] ne montre la vérité mais elle met la vérité en mouvement, elle la suggère » (1962, p. 10)[15]. Parmi les drogués se

13 Trad. A.D. & E.J. – « *The Living Theatre has done plays by Cocteau, Pirandello, Paul Goodman and others that have used similar methods. The reason is clear. The avant-garde playwright is free to use any means whatever to make the theatre come alive, to make the experience active rather than passive for each member of the audience. "The audience is the play !" cries one of the characters in* Many Loves. *Dr. Williams' meaning is clear : the real drama is there, in the present audience.* »

14 Pour Franck Jotterand, le théâtre américain de la première moitié du XXe siècle s'est renouvelé par trois fois grâce aux *Provincetown Players*, puis au *Group Theatre* (fondé en 1931) et enfin au *Living Theatre*. Il établit de nombreuses comparaisons entre ces trois compagnies fondatrices. Au sujet de la pièce de Gelber, il écrit : « [S]i l'on compare *The Connection* aux œuvres qui ont lancé les *Provincetown Players* et le *Group*, on remarque que toutes trois sont construites sur une structure semblable : l'attente. Dans *En mer vers Cardiff* d'Eugène O'Neill (1916), un matelot, Yank, attend la mort ; en 1935, les syndicalistes de Clifford Odets se réunissent "*en attendant Lefty*", c'est-à-dire la grève ; dans *Connection*, on attend la drogue. » (1970, p. 99.)

15 Trad. A.D. & E.J. – « *It shows something of the essence of our life today only because it is about nothing. It doesn't point at truth – it sets truth in motion, it suggests it.* »

trouvaient des musiciens de jazz (aujourd'hui célèbres comme Freddie Redd, Jackie McLean, Cecil Taylor, Tony Williams), dont la présence fut, d'après Judith Malina, fondamentale dans l'évolution du rapport au public et du jeu des comédiens :

> [L]orsqu'un musicien de jazz joue, il entre en contact personnel avec le public, lorsqu'il descend dans la salle, on le connaît vraiment, il n'y a pas de différence entre ce qu'il était sur la scène et ce qu'il est ; cette relation lui donne beaucoup de décontraction. *The Connection* a été une contribution immense : c'est à partir de là que les comédiens ont commencé à se jouer eux-mêmes, au Living. (Malina citée dans Biner, 1968, p. 44)

Cette transition vers un jeu ancré dans la réalité des comédiens qui se « joue[ent] eux-mêmes » est importante dans l'histoire de l'évolution du travail de la compagnie. Cette tentative d'effacer les frontières entre la fiction et la réalité a pu être considérée problématique par certains critiques comme Robert Brustein qui exprima ses réserves aux Beck lors de leur rencontre en 1968 :

> [C']est la première pièce que j'ai vue au Living Theatre et aussi la première dont j'ai fait la critique. Cette œuvre a changé ma vision du théâtre – ce qu'il était, ce qu'il pouvait être. Pas simplement à cause du texte, qui, à la lecture, est assez brut et semble être improvisé, mais aussi par sa signification en tant qu'événement théâtral produit par des gens qui, d'une façon ou d'une autre, étaient parvenus, avec cette seule pièce, à faire tomber les barrières séparant le plateau de la vie. Il y avait malgré tout un artifice : on nous faisait croire que les junkies au plateau étaient de vrais junkies, non des acteurs, et je suppose que pour certains c'était le cas [...]. Donc, [...] je trouve que le recours à ce type de procédé sera toujours problématique [...] aussi longtemps que le théâtre sera une imitation, et c'en sera toujours une[16]. (Brustein, 1969a, p. 19)

En dépit de ces interrogations et neuf ans après la première de *The Connection*, la critique de Brustein, « Junkies and Jazz », publiée dans

16 Trad. A.D. & E.J. – « *The first play I saw at the Living Theatre was The Connection, and it's the first play I ever reviewed. It was a work that changed my mind about the theatre – what it was and could be. Not simply because of the text, which, if you read it, is rather crude, and seemingly improvised, but what this meant as a theatrical event, produced by people who had somehow managed in this one play to break down barriers between what was going on onstage and what was going on in life. There was an artifice involved – you were meant to think that these junkies on stage were real junkies and not actors, and I gather some of them were junkies [...]. So [...] I think that artifice will always be a problem [...] [a]s long as theatre is an imitation, and it will always be an imitation.* »

The New Republic en septembre 1959, était élogieuse et le public se pressa pour venir voir la pièce. Le Living Theatre se vit alors à nouveau récompensé par *The Village Voice* qui désigna *The Connection* « meilleure pièce Off-Broadway de l'année ». Le *Vernon Rice Award* et le *New York Drama Critics Poll Award* furent également décernés à Gelber. D'abord censurée par les autorités américaines, l'adaptation cinématographique par Shirley Clarke sortit en 1962, non sans un certain ressentiment des Beck qui regrettèrent de n'avoir pas été plus impliqués dans le processus. Une autre des créations du Living Theatre importante pour cerner l'évolution de la troupe est *The Marrying Maiden* (1960) de Jackson Mac Low, inspirée du travail sur l'aléatoire de John Cage à partir d'un des plus anciens des textes chinois, le *Yi Jing* (ou « Livre des changements ») fondé sur un système de signes binaires utilisés pour faires des divinations. Dans la tradition chinoise, le *Yi Jing* permet de décrire les états du monde et leurs évolutions. Dans *The Marrying Maiden*, l'auteur propose un système de signes donnant des informations relatives à l'action théâtrale, aux personnages, au ton des répliques, etc., à l'attention des comédiens qui tiraient ces informations au sort selon un protocole de tirage défini par la metteuse en scène, Judith Malina (Biner, 1968, p. 52). Un personnage de lanceur de dés, sorte de figure du Destin, créée non pas par l'auteur mais par Malina elle-même, donnait des indications aux comédiens en tirant une carte selon le chiffre du dé lancé. Pour Stéphanette Vendeville, cette pièce est significative dans l'approche de l'improvisation de la troupe :

> Le Living Theatre commence alors vraiment à improviser sans aucune triche-rie. Il se passe, sur la scène, des choses qui ne s'étaient jamais passées avant. L'acteur n'est plus celui qui exécute ce qu'il connaît et qu'il a appris, il est sur une scène, pendant le spectacle, en état de création et en danger. Cette mise en danger, vécue ensemble par la scène et la salle, abolit la convention de la représentation. (Vendeville, 2008, p. 96)

L'aventure du théâtre de 14th Street se poursuivit avec les mises en scène de *The Apple* (1961) de Gelber, *In the Jungle of Cities* (1921) et *Man is Man* (1925) de Brecht ainsi que *The Cave at Machpelah* (1958) de Goodman et *Women of Trachis* (1956) d'Ezra Pound. L'écho du succès du Living Theatre qui reçut un nouveau prix en 1961, le *Brandeis University Creative Arts Award*, dépassa les frontières étatsuniennes et la compagnie fut invitée en 1961 par le Théâtre des Nations (dirigé par Claude Planson) à jouer au Théâtre du Vieux-Colombier. « Pour venir à Paris », expliquait

Malina lors d'une conférence de l'Institut International du Théâtre du 17 juin 1961, « nous avons vendu aux enchères des tableaux d'artistes new-yorkais et des manuscrits » (citée dans Aslan, 2009, p. 157). Ayant essuyé le refus de soutiens de la part du gouvernement américain et ne pouvant financer eux-mêmes leur déplacement, le critique Howard Taubman lança un appel aux dons dans le *New York Times* sous le titre « *Stage Company in Want : Living Theatre May Forgo Invitation to Paris Festival for Need of 34,000 $* » (Compagnie dans le besoin : le Living Theatre pourrait décliner l'invitation du Festival de Paris faute d'obtenir les 34 000 $ nécessaires ; trad. A.D. & E.J.). Paul Goodman, Allen Ginsberg, Robert Rauschenberg et Willem De Kooning firent don d'œuvres pour une vente aux enchères qui permit à la compagnie de financer leur tournée européenne. *The Connection*, présentée à Paris, conquit les critiques comme Claude Sarraute, Jean Paget ou encore Bertrand Poirot-Delpech alors que d'autres, comme André Rivollet, se montrèrent beaucoup plus perplexes (Aslan, 2009, p. 158-159). Le Living Theatre joua également au Théâtre du Vieux-Colombier *In the Jungles of Cities* et *Many Loves*. C'est à Berlin que la compagnie apprit que le Théâtre des Nations leur avait décerné le Grand Prix de la Recherche Artistique et qu'ils s'étaient également vu attribuer le prix du Cercle International de la Jeune Critique. Ne pouvant honorer toutes les invitations européennes, la compagnie limita sa tournée à Rome, Turin, Milan, Paris et Francfort. L'année suivante, en 1962, le Living Theatre revint jouer à Paris, Zurich, Dusseldorf, Anvers, Bruxelles et dans plusieurs villes hollandaises.

À son retour du vieux continent, Le Living Theatre retrouva son théâtre de 14th Street avant de devoir brutalement le quitter en 1963 suite au succès de *The Brig*, pièce qui reçut en 1964 trois *Obie Awards*, un dans la catégorie « *Best Production* » (meilleure production), un pour « *Best Design* » (meilleure scénographie) et un troisième pour « *Best Direction* » (meilleure mise en scène). La politique devenait de plus en plus importante pour les Beck qui organisèrent, en janvier 1962, ce qu'ils nommèrent la *Worldwide General Strike for Peace* ou « grève générale mondiale pour la paix ». Selon John Tytell, le couple « envisag[eait] la grève générale comme une action théâtrale » visant à dénoncer la violence dans le monde (1997, p. 172). Ils organisèrent une marche le long de la 5e Avenue, du Plaza Hotel jusqu'à Washington Square, ainsi que des marches aux flambeaux et des *sit-ins*. Si l'ampleur du mouvement ne fut pas aussi grande que ce qu'ils avaient espéré, la mobilisation fut cependant réelle. Les Beck participèrent à d'autres manifestations pour la paix comme au rassemblement à Times Square en mars 1962 à l'initiative de *Women Strike for Peace* qui se solda par un séjour à l'hôpital pour Beck, après une altercation avec la police ; ils organisèrent une seconde grève mondiale pour la paix dont le succès fut relatif. Alors qu'ils étaient pleinement investis dans la lutte antimilitariste, le couple découvrit la pièce *The Brig* (1963) de Kenneth H. Brown qui marqua le tournant politique du travail théâtral de la compagnie. Avec cette pièce, le « rêve d'un théâtre utile » de Julian Beck devenait plus concret (Beck, 1978, p. 23). Inspirée d'une expérience personnelle de l'auteur lorsqu'il était soldat, *The Brig* est une œuvre antimilitariste prônant la désobéissance civile. Elle met en scène la violence institutionnalisée au sein même de la communauté militaire. L'action se passe dans une cellule (« *brig* ») où les *Marines* étaient incarcérés suite à une faute. Le jeu représentait la réification des soldats ayant intégré verbalement et physiquement la violence de l'autorité retournée contre ses pairs mais aussi contre soi. Pour que les comédiens soient en mesure de rendre compte de cette violence à la fois physique et psychique, Judith Malina leur demandait de se familiariser avec le *Manuel des Corps des Marines*, sorte de guide pour les soldats, et mit en place un processus de répétitions très éprouvant fondé sur des règles strictes et sur l'endurance (les répétitions duraient environ sept heures). Lorsque la pression (recherchée, donc) était trop forte, les comédiens pouvaient crier : « Pitié ! ». Les membres de la troupe prenaient alors une courte pause pour se remettre de leurs émotions avant de reprendre. Malina faisait également tourner les rôles des acteurs (tantôt agresseur, tantôt victime) pour que chacun ressente les différents degrés d'humiliation. Ce mode de travail visait à éprouver le comédien, non pas pour qu'il « se joue lui-même », comme Malina l'évoquait au sujet de *The Connection*, mais pour qu'il vive lui-même ce que le personnage vivait. Ce naturalisme d'interprétation semble faire écho à celui inauguré par Constantin Stanislavski puis repris par Lee Strasberg et sa *Méthode*, pourtant décriée par les Beck. Si comme dans le jeu réaliste, l'expérience du rôle est réelle puisque, dans les deux cas, les comédiens incarnent un personnage, l'approche du Living Theatre était différente car les exercices de préparation ne convoquaient pas des arcanes psychologiques individuelles mais des procédés de relation à l'autre et à l'espace que Joseph Chaikin, membre du Living avant de fonder son Open Theatre, développa. De plus, l'acteur de la Méthode était perçu comme un acteur qui « pose » et cherche à produire des « effets » sans parvenir alors à une « représentation de la vraie vie », selon Julian Beck (Beck, 1965, n.p.)[17]. Le dispositif scénique imaginé par Beck imposait une relation à l'espace et à l'autre très oppressante comme la description de Jean Jacquot le montre :

> Dans le dispositif réalisé par Julian Beck, des fils de fer barbelés, tendus dans l'ouverture de la scène, séparent les spectateurs de celle-ci. Ce sont les barbelés qui délimitent l'enclos extérieur du brig, qui occupe la partie antérieure du plateau. Au-delà de l'enclos, on voit l'intérieur du brig dont le quatrième mur est censé [être] transparent. Les barbelés interdisent la communication entre les spectateurs et les acteurs. Cette séparation rappelle le secret dont s'entourent, dans la société, les institutions répressives, et aussi le refus instinctif de savoir ce qui s'y passe, ou même d'en admettre l'existence. Les spectateurs sont contraints de voir, et d'éprouver comme une transgression nécessaire le fait de regarder et de s'informer. (Jacquot, 1970, p. 186)

Le spectateur participait donc à l'action non pas parce qu'il interagissait avec les personnages mais parce qu'il se retrouvait dans une situation qui lui faisait expérimenter l'oppression. Lors de la rencontre à *l'Experimental Theatre of the Yale School of Drama* en 1968, Julian Beck confia, en réponse à la remarque de Brustein au sujet des tensions entre « être » et « imiter » au théâtre, que le travail à 14th Street antérieur à *The Brig* avait été un échec quant à la relation avec le spectateur. Revenant sur *The Connection*, *Many Loves* et *Tonight We Improvise*, le cofondateur du Living déclara :

> À notre grande déception, nos créations ne reflétaient jamais de façon satisfaisante la vérité que nous essayions de montrer. La vérité artistique, c'est un sujet dont il est facile de parler ; n'importe qui peut en parler. Nous-mêmes, on en parlait, mais on avait le sentiment que, soir après soir, on dupait le public. On le dupait sur le fait qu'il s'agissait d'une bande de junkies rassemblés sur scène au petit bonheur pour faire un film ; on le dupait sur le fait qu'il y avait des gens en train de répéter trois pièces en un acte d'un certain auteur – l'œuvre de Williams Carlos Williams ; on le dupait sur le fait qu'on était en train d'improviser un truc à partir de bribes de textes

17 Trad. A.D. & E.J. – « *I want actors to stop posing, I'm talking to Method actors, too, to stop trying to create effects and to break through into the representation of honest life.* »

> vaguement inspirés de Pirandello dans une mise en scène de Julian Beck. Et en fait de nombreux spectateurs y croyaient : c'était ça le pire ! (Beck cité dans Brustein, 1969a, p. 21)[18]

Au regard de l'approche qui fut la leur à partir de *The Brig*, il est possible d'avancer que Beck récusait, a posteriori, la tentative du Living de créer une situation artificielle d'interaction avec le spectateur qui restait malgré tout un observateur extérieur plutôt que le membre d'une communauté qui vit l'action et accède alors à la réalité de l'expérience et de sa propre conscience politique. Le problème de ces pièces antérieures (ce qui, pour Brustein, resta un problème par la suite) se situait donc, pour le cofondateur du Living Theatre, au niveau de la réception et de l'implication du spectateur plutôt qu'au niveau du jeu et du rapport du comédien vis-à-vis de lui-même. Avec *The Brig*, l'interaction n'était pas feinte et le spectateur était au cœur de l'action et ressentait ainsi l'oppression sociétale que la pièce rejouait pour lui. *The Brig* jouait depuis cinq mois lorsque les Beck reçurent un avis d'expulsion du Trésor Public américain (*Internal Revenue Service* ou IRS), alors qu'ils venaient d'obtenir le statut d'*Educational Institution* qui justement allait les exempter d'impôts. Des rumeurs selon lesquelles la fermeture par les autorités concernait plus leur insatisfaction vis-à-vis d'une pièce remettant en question l'armée américaine que les manquements de paiement se propagèrent. Au procès, les Beck demandèrent l'autorisation de poursuivre leur activité afin de rembourser une partie de l'argent et de payer les comédiens. Les autorités refusèrent et un *sit-in* fut organisé dans le théâtre. Des confrontations eurent lieu entre les représentants de l'IRS et les membres du Living Theatre. En janvier 1964, la compagnie joua *The Brig* au Midway Theater qui fut mis à leur disposition gratuitement… du moins jusqu'à ce que son propriétaire, Irving Maidman, leur demandât un loyer (Biner, 1968, p. 76). Ces représentations furent jouées sous la

---

18 Trad. A.D. & E.J. – « *[W]e were never satisfied that these productions contained the truth we were trying to present. Artistic truth, that's something that's easy to talk about ; anybody can talk about that. We talked about it, but we felt that here we were, night after night, lying to the audience. We were lying to the audience that this was a bunch of junkies who were haphazardly collected on stage to make a movie ; we were lying to the audience that here was a cast of people rehearsing three one-act plays by some author – the William Carlos Williams play ; we were lying to the audience that we were improvising something with a vague text, presumably suggested by Pirandello, and being put on the stage by Julian Beck. And in fact many members of the audience were taken in : that was the worst of it !* »

bannière des « *Exile Productions* » imaginées pour l'occasion. C'est à ce moment que les Beck furent accusés par le tribunal fédéral (*Federal Grand Jury*) d'avoir entravé un agent dans l'exercice de ses fonctions et occupé 14th Street alors fermée par les autorités. Le procès débuta en mai. Les Beck refusèrent de prendre un avocat car, selon eux, se faire représenter aurait été le symbole de leur soumission au système ; ils assurèrent alors leur défense. La cour fut consternée par l'insolence des accusés. En plus de l'amende dont la compagnie devait s'acquitter, Beck fut écroué pour une durée de soixante jours et Malina pour trente. La cour les autorisa cependant à purger leur peine au retour de leur tournée européenne. John Tytell rapporte qu'à l'annonce du verdict, Judith Malina leva les bras au ciel et proclama au juge qu'il signait par sa sentence l'arrêt de mort du Living Theatre (1997, p. 197). La théâtralité du procès inspirera à Karl Bissinger une pièce : *Trial of Judith Malina and Julian Beck*. Le passage au plateau illustre cette confusion entre réalité et théâtre, à l'image des propres mises en scène des Beck qui cherchaient à saisir l'intensité du « vrai » pour la partager avec le public afin de le faire réagir, à l'instar de ce qu'ils avaient tenté de faire dans le box des accusés pour emporter leur auditoire. Ce flou entre manifestation politique et manifestation artistique, à l'image de celui entre réalité et fiction, était devenu caractéristique du travail de la compagnie.

« LA LIBÉRATION » : 1963-1967

> Les événements de 1963 ayant mené à la fermeture du théâtre, à la censure de *The Brig* et à notre départ pour l'Europe furent pour nous une libération. C'est à cette période que nous avions pris pleinement conscience qu'il n'était plus possible de séparer ce qui nous étions à la ville (c'est-à-dire des citoyens, des Hommes révoltés contre le Gouvernement et le monde) et à la scène ; nous ne voulions plus séparer les deux. [...] *The Brig* et les créations suivantes (*Mysteries* juste après, ensuite une mise en scène très politique des *Bonnes* [...], puis *Frankenstein*, *Antigone* et *Paradise Now*) [sont] toutes des pièces très politiques – avec ce travail, nous nous sommes tout d'un coup rendu compte que nous avions créé, enfin, ce que nous considérions comme notre première innovation en matière de forme véritablement satisfaisante. (Brustein, 1969a, p. 22)[19]

19 Trad. A.D. & E.J. – « *The events of 1963 which led to the closing of the theatre and The Brig, and to our departure for Europe, were for us a liberation. It was at that time that we felt strongly, not only as people, not only as men standing in confrontation with the Government and with the*

Si Judith Malina avait condamné le verdict de la cour qui signait la mort de la compagnie, la sanction fut finalement vécue comme une « libération » selon Beck. Leur expulsion du 14th Street marqua un tournant dans l'histoire du Living Theatre qui quitta New York pour l'Europe où ils adoptèrent une vie communautaire. En quittant la capitale culturelle, la troupe perdit certains de ses membres, comme Joe Chaikin, et forma une nouvelle entité. Dans son journal du 6 août 1964, Malina écrivit : « [Nous savons que nous ne sommes pas de simples voyageurs mais des réfugiés » (citée dans Tytell, 1997, p. 197)[20]. Ce statut de réfugiés apatrides, qui fit d'eux des nomades, renforça encore leurs convictions anarchistes que leur séjour en prison avait déjà accentuées : « [S]uppression de l'État, de toute forme d'autorité (politique, éducation, morale bourgeoise), des transactions monétaires ; création d'associations devant se suffire à elles-mêmes (production et consommation), suppression de la propriété individuelle (parce que l'homme s'aliène dans l'objet qu'il acquiert ou conquiert) », réclamaient-ils alors (Biner, 1968, p. 67). La compagnie se déplaça en Angleterre, en France, en Belgique, en Allemagne, en Italie et en Suisse, où ils vivaient ensemble selon un principe de partage des richesses et des idées. Ce mode de vie nomadique et communautaire influença leur travail artistique qu'ils considéraient de plus en plus comme une entreprise collective. « Nous sommes en train de développer des méthodes de création théâtrale communautaire », expliquait Beck en 1967, « nous voulons créer des pièces qui ne soient pas dictées par des auteurs ou des metteurs en scène individuels et qui permettent à la puissance collective de se libérer en même temps que l'inspiration individuelle » (cité dans Lebel, 1969, p. 261). Ces nouvelles méthodes de travail valurent encore le départ de certains comédiens américains qui eurent du mal à s'adapter, comme nous le verrons plus bas. D'autres partirent à cause des conditions de vie. Chaque membre recevait à peine 1,50 $/jour de rémunération en plus de la nourriture et du logis qu'ils partageaient lorsqu'ils en trouvaient. Les déplacements incessants

---

world, but also in the theatre, that it was no longer possible to divide the two, probably because we no longer wanted to. [...] The Brig *and the work which followed it, Mysteries, immediately afterwards, and then after that a very political production of* The Maids [...] *and then Frankenstein, Antigone, and Paradise Now, [are] all politically oriented plays – in this work we suddenly found that we made, at last, what was for us the first truly personally satisfying breakthrough in form.* »

20 Trad. A.D. & E.J. – « *We know we are not travellers, but refugees.* »

fatiguaient les comédiens et suite à l'hiver 1965 qui fut particulièrement rigoureux, un tiers des comédiens américains quitta la troupe (Tytell, 1997, p. 209). Dans son journal, Malina revenait souvent sur la précarité qui était la leur et l'épuisement que cela engendrait :

> Privés de sommeil et avec à peine de quoi manger, harcelés par les propriétaires, à voyager sans cesse, à attendre, transis de froid dans des théâtres non chauffés, le corps raide et plein de courbatures suite aux nuits passées à dormir inconfortablement assis dans le bus, souffrant de sinusite, de bronchite, de troubles gastriques et autres vomissements. (Malina citée dans Tytell, 1997, p. 218-219)[21]

À partir de 1966, la situation s'améliora cependant, et la somme journalière distribuée passa à 4 $ à une époque où, d'après John Tytell, l'on pouvait vivre confortablement en Europe avec 5 $ par jour (1997, p. 394). Le départ d'une partie des membres américains fut pallié par l'intégration de nouveaux comédiens de nationalités diverses rencontrés lors de différents séjours en Europe. L'internationalisation de la compagnie fait écho à l'internationalisation des préoccupations de la jeunesse européenne, française notamment, à l'aube des événements de 68. La dimension internationale n'était pas « seulement un contexte » mais aussi, comme le souligne Ludivine Bantigny dans *Histoire Mondiale de la France*, « un enjeu » : celui du dépassement des frontières ce que le Living Theatre représentait (2018c, p. 698).

En Europe, sur la lancée de *The Brig*, le Living Theatre tenta de révolutionner son art pour révolutionner la société. La dynamique révolutionnaire était en effet double : la politique influença d'une part l'art et l'art avait pour ambition d'influencer la politique au sens de « société ». Cette double dynamique fut explicitée par Julian Beck lorsqu'il confia à Pierre Biner que ce fut au moment où la compagnie commença à parler « librement de la politique du monde » que la forme et « le jeu commenc[èrent] à changer » (1968, p. 71). Lors d'un entretien, Beck précisa à Lebel : « le théâtre révolutionnaire de la présente décennie ne s'occupe pas seulement de changer les formes théâtrales, il s'occupe de déverrouiller, de débloquer l'instinctivité que 10 000 ans de civilisation

---

21 Trad. A.D. & E.J. – « *Without sleep and barely enough food to eat, harassed by landlords; travelling, waiting, freezing in unheated theatres, stiff and aching from sleeping while sitting up-right in the bus, afflicted with sinuses, bronchitis, upset stomachs, vomiting.* »

ont refoulée » (1969, p. 259). L'ambition politique révolutionnaire par le théâtre était d'envergure. Dans leur élan, le Living Theatre cherchait à créer un théâtre visant à « exorciser » la violence sociétale (Beck, 1974, p. 253).

Cette révolte artistique et sociale amorcée par *The Brig* se poursuivit par la création de *Mysteries and Smaller Pieces* (1964), les *Bonnes* (1964), *Frankenstein* (1965), *Antigone* (1967) et *Paradise Now* (1968). À l'exception des adaptations des œuvres de Jean Genet et de Bertolt Brecht, ces nouvelles créations marquèrent une évolution du verbe au corps : la présence organique de l'acteur devint primordiale. Pour Vendeville, l'expérience de l'exil précipita cette évolution vers le corps dont le langage est universel contrairement à la langue qui a pour frontière celle d'une nation : jouant dans différents pays et afin de dépasser la barrière de langue, la compagnie investit alors d'autant plus le corporel (2008, p. 125). De plus, le Living chercha à créer une relation de plus en plus forte avec le public, à casser encore et encore cette autre barrière qui était celle entre le plateau et la salle. En septembre 1968, les Beck revinrent sur leurs tentatives et posèrent un regard critique sur le rapport qu'ils avaient jusqu'alors établi avec le public, une relation qui avait beaucoup évolué mais qui n'était pas encore tout à fait aboutie. Dans *Mysteries* (créée au Centre des Étudiants Américains, boulevard Raspail à Paris), la compagnie tenta d'impliquer plus avant les spectateurs, comme l'explique Julian Beck :

> Si nous jouons « La Peste » dans les allées d'un théâtre, le public reste spectateur, d'une certaine façon, sauf qu'on propose un très gros plan au lieu du plan large plus couramment utilisé au théâtre. Dans « Le Chant de la Rue » ou « La Corde », nous invitons à la participation. Mais le spectacle aurait lieu, il se poursuivrait malgré tout, sans cette participation. (Beck cité dans Brustein, 1969a, p. 22)[22]

Mysteries était sans décor, sans costumes et sans texte suivi. Elle était constituée d'une série de neuf mystères où les comédiens étaient, pour la plupart des scènes, amenés à improviser en fonction des thèmes définis. La pièce célèbre le corps, celui de l'individu, notamment par la mise en

22 Trad. A.D. & E.J. – « *If we play the "Plague" in the aisles of a theatre, the audience in a certain sense still remains spectator, except that it's getting a big close-up instead of the long shot that's more habitual in the theatre. In the "Street Song," or in the "Chord," we invite participation. But the show would happen, would nevertheless go on, without that participation.* »

scène des différents sens (l'ouïe lorsque la salle est plongée dans le noir et qu'un chant s'élève, l'odorat lorsqu'émanent des vapeurs d'encens, la vue avec la création de tableaux littéralement « vivants », etc.), mais elle célèbre aussi le corps communautaire qui est présenté comme source d'harmonie, de joie et de vie, alors que le capitalisme et l'individualisme sèment la mort comme la dernière scène de « La Peste » le symbolise. Il est intéressant de noter que cette neuvième partie vient remplacer une scène de « théâtre libre » (ou « *free theatre* ») à laquelle la compagnie s'était essayée pour la première fois boulevard Raspail en octobre 1964. Lorsque la pièce fut reprise en France à l'Odéon en juin 1966, Jean-Louis Barrault, qui avait était enchanté par le « très impressionnant » spectacle *The Brig*, s'était trouvé désarçonné par *Mysteries*, pourtant présentée dans sa version révisée, et donc sans « théâtre libre » (Barrault, 2010b, p. 179 ; Tyttel, 1997, p. 215). La pièce fut ensuite jouée à Caen en juin 1967, puis à nouveau à Paris (Studio 102, ORTF ; Théâtre Alpha 347) en août 1967, à Bordeaux en novembre 1967 et enfin à la Faculté de Lettres de Nanterre en novembre 1967, avant la programmation au Festival d'Avignon de juillet 68. Il fallut attendre *Paradise Now* pour que le Living Theatre renoue avec le théâtre libre abandonné après la première représentation de *Mysteries and Smaller Pieces*. Ce « *free theatre* » est un théâtre que les « acteurs inventent au fur et à mesure de leur jeu » : c'est une « improvisation déchaînée [...] dans laquelle les acteurs et le public goûtent à la liberté » car ce dernier est en effet invité à participer (Beck, 1978, p. 119). La première tentative de théâtre libre fut abandonnée après de nombreuses discussions car la participation des spectateurs ne fut pas jugée satisfaisante par la troupe. Lors d'un échange avec Pierre Biner, les fondateurs du Living Theatre avancèrent l'hypothèse du manque « d'inspiration vraie » (ce qu'ils nomment « la transe ») de la part des acteurs qui ne surent inspirer « de la poésie aux spectateurs [...] qui se conduis[aient] comme des méchants gamins de huit ans lorsqu'ils vont voir *Mysteries* » (1968, p. 93). Une nouvelle expérience de théâtre libre en 1966 à Milan se conclut par l'arrivée de la police car les spectateurs, peu inspirés et frustrés, « commencèrent à se battre ». Afin de pallier les « échecs » douloureux dont le théâtre libre était « illuminé », l'accent fut mis sur le travail de préparation des comédiens et des spectateurs pour qu'ils parviennent à atteindre l'état d'inspiration vraie, comme nous le verrons plus tard (Beck, 1978, p. 117 et 118).

La création des *Bonnes* germa « pendant [le] séjour en prison » de Beck et Malina (Vendeville, 2008, p. 123). La pièce à la mise en scène transgenre fut présentée pour la première fois en février 1965. Selon Émile Copfermann, ce travail qui fut cependant bien accueilli par le public peut être considéré comme un « semi-échec » dans la mesure où la compagnie eut recours à une esthétique plus conventionnelle (1972, p. 99). Si le but de l'auteur, à savoir « établir une espèce de malaise dans la salle », était atteint avec cette mise en scène, l'implication du public fut avant tout intellectuelle alors que leur théâtre tendait désormais à une immersion sensorielle et émotionnelle (Genet, 2000, p. 9). Bien que *Frankenstein* visât à susciter des sensations (notamment d'oppression) chez le public, la relation avec ce dernier fut jugée insatisfaisante par les cofondateurs et ce pour des questions de mise en espace (Brustein, 1969a, p. 22). Cette pièce, qui est considérée par certains (par exemple, Claude Eveno) comme *le* chef d'œuvre du Living Theatre, fut créée à Venise, puis reprise à Cassis en juillet 66 sous une nouvelle version qui fut ensuite jouée en juin 1967 à Caen, puis à Bordeaux en novembre 1967 (Eveno dans Jouve, 2018a, p. 76). Le script de la pièce n'est pas une adaptation du roman de Mary Shelley, qui est toutefois cité et donne une structure au spectacle, mais un montage de phrases extraites de journaux ou d'ouvrages divers. *Frankenstein* pose une question récurrente dans le travail de la troupe de ces années : celle de la souffrance de l'homme contemporain et de sa mutation en homme nouveau, qui n'est pas encore celui de *Paradise Now*. Frank Jotterand décrit *Frankenstein* comme « une passion jouée par des acteurs dont la présence sacrificielle aboutit, après la destruction par le feu de l'être malade, à la création d'un homme nouveau ». « Hypnotisé par le spectacle », ajoute-t-il, « le public devrait faire l'expérience du mal et s'en trouver, à la fin, purifié » (1970, p. 104-105). Cet « homme nouveau » n'était pas celui que le spectateur devenait en traversant *Paradise Now*, où il empruntait le chemin de la purification (qui n'est autre qu'une catharsis artaudienne) et se chargeait d'énergies positives lui permettant de changer le monde et de devenir acteur du nouvel ordre social. Avec *Frankenstein*, le public vivait seulement l'une des étapes du double processus de transformation de *Paradise Now*. Comme dans *The Brig*, la dimension scénographique était très importante mais, là où la prison figurée dans la pièce de Brown rendait compte du propre enfermement du spectateur, le dispositif de

Frankenstein mettait le spectateur à distance, ce que Beck finit par reprocher à ce travail en 1968, son jugement ayant certainement été influencé par l'expérience de *Paradise Now*. L'action se déroulait en avant-scène ou en fond de plateau où était positionnée une structure en tube métallique divisée en quinze cellules sur trois niveaux et reliées entre elles par des échelles. Beck avait également imaginé des « effets d'éclairages permettant d'isoler un gros plan détaillé, ou de favoriser la vision graphique de l'ensemble » (Pasquier, 1978, p. 103). Le dispositif scénique différait de celui des pièces présentées à Avignon, à savoir *Mysteries*, *Antigone* ou *Paradise Now*, qui étaient fondées sur une pauvreté de moyens (pas de décor, pas de costumes). Si la dimension graphique de *Frankenstein* était une caractéristique importante du spectacle, les dynamiques de collages ou de télescopages textuels, scénographiques ou d'interprétations, étaient également primordiales.

Antigone, traduite en anglais et adaptée par Judith Malina, apparaissait, selon Beck, comme plus intéressante du point de vue de la relation avec le public car les spectateurs avaient le rôle des Argiens (Brustein, 1969a, p. 22). Ce spectacle fut produit à Bordeaux en novembre 1967, à Paris (Théâtre Alpha 347) en novembre et décembre 1967, puis à Bourges et Tours en mai 1968, avant d'être programmé à Avignon. La pièce était jouée en anglais mais le français était employé pour les « vers de liaison » que Brecht utilisait en répétition pour aider ses comédiens à adopter un jeu épique et que Judith conserva pour les représentations. Si la pièce, dont le rôle éponyme était tenu par Malina alors que son époux jouait Créon, reprenait les modifications de Brecht par rapport à la pièce de Sophocle, le Living Theatre en donnait sa propre interprétation qui s'éloignait esthétiquement des recommandations du metteur en scène allemand. La pièce se jouait sans décor et les comédiens portaient leurs habits de tous les jours. Le corps était là encore un élément central de la pièce. La présence des comédiens était pleine d'un point de vue organique et spatial. Omniprésents durant toute la durée du spectacle, la vingtaine de comédiens occupaient à la fois le plateau et la salle. Incarnant les personnages mais aussi des membres du public, ils assuraient de plus les fonctions de bruiteurs, prenaient en charge l'habillage sonore de la mise en scène, endossaient le rôle de mimes et venaient illustrer par le geste les ellipses brechtiennes comme, par exemple, dans la scène où Antigone recouvre le corps mort de Polynice. La description de la relation scène-salle, telle que Jean Jacquot la propose, rend compte du travail du Living Theatre pour rompre les frontières :

> La scène représente Thèbes, la salle est remplie d'Argiens, à qui les Thébains font la guerre. Les acteurs adoptent vis-à-vis du public une attitude d'hostilité, mais apparaissent en même temps minés par la crainte. Tout le spectacle se réfère à une guerre d'agression, et à son retournement possible lorsque la victoire change de camp. [...] L'introduction de l'agressivité envers le spectateur comme élément de jeu, que l'on a reprochée une fois de plus au Living, doit se comprendre en fonction du renversement final de la situation, où les Thébains attendent avec angoisse l'invasion des Argiens, et où le spectateur est mis à la fois dans la position de vainqueur qui tient l'adversaire à sa merci, et de juge d'un État et d'un peuple qui ont attiré sur eux-mêmes la ruine. (Jacquot, 1970, p. 229)

Le spectateur était donc impliqué dans le présent de l'action fictionnelle qui renvoyait au présent de l'actualité avec les références à la guerre du Vietnam, par exemple, ancrant le public dans sa propre réalité. En cette année 1967, le Living Theatre réalisa un court-métrage avec Bernardo Bertolucci, *Agonia*. Il n'était pas rare que les comédiens de la compagnie, et notamment les fondateurs, travaillent pour le cinéma. Julian Beck confia à Jean-Jacques Lebel qu'ils avaient accepté ce tournage « sans vraiment y croire » et parce qu'ils avaient « terriblement besoin d'argent » (1969, p. 25). La collaboration s'avéra des plus intéressantes pour la troupe comme pour le réalisateur, qui découvrit, grâce au Living Theatre, « la dimension sacrée du théâtre et de la récitation théâtrale » (Gerard, *et al.*, 2000, p. 48)[23]. 1967 fut également l'année où ils furent invités par le Festival d'Avignon et son directeur à participer à l'édition de juillet 1968. C'est lors de ce XXIIe Festival que la compagnie présenta *Paradise Now*, « la première innovation formelle véritablement satisfaisante » aux yeux de la compagnie, selon Beck (cité dans Brustein, 1969a, p. 22)[24].

Le succès du Living Theatre durant sa période européenne se mesure, notamment, par le nombre d'invitations qu'ils reçurent à jouer dans de prestigieux théâtres ou festivals, ce qui montre, en effet, l'intérêt que suscitait leur travail. Les critiques exprimaient leur admiration ou leur

23 Trad. A.D. & E.J. – « *The Living Theatre gave me a sense of the sacredness of theater and of theatrical recitation.* »

24 Trad. A.D. & E.J. – « *The first truly personally satisfying breakthrough in form.* »

agacement face aux œuvres présentées qui ne laissaient, en tout cas, jamais indifférents. Le scandale milanais de mai 1966 suite à la performance « théâtre libre » qui se termina en rixe (après que la compagnie eut été interdite en Italie l'année précédente, suite à une représentation de *Mysteries* à Trieste jugée trop dénudée par les autorités) est une illustration extrême de la surprise des spectateurs face à l'originalité voire la radicalité des propositions artistiques du Living Theatre (Tytell, 1997, p. 211). Si l'ampleur des tensions, en ce mois de mai 1966, restait exceptionnelle, il n'était cependant pas rare que les représentations suscitent des « réactions de colère », pour reprendre l'expression de Julian Beck (cité dans Biner, 1968 p. 147). Les spectacles désarçonnaient certains spectateurs qui se sentaient bernés car ce qu'ils voyaient ne ressemblait pas aux représentations auxquelles ils avaient l'habitude d'assister. Les manifestations de colère plus au moins intenses de la part d'un public que l'on pourrait qualifier de « traditionnel » peuvent être considérées comme l'expression du saisissement du public face à une forme si révolutionnaire qu'il ne pouvait l'appréhender. Le Living Theatre proposait un autre langage théâtral « au-delà du drame » (Lehmann, 2002, p. 35).

INFLUENCES ESTHÉTIQUES : REPÈRES THÉORIQUES

En 1968, Julian Beck définit le travail du Living Theatre en distinguant trois caractéristiques majeures de leur entreprise artistique : « [M]ettre en avant la nature sacrée de la vie », « briser le mur » et « éveiller les consciences » (cité dans Brustein, 1969a, p. 21)[25]. Ces spécificités, qui, selon le cofondateur, caractérisent la démarche de la troupe depuis ses débuts, s'affirmèrent et se radicalisèrent au cours du temps : elles constituaient les ingrédients principaux de leur théâtre révolutionnaire. Inspiré d'approches et techniques héritées du passé, le travail de la compagnie marqua son présent et influença le développement futur de l'art théâtral. Beck et Malina interprétèrent à leur façon

25 Trad. A.D. & E.J. – « *Our work has always striven to stress the sacredness of live. Two, to break down the wall. And three, to increase conscious awareness.* »

ces techniques et croisèrent ces différentes approches pour mieux se les approprier et ainsi créer un théâtre original, à leur image. Au fur et à mesure des années, leurs créations devinrent une sorte de syncrétisme des approches brechtienne et artaudienne, où le corps prit de plus en plus de place et où les membres du public furent progressivement intégrés. « L'éclectisme » du Living Theatre, selon Christopher Innes, faisait de cette troupe une sorte d'emblème de l'avant-garde américaine (1996, p. 181). Alors que le terme *avant-garde* est devenu de plus en plus obscur en raison de la multiplicité des formes qu'il recouvre, la troupe était avant-gardiste dans le sens premier du terme, tel qu'il fut employé en 1878 par Mikhaïl Bakounine lors de la publication de son journal anarchiste, *L'Avant-Garde* (1978) : l'avant-garde était avant tout un mouvement révolutionnaire. L'expression fut ensuite utilisée par ses disciples, comme Innes le rappelle, pour qualifier un art formellement révolutionnaire préfigurant une révolution sociale (*ibid.*, p. 1). Le Living Theatre s'inscrit dans cette tradition révolutionnaire originelle qui transforme l'espace théâtral en hétérotopie contre-culturelle afin de transformer la société.

« AU-DELÀ DU DRAME » : LE LIVING THEATRE, PRÉCURSEUR DU THÉÂTRE « POST-DRAMATIQUE »

Le Living Theatre fait figure de précurseur dans l'élaboration de ce que Hans-Thies Lehmann nomma « le théâtre post-dramatique ». Selon le théoricien, les années 1970 virent l'émergence d'un nouveau théâtre « amené à opérer au-delà du drame » qui remettait en question, pour les dépasser, les traditions dramatiques de la modernité (Lehmann, 2002, p. 35). Le Living Theatre apparaît comme pionnier dans l'horizon post-dramatique : comme les trois préceptes fondateurs énoncés par Beck le montrent, la compagnie initia une réflexion visant à repenser la forme théâtrale dans sa relation avec la vie, c'est-à-dire la réalité et en particulier celle du spectateur. Cette conscience du spectateur et ce désir d'abolir le quatrième mur s'affirmèrent de plus en plus en des termes politiques pour faire du théâtre un révélateur des maux sociétaux puis un catalyseur d'actions politiques visant à réformer, à purifier, cette société jugée malade. Au fur et à mesure de leur évolution, le Living Theatre se dégagea de plus en plus du texte au profit du corps : cette désacralisation du texte, qui n'était plus central mais réduit au statut d'ingrédient, devint une spécificité du théâtre contemporain qui se développa par la suite. Le corps était devenu alors « le centre de gravité » du geste théâtral. Comme le précise Lehmann, « la transformation opérée dans l'utilisation des signes théâtraux a pour conséquence que deviennent plus fluctuantes les délimitations qui séparent le genre théâtral des formes de pratique qui, comme le performance art, tendent à une expérience du réél » (*ibid.*, p. 216). Dans ses formes d'expressions extrêmes, le Living Theatre éprouvait totalement la fiction par le retrait du texte, l'omniprésence organique du corps du comédien et l'interaction avec le public pour basculer dans la performance comme « esthétique intégrante du vivant », et non ici comme « *happening* » (*ibid.*, p. 35, 150, 216 et 218). À l'instar de la compagnie américaine depuis leur exil européen, de plus en plus d'artistes firent, à partir des années 70, l'expérience de la création collective. Pour Beck, « la Création Collective est un exemple de Processus Autogestionnaire Anarcho-Communiste qui a plus de valeur aux yeux du peuple qu'une pièce écrite » ; « Création collective », ajoute-t-il, « comme arme secrète du peuple » (1978, p. 121). Dans ce processus de mise en commun, les cofondateurs apparaissaient comme les « animateurs » du groupe, un terme qui apparaît dans ces années pour désigner ceux qui orchestrent la création, qui prennent finalement les décisions lorsque le groupe n'arrive pas à trancher, mais aussi qui cherchent des dates et coordonnent les tournées. Selon Beck, ce travail horizontal permettait à « la réalité » d'émerger, comme il l'explique dans *La Vie du théâtre* lorsqu'il revient sur *Mysteries* et qu'il essaie de définir la première expérience de création collective de la compagnie :

> Un groupe de gens se réunit. Il n'existe plus d'auteur sur lequel s'appuyer pour forcer l'éclatement de l'impulsion créatrice. Destruction de la superstructure mentale. Alors vient la réalité. Nous demeurons assis là à parler pendant des mois, absorbant, rejetant, façonnant une atmosphère dans laquelle non seulement nous nous inspirons l'un de l'autre, mais dans laquelle chacun se sent libre de dire ce qu'il ou elle veut dire. Immense jungle marécageuse, paysage de concepts, âmes, sons, mouvements, théories, frondes de poésie, extravagance, désert, errance. Puis, on rassemble et on met en place. Dans le processus, une forme se présentera d'elle-même. À la fin, personne ne sait qui a eu le plus d'influence, l'égo sombre dans les ténèbres. (Beck, 1978, p. 120-121)

Les fondateurs de la compagnie restaient toutefois réalistes quant au succès de leur entreprise collective : « [S]i la communauté du Living [...]

[est] l'aspect le plus important » de leur travail, ils jugent qu'il reste « peut-être aussi l'aspect le moins parfait » (Beck cité dans Biner, 1968, p. 171). En effet, en 1968, lors de la création de *Paradise Now* à Cefalù, Beck confia à Pierre Biner les propos suivants :

> [La communauté] est plus un concept qu'une chose réelle. Nous voudrions que cette communauté fonctionne vraiment comme une association anarchiste. Lorsque nous parlons de liberté, nous voulons dire qu'il faut créer une société dans laquelle la collectivité ne sera pas plus sacrifiée à l'individu que l'individu ne le sera à la collectivité. L'aboutissement ultime de nos théories, c'est une société sans autorité. Nous serions libres de coopérer, de travailler ensemble. Évidemment, parler de ces choses sur scène et ne pas les pratiquer dans la vie, ce ne serait pas sérieux. Il faut les réaliser dans sa propre existence. Judith et moi nous efforçons de disparaître, de nous fondre dans la collectivité. Nous nous évanouissons peu à peu, comme nous voudrions que l'État le fasse. Mais il reste un long chemin. (*ibid.*, p. 171-172)

« En tant que directeurs et administrateurs », Malina et Beck tentaient de s'« effacer ». Délibéré, cet effacement leur « coût[ait] un effort », de leur propre aveux (*ibid.*). Les retranscriptions par Jean-Jacques Lebel des séances de travail sur *Paradise Now*, d'abord à Rome puis à Cefalù, rendent compte de l'implication et de l'apport des membres de la compagnie dans ce processus de création qui apparaît véritablement collectif. Cependant, si ces captations des temps de travail témoignent de l'importance du collectif, les entretiens individuels du recueil de Lebel montrent aussi que Beck accrochait particulièrement la lumière puisque la parole lui est majoritairement donnée. Si Malina donne également beaucoup d'entretiens du temps de Beck, c'est avec ce dernier qu'elle partageait le micro ; les échanges uniquement avec elle étaient beaucoup plus rares que ceux en duo avec son époux. Dans son hommage à Julian Beck après la mort de ce dernier, Jack Gelber écrivait qu'en dépit de ses efforts, son ami n'avait pu s'empêcher de chercher à garder le contrôle (1986, p. 6)[26]. L'horizontalité était donc un but, une ligne de mire, mais

26 « *Make no mistake about who ran the Living Theatre. Julian Beck did not let control slip from his fingers. The buck stopped with him. His style of control changed over the years, but despite occasionally delegating the purse strings to others, despite challenges and deep divisions, and despite disclaimers, Julian ran the Living Theatre.* » (Gelber, 1986, p. 6) – « Ne vous détrompez pas quant à la personne qui dirigeait le Living Theatre. Julian Beck ne laissa pas le contrôle lui filer entre les doigts. Au bout du compte, c'était lui le chef. Son mode de contrôle évolua au cours des années, mais, en dépit de ses tentatives de confier les cordons de

les cofondateurs (et notamment leur représentant masculin) restaient, si ce n'est les dirigeants, du moins les référents du groupe. De plus, ce mode de création, lent et nécessitant beaucoup d'écoute et de concession, ne convenait pas à tous. Peter Hartman qui participa à la création de la musique de *Frankenstein*, témoigna des difficultés rencontrées :

> Il fallait que tout le monde soit d'accord sur chaque aspect de la création avant de pouvoir passer à l'étape suivante. Et puisque les aptitudes, les capacités intellectuelles et le niveau d'études des membres de la compagnie n'étaient pas du tout les mêmes, les difficultés à mettre en place même les éléments les plus basiques, étaient colossales. Le principe des tables rondes a mis à mal ma patience et ma force physique, c'était très compliqué pour moi d'attendre, attendre et attendre encore. (Hartman cité dans Tytell, 1997, p. 209-210)[27]

Si Beck reconnaissait que ce processus créatif était difficile, la difficulté était aussi le sel du plaisir : « [M]algré le fait qu'il y aura toujours des problèmes, ce procédé nous réjouit ». « Aucun des trente-deux membres de la compagnie », ajoute-t-il, « ne prétend que le Living soit actuellement le paradis, mais la lutte est un des plaisirs de la révolution » (cité dans Lebel, 1969, p. 261-262). Avec *Paradise Now*, le Living avançait encore sur le chemin communautaire paradisiaque, à la scène et à la ville. Avec le travail présenté à Avignon, le Living Theatre semble avoir poussé les limites du théâtre post-dramatique à l'époque où ses définitions n'en étaient pourtant encore qu'à leurs balbutiements.

THÉÂTRE POLITIQUE : L'INFLUENCE ALLEMANDE

Lorsque Judith Malina revenait sur les artistes américains qui influencèrent le Living Theatre, elle évoquait John Cage, Martha Graham ou encore Merce Cunningham : c'est donc dans le décentrement disciplinaire avec la musique et la danse de l'avant-garde contemporaine (ainsi que la peinture que Beck connaissait bien), plutôt que dans le théâtre étatsunien, que la compagnie allait puiser son inspiration (Vendeville,

---

la bourse à d'autres, en dépit des défis et des divisions internes, en dépit des démentis, Julian dirigeait le Living Theatre. » (Trad. A.D. & E.J.)

27 Trad. A.D. & E.J. – « *There had to be a general agreement about every given aspect of the production before it could go on to the next step. And because of the ability and intellectual capacity and education of the company was not at all on the same level, the struggle to realize any basic point in the production was monumental. The roundtable discussion technique exhausted my patience and physical strength, I found it extremely difficult to wait and wait, and wait and wait.* »

2008, p. 33). Comme nous l'avons déjà souligné, les Beck rejetaient les traditions américaines de jeu théâtral et s'inscrivaient en faux vis-à-vis de leurs compatriotes héritiers de l'approche de Constantin Stanislavski. Avant de s'inspirer de leurs pairs (compositeurs et chorégraphes), c'est vers l'Europe que les cofondateurs du Living Theatre se tournèrent et notamment vers l'Allemagne, le pays d'origine de Malina, pour définir leur conception du théâtre. Préalablement aux séminaires d'Erwin Piscator qu'elle suivit pendant deux ans à la *New School for Social Research*, Judith Malina découvrit au *Beggar's Bar* où elle travaillait l'univers de la réfugiée juive allemande Valeska Gert qui avait « construit un répertoire de danses et d'imitations grotesques inclassables » et qui, en Europe, était « admirée dans l'entre-deux-guerres comme une des chorégraphes les plus audacieuses » (Gordon, 2008, p. 18). À l'occasion de la conférence pour l'émission « *Voices at the New York Public Library radio program* » en 1989, Malina confiait avoir retenu de l'enseignement de Piscator deux principes fondamentaux :

> Piscator m'a appris deux choses… Il nous a appris des milliers de choses mais je vais revenir sur deux. Il nous a appris le théâtre total. Bon, on pense souvent que total renvoie à l'utilisation de films et au recours à la technologie, ce qui est vrai mais il s'agit aussi de la totalité de la vie en tant que théâtre, de la totalité du monde comme spectacle théâtral. Récemment, j'ai beaucoup travaillé à l'élargissement des frontières du théâtre, ce que Piscator nous avait déjà appris et ce vers quoi son œuvre tendait depuis des années. Et puis il nous a appris une autre chose en lien avec cela. Il nous a appris l'implication. Il nous a appris que nous n'avions pas le droit de nous tenir face à un public à moins d'avoir vraiment quelque chose à dire, à moins de croire vraiment à ce que l'on voulait transmettre. (Malina, 1989, n.p.)[28]

Ce sens de l'engagement se traduisait par l'implication des cofondateurs dans le travail de préparation et dans la relation aux spectateurs. Contrairement à certains a priori selon lesquels les membres du Living

28 Trad. A.D. & E.J. – « *Piscator taught me two things… he taught us a thousand things but I bring you the essence of two. He taught us total theatre. Now, total is often taken to mean the use of film and the use of technology and it is that but it is also the totality of our life as theatre, the totality of the world as a theatrical spectacle. In my latter work, I have very much pursued the concept of extending the boundaries of the theatre, which Piscator had already taught us and towards which Piscator's work had been vector for many many years. And then he taught us something else which is related to that. He taught us commitment. He taught us that we had no rights standing up in front of an audience unless we really had something to say, unless we believe something that we wanted to convey.* »

Theatre ne travaillaient pas trop, les pièces de la compagnie, même celles fondées principalement sur l'improvisation, étaient le résultat d'un processus rigoureux. Comme les documents de la cofondatrice archivés au Lincoln Center à New York et à la Beinecke à New Haven le montrent, Malina garda notamment la discipline imposée par le maître à ses élèves qui devaient rédiger des carnets de mise en scène très précis et détaillés. Les commentaires ou les dessins décrivant les mises en scène, ou encore les scripts des productions annotés témoignent du souci de précision et d'exhaustivité de Malina qui reprenait ses notes pour chaque représentation d'une même création afin de l'adapter au lieu et d'apporter les changements que la compagnie jugeait nécessaires en tenant compte des succès et échecs de chacune des performances. L'engagement vis-à-vis du public que Malina découvrit également chez Piscator était évidemment en lien avec la dimension politique de leur théâtre comme elle l'expliqua en 1990, lors d'un entretien avec Stéphanette Vendeville :

> En tant que non-traditionaliste au théâtre, Piscator examinait déjà le concept de Modern Art, dans les limites très strictes, dont le contact avec le public, auquel Julian et moi-même, nous sommes tant intéressés.
>
> Piscator avait déjà commencé à faire le grand tour des éléments qui voulaient que le théâtre soit un forum politique, où le public puisse parler aux acteurs et où les acteurs puissent répondre au public et questionner la pièce [*sic*]. C'était une forme, très formaliste en droite ligne de ce que nous allions faire dans *Paradise Now*, quand nous sommes allés dans le public en disant : « Je n'ai pas le droit de… », il est évident que nous suivions une ligne de développement très claire.
>
> Je voyais en Piscator ses inventions révolutionnaires. (Vendeville, 2008, p. 35)

L'autre grand artiste Allemand, qui se disait être le « Einstein de la nouvelle forme dramatique » et qui influença énormément le travail du Living Theatre dans sa dimension politique, fut Bertolt Brecht (cité dans Lehmann, 2002, p. 44). Si la compagnie montait des pièces de Brecht (« les premières à New York qui connaiss[èrent] le succès », à l'exception de l'*Opéra de qua't sous*, selon Jean Jacquot) et que comme lui, ses membres changeaient « moins souvent de chaussures que de pays », le metteur en scène et théoricien rencontré chez Piscator influença également leur travail formellement (Jacquot, 1970, p. 177). La vision politique de Brecht raisonnait avec la vision que les Beck avaient de l'art. Le Living Theatre s'inspira ainsi de l'approche épique du théâtre

Brechtien, principalement au niveau de la construction dramatique et du décor : la compagnie alla vers une fragmentation dramatique pour nombre de leurs créations (et en particulier les œuvres collectives) ; elle mit fin à l'effet d'illusion scénographique en proposant des décors (lorsqu'il y en avait) symboliques reflétant la machine invisible qui oppresse l'être humain. Concernant le jeu et la relation au spectateur, le Living Theatre s'inspira, pour la dépasser, de la conception brechtienne. Comme nous l'avons vu, au fil des années, la troupe s'achemina vers un jeu ancré dans la réalité des comédiens qui se « jou[aient] eux-mêmes », ce que Michael Kirby appelle le *not-acting*, par opposition au simple *acting* qui est une imitation des émotions du personnage (1987, p. 19). L'acteur brechtien ne joue pas le personnage mais porte sur lui un jugement critique, il ne se confond pas avec lui : la division, la contraction (notion sur laquelle le théâtre épique est fondé) est au cœur du principe de jeu brechtien, là où le Living Theatre recherchait l'unité et le comédien s'appropriait organiquement ce que vivait le personnage pour le ramener à son expérience propre. Ainsi lorsque Julian Beck explique à Jean-Jacques Lebel que dans *Antigone*, les comédiens n'étaient « pas des personnages » et qu'il ajoute « ne joue par Créon, [il] joue Julian Beck », le cofondateur articule la dimension politique du jeu de l'acteur qui « n'est » pas Julian Beck mais qui se « joue », c'est-à-dire s'incarne physiquement dans l'ici-et-maintenant de sa propre actualité (celle de la guerre du Vietnam) afin de rendre compte de ce que représente son personnage. Il est important de souligner que l'unité entre personnage et comédien était organique, non pas émotionnelle ou intellectuelle, ce qui diffère du jeu réaliste. Lors d'un entretien avec Hans Echnaton Schano, l'ancien comédien de la troupe américaine insistait sur le fait qu'il jouait en effet des rôles, ses *propres* rôles pourrait-on dire après la remarque de Beck au sujet de Créon. L'exemple qu'il donnait souvent pour illustrer le plus clairement cette approche est que lorsqu'il devenait violent sur scène, cette violence qui était celle de la société qu'il représentait et dénonçait ne lui appartenait pas mais son corps, qui l'avait emmagasinée, la restituait. L'ancrage dans la « réalité du comédien » était donc avant tout physique. Le comédien se « jou[ait] » ainsi « lui-même » dans la mesure où il était connecté à son énergie intérieure : l'énergie que la vibration de l'intention (la violence sociale dans cet exemple) faisait naître en lui. Cet exemple par la négative est directement inspiré d'Artaud. Les vibrations plus positives traversaient le comédien grâce à des chemins de traverse fondés sur les chakras par le yoga ou les approches mystiques inspirées de l'hassidisme ou du *Yi Jing* comme évoqué dans la présentation de la création avignonnaise. Le *not-acting* était ainsi bel et bien au niveau organique et non psychologique ou intellectuel. Hans Echnaton Schano insistait encore et encore sur le fait que le personnage se confondait avec le comédien seulement dans la mesure où le travail de ce dernier consistait à suivre des procédés personnels ou collectifs afin d'accueillir les vibrations pour en restituer l'énergie dans un contexte que l'on pourrait qualifier, en écho à la formulation de Kirby de *not-realist* (Jouve & Schano, E2018b). Comme Brecht, le Living Theatre souhaitait éveiller la conscience politique du spectateur. Ce dernier fut peu à peu impliqué dans le processus de création mais, à la différence de Brecht, cette implication était totale, pas uniquement intellectuelle. Cet aspect est spécifique aux séquences de « théâtre libre » que la troupe expérimenta avec *Mysteries* et qui structurait *Paradise Now*. Nous pourrions conclure que le Living Theatre, à la fin de son exil européen, tendait vers un théâtre piscatorien et brechtien, dans la conscience (politique), et artaudien, dans l'expérience puisque comédiens et spectateurs étaient amenés à vivre le présent de l'action dans la transe.

THÉÂTRE DE LA CRUAUTÉ : L'HÉRITAGE D'ARTAUD

À l'instar de Piscator ou Brecht, Antonin Artaud fait partie de la « préhistoire » du théâtre post-dramatique, c'est l'un des « ancêtres du théâtre d'aujourd'hui », comme le note Hans-Thies Lehmann (2002, p. 66 et 94). Pour Julian Beck, « le travail d'Artaud et de Brecht a été vicié par le pouvoir d'une culture qui exige obéissance » et le Living tenta alors de libérer cette parole iconoclaste (1997, p. 146). Dans ses notes de 1964 sur sa mise en scène de *The Brig*, Malina se réfère à Piscator en tant que son « professeur » et à Artaud en tant que sa « muse folle ». Là où son maître allemand avait « Raison, Clarté et Communication » pour principes, Artaud en appelait à la « folie », une approche qui s'imposa de plus en plus pour les Beck qui revisitèrent et s'approprièrent l'héritage de l'artiste français (Malina, 1969, p. 86-87)[29]. Si la pensée des théoriciens

29 Trad. A.D. & E.J. – « *[…] Piscador was my teacher […], Artaud, my madman muse* » (p. 86) ; « *Where Artaud cries out for Madness, Piscator advocates Reason, Clarity, and Communication* » (p. 87).

allemands resta fondamentale dans son rapport à la lutte des classes, celle d'Artaud métamorphosa l'approche du jeu de la compagnie. Les Français « avaient laissé tomber doucement dans l'oubli » Antonin Artaud, enfant maudit dans son propre pays (d'après Jean-Jacques Roubine) à qui le Living Theatre voulut « redonn[er] la vie », selon Mel Gordon (2008, p. 151 et 18). Les Beck découvrirent Artaud tardivement mais embrassèrent ses visions d'un théâtre sacré qu'ils avaient déjà pressenties avant même de lire, en 1958, la traduction du *Théâtre et son double* que Mary Caroline Richards leur confia avant publication. À partir des théories d'Artaud, le Living Theatre redéfinit encore ses limites entre l'illusion et le réel, l'art et le sacré, la douleur et la joie, pour les pousser toujours plus loin. Si dans son article, « Comment le Living Theatre a fait un contresens sur les théories d'Artaud et a réintroduit celles-ci en Europe », Mel Gordon ne montre finalement pas quelles furent ces erreurs d'interprétation, son article nous rappelle que les théories du maître français furent avant tout des matériaux qui libérèrent l'imagination des artistes étatsuniens. *Le Théâtre et son double* fut une véritable source d'inspiration pour les Beck qui créèrent « un Théâtre de la Cruauté contemporain et postmoderne », et donc un Théâtre de la Cruauté nouveau au-delà des théories d'Artaud (*ibid.*, p. 19). En cela, Artaud était véritablement une « muse » pour revenir à l'image de Malina : « À Artaud, ma muse, ce malade mental qui toujours me vient en rêve, je parle dans une langue secrète » (1969, p. 86-87)[30].

Le théâtre de la compagnie à l'époque de la « libération » fut parfois décrit comme violent par les critiques et les spectateurs, un aspect qui pouvait paraître paradoxal de la part de pacifistes. La violence ressentie était propre au « Théâtre de la Cruauté ». Dans ses lettres de 1965 écrites en prison et publiées dans le *New York Times*, Julian Beck définit ainsi le Théâtre de la Cruauté, *son* Théâtre de la Cruauté :

> Un théâtre qui ne nous anesthésierait pas en abreuvant d'idées notre seul intellect mais qui remuerait nos émotions en nous faisant ressentir la douleur. Nous sommes un peuple sans émotion et si nous pouvions au moins ressentir la douleur alors nous pourrions recommencer à devenir humains au lieu de nous transformer de plus en plus en automates insensibles. (Beck, 1965, n.p.)[31]

30 Trad. A.D. & E.J. – « *To Artaud, my madman muse, never absent from my dreams, I speak in a private language.* »

31 Trad. A.D. & E.J. – « *A theatre that did not numb us with the ideas for the intellect, but stirred us to feeling by stirring up pain. We are a feelingless people and if we could at least feel pain, we might turn towards becoming men again instead of turning more and more into callous automata.* »

Là où Brecht cherchait à interpeler l'intellect, le conscient des spectateurs avec son théâtre, Artaud cherchait à réveiller les sensations, l'inconscient, et en appelait à « la cruauté, à la terreur » (Artaud, 1964b, p. 134). Pour lui, le théâtre devait agir « à l'instar du thérapeutique de l'âme » (*ibid.*, p. 132). Pour que le spectateur sorte purifié de son expérience quasi religieuse, il doit croire aux images que le comédien fait naître :

> Nous voulons faire du théâtre une réalité à laquelle on puisse croire, et qui contienne pour le cœur et les sens cette espèce de morsure concrète que comporte toute sensation vraie. De même que nos rêves agissent sur nous et que la réalité agit sur nos rêves, nous pensons qu'on peut identifier les images de la poésie à un rêve, qui sera efficace dans la mesure où il sera jeté avec la violence qu'il faut. Et le public croira aux rêves du théâtre à condition qu'il les prenne vraiment pour des rêves et non pour un calque de la réalité ; à condition qu'ils lui permettent de libérer en lui cette liberté magique du songe, qu'il ne peut reconnaître qu'empreinte de terreur et de cruauté. (*ibid.*, p. 133)

La violence du Théâtre de la Cruauté et des productions du Living Theatre était donc celle provoquée par des images poétiques. Le comédien, « double » du spectateur, n'est pas violent mais il ne mimait pas non plus la violence (écueil du réalisme qu'Artaud, comme les Beck, rejetait) : le comédien, par le biais d'exercices, intériorisait la violence pour la restituer au public. Le travail, complexe, consistait pour le comédien à expérimenter organiquement les sensations contradictoires du bourreau et de la victime. Comme Artaud avec le théâtre Balinais, le Living Theatre puisa dans des pratiques ancestrales pour démultiplier le charisme chamanique du comédien afin qu'il parvienne alors à faire voir aux spectateurs les images lui permettant de faire l'expérience de la violence afin d'entrer dans un état de transe purificatrice que l'acteur, lui, provoquait sans cependant l'éprouver grâce à sa « science », à ses techniques[32]. Ces méthodes, très exigeantes pour le comédien, comme le souligne Malina, permettraient de mettre fin à la violence dans le monde :

---

32 Dans « Le Théâtre de Séraphin », Artaud écrit que le comédien doit apprendre des techniques pour cultiver ses capacités à provoquer des transes chez les spectateurs : « Au théâtre poésie et science doivent désormais s'identifier. / Toute émotion a des bases organiques. C'est en cultivant son émotion dans son corps que l'acteur en recharge la densité voltaïque. / Savoir par avance les points du corps qu'il faut toucher c'est jeter le spectateur dans les transes magiques. / Et c'est [de] cette sorte précieuse de science que la poésie au théâtre s'est depuis longtemps déshabituée. / Connaître les localisations du corps, c'est donc refaire la chaîne magique. » (1964d, p. 230-231.)

> C'est lui qui exigeait que l'acteur accomplisse des exploits athlétiques : les mouvements insensés finissaient en danses de la douleur et de la folie ; lui qui réclamait depuis sa cellule psychiatrique un théâtre si violent que nul être humain en ayant fait l'expérience ne pourrait plus jamais supporter la douleur. (Malina, 1969, p. 86)[33]

La métaphore de la « purification » renvoie à l'imagerie artaudienne de la peste, que le Living reprit dans la dernière scène de *Mysteries*. Pour Artaud, « le théâtre comme la peste est une crise qui se dénoue par la mort ou par la guérison » (1964c, p. 46). La purification ou *catharsis*, « pour autant qu'elle soit réussie », comme le précise Pierre Biner citant le poète, « conduira le spectateur à dénoncer le monde qui l'entoure, à s'apercevoir que "l'état social actuel est inique et bon à détruire" » (1968, p. 50). Pour faciliter le lâcher-prise de l'intellect et recentrer l'expérience sur le corps, le Living Theatre suivit « l'appel d'Artaud à "Brûler les textes" » (Beck, 1978, p. 126). Si Stéphanette Vendeville explique le recul du verbal dans les productions des années 1960 par l'exil volontaire et l'effet Tour de Babel, l'influence d'Artaud est toutefois primordiale dans ce détachement vis-à-vis du texte. Pour que la transe puisse avoir lieu, il faut qu'il y ait communion. Artaud (tout comme le Living Theatre) se heurta au « préalable de l'adhésion collective » essentielle « au déclenchement de la "crise" et à sa vertu curative » (Roubine, 2014, p. 156). Le succès d'une production du Living fondée sur le Théâtre de la Cruauté dépendait donc, notamment, des profils des spectateurs et de leurs croyances partagées, un aspect sur lequel nous reviendrons au sujet de *Paradise Now*.

« LE CORPS PERDU REDÉCOUVERT » : MYSTIQUE DU CORPS

Le travail sur la présence de l'acteur s'affirma à partir de l'ouverture de leur théâtre du 14th Street. Durant la première décennie d'existence du Living Theatre, la focale était principalement sur la mise en espace scénique et sonore : en effet, dans son journal, Malina revient beaucoup sur les choix scénographiques et les partitions sonores plus que sur le jeu des comédiens qui devint une des préoccupations centrales de la compagnie

33 Trad. A.D. & E.J. – « *He it was who demanded of the actor the great athletic feats : the meaningless gestures broken off into dances of pain and insanity ; who cried out in his crazy-house cell for a theatre so violent that no man who experienced it would ever stomach violence again.* »

à partir de 1959. Il faut noter que cette année 1959 marqua l'arrivée de Joe Chaikin dans la compagnie. Les Beck et Chaikin s'influencèrent réciproquement : de « Malina et Julian Beck », Chaikin « prit conscience comme jamais des conséquences des divers types d'emprisonnement que les gens subissent » et, comme en témoigne leurs notes, les Beck gardèrent de leur collaboration avec le futur fondateur de l'Open Theatre (créé en 1963) certains de ses exercices sur ce qu'il nomma la « présence du comédien » fondés sur la relation à l'autre (Chaikin, 2012, p. x)[34]. L'exercice appelé « *The Chord* » (« La Corde ») qui fut incorporé dans *Mysteries* comme une scène à part entière fut notamment inspiré de ce que l'on pourrait appeler « la méthode Chaikin » fondée ici sur un travail respiratoire et sur l'écoute des partenaires positionnés en cercle pour ne devenir qu'une seule entité improvisant une mélodie chantée à l'unisson. Michel Mathieu, créateur du Théâtre 2 L'Acte, se souvient avoir appris du Living Theatre des exercices de Chaikin comme « le passage de geste, le conducteur, les créations du monde » qu'il définit comme un « travail d'imagination corporelle » (Mathieu dans Jouve, 2018a, p. 47). Sans nier l'apport des méthodes de Chaikin, l'ancien comédien du Living Theatre, Hans Echnaton Schano, relativise son importance et insiste principalement sur l'amitié qui liait l'ancien membre de la troupe aux fondateurs (Jouve & Schano, E2018b).

Dans l'entrée « Exercices d'Acteur » de *La Vie du théâtre*, Julian Beck explique que le travail du Living Theatre consistait à « trouv[er] une idée » qu'ils cherchaient à « exprimer physiquement » à partir d'exercices, notamment la pratique du Yoga (1978, p. 83). La culture occidentale étant fondée sur l'intellect, le Living, comme Artaud, se tourna de plus en plus vers l'Orient pour y puiser des techniques qui replaçaient l'organique au centre de l'expérience. Par le biais de différentes techniques bouddhiques, brahmaniques et tantriques, il convenait de redécouvrir ce « corps perdu [...], engourdi par la société industrielle [...], fermé à cran par la moralité capitaliste » (*ibid.*, p. 87). Pour aider le comédien à effectuer son « "voyage" théâtral », le critique Pierre Biner (qui fit partie de la troupe à partir de novembre 1968) rappelle que « certains stimulants psychiques » pouvaient être utilisés (1968, p. 93). Lors d'un entretien avec Lebel retranscrit sous le titre « Interview de Julian Beck à

34 Trad. A.D. & E.J. – « *With Judith Malina and Julian Beck of the Living Theatre, I learned in a new way about the impact of the kinds of imprisonment people suffer.* »

propos des substances hallucinogènes » (Lebel, 1969, p. 35), Beck déclare avoir « de sérieuses preuves de la puissance révélatrice et de l'utilité des psychovitamines pour la libération de l'homme » (*ibid.*, p. 36). Pour lui, ces substances « libè[raient] l'esprit tout comme l'expérience artistique ou l'expérience collective » et étaient ainsi utiles dans ses recherches sur la vie et, donc, sur le théâtre (*ibid.*, p. 35 et 36). Cette recherche d'une libération totale du corps et de l'esprit est également à situer dans le contexte de la libération sexuelle de la génération du Living Theatre. Dans la vie, nous avons vu que les Beck avaient opté pour une liberté de mœurs leurs permettant de jouir de leurs amours diverses. À la scène, qui était la vie, le rapport charnel était considéré comme l'expression ultime de la communion avec le public. Dans un entretien à *Paris Gazette* de 1964, Judith Malina déclarait :

> Le théâtre dont nous venons considérait le public comme une collectivité. Nous nous dirigeons, maintenant, vers un théâtre dans lequel le public est traité en tant que série d'individus, comme dans une relation sexuelle. Une relation sexuelle doit nous libérer des conventions. Cette nudité et cette confiance que l'on ressent pour quelqu'un avec qui on fait l'amour (…*and trust of bed*) est ce vers quoi va l'acteur lorsqu'il fait l'amour (*break through*) avec le public et le personnalise. [*sic*] (Malina citée dans Biner, 1968, p. 94)

Bien évidemment, la référence à la relation sexuelle est une image, elle doit être comprise comme une intention mais pas une actualisation de l'acte sexuel avec les spectateurs avec qui les comédiens ne faisaient pas réellement l'amour. Ce désir, cette « excitation » à l'idée de partager un moment d'une grande intensité et d'intimité avec les spectateurs trouva sa plus grande expression dans *Paradise Now*[35].

LE SPECTATEUR PARADISIAQUE : MAGIE ET POLITIQUE

Comme la relation au corps, la relation aux spectateurs devint, elle aussi, de plus en plus « mystique » : « [J]e crois que le public », disait Julian Beck, « même s'il n'appréhende pas consciemment ce qu'on a

35 Le témoignage de Julian Beck quant à son « excitation », ici, à travailler en collaboration montre que la référence à l'acte sexuel dans l'expérience du partage artistique est en effet imagée : « [J]e n'aime pas travailler seul, j'adore la collaboration, rejoindre quelqu'un et travailler ensemble, c'est beaucoup plus satisfaisant, c'est excitant, même lorsqu'on ne fait pas réellement l'amour, vous accomplissez quelqu'un et ce quelqu'un vous accomplit ou est accompli par vous. » (Cité dans Biner, 1968, p. 94.)

appelé la "symbolique" de nos spectacles, l'enregistre dans son subconscient » (cité dans *ibid.*, p. 38). Le désir d'initier chez les spectateurs une réaction organique via la symbolique théâtrale était inspiré par la vision artaudienne, comme nous l'avons vu. La concrétisation de ce désir restait un idéal, un objectif. Afin d'atteindre cet idéal, il était nécessaire de « casser les résistances » du spectateur grâce à la magie de la Poésie :

> La Poésie comme potion magique : les spectateurs imaginent ce qui n'a pas été imaginé (résistance numéro un dissipée), ressentent le désir dans tout leur corps (résistance numéro deux dissipée), acceptent l'espoir, méprisent le désespoir (résistance numéro trois), sont captivés par l'âme de l'action (résistance numéro quatre), lèvent les mains (résistance numéro cinq), cassent les chaînes. (Beck, 1978, p. 89)

Lorsque Beck écrit sur l'importance de « casser les résistances, à la fois celles du spectateur et celles de l'acteur », il rappelle que ce principe est « l'essentiel de la théorie de Grotowski » (*ibid.*, p. 88). Si les artistes partageaient cette envie de mettre un terme aux résistances, ils n'avaient pas la même conception de la mission de leur art. Jerzy Grotowski ne considérait pas les membres de la compagnie orchestrée par les Beck comme des pairs car, selon lui, ils avaient oublié de faire du théâtre en se perdant dans les méandres de leurs errances géographiques et politiques. Lorsque l'artiste polonais fut accusé de faire un théâtre apolitique, il répondit, en 1968, que son Théâtre-Laboratoire concentrait son attention sur le théâtre dont c'était le métier, alors que le Living Theatre n'était pas de la profession : « [L]eurs paroles sont en accord avec leurs actes et c'est pour cela que je les respecte. Je ne les considère pourtant pas comme mes collègues car ma profession, c'est le théâtre ; la "profession" du Living, si on peut l'appeler ainsi, c'est l'errance » (Grotowksi cité dans Salata, 2017, p. 171)[36]. Lors d'un des entretiens entre Lebel et la troupe à Cefalù, Beck expliquait que l'approche de l'artiste polonais restait fondée sur l'incarnation de personnages, ce qu'il nomme « théâtre de caractère » (calque pour « *theatre of characters* ») alors que le Living Theatre avait dépassé cela (Lebel, 1969, p. 55). En maintenant le personnage, Grotowski maintenait alors la barrière entre fiction et réalité,

36 Trad. A.D. & E.J. – « *Their words and actions are in harmony, and that's why I respect them. I don't consider them my colleagues in the profession, because my profession is theatre, and the "profession" of the Living is wondering.* »

tenant ainsi le spectateur à l'écart, là où les américains appelaient de leurs vœux l'effondrement de cette frontière primordiale, selon eux, à l'implication du public.

Impliquer le spectateur ne voulait surtout pas dire le subordonner et lui imposer des conclusions. Comme le théâtre de Brecht, qui (contrairement à certaines interprétations) n'était pas un théâtre didactique, le théâtre du Living Theatre n'était pas non plus un théâtre édifiant, puisqu'il ne proposait pas de solutions au public : « [I]l faut bien comprendre », insistait Beck, « que nous ne pouvons pas, au théâtre, dans notre recherche de salut par le théâtre, apporter au public des solutions [...], ce n'est pas possible » (cité dans Biner, 1968, p. 167). Le Living Theatre ne prenait donc pas de position surplombante vis-à-vis du public mais espérait parvenir à faire en sorte que des solutions soient trouvées « ensemble », dans la communion entre comédiens et spectateurs. Ce point de vue nous ramène à la problématique de la communauté, de l'adhésion collective, à laquelle Artaud se confrontait déjà. L'abandon du théâtre libre après la première représentation de *Mysteries* rend bien compte de la difficulté d'intégrer pleinement le spectateur dans l'expérience révolutionnaire de purification qui permettrait ensuite au citoyen d'agir dans sa propre société. On se souvient que la compagnie avait remplacé la dernière scène de théâtre libre par une séquence inspirée de la métaphore de la peste d'Artaud. Cette décision fut prise suite aux réactions de « spectateurs qui se conduis[aient] comme des méchants gamins de huit ans », comme précédemment mentionné. Judith Malina avoua alors douter de l'existence d'un public « paradisiaque » :

> Je ne crois pas, malgré tout, qu'il soit possible d'obtenir de l'ensemble du public une réponse satisfaisante, dans les conditions actuelles. A moins de s'adresser à un public du genre de celui qui se rend à l'église, lieu où les gens répondent avec dignité parce qu'ils sont venus pour ça et qu'il y a un phénomène d'inhibition, ou alors à un public d'un niveau artistique très élevé, d'un niveau qui ne serait pensable que dans un monde où aurait passé la révolution, un monde post-révolutionnaire, un monde où il n'y aurait plus ni guerre ni exploitation d'aucune sorte. Le paradis ! Quant à un public « non paradisiaque », qui est, je crois, le seul dont nous puissions légitimement parler, car il n'y en a pas d'autre, il répondra, en majorité, de façon imbécile [...]. (Malina citée dans Biner, 1968, p. 93)

Cette déclaration de Malina peut surprendre par son pessimisme rehaussé cependant par la volonté de poursuivre le but qu'ils se sont fixés :

> On peut toucher soit l'ensemble du public à certains moments, soit une partie du public tout le temps, soit encore une partie du public à certains moments mais on ne peut hausser la réponse du public tout entier tout le temps. Il y a, il est vrai, des circonstances dans lesquelles tout le monde se trouve inspiré, mais cela arrive rarement dans la vie. Il y a aussi, je crois, une sorte de gens que vous pouvez élever à coup sûr là où vous voulez les conduire, si vous y mettez du sérieux, parce qu'ils sont prêts à vous accueillir, et que si vous êtes là, ils seront là. Je parle évidemment d'une relation idéale. Et le fait que ce public réceptif existe est la preuve même qu'il faut continuer dans ce sens, c'est ce qui rend valable la poursuite du but. (*ibid.*, p. 93)

La remarque de la cofondatrice nous renvoie à la métaphore de la magie utilisée par Beck pour rendre compte de l'impact de l'art sur l'Homme qui reste mystérieux et aléatoire car la magie n'opère donc pas systématiquement. Le spectateur paradisiaque est un spectateur idéal à l'image du « lecteur implicite » ou « lecteur modèle », dans les théories de la réception de Wolfgang Iser ou d'Umberto Eco. Il est celui imaginé, fantasmé lors de la création du spectacle. Sa réalité n'est qu'hypothétique. Ce témoignage soulève la question de la portée politique de l'entreprise artistique de la compagnie : en effet, si le public idéal est un « public réceptif », un public d'initiés sur le plan de la croyance idéologique ou de la pratique artistique, l'entreprise théâtrale est-elle alors politiquement révolutionnaire ou viendra-t-elle renforcer les convictions des spectateurs plutôt qu'ouvrir de nouveaux horizons de changements possibles ? De plus, si le public idéal n'est envisageable que dans un « monde postrévolutionnaire », un théâtre révolutionnaire ne deviendrait-il pas obsolète ? Le recours au champ sémantique du paradis peut se lire comme une référence à la pièce *Paradise Now* à laquelle travaillait le Living, lors de l'entretien réalisé par Pierre Biner en 1968. La première de *Paradise Now* à Avignon s'étant déroulée dans un contexte de lutte idéologique, nous pourrions nous demander si la présence de spectateurs partageant les idéaux anarchistes de la troupe leur a permis d'atteindre leurs objectifs artistiques. L'étude de la création avignonnaise dans le chapitre II sera l'occasion de revenir sur certains de ces points.

Le théâtre du Living Theatre se construisit de 1947 à 1968 comme un théâtre de la marge, un théâtre hétérotopique, c'est-à-dire une utopie théâtrale « effectivement réalisée », au sens où la troupe produisit, dès son origine, un art original et « autre » par rapport à la norme représentée par

Broadway. Cette courte histoire de la compagnie avant sa participation au Festival d'Avignon (et la création de *Paradise Now*) rend compte de la double nature de la marginalité des œuvres des Beck qui créaient des pièces défiant les traditions du point de vue du fond et de la forme. Le désir révolutionnaire sur le plan idéologique et esthétique s'affirma au cours du temps : la troupe souhaitait non seulement changer la société mais également transformer le théâtre. Cette transformation impliquait le spectateur dont la prise en compte (et en charge, dans une certaine mesure) devint croissante. Théâtre politique, le théâtre du Living supposait, de plus en plus, de la part des spectateurs une prise de conscience des oppressions sociales au-delà du seul intellect. L'hétérotopie théâtrale devenait une sorte de laboratoire permettant aux membres du public de faire l'expérience organique de l'aliénation. En cherchant, progressivement, à atteindre le corps et l'âme des spectateurs, les membres du Living Theatre induisaient que le politique, la révolution de la société, passait par une mutation de l'intime qu'un théâtre iconoclaste pouvait accompagner. Cette articulation entre le politique et l'intime, balbutiante aux premières heures de la troupe, puis de plus en plus assumée, fit basculer le théâtre du Living du côté de la performance dont *Paradise Now* est l'une des expressions les plus abouties.

HÉTÉROTOPIE DE CRISE

Paradise Now, rites et passages

> Avant tout, et en premier lieu, les œuvres !
> C'est-à-dire l'exercice, l'exercice, et encore l'exercice !
> La « foi » qui en fait partie se trouvera par surcroît – soyez-en certain !
> Friedrich NIETZSCHE, *Aurore. Réflexions sur les préjugés moraux* (1881).

Paradise Now a divisé la critique. En dépit de l'essoufflement de l'intérêt pour la compagnie à partir des années 80, le Living Theatre reste inscrit dans les annales comme « une des troupes phares » des années 60, l'incarnation de l'« une de ces expériences exemplaires du théâtre contemporain où l'on explorait [...] la possibilité pour le théâtre de devenir l'espace d'une véritable contre-culture[1] ». Si l'importance de la compagnie dans l'histoire de l'avant-garde étatsunienne n'est généralement pas remise en question, la valeur de *Paradise Now* ne fait pas, quant à elle, l'unanimité. Dans *Le Nouveau théâtre américain* (1970) et *Le Théâtre américain d'aujourd'hui* (1978), ouvrages pionniers en France

---

1 Une entrée « Living Theatre » est couramment proposée dans les dictionnaires consacrés au théâtre, ce qui démontre l'importance de la compagnie. Dans le *Dictionnaire encyclopédique du théâtre à travers le monde* de Michel Corvin, le Living Theatre est présenté comme l'« un des groupes phares [dans les années soixante] qui ont permis l'apparition d'un nouvel acteur prenant appui sur des techniques d'entraînement physique neuves et sur la création collective. » (Corvin, 2009, p. 841). *The Cambridge Guide to Theatre*, dirigé par Martin Banham, et son pendant américain, *The Cambridge Guide to American Theatre*, sous la direction de Don B. Wilmeth et Tice L. Miller, définissent le Living Theatre comme l'une des « plus établies et influentes des compagnies d'avant-garde de l'histoire des États-Unis » et voient les Beck comme « les prophètes de l'expérimentation théâtrale » qui explosa dans les années soixante (Banham, 1992, p. 592 ; Wilmeth & Miller, 2009, p. 234).

sur le théâtre étatsunien des années 1960 et 1970, Franck Jotterand et Marie-Claire Pasquier consacrent un chapitre entier à *Paradise Now*, perçu comme le « dernier grand spectacle du Living » (Pasquier, 1978, p. 108). Plus récemment, de l'autre côté de l'Atlantique, Miriam Felton-Dansky, dans son chapitre pour *The Oxford Handbook of Dance and Theater*, définit la pièce comme « un modèle » dans l'histoire du théâtre engagé (2015, p. 886). Ces appréciations positives furent contrebalancées par celles d'un certain nombre de commentateurs que James Martin Harding, Cindy Rosenthal ou James E. Penner nomment « la "vieille" gauche » (Harding & Rosenthal, 2007, p. 48 ; Penner, 2009, p. 210) : après avoir admiré le travail du Living Theatre qu'il invita à Yale en 1968, Robert Brustein jugea sa démarche « irresponsable » dans le rapport instauré avec le public (1969b ; p. XVI) ; Harold Clurman dénigra la qualité de la pièce en la réduisant à un travail « d'amateurs fanatiques » (cité dans Harding & Rosenthal, 2007, p. 48) ; Eric Bentley tourna le dos à la troupe dans son article d'octobre 1968, « I reject the Living Theatre ». En France, Émile Copfermann, plus modéré dans sa critique, souligna la nature paradoxale de la création avignonnaise qui semblait avoir échappé à ses propres créateurs (1972, p. 106-107). La « vieille gauche » n'eut pas l'apanage du scepticisme et certains représentants de celle que l'on pourrait alors nommer la « jeune gauche » exprimèrent eux aussi leurs doutes quant à la valeur artistique de l'œuvre. Ainsi, le 12 mai 2018, on lisait, dans *Libération*, la remarque d'Augustin Guillot selon lequel l'œuvre *Paradise Now* était « moins intéressante pour elle-même que pour l'événement qui la constitue » (n.p.). Comme le montre cette divergence de points de vue, *Paradise Now* fait débat. Cette capacité à diviser l'opinion rend compte de la force subversive de l'œuvre qui créa, et continue à créer, la controverse. La dimension polémique de la réception de l'œuvre et la diversité des avis des commentateurs sont des preuves de la singularité de la pièce et de sa faculté à défier toute tentative de réduction interprétative comme pour affirmer son non-conformisme.

Œuvre marathon (d'une durée de quatre à cinq heures) et d'apparence complexe (du fait de la multiplicité des sources qui l'ont inspirée), *Paradise Now* est une forme théâtrale originale (voire originelle) qui articule le sacré et le politique. Dans l'introduction de la retranscription de la pièce par Judith Malina et Julian Beck, « six mois après la première » à Avignon le 24 juillet 1968, le dialogisme entre le personnel et le collectif, le spirituel et le social est présenté comme un principe de création fondamental :

> Les acteurs partent du principe que nulle action révolutionnaire ne peut être accomplie extérieurement (socialement/économiquement/politiquement) sans un changement parallèle intérieur au révolutionnaire lui-même. Pas plus qu'aucun accomplissement intérieur véritable ne peut être atteint par l'individu s'il se désintéresse des conditions sociales/économiques/politiques du monde dans lequel on vit. La Révolution doit donc être un Voyage à la fois Extérieur et Intérieur, un Voyage Personnel et Supra personnel, un Voyage Spirituel et Politique, un Voyage Psychologique et Économique, un Voyage Philosophique et Social, un Voyage Individuel et Collectif. (Malina & Beck [trad. Rooke], 2018, p. 2)

Ce dialogisme est, selon Milad Doueihi, propre aux différentes interprétations du Paradis sur terre à travers l'histoire. En conclusion à son étude, *Le Paradis terrestre. Mythes et philosophies* (2006), il écrit : « [L]e Paradis terrestre, quel qu'il soit, reste un événement religieux et spirituel et une structure qui a permis et permet toujours de penser le lien entre le religieux et le social » (p. 190). En raison de sa dimension paradisiaque qui associe transformation intérieure et mutation extérieure, *Paradise Now* marqua un tournant dans la trajectoire artistique du Living Theatre. Comme Julian Beck l'indiquait dans une note d'intention du 18 janvier 1968 adressée à Paul Puaux, bras droit de Jean Vilar, la compagnie espérait, avec cette nouvelle création pour le Festival d'Avignon, « contrebalancer les cinq pièces de [leur] répertoire qui trait[aient] toutes de l'horreur de la civilisation contemporaine, par un travail d'espoir, de joie, que le spectateur-participant [pourrait] atteindre » (*Living Theatre*, 1968, n.p.). La troupe souhaitait désormais envisager, grâce à l'art, des alternatives à la société capitaliste et militaire que ses fondateurs récusaient dans leurs précédents spectacles *The Connection, The Brig, Mysteries and Smaller Pieces*, *Frankenstein* et *Antigone*. Ce théâtre de la dénonciation laissa place avec *Paradise Now* à « un théâtre de réponses », un théâtre qui va au-delà de l'accusation en proposant des moyens pour réformer la société (Théâtre 140, 1969, n.p.). « La forme de notre travail », précise Beck à Puaux, « est basée sur la thèse que la société ne changera pas avant que ne change la forme de la culture ». « C'est pourquoi », ajoute-t-il, « nous cherchons de nouveaux moyens d'être » (*Living Theatre*, 1968, n.p.). Afin de changer la culture et la société, le Living Theatre cherche à changer l'individu, le spectateur qui, une fois transformé en Homme bon à l'image du Divin, pourra alors s'engager dans la révolution et réformer son environnement. Pour permettre cette transformation de l'individu et de son environnement, *Paradise Now* est construit sur le modèle d'une échelle, ou « Charte », dont chaque échelon permet au spectateur d'accéder à un paradis postrévolutionnaire. Dans la retranscription de la pièce par Beck et Malina, cette ascension progressive, échelon par échelon, est décrite comme un « voyage » à la fois pour les comédiens et les spectateurs :

> La pièce est un voyage, du nombre vers l'un et de l'un vers le nombre. C'est un voyage spirituel et un voyage politique. C'est un voyage intérieur et un voyage extérieur. C'est un voyage pour les acteurs et les spectateurs. Il commence au présent et va vers l'avenir pour revenir au présent. L'argument est la Révolution.
>
> Le voyage est une ascension verticale vers la Révolution Permanente.
>
> La Révolution dont parle la pièce est la Belle Révolution Anarchiste Non Violente.
>
> Le voyage est une charte. La Charte en est la carte. La Charte décrit une échelle de huit Échelons. (*ibid.*, p. 2)

La compagnie définit chaque échelon comme « un élément dialectique de la Révolution » : « [L]es quatre premiers sont les marches qui culminent dans la Révolution de l'Action [Échelon 5], qui marque le début de la restructuration sociale [Échelons 6 et 7], et la fin du Capitalisme et de l'État [Échelon 8][2] » (*ibid.*). Il est précisé que : « Chaque Échelon consiste en un Rite, une Vision, et une Action qui mènent à l'accomplissement

2 Les échelons se déclinent comme suit : Échelon I « La Révolution des Cultures : / La Culture doit être changée. La perception doit être changée. Afin que l'utilité de la Révolution puisse être comprise » (*ibid.*, p. 6) ; Échelon II « La Révolution de la Révélation : / La destination doit être claire » (*ibid.*, p. 15) ; Échelon III « La Révolution des Forces Rassemblées » (*ibid.*, p. 25) ; Échelon IV « L'Exorcisme de la Violence et La Révolution Sexuelle / [...] la transformation des forces diaboliques en forces célestes » (*ibid.*, p. 35-36) ; Échelon V « La Révolution de l'Action : / Le plan est mis en action : brûlez l'argent ! » (*ibid.*, p. 41) ; Échelon VI « La Révolution de la Transformation : / La Période de Lutte » (*ibid.*, p. 48) ; Échelon VII « La Révolution de l'Être : / Aperçus du Monde Postrévolutionnaire » (*ibid.*, p. 56) ; Échelon VIII « La Révolution Permanente : / Changez ! » (*ibid.*, p. 63.)

d'un aspect de la Révolution » (*ibid.*). La nature de chaque étape est clairement définie :

> Les Rites sont des cérémonies / rituels physiques / spirituels qui culminent dans un *Flash*. Les Visions sont cérébrales. Ce sont des images, des symboles, des rêves. La conscience qui émerge de l'expérience du Rite et la conscience qui émerge de la Vision se fondent pour précipiter l'Action. Les Actions sont des mises en acte de conditions politiques accomplies par les spectateurs et les acteurs. Ces conditions sont spécifiées comme ayant lieu dans une ville particulière mais mènent à une action révolutionnaire ici et maintenant. Les Rites et Visions sont accomplis par les acteurs, mais les Actions sont introduites par les acteurs et accomplies par les spectateurs avec l'aide des acteurs. Les Actions sont introduites par un texte dit par les acteurs.
>
> Le but de la pièce est de mener à un état d'être dans lequel l'action révolutionnaire non violente est possible. (*ibid.*)

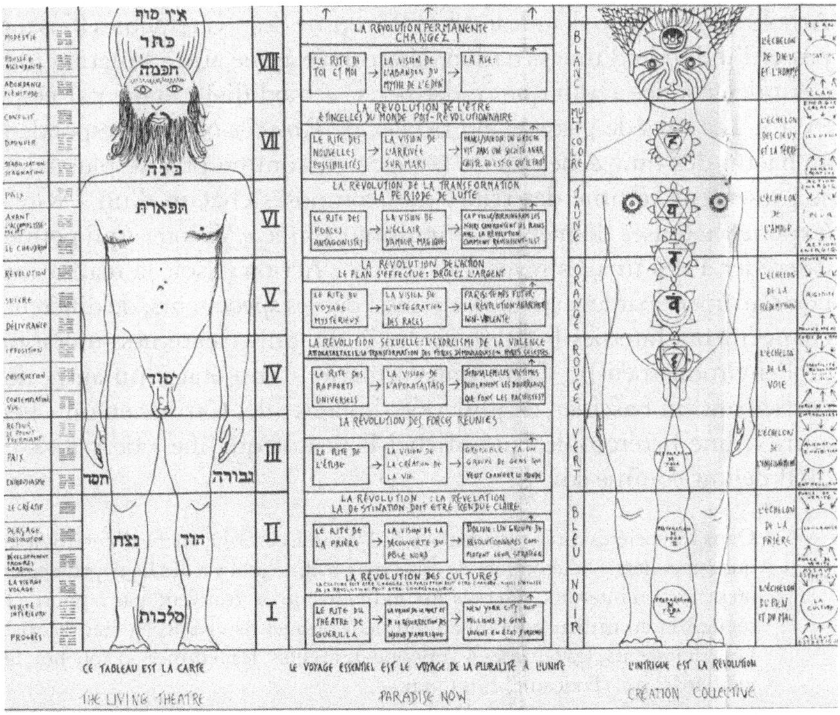

Ill. 2 – Charte, *Paradise Now* (Living Theatre), 1968. © Living Theatre.

Élément dialectique de la Révolution, chaque échelon articule le sacré et le politique afin de permettre une double transformation, celle de l'être et de la société. Dans ses diverses études sur le théâtre et notamment dans son ouvrage d'introduction à la performance, *Performance Studies : An Introduction* (2002), Richard Schechner, influencé par les recherches de l'anthropologue Victor Turner, pose la transformation d'un statut à un autre comme caractéristique du rituel. En 1969, Beck déclarait d'ailleurs que, pour eux, « *Paradise Now* tenait du rituel » (cité dans Schechner, 1969, p. 26). La notion de « rituel » est très présente dans les écrits du cofondateur (Beck, 1978, p. 148, 149, et 162 ; *id.*, 1997, p. 27). C'est par le rituel que le Living Theatre envisageait la réalisation de la métamorphose des participants qui évoluent de rite de passage en rite de passage à chaque échelon de l'œuvre. Dans son ouvrage phare de 1909, *Les Rites de passage. Étude systématique des rites*, l'anthropologue Arnold van Gennep définit les rituels comme des « cérémonies [faisant] passer l'individu d'une situation déterminée à une autre situation tout aussi déterminée » afin que ce dernier se « modif[ie] » étape par étape (p. 13). Les rites de passage, ou rituels, de *Paradise Now* correspondent à chacun des huit échelons de la pièce et, comme précisé plus haut, se présentent comme des triptyques composés chacun d'un « Rite » (expérience censée donner une impulsion), d'une « Vision » (qui permet d'accéder à des images rêvées), et d'une « Action » (soit la réalisation, non seulement par les acteurs mais aussi par les spectateurs, de différents changements internes [mutations de l'individu] et externes [mutation de l'environnement])[3]. Cette transformation d'un état à un autre des participants fit basculer, en juillet 68, le cloître des Carmes en un « lieu autre », une hétérotopie, que Michel Foucault qualifie « de crise » et qu'il définit comme suit :

> Dans les sociétés dites « primitives », il y a une certaine forme d'hétérotopies que j'appellerais hétérotopies de crise, c'est-à-dire qu'il y a des lieux privilégiés, ou sacrés, ou interdits, réservés aux individus qui se trouvent, par rapport à la société, et au milieu humain à l'intérieur duquel ils vivent, en état de crise. Les adolescents, les femmes à l'époque des règles, les femmes en couches, les vieillards, etc. (Foucault, 1984, n.p.)

3 Pour plus de clarté, le terme *rituel* est employé pour se référer à chaque rite de passage afin de conserver le terme de *rite*, employé dans le script, pour nommer la première des trois étapes du procédé ritualiste.

Influencée par des cultures primitives, la troupe américaine réinvestit la coutume du rituel pour faire entrer le public en état de crise, puis de communion, afin de le préparer à la rébellion collective. *Paradise Now* est un théâtre révolutionnaire qui vise à créer par le rituel un espace hétérotopique paradisiaque où l'individu se verra libéré de l'aliénation héritée de l'histoire. À l'instar d'Anthony Graham-White dans son article, « "Ritual" in Contemporary Theatre and Criticism », il convient de mettre en avant la nature analogique de la référence au rituel, pour rendre compte du processus théâtral à l'œuvre dans *Paradise Now* :

> *Paradise Now* du Living Theatre et *Dionysus in 69* du Performance Group sont des rituels de la même manière que *La Sonate des spectres* de Strindberg est une sonate ou *La Valse des toréadors* d'Anouilh, une valse : par analogie. En utilisant un terme appartenant à une autre forme culturelle, l'artiste attire l'attention de son public sur le fait qu'il emprunte des éléments formels tout en invitant implicitement ce public à aborder son travail comme il aborderait la forme culturelle analogue. (Graham-White, 1976, p. 318)[4]

Paradise Now n'est pas un rituel au sens anthropologique du terme car l'événement est avant tout artistique mais, ainsi que Turner l'a démontré dans *From Ritual to Theatre : The Human Seriousness of Play* (1982), le théâtre emprunte aux coutumes ritualistes. Dans le sillage d'Antonin Artaud, le Living Theatre poussa, avec sa création de 1968, les limites de l'exploration du potentiel théâtral et révolutionnaire du rituel avant que Richard Schechner, fondateur du Performance Group et des départements universitaires de *Performance Studies*, en fît son terrain de jeu et d'étude privilégié.

L'analyse formelle de *Paradise Now* qui est au centre de cette partie se fonde sur les écrits des Beck et de leurs camarades, ainsi que sur des captations vidéo, des entretiens avec des participants (comédiens ou spectateurs) à l'expérience avignonnaise, et enfin, sur un processus d'immersion pratique au cœur de la pièce, à l'occasion du stage, « Living Theatre / *Paradise Now* : l'énergie au service du corps en révolte », mené

4 Trad. A.D. & E.J. – « *The Living Theatre's* Paradise Now *and The Performance Group's* Dionysus in 69 *are rituals only to the degree that Strindberg's* Ghost Sonata *is a sonata or Anouilh's* Waltz of the Toreadors, *a waltz : by analogy. By using a term that belongs to a different cultural form the artist alerts his audience that he is borrowing formal elements and at the same time implicitly invites his audience to feel the presence of his work as they might in the presence of the analogous cultural form.* »

par Hans Echnaton en avril 2018, dans le cadre de l'*American Theatre Project*. La dimension spirituelle constitutive de la traversée de *Paradise Now* sera considérée dans la première partie, « Théâtre sacré : voyage intérieur », avant que soit envisagée la dimension plus politique de l'œuvre dans la partie III, « Théâtre politique : voyage extérieur ». La nature révolutionnaire de *Paradise Now* tient au passage du dedans, c'est-à-dire le cloître des Carmes, au dehors, et donc à la rue à l'Échelon 8. La transition de l'intériorité spirituelle à l'extériorité politique se fera par l'analyse de la performance proposée dans la deuxième partie, « Théâtre performance : au-delà de la *mimesis* », qui reviendra sur la définition de ce genre théâtral et confrontera certaines de ses spécificités aux caractéristiques intrinsèques de l'œuvre, pour définir en quoi *Paradise Now* est une *performance*. La dissociation dans les titres des parties entre théâtre sacré et théâtre politique est méthodologique et non formelle puisque, comme nous le verrons, les aspects sacrés et politiques sont consubstantiels et reviennent ainsi dans les trois sections ci-dessous.

THÉÂTRE SACRÉ : VOYAGE INTÉRIEUR

En juin 1968, soit au lendemain de la prise de l'Odéon et à la veille du début du Festival d'Avignon, Julian Beck dédiait son théâtre « à Dieu et au peuple qui sont », précisait-il, « le chemin de la plus sainte sainte sainte révolution » (*Vie du Théâtre*, p. 82). Le théâtre était perçu comme sacré non seulement parce qu'il était un moyen de communiquer avec le Divin mais aussi car il permettait d'accomplir des miracles en changeant la face politique de la société au nom du peuple. En ce sens, *Paradise Now* fut qualifiée par Beck de *Miracle Play*, c'est-à-dire de « miracle ». Si l'expression anglaise renvoie uniquement à un genre théâtral spécifique représentant une action humaine où l'élément divin apparaît dans le dénouement, la polysémie du terme en français ouvre à d'autres interprétations. Ce n'est pas en référence au genre artistique hérité du Moyen Âge que Beck employait « miracle » mais pour renvoyer à un événement extraordinaire réalisé par une puissance divine. En effet, dans l'échange avec le cofondateur du Living Theatre, le comédien Rufus Collins précisait que leur création était pensée comme « un miracle qui allait créer l'implosion » (cité dans Living Theatre, 1969, p. 96)[5] ; plus tard, Beck, en se remémorant l'occupation du Théâtre de France, écrivait : « [N]ous voulons le miracle : *paradise now* ! » (1978, p. 238). Cette manifestation surnaturelle est évidemment la transformation des participants. En 1964, alors que le Living Theatre entamait sa transition européenne, Julian Beck revint sur la conviction de plus en plus affirmée de la troupe quant à la nécessité de faire participer le public dans leurs productions : « [N]otre mission était d'impliquer le public ou de le toucher ou de provoquer son engagement, pas uniquement de lui offrir quelque chose à voir[6] » (1969c, p. 21). Cet élan vers les spectateurs, inauguré avec les mises en scène de *Faustina* (1952), *Tonight We Improvise* (1959) et *Many Loves* (1959), s'affirma avec leurs premiers succès, *The Connection* (1959) et *The Brig* (1965). La rupture avec le quatrième mur prenait pour le cofondateur des allures liturgiques :

> Aider une fois de plus le public à devenir ce qu'il était destiné à devenir lorsque les premières pièces ont pris forme : une congrégation menée par des prêtres, une extase chorale de lecture et réponse, une danse, à la recherche de la transcendance, une porte de sortie ou vers l'élévation, l'élan vertical, à la recherche de cet état d'ouverture d'esprit qui dépasse le seul fait d'être conscient et nous rapproche de Dieu. (*ibid.*, p. 21)[7]

Cette communion sacrée avec Dieu fut pleinement explorée dans *Paradise Now* qui rend compte de la volonté de la compagnie de renouer avec la tradition religieuse, dans l'acception étymologique du terme. « Religion » vient du latin, *religare*, qui signifie « relier » (*Littre.org*). La troupe cherchait à métamorphoser miraculeusement les individus en « reliant » le terrestre au céleste, l'humain au divin, l'individu au groupe et le spectateur au comédien. Il faut rappeler que le Living Theatre démarra sa

---

5 Trad. A.D. & E.J. – « *I thought that when we were going to create Paradise Now, we were going to create a miracle that will create an implosion.* »

6 Trad. A.D. & E.J. – « *[O]ur mission was to involve or touch or engage the audience, not just show them something.* »

7 Trad. A.D. & E.J. – « *To aid the audience to become once more what it was destined to be when the first dramas formed themselves on the threshing floor : a congregation led by priests, a choral ecstasy of reading and response, dance, seeking transcendence, a way out and up, the vertical thrust, seeking a state of awareness that surpasses mere conscious being and brings you closer to God.* »

création avant de savoir qu'un ancien cloître, qui abritait jadis l'ordre des Mendiants, serait mis à leur disposition pour présenter la pièce. Le lieu original des représentations de 1968, le cloître des Carmes, renforçait ainsi la symbolique spirituelle originelle. Du fait de ses influences mystiques et de la nature religieuse de la traversée des comédiens et des spectateurs-acteurs, qui, appelés à s'éveiller à leur identité première vierge de toute corruption sociétale, s'unissent pour défendre la cause révolutionnaire, *Paradise Now* s'apparente à du théâtre sacré, théâtre de « l'invisible rendu visible », selon la définition de Peter Brook (1977 p. 63). Les artistes cherchaient en effet à rendre visible, à révéler, la bonté humaine que « l'horreur de la civilisation contemporaine », pour revenir à la note d'intention de Beck, avait fini par dénaturer (*Living Theatre*, 1968, n.p.). Première étape dans le processus révolutionnaire, cette mutation personnelle transformait le cloître des Carmes en une hétérotopie paradisiaque. En effet, comme nous allons le démontrer tout d'abord, Paradise Now s'inscrit dans la tradition chrétienne que la compagnie tente de dépasser pour transcender le mythe et faire de l'utopie un *eu-topos*. Le mythe d'Éden n'est qu'un point de départ que les membres de la compagnie ont enrichi d'une myriade de références qui font de la création avignonnaise une œuvre syncrétique. Pour Henri Bergson, dans *Les Deux Sources de la morale et de la religion* (1932), le mysticisme est le propre de la « religion dynamique », fruit non pas d'une « affabul[ation] », comme dans la « religion statique » et institutionnelle, mais « [d']une certitude car l'âme du mystique est unie à ce qui lui donne la vie » (p. 164). « Le grand mystique », explique-t-il, « serait une individualité qui franchirait les limites assignées à l'espèce par sa matérialité, qui continuerait et prolongerait ainsi l'action divine » (*ibid.*, p. 223). S'il est peu probable, à notre connaissance, que les membres du Living Theatre aient eu connaissance de la théorie de Bergson, c'est bien en cette trempe de mystique qu'ils projetaient de transformer les spectateurs pour qu'ils poursuivent l'action divine dans la Révolution.

PARADIS SUR TERRE : DE L'UTOPIE À L'*EU-TOPOS*, RAPPELS SUR LES ORIGINES

Paradise Now s'inscrit dans la tradition artistique de réécriture du mythe original chrétien du Paradis. La pièce littéralise à la fois le voyage allégorique du poète Dante Alighieri de l'Enfer au Paradis, où il retrouvera la foi, à la suite d'un égarement spirituel, mais aussi la possibilité de rédemption, de retournement telle que John Milton la met en scène. Le Living Theatre performe les récits initiatiques des poètes qui ont inspiré la pièce en faisant du Paradis de *La Divine Comédie* un *Paradis Retrouvé*, non pas dans l'au-delà chrétien, mais dans l'ici et maintenant de la vie sur terre. Dans son histoire du Paradis, Milad Doueihi rappelle que « [le] Paradis est d'abord une promesse de bonheur habité par la nostalgie d'une origine perdue, souvent rêvée comme l'ultime destination du genre humain » (2006, p. 9). Lorsqu'en juillet 1968, Guy Dumur, journaliste du *Nouvel Observateur*, interrogea Beck sur la pièce, ce dernier resta énigmatique quant aux procédés théâtraux engagés mais il ne manqua pas mettre en exergue la notion de bonheur :

> Quand j'ai demandé à Julian Beck d'assister à une répétition, il m'a dit, avec son gentil sourire de non-violent, que « même si l'ombre d'Artaud se présentait, il ne la laisserait pas entrer ». Mais il m'a dit aussi que « Paradise Now » serait son premier spectacle optimiste, qu'à partir « de rêves et de rites », il démontrerait, à la lueur des événements récents, comment le bonheur pouvait être atteint « *hic et nunc* ». (Dumur, 1968, p. 22)

Ce bonheur que le spectateur allait atteindre grâce aux prêtres-comédiens qui célébraient la cérémonie théâtrale était celui de l'Homme premier. Ce statut adamique émane du processus d'Apocatastase qui s'accomplit à l'Échelon 4. Cette mutation sacrée et individuelle qui résulte de la communion des forces opposées qui tiraillent le sujet marque l'ouverture des portes du paradis. Dans la théologie chrétienne, l'Apocatastase, qui littéralement signifie « un retour à l'état originel », renvoie au « rétablissement de toutes choses dans la communion avec Dieu », une vision selon laquelle le Divin sauverait toute l'humanité au-delà du bien et du mal, du pardon et de la damnation (*Encyclopédie philosophique universelle*, 2000, p. 1567). Par la « VISION DE L'APOCATASTASE », le Living Theatre postule que le paradis est accessible à toutes celles et tous ceux qui s'adonnent à l'expérience du sacré dans un but révolutionnaire. Évidemment, le processus est théorique et la réussite du rite de passage de l'Enfer terrestre capitaliste et militaire au Paradis maintenant dépend d'une multitude de facteurs qu'il conviendra de considérer dans un troisième temps après avoir envisagé les protocoles ritualistes mis en place par la troupe. L'association historique entre paradis et bonheur renvoie, comme le souligne Doueihi, à la dimension utopique du Paradis. Pour l'historien, « le spirituel et l'utopique préparent le terrain à l'éthique » et ainsi au politique (Doueihi, 2006, p. 10). Théâtre visionnaire qui ouvre des perspectives vers un monde postrévolutionnaire heureux, *Paradise Now* est fondée sur les convictions anarchiques des Beck, convictions renvoyant aux origines même de la notion d'utopie telle que Thomas More l'avait développée. En effet, le paradis terrestre du Living Theatre est un Jardin d'Éden qui rappelle l'île d'Utopie dans la fable de l'avocat qui fut au service d'Henri VIII avant de démissionner et d'être décapité en traître.

À l'entrée 105 de *La Vie du théâtre*, intitulée « Méditation sur l'Anarchie », le cofondateur de la compagnie écrit :

> L'Anarchie c'est l'ordre [...]
> L'anarchie c'est l'organisation [...]
>
> l'organisation libre est harmonie
> l'harmonie de l'anarchie est l'harmonie à laquelle nous ne sommes pas habitués
> l'état est toujours coercitif
>
> l'organisation est coopération
> la coopération est libre
> et ne connaît pas la coercition
>
> coopération est organisation est harmonie est anarchie
> harmonie n'est pas un chaos elle est coopération
> elle est libre. (Beck, 1978, p. 274-275)

Cette définition de l'anarchisme peut être considérée comme la définition utopique d'une organisation sociale fondée sur les principes d'ordre, d'organisation et de coopération harmonieux et libres. La dernière scène, qui se déroule à l'Échelon 8 dans la rue, est censée ouvrir la voie à l'anarchisme : « Action VIII [...] LA RÉVOLUTION PERMANENTE / Le changement est l'état naturel de l'être. La Révolution Permanente est la condition naturelle de l'Anarchisme » (Malina & Beck [trad. Rooke], 2018, p. 66). Les valeurs associées à l'anarchisme de Julian Beck et de la troupe font écho, dans une certaine mesure, à celles qui règnent sur l'île d'Utopie dans le récit fondateur de More : l'état coercitif décrit par l'artiste serait l'Abraxa, ville des fous de l'*Éloge de la folie* d'Érasme. Dans son œuvre de 1516, *L'Utopie*, Thomas More attribue au personnage d'Utopus la création de l'île à laquelle il donna son nom suite à la conquête d'Abraxa : « [C]e conquérant eut assez de génie pour humaniser une population grossière et sauvage, et pour en former un peuple qui surpasse aujourd'hui toutes les autres en civilisation » (2013, p. 39). Cette terre corrompue fut inspirée du contexte d'écriture de More. Abraxa est à l'image de « la société capitaliste en formation en Angleterre » qui exploita les pauvres au profit des riches notamment par sa « politique dite des *enclosures*, qui chassa de leurs terres des dizaines de milliers de paysans et remplaça l'agriculture par l'élevage de moutons et la production de laine brute destinée à l'industrie lainière naissante » (Valier, 2014, p. 83). Le personnage de Raphaël, créé par More pour rendre compte de la vie à Utopie, met en garde contre un tel système qui, loin d'assurer la paix sociale et de garantir le *statu quo*, laisse présager l'avènement d'une révolution :

> Avancer que la misère publique est la meilleure sauvegarde de la monarchie, c'est avancer une erreur grossière et évidente ; où voit-on plus de querelles et de rixes que parmi les mendiants ? Quel est l'homme qui désire plus vivement une révolution ? N'est-ce pas celui dont l'existence actuelle est misérable ? Quel est l'homme qui aura le plus d'audace à bouleverser l'État ? N'est-ce pas celui qui ne peut qu'y gagner, parce qu'il n'a rien à perdre ? (More, 2013, p. 30-31)

À Utopie, la paix sociale est, elle, garantie car Utopus y a créé les conditions d'une organisation fondée sur l'égalité entre les Hommes, l'abolition de l'argent et de la propriété, la mise en place de lois en petit nombre favorisant ainsi l'autogestion, la tolérance religieuse, la liberté de conscience, la valorisation des plaisirs, et enfin un recours restreint à la violence autorisant seules les guerres défensives. En épilogue à son récit, le narrateur Thomas More, qui souligne le caractère subversif de l'organisation d'Utopie telle qu'elle lui fut contée par le personnage de Raphaël, prétend douter du bien-fondé d'une communauté qui « détruit radicalement toute noblesse et magnificence, et splendeur et majesté, choses qui, aux yeux de l'opinion publique, font l'honneur et le véritable ornement d'un État » (*ibid.*, p. 102). Toutefois, il conclut ensuite son questionnement par une confession destinée à nuancer son propos avant de renverser :

> [S]i, d'un côté, je ne puis consentir à tout ce qui a été dit par cet homme, du reste fort savant sans contredit et très habile en affaires humaines, d'un autre côté, je confesse aisément qu'il y a chez les Utopiens une foule de choses que je souhaite voir établies dans nos cités.
>
> Je le souhaite plus que je l'espère. (*ibid.*, p. 103)

Ces dernières lignes sur lesquelles les pages de *L'Utopie* se referment se lisent comme une invitation à l'action vers une réforme de la société adressée aux lecteurs. More se place du côté du réalisable et de la pratique, c'est-à-dire du souhait, plutôt que de l'hypothétique, de l'attente, et donc de l'espoir. Certains des fondamentaux sociétaux des Utopiens seraient donc à envisager concrètement pour améliorer la vie des « cités » de l'époque de Thomas More.

Raphaël, qui relate donc à More la vie sur l'île d'Utopie, a pour nom *Hythlodée ou Hythlodaeus*, dans la version originale du texte : ce patronyme signifie étymologiquement « expert en bavardage ». Cette communauté merveilleuse est donc le fruit du « bavardage », de l'imagination de Raphaël, double fictif du conteur Thomas More. L'île est alors une fiction, un *u-topos*, un « non lieu » dont la fonction est de mettre en exergue les maux de la société réelle afin d'éveiller les consciences et d'envisager des réformes. La tension entre la fictionnalité d'Utopie et sa désirable concrétisation fait de cet *u-topos* un *eu-topos*. More joue d'ailleurs sur l'ambiguïté de l'origine étymologique du terme *utopie*, un lieu de vie idéal qui n'existe pas dans la réalité de l'ici-et-maintenant mais qui est posé comme un modèle pour l'avenir. L'humaniste appelait de ses vœux la concrétisation dans le présent de ce futur rêvé : son utopie est donc bel et bien une ligne d'horizon, un but à atteindre, plutôt qu'une « ligne de fuite », une chimère inconséquente et vaine. Cette seconde perception chimérique du concept renvoie à ce que Paul Ricœur définit comme l'approche schizophrénique de l'utopie :

> La vision d'utopie est souvent traitée comme une sorte d'attitude schizophrénique envers la société : à la fois une manière d'échapper à la logique de l'action pour une construction extérieure à l'histoire, et une forme de protection contre toute espèce de vérification par une action concrète. (Ricœur, 2016, p. 18)

Selon le philosophe, l'utopisme serait alors le plus souvent perçu comme une pathologie : l'utopiste est, pour ses détracteurs, celle ou celui qui évite l'action, se soustrayant ainsi à la réalité dans une logique de « fuite ». Comme Alisa Solomon le note, les membres du Living Theatre ont souvent été qualifiés d'utopistes, dans la seconde acception de ce terme, pour rendre compte du caractère illusoire de leur démarche (2007, p. 58). Retournant l'argument sur/contre lui-même, Malina et Hanon Reznikov, codirecteurs de la troupe après le décès de Julian Beck en

1985, citaient leur ami moraliste anarchiste, Paul Goodman : « [E]n te traitant d'utopistes, ils sous-entendent qu'ils ne veulent pas que tu y arrives » (cités dans *ibid.*)[8]. Pour le Living Theatre, cette désignation péjorative d'« utopistes », pour les discréditer, traduisait la crainte de leurs diffamateurs quant à leur passage à l'acte ; passage à l'acte qui, selon ces derniers, était incontournable. En 1995, la troupe présenta sa pièce, *Utopia*, dans le but, d'après Malina, de démontrer aux spectateurs que l'inaction est impossible et que l'élaboration d'un monde meilleur est donc réalisable :

> Ce qui nous sépare dans Utopie, c'est notre incrédulité face au fait que ce que l'on veut c'est ce qui est possible. Notre intention en travaillant sur une pièce sur l'Utopie c'est de dépasser l'incrédulité du spectateur quant à ses propres désirs. Ou est-ce, dans une approche plus Utopique encore, de faire grandir les désirs du spectateur au point où l'inaction devient impossible ? (Malina citée dans *ibid.*)[9]

La croyance est donc au cœur de l'entreprise utopique du Living Theatre : croire en un monde meilleur, croire en l'anarchie est le principe même d'*Utopia* mais aussi de *Paradise Now*.

Pour le Living Theatre, l'anarchie pacifiste était une organisation sociale réalisable, une « utopie réaliste » en quelque sorte, pour reprendre le titre de l'ouvrage de Rutger Bregman paru un an avant le cinquantenaire de *Paradise Now*[10]. En cela, les membres de la troupe semblent être les héritiers de la pensée d'Ernst Bloch pour qui la conscience utopique est une « conscience anticipante » et agissante puisqu'elle « se rapporte ainsi à un monde dans lequel existe déjà, ontologiquement, la possibilité de l'utopie » (Broca, 2012, n.p.). Le Living Theatre allait au-delà de l'affirmation du potentiel utopique du réel et de la possibilité de l'action et créait une œuvre artistique qui avait pour objectif de faire basculer l'utopie réaliste du côté du réel. « Travail d'espoir, de joie, que

8 Trad. A.D. & E.J. – « *When they say "utopian" they mean they don't want you to do it.* »

9 Trad. A.D & E.J. – « *What stands between us at Utopia is our incredulity that what we want is what is possible. Our intention in working on a play about Utopia is to overcome the spectator's disbelief in her own desires. Or is it, in a more Utopian sense, to augment the spectator's desires to the point where inaction becomes impossible ?* »

10 *Utopies Réalistes* est le titre de l'ouvrage publié en 2018 dans lequel Rutger Bregman, se basant sur des exemples historiques, soutient que certains idéaux humanistes (comme l'ouverture des frontières, le revenu de base universel…) pourraient être mis en œuvre par nos dirigeants et devenir réalité.

le spectateur-participant peut atteindre », pour reprendre la description de Beck envoyée à Puaux, la pièce visait à métamorphoser le spectateur en Adam Kadmon, faisant vivre ainsi aux participants réceptifs une expérience eu-topique, bel et bien concrète dans la réalité physique, organique des actants (Living Theatre, 1968, n.p.). Par opposition aux utopies, au sens d'*u-topos*, *Paradise Now* est une hétérotopie qui, du point de vue des membres de la compagnie qui voyaient dans le mouvement de 1968 « la preuve de la réussite de [leur] travail », a une dimension eu-topique (Beck, « Déclaration, Odéon 1968 », 1969b, p. 161). *Paradise Now* serait donc pour le Living Theatre une hétérotopie eu-topique dont il convient de définir les mécanismes, les modes opératoires mis en place afin de concrétiser ce paradis sur terre.

LE MAGICO-RELIGIEUX : SYNCRÉTISME SPIRITUEL

Alors que Julian Beck et le comédien Ben Israel échangeaient lors des répétitions sur les stratégies à envisager, ils présentaient le rituel comme une « technique » pour assurer non seulement la « transformation » de l'individu mais également sa « transmutation » en Homme révolutionnaire :

> STEVEN BEN ISRAEL
> Transformation des énergies, idées, concepts.
> Procédés : instinctifs par nature.
> Après la transformation, la transmutation.
> [...] Techniques de transformation et de transmutation.
> [...]
>
> JULIAN BECK
> Un intérêt pour les rituels mystiques et primitifs.
> (Beck & Ben Israel cités dans Living Theatre, 1969, p. 96)[11]

Comme nous l'avons précédemment indiqué, le rituel qui assure le passage d'un statut à un autre et opère une transformation, est le rite de passage. Dans *Les Rites de passage*, Arnold van Gennep définit les procédés théoriques et pratiques qui sous-tendent la réalisation des rituels « magico-religieuses » (1924, p. 13). L'adjectif *religieux* renvoie aux

11 Trad. A.D & E.J. – « *Steven Ben Israel : Transformation of energies, ideas, concepts. / Processes : instinctive in nature. / After transformation to transmutation. / [...] Techniques for transformation and transmutation. [...] / Julian Beck : A concern with primitive and mystic rituals.* »

théories spirituelles invoquées et la « magie » est propre aux pratiques ritualistes, cultes ou cérémonies qui sont convoqués et qui concrétisent la transition d'un état à un autre. Les notes introductives de la pièce retranscrites par les Beck font référence aux sources utilisées pour le voyage spirituel des participants tel qu'il est défini par « La Charte » :

> La Charte contient des informations issues de la Kabbale, des enseignements tantriques et hassidiques, du Yi Jing, et d'autres sources. Les informations de la Charte sont organisées en sorte d'aider l'ascension verticale et de pourvoir un guide durant le voyage. La Charte est dessinée de façon à pouvoir être développée horizontalement par l'ajout de toute information qui semble utile. (Malina & Beck [trad. Rooke], p. 2)

Structurée en huit échelons, la Charte devait initialement compter dix étapes, en référence aux Dix Paroles du *Décalogue*, ensemble d'instructions morales de Dieu à Moïse au mont Sinaï. Par manque de temps lors des répétitions, la compagnie réduisit le nombre de rituels à huit. Ces rituels furent inspirés de deux grands courants de la mystique juive : la Kabbale et l'Hassidisme. Dans l'Hassidisme, « l'amour de Dieu joue un rôle capital » et « trouve son point d'application dans une conception mystique de la prière, qui [...] permet à l'orant [...] de se mettre en communication avec le monde d'en haut » (*Dictionnaire du judaïsme*, 1998, p. 7307). Influencée notamment par l'ouvrage de Martin Buber *Les Récits hassidiques*, la compagnie imagina un parcours initiatique où les spectatrices et spectateurs parviendraient à unifier « le ciel et la terre » pour créer un paradis sur terre, un paradis maintenant (*ibid.*, p. 3). L'influence de Buber est profonde et primordiale pour cerner l'ambition du Living Theatre : « [A]u lieu de combattre le mal par les moyens du mal on se mettra sous la protection des forces divines pour le transformer en son contraire » (Jacquot, 1970, p. 247). La théorie bubérienne du « je et tu » est reprise dans le Rite de l'Échelon VII : le recours à la fin du voyage, à ce concept qui appelle à une « expérience directe des rapports entre les personnes et du contact avec le divin sans le détour de l'abstraction » est significatif de l'ultime portée de la communion entre individus et avec Dieu qui permet à la « Révolution Permanente » de se réaliser (*ibid.*). L'autre spiritualité judaïque qui étaye *Paradise Now* est la Kabbale, mystique juive qui se développe dès le IIe siècle. Elle est fondée sur une approche méditative du Dieu vivant, « source de toute existence », aboutissant à « la connaissance [du] monde divin » (*Dictionnaire du Judaïsme*, 1998, p. 10860-10864). Selon la Kabbale, la composition de l'homme et de l'univers est représentée par l'Arbre des Sephiroth (ou Arbre de vie), puissances créatrices divines au nombre de dix. Ces dix Saints Attributs s'incarnent dans l'Adam Kadmon : « [L']Adam Céleste, à l'image duquel le Saint a fait l'Homme, l'Adam Terrestre » (*ibid.*,p. 5). Le canevas de *Paradise Now* associe alors le principe des échelons hassidiques avec l'image de l'Adam Kadmon et ses attributs : chaque échelon hassidique permet au spectateur de se rapprocher du ciel et d'acquérir progressivement chacun des Sephiroth afin de se métamorphoser en Adam Kadmon. Pour visualiser les étapes de ce voyage vers le paradis terrestre, la compagnie représenta sur le pan gauche de la Charte l'Adam Kadmon et les attributs correspondant à chacune des parties de son corps (voir ill. 2, p. 87).

Le Bouddhisme est l'autre grand courant d'influence pour *Paradise Now*. La Charte guide également les comédiens et les spectateurs dans ce voyage bouddhique via, à la droite de l'Adam Kadmon, la figure du Yogi. Ce personnage est une représentation des « concentrations majeures, ou centres (Chakras : littéralement, roues) de puissance physique et métaphysique, situés à l'intérieur du corps physique de chaque être humain, puissance qui comprend toute la pensée, les sentiments et l'expression humains », selon les « textes sacrés hindous » (*ibid.*, p. 4). Pour chaque échelon, les comédiens activaient des sources énergétiques de différentes natures afin de pouvoir accompagner le spectateur dans son évolution de « l'obscurité vers la clarté », comme les codes lumières du plan feu en marge du personnage de Yogi (à droite) l'indiquent (*ibid.*). D'après Jean Jacquot, la préférence bouddhique de la troupe « irait aux doctrines du *mahayana*, parce qu'elles ouvrent la perspective d'un salut pour tous les hommes » (1970, p. 248). Pour Judith Malina, l'enseignement du *Bodhisattva* (ou Sage Bouddhiste), l'*Avalokiteshvara* est celui à suivre. Incarnation de la compassion ultime, il ne rejoint le Nirvana qu'une fois tous les êtres sensibles délivrés de leurs souffrances (Living Theatre, 1969, p. 103). Tout au long de la transcription de *Paradise Now*, l'ouvrage d'introduction au tantrisme, *La Puissance du Serpent* de l'indianiste Arthur Avalon, est cité en relation avec les chakras. Le tantrisme est notamment fondé sur l'évocation de « formules magiques » visant à « l'union avec la divinité pour devenir homme-dieu » (Ludwig, 2012, p. 268). Du point de vue du tantrisme, « chacun est un bouddha en puissance » (*ibid.*). Le recours aux formules consignées dans l'ouvrage d'Avalon permet aux comédiens d'éveiller l'esprit de Bouddha en eux et de se rapprocher du Divin et de l'Amour Universel. Pour chaque échelon, les comédiens sont invités à pratiquer différents exercices de yoga de façon à stimuler la Kundalini ou « puissance motrice de base [...] avec laquelle chaque individu active l'expérience [...] pleine de l'existence » (Malina & Beck [trad. Rooke], p. 4). Selon les membres de la compagnie : « [L]'objectif de la pratique du Yoga (Union) est d'élever [les] puissances [physiques et métaphysiques] à un état de Pure Conscience et d'Unification qui, selon les textes sacrés, mènent le pratiquant à un état de Bonheur Suprême » (*ibid.*). Comme les spiritualités judaïques, les enseignements bouddhiques visent à l'unification entre l'Humain et le Divin qui mène à la plénitude, cette paix intérieure étant la condition nécessaire pour s'assurer de la paix universelle entre les Hommes. Dans leur présentation de la construction de la Charte, les membres du Living Theatre se réfèrent au *Yi Jing*, autre source majeure pour *Paradise Now*. Le *Yi Jing* (ou « Livre des changements », ou encore « Livre des mutations ») est un manuel de divination. Considéré comme le plus ancien texte chinois, il fut traduit en allemand par Richard Wilhelm, et ce fut la version anglaise de Cary F. Baynes que la troupe américaine utilisa. Le *Yi Jing* est consulté comme un oracle lors de décisions à prendre afin de connaître l'état du monde et ses évolutions :

> La base de son système divinatoire repose sur les célèbres huit trigrammes (*bagua*), chacun étant composé d'une combinaison de trois lignes superposées soit pleines, soit brisées. La combinaison de deux trigrammes donne des hexagrammes dont les possibilités combinatoires donnent soixante-quatre variantes [...]. Le sens des hexagrammes est dérivé des valeurs symboliques des trigrammes qui les composent. Toutefois, et c'est là la grande originalité du système, ces valeurs ne sont pas considérées comme fixes et autonomes, mais comme interdépendantes et résultant l'une de l'autre. (« *Yi Jing* ou Livre des mutations », s.d., n.p.)

La méthode pour interroger le *Yi Jing* consiste à jeter des pièces de monnaie comme on lancerait des dés. La troupe consultait le *Yi Jing* à chaque Rite, Vision et Action selon « la méthode de l'oracle de la pièce de monnaie » : « Les oracles, délivrés par hasard, donnent aux acteurs qui les étudient la sagesse des anciens sages chinois pour les guider étape après étape dans les événements non planifiés mais qui peuvent certainement arriver et qu'ils sont susceptibles de rencontrer au hasard de leur voyage » (Malina & Beck [trad. Rooke], 2018, p. 3). Ce recours au *Yi Jing* et au « hasard » rappelle les expérimentations new-yorkaises de la troupe, lorsqu'en 1960, le Living Theatre, inspiré par le travail sur l'aléatoire de John Cage à partir du *Livre des changements*, monta *The Marrying Maiden* (1960) de Jackson Mac Low. L'intérêt pour ces spiritualités du monde oriental est, d'après Richard Schechner, caractéristique de l'avant-garde : du Living Theatre, à Philip Glass, à la création de *Dionysus in 69* par Schechner lui-même, des artistes étatsuniens ont emprunté des rituels de continents « colonisés » pour renouveler les formes occidentales (Schechner, 1976, p. 214). Selon Franck Jotterand, le *Yi Jing* atteignit un pic de popularité en 1969 lorsque « 50 000 exemplaires » du *Livre des mutations* furent vendus (1970, p. 75). Le Living Theatre avec ses colocataires du Cherry Lane Theatre (John Cage et Merce Cunningham) furent donc des précurseurs quant à l'utilisation du *Yi Jing* dans l'art.

Païenne, la religion de la troupe américaine est un syncrétisme de différentes traditions spirituelles mais elle a également des affinités avec les danses dionysiaques comme nous le verrons dans le chapitre III. Avec *Paradise Now*, la compagnie chercha à faire des spectateurs des danseurs extatiques, participants actifs qui entreraient en communion pour expérimenter une transe purificatrice. Dans le chapitre I, nous rappelions que Beck appelait, du fond de sa cellule, en 1965, à un théâtre qui ferait ressentir la souffrance aux spectateurs à l'instar du théâtre de la cruauté. Si le but ultime de *Paradise Now* est l'unité et le bonheur, la souffrance est convoquée comme une étape nécessaire qui déclenchera la participation des spectateurs. En effet, les Visions semblent directement inspirées des théories d'Artaud qui appelait de ses vœux une re-sacralisation du théâtre et un recours à des images fortes et douloureuses possédant des vertus « magiques » (Artaud, 1964b, p. 137). Le processus magico-religieux du théâtre artaudien qui purge l'âme du mal passe donc par la fabrication d'images qui agissent sur le spectateur comme autant d'« exorcismes renouvelés », comme il l'explique dans « Le Théâtre de la cruauté » (*ibid.*). Dans un texte antérieur intitulé « Le Théâtre et la Cruauté », l'artiste français écrit : « [L]a longue habitude des spectacles de distraction nous a fait oublier l'idée d'un théâtre grave, qui, bousculant toutes nos représentations, nous insuffle le magnétisme ardent des images et agit finalement sur nous à l'instar d'une thérapeutique de l'âme dont le passage ne se laissera pas oublier » (1964a, p. 132). Cette thérapeutique est provoquée par l'évocation « de crimes atroces, de surhumains dévouements », ce qu'Artaud nomme « la poésie » (*ibid.*, p. 133). Selon lui, « l'image d'un crime présentée dans les conditions théâtrales requises est pour l'esprit quelque chose d'infiniment plus redoutable que ce même crime réalisé » :

> Nous voulons faire du théâtre une réalité à laquelle on puisse croire, et qui contienne pour le cœur et les sens cette espèce de morsure concrète que comporte toute sensation vraie. De même que nos rêves agissent sur nous et que la réalité agit sur nos rêves, nous pensons qu'on peut identifier les images de la poésie à un rêve, qui sera efficace dans la mesure où il sera jeté avec la violence qu'il faut. Et le public croira aux rêves du théâtre à condition qu'il les prenne vraiment pour des rêves et non pour un calque de la réalité ; à condition qu'ils lui permettent de libérer en lui cette liberté magique du songe, qu'il ne peut reconnaître qu'empreinte de terreur et de cruauté. (*ibid.*, p. 133-134)

La réalité est onirique pour Artaud qui rejette le mimétisme, tout comme les Beck rejettent la tradition réaliste étatsunienne. Plutôt que de s'identifier aux images, le spectateur est amené à les vivre et à en ressentir la souffrance. Pour Beck, l'expérience du mal est une étape nécessaire pour ensuite ressentir la joie :

> Artaud croyait que s'il était possible de faire en sorte que l'on ressente, que l'on ressente vraiment les choses, alors on trouverait toute cette souffrance intolérable, la douleur bien trop dure à supporter, on pourrait vouloir y mettre fin ; mais alors, puisqu'on serait capables de ressentir vraiment les choses, on ressentirait vraiment la joie, la joie de tout le reste, d'aimer, de créer, d'être en paix et d'être soi-même. (Beck, 1969c, p. 25)[12]

La souffrance est convoquée par certaines Visions et notamment celle de l'Échelon I qui renvoie à la mise à mort des Indiens d'Amérique, la Vision IV qui met en scène la mise à mort de victimes par leur bourreau, ou encore la Vision V qui représente l'intolérance entre les hommes qui s'insultent dans la scène. Le recours à des images éveillant la douleur chez

12 Trad. A.D. & E.J. – « *Artaud believed that if we could only be made to feel, really feel anything, then we might find all this suffering intolerable, the pain too great to bear, we might put an end to it, and then being able to feel we might truly feel the joy, the joy of everything else, of loving, of creating, of being at peace, and of being ourselves.* »

le spectateur n'est pas systématique dans *Paradise Now* et ne concerne que quelques Visions alors que les autres Visions proposent des rêves apaisés. Le voyage des spectateurs est donc varié et oscille entre immersions oniriques violentes contre lesquelles ils réagiront dans l'Action qui suivra ou rêves éveillés fraternels et sororaux qui initieront, eux, des Actions dans la continuité du songe. Il faut indiquer que dans le texte de *Paradise Now*, une note a été ajoutée pour préciser que les scènes de violence doivent toujours laisser place à l'espoir :

> Dans le fait de discuter ou de représenter les aspects violents de toute révolution, ou dans le fait de discuter ou de représenter la souffrance humaine sous toutes ses formes, le but de l'acteur est toujours d'emmener la scène dans une situation d'espoir et de paradis. (Malina & Beck [trad. Rooke], 2018, p. 20)

En plus des visions, l'autre élément qui semble être emprunté à Artaud concerne les éclairages. Dans « Le Théâtre de la cruauté », un paragraphe entier est consacré à la « lumière » :

> Les appareils lumineux actuellement en usage dans les théâtres ne peuvent plus suffire. L'action particulière de la lumière sur l'esprit entrant en jeu, des effets de vibrations lumineuses doivent être recherchés, des façons nouvelles de répandre les éclairages en ondes, ou par nappes, ou comme une fusillade de flèches de feu. La gamme colorée des appareils actuellement en usage est à revoir de bout en bout. Pour produire des qualités de tons particulières, on doit réintroduire dans la lumière un élément de ténuité, de densité, d'opacité en vue de produire le chaud, le froid, la colère, la peur, etc. (Artaud, 1964b, p. 147)

Dans *Paradise Now*, une attention particulière est également portée aux éclairages :

> Les couleurs évoluent de l'obscurité vers la clarté. Chaque Échelon est empreint d'une illumination spécifique. Les couleurs sont des illuminations destinées à unifier la conscience et les associations de toutes les personnes présentes. Les Rites sont pratiqués dans divers degrés de lumière et d'obscurité. Chaque Vision est éclairée dans la couleur de l'Échelon, et chaque Action est éclairée par la couleur de l'Échelon avec une addition de lumière blanche pour augmenter la perception d'ici et maintenant. La lumière blanche éclaire toujours l'aire du public lorsque les Actions commencent. (Malina & Beck [trad. Rooke], 2018, p. 4)

Chaque Échelon est donc associé à une couleur dont les vibrations sont censées évoquer un état d'esprit spécifique chez les comédiens et spectateurs. Par exemple, le vert est la couleur de l'Échelon III et les indications pour l'éclairage sont les suivantes :

> Le Vert est fertile
> est la croissance, dans les plantes comme dans l'étude
> est la chlorophylle qui transforme la lumière en vie
> est la couleur de l'ici et maintenant
> est la base des forces rassemblées
> est la mer et la terre où la vie émerge
> est nouveau
> est le geste fécond
> est la jungle et l'oasis
> est le signal du départ. (*ibid.*, p. 32)

Les variations des différentes lumières visent à accompagner la transformation du spectateur dans le sens de la thématique des Échelons.

En plus des techniques spirituelles et des méthodes développées par Artaud, la drogue a souvent été évoquée comme un ingrédient indispensable aux rites de passage révolutionnaires du Living Theatre. La métaphore du « voyage », utilisée par la compagnie pour décrire *Paradise Now*, fait écho à celle du *trip* généralement employée pour rendre compte des effets de la prise de substances naturelles ou chimiques. En transcrivant l'œuvre, les Beck n'ont pas inclus de références à la prise de drogue comme procédé de mise en conditionnement théâtral. La seule mention se trouve dans une des premières répliques du Rite I lorsque les comédiens déclinent tous les interdits sociaux et clament : « JE NE SUIS PAS AUTORISÉ À FUMER DE LA MARIJUANA » (*ibid.*, p. 8). Si le script reste donc discret quant à l'utilisation de drogues, les membres du Living Theatre revinrent à plusieurs reprises sur son importance dans leur processus créatif. Lors d'un entretien avec Jean-Jacques Lebel au cours des répétitions pour *Paradise Now* et lors d'un échange avec Richard Schechner publié en 1969, Julian Beck soutenait que les Hommes n'utilisent que « 10 % de [leur] facultés mentales » et que le recours à des psychotropes permettrait de stimuler d'autres zones du cerveau et de « libérer l'esprit », comme nous l'avons vu (cité dans Lebel, 1969, p. 35 ; cité dans Schechner, 1969, p. 43). Beck chante les vertus de la drogue pour l'artiste : ce qu'il nomme les « psychovitamines » ouvrent, explique-t-il, « des portes secrètes à travers lesquelles certains artistes, certains prophètes, certains voyants peuvent passer, et à travers lesquelles passent les gens dans des rêves qu'ils ne peuvent jamais comprendre » (cité dans Lebel, 1969, p. 36). Le cofondateur du Living Theatre voit dans la drogue le moyen de trouver les clés de l'existence au-delà des murs de la société :

> Nous continuons à chercher des clés grâce aux psychovitamines : parce que je sais que même dans mes moments de grande inspiration et d'imagination, je me heurte toujours à des murs et je ne sais pas comment les traverser. Il y a beaucoup de choses que je ne sais pas, et alors je me tourne vers les champignons, ou vers la DMT, ou vers le hachisch, ou l'opium ou le LSD pour m'aider à voir au-delà des coins, pour me donner la possibilité de saisir davantage. Et aussi pour m'aider à maintenir mon équilibre, dans un certain sens pour m'aider à garder ma santé mentale, parce que si j'étais obligé de vivre toujours consciemment dans un état de captivité, je serais affligé d'un poids terrible. (*ibid.*)

La drogue, ou plutôt les drogues, faisaient donc partie du processus de création pour la compagnie. Cependant, lors d'un entretien en avril 2018, Hans Echnaton Schano précisa que les substances hallucinogènes n'étaient pas systématiquement utilisées par tous les comédiens lors des représentations de *Paradise Now* et que les spectateurs n'étaient pas tenus de prendre de la drogue pour faire l'expérience du paradis même si de telles substances circulaient souvent durant le spectacle (Jouve & Schano, E2018c).

Le canevas structurel de *Paradise Now* est donc spirituel puisque le spectateur s'éveille à sa propre divinité par le truchement de différentes croyances et pratiques mystiques. Les huit rituels qui jalonnent la pièce pour permettre aux spectateurs de se transformer en Homme premier sont clairement définis du point de vue des procédés mis en place pour accompagner l'évolution progressive du spectateur-participant qui fait l'expérience d'une révolution personnelle. Si certains des témoins du Festival d'Avignon 1968, comme Melly Puaux ou Sonia Debauvais qui travaillaient toutes deux sous la direction de Jean Vilar, considéraient que *Paradise Now* était un « flop complet », un spectacle « ni fait ni à faire » car la création leur semblait désordonnée, la description de la structure et des techniques magico-religieuses déployées rend compte de la grande précision de ce spectacle qui ne pouvait être cerné que si les spectateurs s'adonnaient à l'expérience organique car la multiplicité des sources d'inspiration pouvait en effet rendre l'entreprise artistique illisible pour celles et ceux qui restaient extérieurs aux procédés (citées dans Jouve, 2018a, p. 68 et 63). *Paradise Now* est une œuvre syncrétique qui fusionne plusieurs théories pour créer des rites de passage inédits et une œuvre d'art originale. La méthode est d'autant plus difficile à appréhender qu'elle est le fruit d'un travail « inductif » (« *inductive* »), selon l'expression de Julian Beck, et fondé sur le principe de « connaissance cumulative » (« *cumulative knowledge* »), explique Malina (Malina & Beck cités dans Schechner, 1969, p. 28). Comme nous l'avons déjà souligné, les membres de la compagnie échangeaient beaucoup : la discussion était un processus de création très ancré dans les pratiques du Living Theatre. Les comédiens partageaient des idées qui inspiraient des scènes interprétées par les comédiens, ce que Beck définit comme une méthode « inductive ». Chaque membre de l'équipe faisait des propositions à partir de ses connaissances propres, ce qui explique la grande variété des sources sous-jacentes à *Paradise Now*. La fluidité des échanges, mais aussi leur capacité à improviser ensemble étaient notamment dues à la vie communautaire et nomadique de la troupe qui rendait les rapports entre les comédiens plus immédiats. Comme Judith Malina l'expliquait : « on sait suffisamment bien jouer ensemble une scène que peu importe ce que fait celui qui entre en scène, on peut tout gérer » (*ibid.*)[13]. Richard Schechner distingue sept phases lors de la réalisation d'une pièce : « les stages, les ateliers, les répétitions, les échauffements ou la préparation qui précèdent une représentation, la représentation elle-même, le relâchement, et l'après » (Schechner, 1987, p. 19)[14]. Selon Echnaton, la préparation n'était pas un passage obligé pour tous les membres de la troupe : chacun se conditionnait pour son entrée sur scène de différentes façons (exercices de yoga, discussions, voire aucun conditionnement préalable pour certains)[15]. Pour le comédien, le fait que chacun avait une grande habitude du travail collectif expliquait que la mise en condition ne fût pas nécessaire, ce qui peut étonner des observateurs comme Melly Puaux et Sonia Debeauvais qui avaient

13 Trad. A.D. & E.J. – « *We know how to play a scene with each other well enough that if anybody comes in and does anything we can cope.* »

14 Trad. A.D. & E.J. – « *[T]raining, workshop, rehearsal, warms-up or preparations immediately before performing, the performance itself, cool-down, and aftermath.* »

15 Il est à noter que la retranscription de *Paradise Now* fait mention de « préparations » à chaque échelon de la pièce. Il s'agit d'étapes intermédiaires qui sont traversées sur scène et non en amont de la performance, sas préliminaire auquel Echnaton fait référence.

l'impression que la troupe ne travaillait pas (Jouve & Schano, E2018b ; Jouve, 2018a, p. 68). En raison de l'intimité intrinsèque du groupe, le processus de création, la structuration de la pièce et la préparation avant leur entrée sur scène pouvaient être complexes à appréhender pour les non initiés. « Chaotique [qu']en apparence », pour reprendre les termes d'Artaud au sujet du théâtre de la cruauté, *Paradise Now* est « une vraie mise en servage de l'attention » et demande une véritable implication du spectateur (Artaud, 1964b, p. 141). À l'image des rites ancestraux, elle est une œuvre qui se traverse pour pouvoir la cerner et la comprendre.

THÉÂTRE-PERFORMANCE : AU-DELÀ DE LA *MIMESIS*

Le terme *performance* est régulièrement employé par la critique pour définir *Paradise Now*[16]. L'expression « performance » est toutefois des plus ambiguës comme Marvin Carlson et Joseph Danan le précisent respectivement, dans leur introduction aux ouvrages *Performance : A Critical Introduction* et *Entre théâtre et performance. La Question du texte* (Carlson, 2004, p. 1 ; Danan, 2013, p. 7). Les deux chercheurs soulignent un flottement entre deux acceptions du terme : « performance » dans le sens anglo-saxon le plus englobant de *performing art* (ou art de la scène) et « performance » en tant que *performance art*, qui est la définition la plus resserrée (Carlson, 2004, p. 2 ; Danan, 2013, p. 7). C'est le second sens de performance qui nous intéressera ici car, s'il est indéniable que *Paradise Now* rentre dans la catégorie large « arts de la scène » en tant que spectacle, il convient de démontrer que l'œuvre avignonnaise possède les caractéristiques propres à cet événement artistique spécifique du *performance art* ; définition désormais retenue lorsque le terme *performance* sera employé dans les pages qui suivent. La performance en tant qu'événement artistique est définie par Marielle Pelissero, dans

16 Les nombreuses occurrences françaises et anglaises sur la toile, recensant l'association de l'œuvre à cette notion artistique dans des ouvrages universitaires, articles journalistiques, blogs ou autres supports référencés par les moteurs de recherche, témoignent de la forte identification de la création avignonnaise à la performance.

De l'underground à la superstructure. Émergence de la notion de performance dans le discours critique des pratiques théâtrales expérimentales (1963-1973), comme une « constellation » à la fois « notionnelle » et « référentielle » dans la mesure où une multitude de théories et de pratiques y sont associées (2016, p. 17). D'après Bernadette Bost et Joseph Danan, dans « L'Utopie de la performance », « les historiens s'accordent à reconnaître [les] prémices [de la performance] à l'époque des avant-gardes historiques, dans le contexte du futurisme italien tout d'abord, puis dans le cadre des soirées dadaïstes de Zurich » (2007, p. 115). Danan retient neuf principaux critères, « sans ordre ni hiérarchie » et non exclusifs, qui caractérisent ce genre artistique :

- la mise en jeu de l'artiste par lui-même ;
- la non séparation entre l'art et la vie (ou l'ébranlement des frontières) ;
- l'importance primordiale du corps ;
- l'unicité de l'événement, le rôle de l'imprévu, de l'incontrôlable, voire de l'improvisé : en tout cas, le caractère éphémère de la chose ;
- le partage d'une expérience
- la protestation, la contestation (de l'académisme / du pouvoir politique) ;
- la transgression, la provocation, la subversion ;
- la revendication féministe, la question posée au « genre » et à l'identité sexuelle ;
- la marginalité, toujours en tension avec une récupération effective du possible. (Danan, 2013, p. 22-23)

Il conviendra de voir en quoi *Paradise Now* répond à ces critères, ou du moins à certains d'entre eux, afin de justifier l'emploi du substantif « performance » pour qualifier la pièce. Si la performance ne dépend pas de la somme de ces différentes qualités, Danan rappelle que son élément définitoire majeur est « l'accomplissement d'une action réelle, sans *mimesis* » (*ibid.*, p. 23). La performance n'est pas une imitation ou une mise en scène de la réalité, mais elle est, au contraire, la réalité qui se met en scène. Cette caractéristique résonne avec l'ambition de la troupe américaine qui cherchait avec *Paradise Now* à proposer une révolution à la fois intime et sacrée puis collective et politique en transformant le spectateur en Homme Premier connecté avec les forces célestes et avec ses pairs.

Il est intéressant de noter que, si le terme *performance* est principalement utilisé pour décrire la création de 1968, il reste peu usité pour qualifier les œuvres antérieures, même si certaines présentent des caractéristiques listées par Danan. Ce constat s'explique par la nature iconoclaste de *Paradise Now*, œuvre en rupture non seulement avec le théâtre *mainstream* de Broadway mais également avec les créations précédentes, principalement du fait de l'active participation du public et parce que la pièce dépassait la dénonciation des maux sociaux. Le recours assumé par les commentateurs culturels au terme *performance* pour parler de *Paradise Now* est donc une façon de mettre en avant la grande originalité de l'œuvre qui marqua un tournant dans l'approche artistique et politique du théâtre pour les Beck. Les cofondateurs du Living Theatre n'emploient, en revanche, pas le terme de *performance* pour parler de leur propre travail. En effet, le mot n'apparaît ni dans les écrits de Julian Beck, ni dans ceux de Judith Malina et, comme Dennis Yueh-Yeh Li, directeur artistique associé à la compagnie de 2015 à 2019, le précise, la cofondatrice qu'il fréquenta à la fin de sa vie, utilisait systématiquement les termes *théâtre* et *acteurs*, et non *performance* et *performeurs* (Jouve, 2018c n.p.). Nous pouvons avancer l'hypothèse que les animateurs du Living Theatre préféraient parler de « théâtre » par fidélité à leur entreprise originelle, qui donna le nom à leur compagnie dès 1947, mais également pour se distinguer, d'une part, des arts musicaux, à l'image des expérimentations de leur ami John Cage, et, d'autre part, des arts visuels d'Alan Kaprow, deux domaines auxquels la notion de performance fut d'abord fortement associée aux États-Unis. Afin de voir en quoi *Paradise Now* rompt avec un théâtre traditionnel fondé sur la *mimesis* et s'inscrit dans une réalité concrète, directe et immédiate faisant de l'œuvre théâtrale une performance, trois aspects de la pièce seront spécifiquement abordés : l'effet réel, le traitement de la violence et la primauté du corps dans l'expérience artistique.

EFFET RÉEL : EXPÉRIENCE DU PRÉSENT

Joseph Danan oppose « l'effet de réel », qu'il associe à la tradition de la *mimesis*, à « l'effet réel », qu'il définit comme « une sorte d'événement brut, auquel on assiste, ou plutôt que l'on vit, en témoins de ce surgissement, comme un événement du monde » (2013, p. 19). Danan, mais aussi Pelissero, se réfèrent tous deux à l'ouvrage, *Qu'est-ce que le théâtre*, dans lequel Christian Biet et Christophe Triau introduisent la notion « d'expérience d'un présent » comme finalité de la performance (2006, p. 66). L'effet réel peut être rapproché de l'expérience de l'ici-et-maintenant sans médiation, et donc, sans imitation : la *mimesis*. Lors des répétitions à Rome en janvier 1968, Nona Howard, comédienne du Living Theatre, disait de *Paradise Now* que ce n'était « pas une pièce mais un état » ou plus précisément (et dans une traduction idiomatiquement maladroite mais restituant l'importance ontologique du vécu), « un état d'être » (« *a state of being* » ; Living Theatre, 1969, p. 94). En reniant le statut de « pièce », Howard évacue la question de la représentation : *Paradise Now* ne sera pas une représentation, un faux-semblant, mais bien l'expérience même d'un état paradisiaque. L'expression *state of being* fait écho à celle de « *moment of being* » de Virginia Woolf et que Colette-Marie Huet traduit par « instants de vie ». Dans son essai, « Une Esquisse du passé », l'auteure britannique rend compte de ce qu'elle perçoit comme des expériences personnelles et authentiques de la réalité qui s'ensuivent de révélations sortant alors l'individu de sa torpeur quotidienne, et le reconnectant ainsi à sa réalité profonde d'« être ». Par sa nature spirituelle, *Paradise Now* éveille le sujet, comédien ou membre du public, à son soi premier, primitif, situé du côté du divin, et donc, au-delà du quotidien. Contrairement au rituel, le quotidien peut être défini comme une habitude, c'est-à-dire comme un présent réitéré et subi, un présent de la répétition non créatrice qui engourdit le sujet dans ce que Woolf nomme le « *non-being* » (1985, p. 70). La primauté du présent, dans l'exclusivité de l'ici-et-maintenant, plutôt que dans sa réitération (ce que Danan nomme « un présent non reproductible »,) est centrale dans la création avignonnaise comme le déictique « *now* » du titre le souligne (Danan, 2013, p. 23). Selon Beck et Malina dans le volet « Préparation » de la transcription de l'œuvre, le but de *Paradise Now* est « de mener à un état d'être dans lequel l'action révolutionnaire non-violente est possible » (Malina & Beck [trad. Rooke], 2018, p. 2) : être au présent est donc la condition nécessaire à la Révolution pacifiste.

Pour évoquer « l'effet réel », Danan emploie le pronom *on* : le sujet de cette incarnation dans le réel brut reste donc indéfini ; une « indéfinition » qu'il convient de lever. En effet, qui fait l'expérience du présent dans *Paradise Now* ? Nous avons évoqué plus haut l'implication des comédiens mais aussi du public dans le processus artistique. Cette double implication est caractéristique de la performance selon Hans-Thies Lehmann qui parle alors « d'expériences partagées ». Dans *Le Théâtre postdramatique* (1999), il écrit : « l'immédiateté d'une expérience partagée en commun par l'artiste et le public constitue le noyau du *performance art* » (p. 216). « Le travail », expliquait Julian Beck en février 1968, « consist[ait] à faire de tout le monde un artiste, à faire que chacun retrouve son état légitime d'être créatif » (Living Theatre, 1969, p. 94)[17]. Les comédiens, tels des prêtres, initient l'auditoire aux différents rituels. Si les Rites et les Visions sont accomplis par les acteurs uniquement, ils sont des étapes préparatoires à la participation des spectateurs lors des Actions qui sont accomplies sans distinction entre membres de la troupe et membres du public qui se confondent en une communauté d'artistes créateurs. Reprenant l'image religieuse de Beck, Henry Howard, lui aussi membre du Living Theatre, présentait deux modalités d'expérience partagée : « l'acteur est le prêtre », expliquait-il, « quand les membres du public réagissent et crient, on peut utiliser cette énergie pour les pousser à aller plus loin… ou plonger avec eux dans le chaos » (*ibid.*, p. 103)[18]. Lors des Actions, les comédiens pouvaient donc soit accompagner le spectateur-participant pour l'amener plus loin dans sa traversée ontologique du présent et partager ainsi l'expérience en tant que guide, soit se joindre à lui pour vivre le moment en symbiose. Lors d'un entretien, Hans Echnaton Schano rappelait que si le rapport aux spectateurs variait en fonction des comédiens mais aussi des représentations, les deux modalités étaient très souvent concomitantes (Jouve & Schano, E2018c). Pour Julian Beck, lorsque comédiens et spectateurs vivent l'instant en communion et que la frontière entre les identités disparaît, alors l'effet réel atteint son paroxysme et le théâtre et la vie ne font plus qu'un : « [S]i la frontière entre acteurs et public se dissout, on ne peut plus faire la différence, on passe du théâtre à la vie » (cité dans Felton-Dansky, 2015, p. 886)[19].

Après avoir exposé les objectifs théoriques de *Paradise Now* et défini les sujets de ce voyage au cœur de l'ici-et-maintenant, il convient de voir quels sont les procédés mis en place par la troupe pour que les participants puissent s'incarner dans le présent. Parmi les différents processus théâtraux développés par la troupe, nous reviendrons sur l'importance du contexte et la conception du jeu en lien avec le recours

---

17 Trad. A.D. & E.J. – « *The work is to make everyone artists, into their rightful state as creative beings.* »

18 Trad. A.D. & E.J. – « *The actor is the priest. When the audience reacts and screams, you can use their energy and force their game…or jump into their chaos.* »

19 Trad. A.D. & E.J. – « *With a dissolve of actors and Audience, you can't tell the difference, from the theatre into life.* »

à l'improvisation. Le contexte de représentation est en effet primordial dans « l'expérience *Paradise Now* ». Œuvre de l'ici-et-maintenant, la pièce est inédite à chaque représentation car elle est le produit d'un espace spatio-temporel précis qui renvoie à une réalité sociale concrète pour les comédiens et les spectateurs. Rufus Collins expliquait ainsi que « les formes diff[éraient] en fonction des villes » (Living Theatre, 1969, p. 100)[20]. En effet, la structure en huit échelons propose un canevas au voyage des participants dont les expériences variaient de ville en ville car la troupe s'adaptait à l'actualité pour maximiser l'effet réel en mettant en avant « la non-séparation entre l'art et la vie » pour reprendre l'expression de Danan (2013, p. 22). Dans la transcription de *Paradise Now*, Beck et Malina ajoutèrent des notes pour préciser les moments où l'actualité devait être mise en avant. Les textes des Actions sont appelés à être modifiés en fonction des lieux de représentation comme à l'Action III dont l'intitulé « Ici et Maintenant (Il y a un groupe de gens qui veulent changer le monde) » renvoie à l'immédiateté du contexte. L'indication des Beck se lit comme suit : « Le Texte pour cette scène varie selon l'endroit. Une recherche est effectuée en amont sur la situation sociale et politique de la ville concernée et le Texte adapté de façon approprié aux circonstances » (Malina & Beck [trad. Rooke], p. 28). La compagnie investissait les lieux de représentation qui faisaient l'objet de recherches préalables afin de permettre aux participants de l'Action de se sentir directement concernés par la nécessité d'améliorer leur espace social et d'ainsi participer au processus. Dans certains cas de figure, la troupe n'inscrit pas la scène dans les actualités de la ville mais dans celles du monde à l'instant *t* comme dans l'Action II. Si la scène est initialement appelée à rendre compte du contexte bolivien, les membres de la troupe étaient amenés à modifier l'ancrage en fonction des événements internationaux qui étaient alors convoqués pour illustrer la répression des forces de l'ordre contre lesquelles le spectateur était invité à se rebeller :

> NOTE
> Si la pièce est jouée un jour où des événements ont lieu dont les actions ont une signification pertinente par rapport au thème révolutionnaire de cet Échelon, le nom de l'endroit où a lieu l'événement et des références à ces événements peuvent être substitués à la Bolivie. (Malina & Beck [trad. Rooke], p. 19)

20 Trad. A.D. & E.J. – « *The forms differ from city to city.* »

La dimension métathéâtrale de la scène illustre la vision de Beck pour qui la libération, l'émancipation de la forme théâtrale était un pas vers la libération de la société dans sa globalité. Les variations d'ancrage entre le local et l'international montrent l'importance pour la troupe tant du particulier ou du spécifique que de l'universel.

En faisant état de la rupture avec le principe de *mimesis* dans la performance, Danan induit le rejet de l'approche réaliste du jeu fondée sur l'imitation. Il parle de la « mise en jeu de l'artiste par lui-même », une description qui pourrait être, là encore, qualifiée de métathéâtrale. Cependant, dans *Paradise Now*, le comédien ne se présente pas au public comme le représentant d'une fonction de la fabrique théâtrale mise à nu. Lorsque les comédiens prennent la parole, ils ne font pas référence à leur « rôle de comédien » et ne se mettent pas en scène en tant qu'acteur mais se mettent en je(u) en tant que sujet. À l'image de l'injonction « Libérez le théâtre ! », *Paradise Now* libère le comédien du personnage puisque ce dernier s'incarne lui-même (*ibid.*). Nous avons déjà évoqué dans le chapitre I la méfiance de Malina et Beck envers la tradition américaine de l'interprétation réaliste, dont l'emblème devint la *Méthode* de Lee Strasberg, qui, pour les fondateurs de la troupe, était du côté de l'illusion, du faux et non du vrai. La dure réalité de la vie en prison, lors de la purgation de sa peine à Danbury, inspira à Julian Beck une réflexion sur la superficialité du jeu réaliste étatsunien :

> La vie carcérale est tout ce qu'il y a de plus réel. On n'a pas à faire semblant. Du discours réel, j'en entends sans arrêt et qu'est-ce que j'aimerais entendre ce type de discours plus souvent au théâtre. Les acteurs n'ont pas besoin de s'exprimer mieux que les gens… Je veux que les acteurs arrêtent de prendre la pose (et je m'adresse aussi aux acteurs formés à La Méthode), qu'ils arrêtent d'essayer faire des effets de style et qu'ils se lancent pleinement dans la représentation de la vraie vie. (Beck, 1965, n.p.)[21]

C'est du côté de l'authentique, de la vie, que Beck et ses camarades souhaitaient amener le théâtre et le jeu théâtral. Le comédien ne devrait plus tenter de « créer des effets » en surenchérissant sur le réel mais fusionner avec lui non pas pour le représenter mais bien pour l'incarner. Lors des

21 Trad. A.D. & E.J. – « *Life in jail is very real. No one has to fake. I hear real speech all the time, and how I wish I could hear more of this kind of speech in the theatre. Actors don't have to speak better than people… I want actors to stop posing; I'm talking to Method actors, too, to stop trying to create effects and to break through into the representation of honest life.* »

répétitions, Beck, qui insistait sur la primauté du jeu de l'acteur sur la mise en scène, qualifiait leur approche d'« incarnation » (« *State-of-Being Acting* ») par opposition à « l'interprétation » (« *Enactment Acting* » ; Living Theatre, 1969, p. 91). Le syntagme « *State-of-Being Acting* » fait référence à la fusion entre « être » et « jouer » : jouer, performer et être ne font qu'un. Les apports spirituels sans précédent dans *Paradise Now* visaient à un « alignement » entre le corps et l'esprit afin de délivrer le sujet de ce que Beck et Malina nomment ses « tabous », c'est-à-dire ses inhibitions, qu'elles soient héritées de traditions esthétiques ou sociales. Le comédien du Living Theatre est un comédien nouveau, à l'image de l'Adam Kadmon ; il est libéré des limites que lui impose le théâtre traditionnel, libéré du carcan de l'imitation. Dans le volet « Préparation » du script de *Paradise Now*, les cofondateurs du Living Theatre précisent qu'une fois désinhibés, « les corps des acteurs et des spectateurs devraient être prêts pour l'action » (Malina & Beck [trad. Rooke], 2018, p. 3). Le parallélisme syntaxique entre les deux substantifs « acteurs » et « spectateurs » est représentatif du fait que la frontière entre ces deux entités est bien levée. Si les spectateurs sont ordinairement du côté du réel, alors que les acteurs sont du côté de l'illusion, cette dichotomie n'a plus de raison d'être dans l'œuvre où tous sont considérés comme appartenant à une même communauté : celle des « créateurs ». Le rapport avec les membres du public conditionne évidemment le jeu des comédiens, qui sont invités à « aid[er] » ou « encourag[er] » les spectateurs dans les étapes ultimes de chaque Échelon (*ibid.*, p. 2, 9, 11, 37 et 59). Le travail d'improvisation nécessite d'être au plus près du réel des spectateurs pour pouvoir s'adapter, comme les Beck le rappelle à l'Action II, en proposant des alternatives si le rapport avec le public ne s'établit pas. Après une première expérimentation échouée de « théâtre libre » dans *Mysteries and Smaller Pieces*, la compagnie fit de l'improvisation la base de leur création avignonnaise : « [I]l était clair dès le départ que les principes de Théâtre Libre seraient toute la structure de *Paradise*. Mais le "comment y parvenir" demeura obscur jusque tard dans tout le processus de construction de la pièce », écrivait Julian Beck. « Être » était une fois de plus le principe central de ce processus de jeu : « "Ne rien faire, Faire n'importe quoi. Être soutenait le tout" » (Beck, 1978, p. 118-119). Dans *La Vie du théâtre*, Beck propose une définition du Théâtre Libre :

> Théâtre Libre : en fin de compte le théâtre libre, c'est une improvisation déchaînée.
> Théâtre Libre : situation dans laquelle les acteurs et le public goûtent la liberté...
> Théâtre Libre : action libre : pas de Théâtre Libre tant que nous serons prisonniers du monde...
> Éventuellement le Théâtre Libre ne peut exister que si nous jouons dans la vie...
> Théâtre Libre : pas d'argent...
> Le Théâtre Libre est une arme secrète de l'artiste militant... (*ibid.*, p. 119)

L'adjectif « déchaînée » ne doit pas faire croire au règne du chaos : comme dit précédemment, les comédiens guident les spectateurs en étant à leur écoute de façon à adapter la situation, et en cela l'improvisation est structurée. Le qualificatif renvoie plutôt à l'émancipation des participants. Acteurs et public rentrent en communion dans la réalité de la « vie ». La différence entre *Mysteries* et *Paradise Now* est que cette dernière est entièrement construite autour de ce processus, ce qui permet aux spectateurs de rentrer progressivement dans l'improvisation plutôt que de se voir inviter à être actifs dès le début de la scène, ce qui demandait aux participants de la création de 1966 une réactivité pouvant être difficile pour les plus novices. À l'image du rituel, *Paradise Now* transforme progressivement les membres du public en initiés. De plus en plus désinhibés, les spectateurs sont en mesure de rentrer progressivement dans la danse dionysiaque. En conclusion de leur article sur « l'utopie de la performance », Bernadette Bost et Joseph Danan interrogent le potentiel des « effets réels » à créer de nouvelles modalités de *catharsis* : « En jouant ainsi avec les "effets réels", les drames contemporains les plus dérangeants proposent peut-être de nouveaux modes de catharsis nécessaires à condition de maintenir une distance entre la recréation artistique et le spectacle de l'intolérable, de l'inhumain » (2007, p. 122). Cette hypothèse semble paradoxale, dans la mesure où elle articule identification purificatrice et nécessité de garder une certaine distance, deux modèles de réception traditionnellement associés respectivement aux théâtres aristotélicien et épique (dans le sens brechtien). Les chercheurs posent ainsi la performance comme un événement qui devrait être dialectique dans son rapport au public, alors que le Living Theatre n'envisageait pas de prise de distance. « L'effet réel » est pensé par la troupe comme moyen de conduire à une transe artaudienne, cathartique, qui plonge le participant dans l'intolérable, étape nécessaire à l'action politique.

VIOLENCE PURIFICATRICE

Participants de la prise de l'Odéon en mai 1968, Julian Beck et Judith Malina virent dans cet événement français le modèle d'un théâtre engagé qui vint confirmer leurs pistes de travail sur *Paradise Now* :

> Le théâtre de ce printemps en France a été la chose la plus grisante et la plus ascensionnelle que les Français de ce siècle aient expérimentée : ils jouaient, jouaient de grands rôles.
>
> C'était clair à l'Odéon. Le drame se passait dans la salle, pas sur une scène, mais dans le théâtre où les spectateurs étaient devenus les protagonistes et jouaient la Tribune de la Révolution, un grand drame en 30 jours. [...]
>
> Le jeu de rôle : chacun était en transe et dans la transe se jouait une pièce divine d'un auteur sacré, vertigineusement impliqué vers sa propre libération. Les éléments théâtraux de la culture proposaient des formes d'action, grande improvisation. La vie devint importante, chaque moment lumineux, planant, pas un drame fatigué ou décadent, mais plus haut, au-delà du rituel de la mort. (Beck, 1978, p. 239)

Le parallèle que Beck établit entre théâtre et vie rappelle la théorie de Victor Turner qui développa, dans les années 1950, le concept de « drame social ». Fondant sa réflexion sur le « potentiel théâtral de la vie sociale », Turner compare les temps de « tension » (ou de « crise », pour revenir au vocabulaire dramatique) dans la vie sociale à celle des pièces de théâtre car la structure interne de ces moments de déséquilibre qui finissent par se stabiliser rappelle la progression en « actes » d'un drame (1982, p. 9 et 10). Si aucune preuve ne permet de conclure que les cofondateurs du Living Theatre connaissaient les recherches de l'anthropologue, nous pouvons cependant supposer que la réflexion des Beck s'inscrivait dans l'« esprit du temps » (ou *Zeitgeist*) de ce début de seconde décennie du XXe siècle, où les théories anthropologiques et sociologiques (à l'instar de celles d'Erving Goffman) ravivaient la métaphore théâtrale. Évidemment, l'analogie allait au-delà de la seule dimension symbolique pour les artistes puisque théâtre et vie ne faisaient qu'un pour eux. La « transe » des « spectateurs » de l'Odéon devenus « protagonistes » est présentée comme libératrice. Les participants de mai 68 vivaient une expérience similaire à celle du Théâtre Libre, où la transe apparaît comme une étape préalable aux Actions. Dans *La Vie du théâtre*, Beck écrit :

> Dans *Paradise Now*, nous appelions à l'action des forces mystérieuses [...], nous trouvions l'énergie du corps, segment par segment, et nous inventions

> des rituels, des mouvements, des sons, des visions, des rythmes qui mettaient les acteurs (guides) et le public en transe. En transe, dans un état second, nous pouvions peut-être entrer dans le Théâtre Libre. (Beck, 1978, p. 118)

La transe doit donc être atteinte lors des étapes de Rites et de Visions précédant les Actions. Avec *Paradise Now*, le Living Theatre met en application la théorie artaudienne de la transe. Comme nous l'indiquions précédemment, selon Antonin Artaud, le spectateur doit croire aux images que le comédien fait naître pour qu'il sorte purifié de son expérience théâtrale quasi religieuse. Il peut sembler paradoxal d'invoquer le théâtre de la cruauté pour une pièce *portant sur l'« espoir » et la « joie »*. Cependant lors de leur travail de répétition à Cefalù, Beck rappela que les sentiments positifs sont une conséquence d'émotions plus négatives : « Quand vient l'illumination, on ne se sent pas forcément tout joyeux d'être illuminé. S'il y a une illumination des sens (comme l'entendait Artaud), alors on doit se comporter différemment » (cité dans Lebel, 1969, p. 63). Cette illumination est nommée « *flashout* » dans *Paradise Now* et est définie comme « un moment de transcendance » : « Chaque fois que cela se produit dans la pièce, l'acteur par la force de son art approche un moment de transcendance dans lequel il est délivré de tout lien avec la situation présente » (Malina & Beck [trad. Rooke], 2018, p. 7). Le « *flash* » ou « *flashout* » correspond à ce qu'Artaud appelle « révélation », dans son essai « Le Théâtre et la Peste » :

> *Si le théâtre essentiel est comme la peste, ce n'est pas parce qu'il est contagieux, mais parce que comme la peste il est la révélation, la mise en avant, la poussée vers l'extérieur d'un fond de cruauté latente par lequel se localisent sur un individu ou sur un peuple toutes les possibilités perverses de l'esprit.*
>
> *Comme la peste il est le temps du mal, le triomphe des forces noires, qu'une force encore plus profonde alimente jusqu'à l'extinction.* (Artaud, 1964c, p. 44-45)

Selon Danan, Artaud, qui appelait à « la primauté des sensations », la « suppression de la séparation entre la scène et la salle » et l'abolition de « la vieille dualité entre l'auteur et le metteur en scène », est un des précurseurs de la performance : « Ce qu'Artaud ne cesse de chercher, tout au long des essais qui composent le livre, ce sont les conditions d'un théâtre qui permettent le surgissement (ou la résurgence) de ce que Rimbaud appelait "la vraie vie" » (Danan, 2016, p. 31 et 30). Le théâtre de la « vraie vie » est celui où le masque tombe pour l'artiste français :

« l'action du théâtre comme celle de la peste, est bienfaisante, car poussant les hommes à se voir tels qu'ils sont, elle fait tomber le masque, elle découvre le mensonge, la veulerie, la bassesse, la tartuferie » (*ibid.*, p. 31). L'art théâtral, à l'image de la peste, agit non seulement comme un révélateur des maux moraux et sociaux mais aussi comme *catharsis* d'un nouveau genre, au-delà de la tradition aristotélicienne. « Poison », « fléau vengeur », « épidémie salvatrice », selon Artaud, le théâtre combat le mal par le mal et « invite l'esprit à un délire qui exalte ses énergies » (1964c, p. 46). Julian Beck, revenant sur leur expérience manquée de *Mysteries and Smaller Pieces*, définit cette invitation comme « inspiration vraie » (cité dans Biner, 1968, p. 93) ; ce qu'ils ne parvinrent pas à initier à l'occasion de leur première tentative de Théâtre Libre. Dans les Rites et les Visions de *Paradise Now*, les sources d'inspiration sont de nature multiple. La compagnie a en effet mis en place plusieurs stratégies pour permettre aux participants de faire l'expérience de la violence sociale. La scène la plus emblématique de l'adaptation du théâtre de la cruauté est la Vision IV, « LA VISION DE L'APOCATASTASE ». Elle s'inspire d'une photographie de la guerre du Viêt Nam :

> Les acteurs se lèvent du Rite du Rapport Universel et se placent par deux, une victime et un bourreau. Le bourreau se tient dos au public, la main droite tendue vers la tête de la victime, les doigts pointés comme la représentation que font les enfants d'un revolver. La victime se tient les mains dans le dos face au public. La position est une approximation aussi fidèle que possible de la photo prise par Edward Adams, apparue dans les journaux en janvier 1968 montrant l'exécution d'un Viêt-Cong capturé par le Chef de la Police de Saigon. (Malina & Beck [trad. Rooke], p. 35)

La scène est basée sur un principe de répétitions qui traduit la violence hyperbolique de la guerre :

> Les bourreaux à l'unisson produisent le son d'un coup de feu. Les victimes tombent simultanément. Les victimes se relèvent et reprennent leur position d'origine ; les bourreaux tirent, les victimes tombent. Les victimes se relèvent, les bourreaux tirent, les victimes tombent. C'est répété vingt fois. Au bout des vingt représentations de ce rêve répétitif, les victimes commencent à adresser aux bourreaux des paroles du Rite de la Prière : Yeux Saints, Jambes Saintes, Bouche Sainte… Et les bourreaux répondent avec les phrases du Rite du Théâtre de Guérilla : Je ne suis pas autorisé à ôter mes vêtements, On ne peut pas vivre sans argent, Je ne suis pas autorisé à fumer de la marijuana, Je ne sais pas comment faire cesser les guerres, Je ne suis pas autorisé à voyager

> sans passeport. Les bourreaux continuent à faire feu, les victimes à se relever, les victimes à utiliser les paroles du Rite de la Prière, les bourreaux à dire les phrases du Rite du Théâtre de Guérilla, jusqu'à ce que les bourreaux soient amenés à répondre, non plus avec violence, mais avec amour et à s'adresser aux victimes avec douceur et avec les paroles du Rite de la Prière. La Vision se termine avec l'embrassade des victimes et des bourreaux. (Flash.)
> (*ibid.*)

La répétition est un processus très employé dans *Paradise Now* : elle crée un effet hypnotique qui permet aux spectateurs de rentrer dans un état propice à la transe. La référence photographique contextualise l'événement qui est ainsi inscrit dans une réalité politique validée par la preuve en image : la reproduction du crime apparaît comme le *reenactment* de la surpuissance des autorités policières. Le recours à la dialectique victime/bourreau est directement emprunté au travail du comédien dans le théâtre de la cruauté qui consiste à faire l'expérience de sensations contradictoires. Le rituel du sacrifice se joue ici. Schechner rappelle que, selon René Girard : « Le rituel sublime la violence » (Girard cité dans Schechner, 1995, p. 234). Cependant, cette scène a pour objectif de renverser le rite traditionnel puisque le sacrifice implique la mort sans représailles là où la compagnie espère en effet déclencher non la vengeance des victimes, puisque l'idéologie pacifiste le proscrit, mais une prise de pouvoir, de façon à rétablir l'amour universel comme le *flash* l'illustre. Les Rites et les Visions des différents échelons se terminent généralement par un *flash* positif. Artaud voyait deux issues à ces traversées douloureuses : « [L]a mort ou la guérison » (1964c, p. 46). La compagnie américaine entrevoit la guérison comme l'issue de ce voyage, réalisation du paradis sur terre. Comme dans le « Théâtre de la Cruauté », l'œuvre de 1968 révèle l'héroïsme du participant. Pour Artaud : « L'action du théâtre] secoue l'inertie asphyxiante de la matière qui gagne jusqu'aux données les plus claires du sens ; et révélant à des collectivités leurs puissances sombres, leur force cachée, elle les invite à prendre en face du destin une attitude héroïque et supérieure qu'elles n'auraient jamais eue sans cela » (*ibid.*). *Paradise Now* se conclut sur un geste héroïque, puisqu'à l'Action viii, les sujets descendent dans la rue pour affirmer leur liberté et leur volonté de changer le monde. Il convient de rappeler que, dans les étapes des Rites et Visions, les comédiens sont des « guides ». Pour Artaud, l'état de transe purificatrice était celui que le comédien devait provoquer, sans pour autant l'éprouver, grâce à sa « science », à ses techniques[22]. Tout au long du script de *Paradise Now*, Malina et Beck insistent sur le fait que les comédiens doivent être attentifs aux spectateurs auxquels ils font faire le voyage. Il semblerait donc que la troupe ait, là aussi, adopté les consignes de son prédécesseur même si, comme Echnaton l'explique, le degré d'intensité de l'immersion des comédiens était variable et que certains (mais pas tous) vivaient véritablement la transe ; remarque qui fait écho à celle d'Henry Howard au sujet de l'expérience partagée (Jouve & Schano, E2018b). Ce rôle d'accompagnateur ne doit pas laisser entendre que les comédiens se mettaient à distance par rapport à la réalité pour endosser un rôle fictif, bien au contraire. Les membres de la troupe ne pouvaient se passer de faire l'expérience de la vérité du présent afin de créer des images chez les participants.

Comme évoqué précédemment, le recours à la violence purificatrice choquait certains critiques qui ne comprenaient pas que des pacifistes aient recours à ces stratégies, ne fussent-t-elles que symboliques. Ces réactions montrent que le théâtre de la cruauté du Living Theatre ne fonctionne que s'il y a une adhésion préalable du public, une croyance, comme nous y reviendrons dans le passage sur « le spectateur émancipé ». Dans son article, « The Living Theatre and Its Discontents : Excavating the Somatic Utopia of *Paradise Now* », James Penner revient sur l'hostilité de certaines personnes face au déchaînement de violence. L'auteur indique que la troupe était réputée pour « malmener et insulter son public » (2009, p. 29)[23]. Une des scènes de *Paradise Now* est fondée sur des échanges d'insultes destinés à dénoncer le racisme. La Vision v, « LA VISION DE L'INTÉGRATION DES RACES », est une joute verbale entre acteurs qui, après avoir « échang[é] des regards hostiles », se lancent « Juif/Chrétien/Noir/Blanc/Jeune/Vieux [...] doucement mais avec une

22 Dans « Le Théâtre de Séraphin », Artaud écrit que le comédien doit apprendre des techniques pour cultiver ses capacités à provoquer des transes chez les spectateurs : « Au théâtre, poésie et science doivent désormais s'identifier. / Toute émotion a des bases organiques. C'est en cultivant son émotion dans son corps que l'acteur en recharge la densité voltaïque. / Savoir par avance les points du corps qu'il faut toucher c'est jeter le spectateur dans les transes magiques. / Et c'est [de] cette sorte précieuse de science que la poésie au théâtre s'est depuis longtemps déshabituée. / Connaître les localisations du corps, c'est donc refaire la chaîne magique. » (1964d, p. 230-231.)

23 Trad. A.D. & E.J. – « *The Living Theatre's reputation for abusing and insulting the audience was legendary.* »

profonde hostilité », avant d'adresser, « [l]entement, avec hostilité », ces mêmes adjectifs (et d'autres encore) aux membres du public (Malina & Beck [trad. Rooke], 2018, p. 42-43). L'hostilité à l'attention des membres du public laisse entrevoir en quoi cette scène peut être perçue comme une agression. Plus tôt, dans l'Échelon II, Malina et Beck indiquent en commentaire que « l'acteur devrait permettre au spectateur de le "blesser" en Bolivie (Action II), en sorte de pouvoir le "guérir des maux de la captivité" » (*ibid.*, p. 24). Théoriquement, la haine des spectateurs est dirigée contre la société dont ils se « purgent »... mais la théorie est fragile. Et si la transe n'opère pas, alors l'agression n'est pas transcendée et la scène peut déraper, au risque de dégénérer comme ce fut le cas, par exemple, lors d'une représentation à Bennington College (à l'époque un établissement non mixte pour filles). En novembre 1968, la troupe joua *Paradise Now*. Ne supportant pas la tension ambiante, une spectatrice s'écria : « Mais, je suis d'accord avec toi [...], alors pourquoi TU me hurles dessus ? » Une autre aurait dit : « Arrête de me gueuler dessus, espèce d'abruti [...]. C'est pas parce que t'es noir que je te déteste. Je te déteste parce que tu me craches au visage » (citées dans Penner, 2009, p. 29)[24]. Durant la scène, Rufus Collins aurait giflé une spectatrice au cours d'une confrontation, ce qui fut récusé par les autres membres de la compagnie. Ce genre de dérapage condamnable était exceptionnel mais il souligne à quel point l'équilibre entre « faire l'expérience de la violence pour la transcender » et « faire l'expérience de la violence pour la reproduire » est fragile. Dans *La Vie du théâtre*, Beck revient sur ce qui pourrait être qualifié aussi de « débordement », tout à fait assumé cette fois. Il raconte qu'il « déchir[a] chapeau, manteau, lunettes d'une femme, en poussant des cris aigus » :

> « Le poids de vos fourrures empêche que vous soyez touchée par les besoins du peuple ! » J'ai jeté des choses à travers la pièce, mis en crise la relation humaine. « Je désespère que les intellectuels prennent un jour réellement part à la vraie révolution quand le moment viendra. Nous marchons autour de ses lisières. Je désespère de moi-même ! » (Beck, 1978, p. 230)

Ce passage est extrait du fragment 89, intitulé : « Technique de Confrontations Politiques : New York, mars 1969 ». Il n'est pas précisé à

---

24 Trad. A.D. & E.J. – « *But I agree with you [...] why are YOU yelling at me ?;" "Don't scream at me you fucking idiot! [...] I don't hate you because you're black. I hate you because you're spitting in my face.* »

quelle occasion Beck se comporta ainsi mais nous savons qu'en mars 1969, le Living Theatre avait joué *Paradise Now* à la *Brooklyn Academy of Music* à New York. La violence symbolique se fait physique, et même si le comédien ne s'en prend pas à l'intégrité physique de la spectatrice, il jette ses accessoires, emblèmes à la fois du bourgeois et de l'intellectuel, deux figures auxquelles le cofondateur de la troupe s'en prend particulièrement dans ce passage de *La Vie du théâtre.* « Les intellectuels du "Théâtre des Idées" adorent tous Artaud, mais lorsque nous avons transformé le colloque en théâtre de la cruauté où ils ont fait par eux-mêmes l'expérience de l'outrage, de la colère, des mensonges, de l'hystérie, de l'irrationnel, de la rage, de la véhémence, du crachat, du bord de la violence physique, et de la transe », écrit-il, « ils se sont retirés immédiatement » (*ibid.*, p. 231). Cette anecdote illustre une fois encore l'excès qui menace le « Théâtre de la Cruauté » mais aussi, et c'est la démonstration de Beck, l'hypocrisie d'une classe intellectuelle qui dissocie théorie et pratique. Cette démonstration par l'absurde, en quelque sorte, fut peut-être une réaction à la critique de la « vieille gauche ».

CORPS VIBRANTS

La place du corps est considérée comme « primordiale », pour reprendre le qualificatif de Joseph Danan, dans la performance. *Paradise Now* est une pièce où la corporalité est centrale. Alors que la compagnie se détachait de plus en plus d'un théâtre texto-centré, la dimension organique de l'acteur et du spectateur devint le cœur de la théâtralité des créations du Living Theatre qui, selon Bernard Dort, était « le fer de lance » de cette « insurrection du corps » qui devint décisive en 1967 (1971, p. 231 et 233). Dans un paragraphe intitulé « La messe du corps », le critique écrit :

> [À] travers [le Living Theatre], c'est un vieux rêve qui s'est imposé à nouveau à nous (Artaud l'exprime dans *Le Théâtre et son double*) : celui d'une fusion de la salle et de la scène, d'une représentation théâtrale qui ne soit plus seulement vue et écoutée mais vécue par des spectateurs pris physiquement au jeu. Le corps – non le corps déguisé, habillé, mais le corps nu (ou à peine vêtu de blue-jeans ou d'un collant) – fait sa rentrée sur nos scènes. On y célèbre son culte qui tient de la messe noire ou de la bacchanale. (*ibid.*, p. 233)

La métaphore religieuse fait évidemment écho à la dimension sacrée de *Paradise Now*. Les différentes spiritualités convoquées prônent une connexion de l'âme avec le corps sur laquelle Beck et Malina insistent dans la transcription de l'œuvre en se référant alors plus précisément aux préceptes hassidiques :

> Tout le monde devrait avoir pitié de son corps et lui permettre de partager tout ce qui illumine l'âme. Nous devons purifier le corps grandement afin qu'il puisse partager tout ce que l'âme reçoit, afin qu'il puisse y avoir un changement de l'état présent où l'âme parvient à des régions élevées dont le corps ignore tout. Mais si le corps reçoit quelque chose en partage, il peut aussi être utile à l'âme. Car, à certains moments, l'âme chute de son échelon, et c'est alors que le corps purifié peut l'aider à se relever grâce à la puissance de la lumière qu'il a absorbée. C'est pourquoi Job dit : À travers ma chair, je verrai Dieu. (Malina & Beck [trad. Rooke], 2018, p. 38-39)

De l'interconnexion entre le corps et l'âme dépend celle entre l'humain et le divin. La synergie entre l'abstrait (situé du côté de l'âme et du céleste) et le concret (du côté du corps et de l'humain) se retrouve dans la méthode de travail de la troupe. Judith Malina expliquait, lors de répétitions en janvier 1968, que : « La méthode du Living Theatre [était] de trouver quelque chose, une idée, qui soit tellement vraie que lorsqu'on l'incarn[ait] physiquement, elle [était] pleinement représentée » (citée dans Living Theatre, p. 92)[25]. Le travail inductif du Living Theatre consiste donc à traduire physiquement, concrètement, une idée, l'abstraction qui ne pourra littéralement prendre forme que si elle est authentique. L'expressivité corporelle serait donc la garantie d'une vérité essentielle, de la sincérité de l'idée. Pour la compagnie, le corps est un langage universel au-delà des langues : « En Europe, le Living Theatre expérimente pour trouver un langage non-verbal afin de briser la barrière de la langue », déclarait Jenny Hecht (citée dans *ibid.*, p. 105)[26]. Ces connexions entre l'âme et le corps font de ce dernier un corps vibrant, animé par des faisceaux d'énergie ou par ce que les Bouddhistes nomment la *Kundalini*, un terme récurrent à travers les pages du script de *Paradise Now* et défini en tant que « puissance motrice de base [...] avec laquelle chaque individu active [...] une expérience pleine de l'existence » (Malina & Beck [trad. Rooke], 2018,

25 Trad. A.D. & E.J. – « *The method of TLT [The Living Theatre] is to find something, an idea, so true that when you do it with your body, it gets expressed.* »

26 Trad. A.D. & E.J. – « *TLT [The Living Theatre]'s experiment in Europe is to find a non-verbal language, to break the language barrier.* »

p. 4). Les préparations de yoga, récapitulées en fin de chaque échelon, sont essentielles pour aider l'acteur à ouvrir ses centres d'énergie (ou *chakras*), afin d'assurer l'ascension de la Kundalini, qui est présentée comme « trouvant la source de son énergie dans le centre de l'acteur et qui se transmet par des gestes et des phrases nommés Mudras et Mantras. [...] [T]outefois, chaque mouvement doit trouver sa source dans le centre du corps de l'acteur afin que tout geste soit toujours [la] manifestation d'une impulsion intérieure » (*ibid.*, p. 26).

Vaisseau du voyage de la Kundalini qui permet aux comédiens de s'élever au-delà du terrestre, le corps de l'acteur vibre aussi sous l'effet de la transe purificatrice qu'il accueille dans une certaine mesure, comme indiqué précédemment, de façon à la transmettre au spectateur dont le corps vibrera lui aussi pour expulser les maux sociaux qui l'aliènent. Le sentiment d'aliénation doit laisser place à une révélation, *flash*, qui crée les conditions nécessaires à l'élévation de l'âme. La manifestation la plus évidente de ces ondes vibratoires qui traversent le corps à l'image d'une épidémie salvatrice est celle des cris. Si le texte n'est plus central dans *Paradise Now*, il est support à l'expressivité physique comme la note d'interprétation qui suit la première réplique du Rite I l'indique :

> PHRASE 1
>
> ON NE ME PERMET PAS DE VOYAGER SANS PASSEPORT.
>
> Il va de spectateur en spectateur et répète cette phrase. Avec chaque répétition, sa voix et son corps expriment davantage d'urgence et de frustration. [...] Au bout de deux minutes, tous les acteurs sont proches de l'hystérie. Ils hurlent les mots avec angoisse et frustration. (*ibid.*, p. 7)

Voix et corps ne font qu'un, et ce sont eux qui explicitent le sous-texte du discours articulé. L'augmentation du volume est symptomatique de « l'hystérie », c'est-à-dire de cette folie du théâtre de la cruauté que le comédien tente de communiquer aux spectateurs. Les cris convulsent le corps à l'image des crises spasmodiques d'hystérie. Selon Marianne DeKoven, le recours aux hurlements était aussi une référence à un mouvement en vogue dans les années 1960, le « cri primal » :

> Dans les thérapies de développement personnel des années soixante, il y avait un courant qui s'appelait « le cri primal ». Les gens s'asseyaient tout simplement ensemble dans une pièce et hurlaient à pleins poumons dans l'espoir

> de libérer ainsi toutes leurs inhibitions et de transcender les « complexes » hérités de la culture à laquelle ils appartenaient. (DeKoven, 2004, p. 2937)[27]

Les membres du Living Theatre ne mentionnent pas une telle influence mais ce principe consistant à crier pour libérer les inhibitions nous renvoie là encore à Artaud. Dans « Le Théâtre de la cruauté », il parle de « cris », de « plaintes » ou encore de la « beauté incantatoire des voix » pour rendre compte de ce que serait son spectacle idéal. Il évoque également le « rythme physique des mouvements dont le crescendo et le decrescendo épousera la pulsation des mouvements familiers à tous » (Artaud, 1964b, p. 144). Le jeu sur le rythme est très important dans *Paradise Now*. À l'intérieur d'une même scène, des variations peuvent être proposées, comme dans le Rite I ; à la scène d'hystérie citée précédemment succède un moment de calme avant la deuxième phrase et ainsi de suite après chaque réplique :

> Au bout de deux minutes, les acteurs s'expriment au-delà des mots dans un hurlement collectif. Ce hurlement est le cri prérévolutionnaire. (Flash.)
>
> À ce stade, les acteurs retournent au point central de calme des artistes. Ils s'immobilisent et respirent. [...]
>
> JE NE SAIS PAS COMMENT FAIRE CESSER LES GUERRES.
>
> De nouveau chaque acteur commence par s'adresser aux spectateurs de façon personnelle et à voix basse. Il exprime sa propre frustration passionnée devant son incapacité à abolir ne fût-ce que le mal le plus évident : la Guerre. [...] Il crie contre le système et la culture qui s'opposent à ses efforts pour la paix. La réaction des spectateurs, qu'elle soit négative, positive ou passive, augmente son sentiment d'horreur devant son incapacité à faire cesser les tueries. La passion et la frustration augmentent dans un crescendo jusqu'au point du hurlement collectif. (Panique et Flash.)
>
> Pause et reprise. (Malina & Beck [trad. Rooke], 2018, p. 7)

Ces variations d'intensité affectent le souffle des comédiens dont les mouvements vibrent au rythme de leur respiration. Les effets de *crescendo*, qui font que le cœur et la respiration des comédiens s'emballent, participent à un effet d'ivresse salvatrice. Plutôt que d'en annihiler l'effet,

---

27 Trad. A.D. & E.J. – « *One of the sixties psychic self-help therapy movement was called "primal scream" ; people simply sat in a room together and screamed as loudly as they could, hoping thereby to release all their inhibitions and transcend their culturally induced "hang-ups".* »

les temps de *decrescendo* l'accentuent car ils introduisent une rupture de *tempo* relançant le processus sur un mode répétitif et, donc, enivrant. Ce travail sur le rythme nécessite une qualité d'écoute de la part des comédiens qui avaient hérité de certaines techniques de Joseph Chaikin.

En mouvement, en transe, le corps dans *Paradise Now* est également un corps sexué qui vibre au gré de ses pulsions sexuelles. Plus qu'aucune autre pièce du Living Theatre, la création de 1968 fait l'éloge du désir et appelle à une libération sexuelle qui est perçue comme l'antidote à la violence. Dans « L'EXORCISME DE LA VIOLENCE ET LA RÉVOLUTION SEXUELLE », partie explicative de l'Échelon IV (ou « L'Échelon de La Voie »), Beck et Malina explicitent le positionnement de la troupe et posent la « Révolution Sexuelle » comme nécessaire à toute « Révolution Anarchiste Non-violente » :

> Le tabou fondamental qui est canalisé dans la violence est le tabou sexuel. Pour vaincre la violence, nous devons vaincre le tabou sexuel.
>
> Le travail de libération de la répression sexuelle doit être mené parallèlement à tout travail révolutionnaire et doit avoir lieu durant toutes les différentes étapes révolutionnaires. Mais il arrive un moment où il ne peut plus y avoir de progrès sans l'abolition de principes qui mutilent l'homme naturel sexuellement, et ce moment arrive précisément lorsque l'on est confronté au problème fondamental de la violence.
>
> La Belle Révolution Anarchiste Non-violente ne pourra avoir lieu qu'après la Révolution Sexuelle car avant cela, l'énergie est violente. (*ibid.*, p. 37)

Cette vision de la sexualité est directement inspirée des théories du psychiatre et psychanalyste Wilhelm Reich (1897-1957) qui développa le concept de « l'orgone », dérivé des mots *orgasme* et *organisme*. Ses travaux sur la sexualité l'amenèrent à conclure qu'une énergie (ou « orgone ») est libérée au moment de l'orgasme et qu'elle est essentielle à toute vie équilibrée et saine. Lors de ses recherches dans les milieux populaires, Reich établit un lien entre la *libido* et le social : suite à des traumas liés au contexte social, cette orgone est le plus souvent réprimée, ce qui empêche non seulement les individus d'être heureux mais qui augmente aussi leur agressivité. « *Si l'instinct sexuel n'est pas satisfait, la pulsion destructrice augmente* », écrit le psychanalyste, dans *La Lutte sexuelle des jeunes* (Reich, 1972, p. 93). Plus tard, il tenta de démontrer que l'orgone est omniprésente et qu'elle est une force vitale cosmique qui sous-tend la création de l'univers. La pensée de Reich fut d'une grande influence sur le mouvement pacifiste des années 1960 dont la devise devint : « Faites l'amour, pas la guerre ». L'Échelon IV de *Paradise Now* est une mise en application des théories reichiennes revisitées par le Living Theatre. L'Échelon s'ouvre sur le Rite IV (ou « RITE DU RAPPORT UNIVERSEL ») au cours duquel les comédiens et les spectateurs (s'ils souhaitent les rejoindre) font l'expérience du plaisir charnel, sans pour autant faire littéralement l'amour :

> Les acteurs [...] se couchent ensemble sur la scène, dans les bras les uns des autres. Leurs corps forment un tas, qui se caresse, remue, ondule, s'aime. Ils brisent la barrière du toucher. [...] Tous les corps sont beaux. [...] Si un membre du public rejoint ce groupe, il est le bienvenu [...].
>
> Si deux acteurs se sentent attirés l'un vers l'autre, ils se séparent du groupe et s'assoient [...] dans la position qu'en Inde on appelle Maithuna. C'est une position composée par un homme et une femme, bien que [...] n'importe qui de n'importe quel sexe peut prendre n'importe quelle position. [...]
>
> Les sensations et le plaisir sont éveillés dans les organes génitaux et dans les chambres érotiques de l'esprit. Contact du corps sans jouer à un jeu. [...] La compréhension spirituelle s'unifie à l'expérience physique. (Flash).
> (Malina & Beck [trad. Rooke], 2018, p. 35)

La dernière mention concernant l'authenticité du contact, « sans jouer à un jeu », nous ramène à l'« effet réel » : le désir est véritable et non fabriqué. Afin d'aider les comédiens, un travail sur le *Muladhara Chakra* est conseillé. Ce *chakra* « se trouve entre les organes génitaux et l'anus. Là se loge [aussi] la Kundalini, la porteuse de révélation » (Le *Sat-Chakra-Nirupana* de Sri Purnanandayati cité dans *ibid.*, p. 39). D'après les commentaires de Malina et Beck :

> La puissance de la Kundalini est l'Énergie Sexuelle, non pas seulement dans sa forme grossière, mais éveillée, dans son état de pleine conscience. La libération de l'Énergie Sexuelle de son état dormant inactif mène à un accomplissement qu'on appelle ici Parfait Bonheur ou Paix. (« Niquer signifie Paix. »)
> (*ibid.*)

Cette note fait directement écho aux théories de Reich. Pour atteindre, ici-et-maintenant, le Paradis, l'Homme doit faire l'expérience de la libération sexuelle. Cette scène du Rite est suivie de la Vision IV, « LA VISION DE L'APOCATASTASE » mettant en scène la violence en opposant bourreaux et victimes (que nous avons commentée plus haut). Cette violence est une illustration des « pulsions destructrices » de l'Homme inhibées par la société que le Living Theatre appelle à renverser lors de l'Action IV, où le public est désormais invité à participer au « RITE DU RAPPORT UNIVERSEL ». Contrairement au Rite IV où la participation du public peut être spontanée, les comédiens doivent ici amener les spectateurs à agir pour se libérer de leurs inhibitions charnelles. La libération sexuelle est présentée comme catalyseur d'égalité entre les individus qui ne voient plus leurs différences pour ne faire qu'un :

> En représentant le problème de l'hostilité entre Arabes et Juifs, la séparation entre les hommes, et la barrière artificielle qui augmente la violence et la souffrance, les acteurs / guides cherchent à épuiser l'action par une unification sexuelle. Ils conduisent à nouveau le public vers le Rite du Rapport Universel afin que l'Action IV se termine toujours par Le Rite du Rapport Universel, avec cette fois l'acteur / guide encourageant la participation du public. Dans Le Rite du Rapport Universel, la division entre acteur et public diminue. Cette diminution de la division entre acteur et spectateur devient l'image de la disparition de la division entre Arabe et Juif. Et toutes ses contreparties. (*ibid.*, p. 37)

Cette transition de la violence à l'amour se lit, là encore, comme une mise en application à la lettre des principes de Reich. La primauté du corps apparaît comme une source d'égalité, faisant disparaître non seulement les divisions entre les groupes ethnico-religieux, mais également entre les membres du public et de la troupe.

L'abolition de la frontière entre acteurs et spectateurs passe, dans *Paradise Now*, non seulement par le toucher, le rapport sensuel à l'Autre, mais également par la nudité. Très tôt, dès le Rite I (ou « RITE DU THÉÂTRE DE GUÉRILLA »), les comédiens se déshabillent pour dénoncer l'autoritarisme social :

> Le corps lui-même dont nous sommes faits est devenu tabou. Nous avons honte de ce qui est le plus beau [...]. La corruption de la feuille de vigne est une corruption absolue. [...] La Culture réprime l'Amour. (Panique.)
>
> Lorsqu[e les acteurs] atteignent le sommet de leur panique, ils commencent à arracher leurs vêtements frénétiquement en criant JE NE SUIS PAS AUTORISÉ À ÔTER MES VÊTEMENTS. Ils se retrouvent [...] les parties interdites de leurs corps couvertes, le reste exposé. C'est une démonstration active de l'Interdiction. Lorsque l'action a atteint sa limite légale, les acteurs disent à

> nouveau Je Ne Suis Pas Autorisé à Ôter Mes Vêtements puis cessent. Ils se tiennent aux Portes du Paradis. Premier Assaut de la Culture. (Flash.) (*ibid.*, p. 8)

La référence biblique à la « feuille de vigne » indique que le monde postrévolutionnaire sera un Paradis retrouvé, monde d'avant la Chute où la nudité, à défaut de la sexualité, était l'un des symboles de la béatitude. *Paradise Now* est un éloge au corps, comme la répétition de l'hyperbole « le plus beau », pour définir la matérialité charnelle de l'Homme, le souligne. Dans le monde d'après la Chute, le corps fut diabolisé, jugé « mauvais » et la nudité devint taboue, à l'image des rapports sexuels. Pour les membres du Living Theatre, la nudité et le désir (ou attirance sexuelle) sont directement associés à l'Amour. L'Amour est à la fois spirituel et physique, dans le monde idéal de la troupe new-yorkaise. Le fait d'ôter/enlever ses vêtements (ou « Premier Assaut de la Culture ») est présenté comme un geste de rébellion envers l'ordre établi. Comme indiqué par les Beck, les membres du Living Theatre ne se déshabillaient cependant pas totalement afin de ne pas franchir le seuil de l'illégalité qui les enverrait directement en prison. Ainsi, le string ou ce que Sonia Debeauvais, collaboratrice de Jean Vilar, appelait « étui pénien » pour les hommes, était la tenue minimale – et minimaliste (dans Jouve, 2018a, p. 86). Si la troupe défiait la norme, elle ne braverait donc pas pour autant la loi – il faut noter qu'aucun document n'évoque une totale nudité à Avignon, par contre des clichés de représentations américaines montrent des comédiens complètement découverts. Comme le toucher, la nudité est également un facteur d'égalité et lève les barrières entre acteurs et spectateurs, comme stipulé dans l'Action II :

> À mesure que la pièce avance, et que l'engagement et la communication entre acteurs et spectateurs s'approfondissent, l'équilibre psychologique devrait se renverser. Au début, l'apparence des corps des acteurs paraît étrange et les spectateurs tout habillés sont la norme. À la fin de cette contestation, c'est l'habillement des spectateurs qui doit sembler embarrassant et emprisonnant. (Malina & Beck [trad. Rooke], 2018, p. 20)

Alors que les comédiens s'acheminent, étape par étape, vers le Paradis, leur nudité devient la norme et les spectateurs sont à leur tour invités à ôter leurs vêtements afin de créer une communauté d'Hommes

Nouveaux pour qui le naturel, plutôt que le social, prime. L'image de la « communion » nous ramène à l'image de la « messe » introduite par Dort. De la sacralisation de la chair dépend ce théâtre du sacré révolutionnaire, où le corps naturel ne fait qu'un avec le corps politique.

Comme l'expérience de la violence, l'expérience charnelle comporte des risques. Si la théorie appelle à la communion, dans les faits, il y a pu avoir, là encore, des débordements. Penner recense également des dérapages qui eurent lieu au cours de représentations en lien avec la problématique de la proximité physique. Le chercheur explique que la promotion de la liberté sexuelle pouvait créer « un environnement hostile pour le public féminin et les actrices de la compagnie » (2009, p. 27)[28].Les témoignages de John Lahr, dans « The Living Theatre : Return to Eden » (1970), et du romancier Leslie Epstein, également critique pour *The New American Review*, rendent compte de l'irrespect de certains spectateurs qui s'autorisaient à toucher les comédiennes sans leur consentement. Dans ses mémoires, *L'Énorme Désespoir*, Malina relate une agression qui eut lieu en octobre 1968, donc probablement lors de la représentation de *Paradise Now* à la *Brooklyn Academy of Music*, à New York :

> Au cours de la performance de *Paradise*, [...] je suis agressée sur scène par un groupe d'hommes hostiles [...] pendant le chant de « *If I could turn you on* » [...]; quand ce groupe m'a attrapée au milieu de la foule, j'ai chanté pour eux et accepté leurs avances moqueuses par les réponses les plus gracieuses / quasi paradisiaques que j'étais capable de rassembler. Mais ça m'a vite échappé. [I]ls ont commencé à se battre entre eux, et en se battant pour m'avoir ils m'ont heurtée au-delà de ma capacité [à] créer ou [à] résister. Des centaines de gens nous entouraient mais la foule est insouciante. [...] Ils perdaient tout sens de mon existence. « Tiens-là ! » dit l'un à l'autre, comme si je n'étais pas là. [...]
>
> Pierre Devis trébuche sur la scène et me sauve de mes tortionnaires. Je m'évanouis dans la loge. (Malina, 2017, p. 100-101)

Le terme « tortionnaires » traduit la violence de la scène où des hommes prirent Judith Malina pour leur proie comme emportés par la rivalité qui anime des prédateurs voulant prouver leur virilité au point d'ignorer l'humanité de l'actrice à qui ils ne s'adressaient pas directement. Dans

28 Trad. A.D. & E.J. – « *[A] hostile environment for female audience members and the company's actresses.* »

son analyse de cet épisode, la cofondatrice du Living Theatre met en avant les mécanismes sociaux qui font que la victime se sent coupable et justifie, ou du moins tente d'expliquer, l'attitude des « bourreaux » (pour reprendre la terminologie de *Paradise Now*) par l'incapacité de certains à envisager « l'amour sans entrave » qui est vécu comme un traumatisme qu'ils ne savent gérer, preuve que la société les a corrompus. Malina floute la différentiation entre l'agresseur et la victime car tous deux sont exposés à des mécanismes issus de leur incapacité à surmonter la mort, comme le peut le divin, et qui fait naître en eux différents sentiments (« blâme », « culpabilité », « haine », « peur ») qui dans les deux cas les poussent à « rompre avec l'Autre » comme le firent les spectateurs qui ignoraient la comédienne qui, en retour, ne « [s']adressai[t] plus à eux » puis « [s']évanoui[t] » (*ibid.*, p. 101). Le constat de Malina semblait supposer que la route jusqu'au Paradis serait longue :

> Parce que la victime ne surmonte pas la cruauté de l'agresseur, la victime en partage la culpabilité.
>
> C'est le défi du genre humain.
>
> Il nous est donné l'ordre de nous servir de ce que nous avons. Nous avons les moyens de dépasser tous les problèmes qui nous assaillent, les problèmes physiques, les problèmes élémentaires.
>
> C'est pourquoi les poètes philosophes croient que nous pouvons vaincre la mort.
>
> Mais nous différons cet élément divin, ce pouvoir, nous le nions (pour désespérer et craindre, je suppose, mais je ne suis pas sûre).
>
> Et au lieu de cela vient le blâme, la culpabilité, la haine, et la peur qu'il n'y ait pas d'autre moyen de composer avec l'Autre que de rompre avec lui.
>
> L'amour sans entrave peut être insupportable.
>
> Ou si traumatisant que personne ne peut en parler. (*ibid.*)

À ces agressions sexuelles directes, s'ajoutaient des abus plus insidieux. Dans sa biographie du Living Theatre, John Tytell explique que de véritable rapports sexuels pouvaient avoir lieu sur scène et que Jenny Hecht « pensait qu'elle se devait d'être aussi généreuse et ouverte que possible envers les spectateurs de manière à convaincre quiconque de sa posture radicale, et par conséquent, elle s'offrait aussi souvent qu'on le lui demandait » (1997, p. 259)[29]. L'ouvrage de Tytell est très

29 Trad. A.D. & E.J. – « *[Jenny Hecht] believed that she had to be as generous and open with spectators as possible in order to convince anyone of her radical stance, and consequently she would give of herself as often as she was asked.* »

controversé et notamment critiqué par des anciens membres du Living Theatre, comme Hans Echnaton Schano, qui remettent en question de nombreux faits racontés dans *The Living Theatre : Art, Exile, and Outrage* (dans Jouve, 2018a, p. 39-50). Si le témoignage de Hecht, disparue à l'âge de vingt-huit ans en 1971, ne peut être vérifié, la teneur de la confession fait écho à celle de nombreuses femmes durant la période dite de « libération sexuelle » qui, pour ne pas paraître conservatrices et pour répondre aux standards imposés de la « femme libérée », se livraient à des relations sexuelles non désirées. Cette pression pour répondre aux attentes des hommes était une forme d'assujettissement à laquelle Hecht aurait pu succomber, comme nombre de ses « sœurs » appartenant à des communautés hippies ou à des groupes politiques militants pour la libération des mœurs. On se souvient de la dénonciation des viols au sein de la communauté anarchiste des *Diggers* du quartier de Haight-Ashbury à San Francisco, connus pour leurs spectacles. Dans un tract de 1967, on pouvait lire : « Le viol est aussi répandu que la connerie sur Haight Street / La *Love Generation* ne dort jamais » (Anderson, 1967, n.p.)[30]. Ce phénomène montre combien il pouvait être difficile de ne pas se laisser assujettir ou être assujetties par la normalisation de l'anticonformisme, qui créait de nouvelles attentes sociales, ce qui pose effectivement la question fondamentale des limites de la liberté au nom de cette même liberté.

THÉÂTRE RÉVOLUTIONNAIRE : VOYAGE EXTÉRIEUR

« La protestation, la contestation (de l'académisme / du pouvoir politique) » est l'une des caractéristiques de la performance selon Joseph Danan (2013, p. 23). *Paradise Now* valide évidemment ce critère à double titre puisque l'œuvre est à la fois une dénonciation de l'ordre établi et une tentative de création d'un nouveau monde pacifico-anarchiste par la transformation des membres du public.

30 Trad. A.D. & E.J. – « *Rape is as common as bullshit on Haight Street / The Love Generation never sleeps.* »

Pour Richard Schechner, cette mutation des individus, que la troupe s'efforce à orchestrer en créant les conditions d'un voyage initiatique, place la pièce du côté du rituel qui est pour lui d'ordre politique plutôt que religieux :

> Avec *Paradise Now*, le Living Theatre a tenté d'opérer une transformation similaire/équivalente du divertissement en rituel – dans le cas du Living un rituel politique plus que religieux. [...] Un événement politique bien réel émanait de ce divertissement par le biais de la confrontation théâtrale. Dans les rues, acteurs et spectateurs devenus acteurs devaient souvent faire face à la police. Certains acteurs rejoignaient le Living pour quelques heures, quelques jours, ou parfois plus longtemps. (Schechner, 1988, p. 161)[31]

La référence à la rue est fondamentale. Si, dans *Paradise Now*, la dimension religieuse, sacrée ne peut être niée, la transition du religieux au politique est marquée par le passage du dedans (le cloître des Carmes en juillet 1968, espace privé de la communion entre individus) au dehors (la rue, espace public de la révolution). Dans *From Ritual to Theatre*, Victor Turner rappelle qu'Arnold van Gennep a démontré que les rites de passage s'articulent en trois temps : la séparation, la transition et, enfin, l'incorporation (1992, p. 24). Il est alors possible d'avancer que, dans *Paradise Now*, le premier temps correspond à l'entrée dans l'espace théâtral, à la marge de la cité normée ; la deuxième étape est, quant à elle, la phase de communion entre comédiens et spectateurs (au sein du cloître dans le cas avignonnais) ; et la troisième étape correspond à la sortie des participants dans la rue. On peut effectivement parler d'« incorporation » pour ce troisième temps car le passage à l'espace public implique un retour au centre de la Cité dont l'individu est à nouveau membre. Turner parle d'un changement de statut au cours du rite de passage : du statut « pré-rituel » ou « pré-liminal » au statut « post-rituel » ou « post-liminal », qui est géographiquement marqué par le « passage d'un seuil », « l'ouverture de portes » comme celles des grilles des Carmes, par exemple (*ibid.*, p. 25). Cette étape de passage de l'intérieur (où la transformation de l'individu s'opère) à l'extérieur

---

31 Trad. A.D. & E.J. – « *In* Paradise Now *the Living Theatre attempted a similar transformation of entertainment into ritual – in the Living's case a political rather than religious ritual. [...] An actual political event arose out of the entertainment by means of theatrical confrontation. In the streets, performers and spectators-turned-performers were often met by the police. Some performers joined the Living for a few hours, days, or longer periods of time.* »

(où l'individu transformé pourra avoir un impact sur la société) de l'espace hétérotopique de crise est intégrée à la performance ; il s'agit de la dernière scène de la pièce :

> Action VIII
> LUMIÈRE : l'aire de jeu s'assombrit ; la salle remonte.
>
> Pendant que les acteurs et le public vont vers le fond du théâtre, les acteurs disent le Texte :
>
> La rue.
>
> Libérez le théâtre. Le théâtre dans la rue. Libérez la rue.
>
> Comment le Rite de Moi et Toi et la Vision du Mythe d'Éden Défait mènent à la Révolution Permanente.
>
> Le Théâtre est dans la rue. La rue appartient aux gens. Libérez le théâtre. Libérez la rue. Commencez. (Malina & Beck [trad. Rooke], 2018, p. 66)[32]

Contrairement aux rites de passage traditionnels où l'individu, s'étant adonné au rituel, s'est transformé de façon à ce que son nouveau statut corresponde aux attentes de la norme, *Paradise Now* transforme l'individu en Homme primitif dont l'action finale sera de réformer la cité, de faire bouger les lignes de la norme et de créer ainsi un monde sans violence physique ni symbolique. Avec *Paradise Now*, le Living Theatre révolutionne le principe même de rituel en le renversant pour en faire un instrument de subversion là où il est traditionnellement un processus de consolidation des règles de la communauté[33]. Comme Beck l'écrit dans *La Vie du théâtre*, « le but de ramener le théâtre dans la rue est d'écraser la répression » (1972, p. 69). Dans « Théâtre et Révolution », Beck précise que « le théâtre révolutionnaire de la présente décennie ne s'occupe pas seulement de changer les formes théâtrales, il s'occupe de déverrouiller, de débloquer l'instinctivité que 10 000 ans de civilisation ont refoulée » (cité dans Lebel, 1969, p. 259). Dans son poème de mai 1968, « Révolution », écrit entre Paris et Avignon, Beck énonce les schémas politiques en vigueur qu'il faut supprimer pour les remplacer par des valeurs anarchistes humanistes :

---

32 Le « Rite de Moi et Toi » ainsi que la « VISION DU MYTHE D'ÉDEN DÉFAIT » précèdent l'Action VIII.

33 Pour un développement sur ce point voir Jouve, 2019, p. 92-93.

à bas l'état	r	vive l'anarchisme
à bas la police	é	vive la liberté
à bas la violence	v	vive l'amour
à bas l'argent	o	vive la gratuité
à bas le capitalisme	l	vive le nouveau monde
à bas l'armée	u	vive l'humanité
à bas les prisons	t	vive la foi
à bas la répression	i	vive l'individu
à bas la guerre	o	vive la paix
à bas les frontières	n	vive la terre
à bas les classes		vive l'unité
à bas l'avidité		vive la communauté
à bas le racisme		vive la vérité

(Beck, 1974, p. 108)

Avec *Paradise Now*, le Living Theatre cherche à confronter le public à ces deux catégories de principes jugés comme aliénants, pour ceux qui émanent de l'État, et émancipateurs, pour ceux propres à l'anarchie. L'expérience contradictoire de la douleur qui mène à la transe, et de la joie dont découle la communion des êtres, métamorphose les spectateurs en acteurs, de sujets passifs en sujets actifs donc. Le passage du théâtre à la rue est considéré comme possible pour la troupe uniquement parce les membres du public prennent le pouvoir et s'émancipent de leur statut d'observateurs. L'agentivité est inhérente à la nature politique, révolutionnaire de l'œuvre. Reprenant la définition de la performance de Schechner, Christian Biet et Christophe Triau rappellent l'importance « du faire » :

> La performance [...] sera donc l'événement, la manifestation artistique ostensible dans laquelle l'acte (ou le geste de l'exécution), quel qu'il soit, durant le temps consacré à l'exercice social du théâtre, a une valeur pour lui-même. Cet acte donne alors lieu à une appréciation esthétique et axiologique distinctes, est déterminé par une action spécifique et renvoie aussi bien à des pratiques multiples, à des statuts différents (acteurs, auteurs, praticiens et publics) qu'à des enjeux. (Biet & Triau, 2006, p. 66)

Marielle Pelissero résume ce passage de *Qu'est-ce que le théâtre ?* en insistant notamment sur le paradigme « *showing-doing*, faire, tout en montrant que l'on fait » (2018, p. 18). Suite aux analyses proposées dans la partie précédente, nous pouvons supposer que le Living Theatre souhaitait aller au-delà du « *showing-doing* », vers un « *being-doing* » où l'expérience de l'instant présent en connexion avec son soi intérieur et les Autres (à la fois célestes et terrestres) est la source de la transformation. C'est l'expérience, non pas la démonstration (*showing*), qui prime pour les membres de la compagnie. De plus, Beck, Malina et leurs camarades espèrent que l'acte dépasse « l'exercice social du théâtre » pour s'inscrire dans le temps social de la rue. Performance, *Paradise Now* est également un spectacle politique performatif et les mécanismes mis en place par la compagnie pour agir sur le réel et l'infléchir seront étudiés dans la première sous-partie de cette section. L'action a pour but d'émanciper les spectateurs. Ce but est celui que s'est fixé le Living Theatre et est donc théorique : il convient de voir quelles sont les conditions nécessaires pour que la théorie puisse être effective.

THÉÂTRE DE RÉPONSES OU DU DEVENIR-PERFORMATIF

En décembre 1969, le Living Theatre, de retour en Europe après sa tournée américaine, présentait *Paradise Now* au Théâtre 140 à Bruxelles. Les représentations furent l'occasion de définir ce nouveau genre de théâtre politique : l'expression le *Théâtre de Réponses* en opposition au *Théâtre de Questions* fit alors son apparition. On pouvait effectivement lire dans les dossiers de presse :

> UN THÉÂTRE DE RÉPONSES
> De ce qu'ils nomment « un théâtre de questions » et qu'ils jouaient en Amérique, les Beck sont passés, en Europe, à ce qu'ils nomment « un théâtre de réponses ». Théâtre de questions signifie théâtre de critique sociale (celui de Brecht, par exemple). Le théâtre de réponses n'ayant pas encore trouvé ses auteurs, le LIVING en est venu peu à peu à interpréter ses pièces de pure mise en scène collective (« Mysteries »), sans texte ou presque, qui ont fait sa réputation à Bruxelles, à Paris et à Amsterdam.
>
> *Paradise Now*, leur création avignonnaise, appartient à cette catégorie. Ils disent qu'il s'agit de « leur premier spectacle de Joie ». [...] C'est l'expression gestuelle, canalisée, élaguée par les Beck, de ce grand brassage d'idées collectif qui constitue le spectacle. (Théâtre 140, 1969, n.p.)

Pour la promotion des représentations du Living Theatre présentées sous la bannière « Retour d'Amérique », le Théâtre 140 met l'accent sur l'originalité de *Paradise Now*, qui est un théâtre d'un nouveau genre politique au-delà du théâtre de Bertolt Brecht. *Paradise Now* dépasse la critique sociale et propose des solutions précises pour mettre fin à ce que les membres de la troupe considèrent comme l'aliénation sociale et pour construire un monde meilleur. Ces solutions, ou « réponses », que propose la compagnie résident dans la possibilité de connexion entre l'humain et le Divin, comme nous l'avons vu, et résultent concrètement en des « Actions », troisième volet de chaque Échelon. Les huit Actions que le public est invité à performer pour changer le monde sont des propositions concrètes qui peuvent être résumées ainsi :

> Action I : Adopter le mode de vie des Hippies afin de « changer la culture » qui est décrite comme « la première étape de l'action révolutionnaire ».
>
> Action II : « [P]lanifier la Révolution Anarchiste Non-violente et [...] rendre clairs la signification et les buts de la Révolution. »
>
> Action III : Favoriser la solidarité dans l'ici-et-maintenant afin « d'instiguer le rassemblement des forces révolutionnaires ».
>
> Action IV : Lever « le tabou sexuel » et se libérer de « la répression sexuelle ».
>
> Action V : Se débarrasser du « système monétaire » et ainsi du « contrôle central gouvernemental ». Le mot d'ordre devient alors : « Brûlez l'argent ! ».
>
> Action VI : Développer des moyens non violents de confrontation grâce à la « la Magie de l'amour ».
>
> Action VII : Établir une « relation de confiance » entre les individus.
>
> Action VIII : Sortir du théâtre et aller dans la rue pour commencer la « Révolution permanente ». (Malina & Beck [trad. Rooke], 2018, p. 11, 20, 30, 37, 44, 41, 53, 59 et 66)

En appelant à l'Action, le *Théâtre de Réponses* du Living Theatre se révèle être performatif, dans la mesure où la représentation théâtrale a des incidences sur le réel. Ces Actions sociales sont rendues possibles en raison de la transformation du spectateur en Homme primitif grâce aux différentes techniques magico-religieuses évoquées plus haut. Empruntant un vocabulaire religieux pour décrire l'engagement du spectateur, dans « The Living Theatre : Its Use of the Stage », Norman James nous rappelle indirectement que la transsubstantiation spirituelle est donc performée dans *Paradise Now* et que le *Théâtre de Réponses* est bien ce *Théâtre Sacré* de « l'invisible-rendu visible » (Brook, 1977, p. 63) :

> *Paradise Now* dépend principalement de la participation des spectateurs lors de rituels, partiellement improvisés, de communion physique et de processus politiques. Comme dans les autres formes de rituels de communion, improvisés ou non, le contact physique dans lequel comédiens et spectateurs s'engagent spontanément vise à faire sortir l'individu de l'isolation passive défavorable à la création et à la communication habituellement induite par le rôle même de spectateur, que ce soit au théâtre, à l'église ou dans le monde extérieur. Et, comme dans les autres formes de rituels de communion, ce contact physique a pour but de transformer ce qui est en train d'être joué en une réalité qui n'est plus feinte. (James, 1971, p. 475)[34]

En introduction de l'ouvrage, nous avons insisté sur l'importance de la prise de parole en 1968 et, en opposant la « parole agissante » de Claude Lévi-Strauss aux « énoncés performatifs » de John Langshaw Austin, nous avons ainsi pu distinguer deux modalités du performatif. La première modalité renvoie à ce que Lévi-Strauss a observé lors des rituels où la parole transforme d'abord l'individu, alors qu'Austin renvoie à des énoncés qui agissent sur l'environnement de ce même individu[35]. Dans *Paradise Now*, nous retrouvons ces deux dimensions emblématiques de l'année 1968. La parole agissante, qui guérit comme l'anthropologue l'a démontré, renvoie à ce « Théâtre Sacré de transsubstantiation ». Les énoncés performatifs qui agissent sur la réalité extérieure du contexte, de l'environnement, plutôt que sur la réalité spirituelle interne à l'individu sont plus de l'ordre du politique. Ces deux modalités du performatif sont interdépendantes dans la création avignonnaise et ne peuvent opérer à l'exclusion l'une de l'autre.

La nature performative de *Paradise Now* rapproche, une fois de plus, la pièce du rituel. Dans son article, « "Ritual" in Contemporary Theatre and Criticism », Anthony Graham-White distingue l'habitude ou routine,

34 Trad. A.D. & E.J. – « Paradise Now *depends most on participation by spectators in its partly improvised rituals of physical communion and political process. Like other forms of communion ritual, improvised or not, the physical contact in which players and spectators spontaneously engage is meant to draw the individual out of the passive, uncreative, and even uncommunicating isolation that the role of spectator usually implies, whether at the theatre, in church, or life outside. And, like other forms of communion ritual, this physical contact is meant to transform what is being acted out into a reality that is no longer pretended.* »

35 Les énoncés « vous êtes mari et femme » ou « vous êtes coupable » renvoient tous deux à une mutation du statut du sujet dans un contexte social donné et géré par des règles religieuses ou juridiques spécifiques. En cela, et selon la notion austinienne d'énoncé performatif, c'est bien l'environnement qui est modifié car c'est le statut social de la personne qui change.

de la cérémonie et du rituel qui sont du côté du performatif. Il cite les définitions des anthropologues Monica Wilson et Raymond Firth pour qui le rituel est associé à « l'efficacité » : « un rituel est une action que l'on croit efficace » ; c'est « un ensemble de procédés formels et symboliques qui induit une communication sociale et dont on croit qu'ils possèdent une efficacité propre pour changer les conditions sociales ou techniques des comédiens et des autres participants » (Wilson & Firth cités dans Graham-White, 1976, p. 320)[36]. Ces théories anthropologiques sont d'ailleurs reprises par Richard Schechner qui définit la performance d'après le continuum « efficacité/rituel-divertissement/théâtre » : alors que le théâtre traditionnel se situe du côté du divertissement, la performance est, elle, entre les deux pôles, à savoir à la fois du côté du rituel et du divertissement selon le chercheur :

> C'est tout le continuum binaire efficacité/rituel-divertissement/théâtre que j'appelle « performance ». La performance naît des impulsions à faire que les choses se produisent et à divertir ; à obtenir des résultats et à s'amuser ; à récolter du sens et à passer le temps ; à être transformé en quelqu'un d'autre pour mieux célébrer le fait d'être soi-même ; à disparaître et à se montrer ; à amener dans un lieu particulier cet Autre transcendant qui existe avant-et-maintenant et après-et-maintenant ; à être en transe et à être conscient ; à se concentrer sur un petit groupe partageant un langage secret et à s'étendre parmi le plus large public d'inconnus possible ; à jouer pour satisfaire ce que l'on ressent comme une obligation et à ne jouer qu'à condition que le contrat d'affrontement soit équitable. (Schechner, 1988, p. 156)[37]

La référence finale au « contrat » nous rappelle que le Living Theatre avait créé *Paradise Now* pour le Festival d'Avignon, auprès de qui Julian Beck s'était officiellement engagé en échange d'une rétribution financière. La participation à un festival où le public paie pour aller voir des pièces déplace

---

36 Trad. A.D. & E.J. – « *A ritual is an action believed to be efficacious ; a ritual is a formal set of procedures of a symbolic kind, involving social communication, and believed to possess an efficacy of themselves in changing the technical or social conditions of the performers or other participants.* »

37 Trad. A.D. & E.J. – « *The whole binary continuum efficacy/ritual-entertainment/theater is what I call "performance." Performance originates in impulses to make things happen and to entertain ; to get results and to fool around ; to collect meanings and to pass the time ; to be transformed into another to celebrate being oneself ; to disappear and to show off ; to bring into a special place a transcendent Other who exists then-and-now and later-and-now ; to be in a trance and to be conscious ; to focus on a select group sharing a secret language and to broadcast to the largest possible audience of strangers ; to play in order to satisfy a felt obligation and to play only under an Equity contract for clash.* »

le curseur vers le pôle « théâtre » mais la dimension révolutionnaire revendiquée par la compagnie qui propose des réponses concrètes pour changer la société fait, quant à elle, pencher la balance du côté de « l'efficacité » et du « rituel ». En qualifiant leur œuvre de Théâtre de Réponses, la compagnie propose une performance qu'Arnold van Gennep pourrait appeler « rite positif ». Dans *Les Rites de passage*, l'anthropologue écrit :

> Enfin on peut encore distinguer des rites positifs, qui sont des volitions traduites en actes, et des rites négatifs. Ceux-ci sont couramment appelés *tabous*. Le tabou est une interdiction, un ordre de « ne pas faire », de « ne pas agir ». Psychologiquement, il répond à la *nolonté*, comme le rite positif à la *volonté*, c'est-à-dire qu'il traduit bien lui aussi une manière de vouloir, et qu'il est un acte, mais non la négation d'un acte. (van Gennep, 1924, p. 18)

Les Actions de chaque Échelon traduisent bien la volonté d'agir des participants. En incitant les spectateurs à modifier leurs relations au groupe et au gouvernement, *Paradise Now* appelle à changer les conditions sociales, pour revenir à la définition de Graham-White. La pièce évolue d'échelon en échelon à la condition que les Actions soient effectives. Comme indiqué dans la transcription : « Les acteurs jouent avec les spectateurs toutes les scènes initiées par [ces derniers] jusqu'à ce que l'énergie suggérée par le thème soit épuisée. Il n'y a pas de limite de temps pour cette scène ou pour aucune des Actions » (Malina & Beck [trad. Rooke], 2018, p. 20). L'effectivité des Actions est bien sûr subjective et dépend du jugement des comédiens qui accompagnent les spectateurs dans leur mutation et lancent le top pour l'échelon suivant une fois l'Action performée jugée satisfaisante.

La définition du performatif est empruntée à John Langshaw Austin qui définit le concept par la formule *Quand dire, c'est faire* (*How to Do Things with Words*) ; titre de son ouvrage paru en 1962. Dans *Paradise Now*, le performatif a une origine ontologique, plutôt que verbale, et devient alors : « Quand être, c'est faire ». Ce changement de paradigme induit la perte d'exclusivité du verbe. La parole articulée n'est plus l'unique médiateur de l'action, le corps devient lui aussi un vecteur de communication central. L'incarnation littérale des actes révolutionnaires à venir est illustrée à l'issue de la Vision II, lorsqu'« avec leur corps, les acteurs épellent le[s] mot[s] : / ANARCHISME », puis « PARADIS » (*ibid.*, p. 18). Cette écriture par le corps fait écho à *Pour en finir avec le jugement de Dieu*, dans lequel Artaud appelle de ses vœux un « corps sans organes » (1948, p. 39-40)[38] : ce corps animé de mots serait « la matérialisation corporelle et réelle d'un être intégral de poésie » (*id.*, 2004, p. 1019). En épelant ces mots avec leur corps, les comédiens du Living Theatre littéralisent le lien entre poésie et révolution anarchique paradisiaque. Dans cette scène, « être, c'est faire », dans la mesure où le corps, dans l'ici-et-maintenant, vient incarner l'idée en tant que signifiant, la poésie donc. Dans la dernière Action de *Paradise Now*, avec la sortie du théâtre, c'est le signifié (la révolution comme réalité concrète) qui est appelé à s'incarner. Si la centralité du texte a été remise en question, le verbal n'a pas pour autant disparu de la pièce mais l'originalité linguistique de cette dernière fait que le texte est mis au service de l'action, comme Blandine Pennec et Henri Le Prieult le démontrent, dans leur article, « *Paradise Now* : liens entre forme et sens, au service de l'exhortation du spectateur » : « [L]e texte est là pour stimuler, suggérer, défier, encourager, amener le public à participer à la situation révolutionnaire de chaque acte : "*The text is a call to action*" » (2018, p. 115). Les deux linguistes passent au crible les différentes stratégies verbales pour conduire le spectateur à l'action utilisées par les membres de la troupe. Si l'exhortation n'est pas de l'ordre du performatif au sens strict, elle appelle néanmoins à la réalisation de l'action par la parole et en cela, elle est une sorte de *devenir-performatif*. Dans leur article, très original puisqu'il s'agit, semble-t-il, de la première étude linguistique de la création avignonnaise, Pennec et Le Prieult listent l'ensemble des procédés énonciatifs qui invitent à agir. Dans leur conclusion, ils résument ainsi leur analyse :

> Il semble que le style employé dans le script soit de nature à conditionner l'acteur en premier lieu et, par son intermédiaire, le spectateur. Ce dernier est invité à une forme d'action libératrice, voire révolutionnaire. Un caractère universel est conféré aux injonctions, et renforce leur valeur illocutoire d'exhortation. Celle-là même se retrouve au niveau des copules, mais aussi de l'emploi des groupes nominaux. Un certain nombre de phrases impliquent des procédés rythmiques basés sur des répétitions, des expansions, et créent des effets perlocutoires à caractère envoûtant comme libérateur. [...] La forme rituelle – celle d'un rite initiatique – se retrouve dans l'organisation en séquences, en étapes [...]. Le spectateur est ainsi supposé effectuer un passage [...]. (*ibid.*, p. 136)

---

38 Une notion que Gilles Deleuze et Félix Guattari s'approprièrent par la suite pour la développer.

Cette invitation verbale à la performance, ce devenir-performatif donc du point de vue linguistique, est cependant, aux yeux des membres de la troupe, performatif au sens plein du terme. En effet, comme l'expliquait Jenny Hecht à Jean-Jacques Lebel durant la période de création de la pièce à Céfalù : « [N]ous avons besoin d'une pièce pour maintenant, pas pour demain. Quiconque travaille vraiment à transformer le monde est en train de le transformer » (citée dans Lebel, 1969, p. 63). Le parallèle entre le travail comme processus de transformation du monde et la réalisation de cette transformation traduit la simultanéité du *faire* et de l'*être* dans l'ici-et-maintenant. Essayer de changer les choses, c'est déjà les changer pour ces optimistes idéalistes.

En dépit de l'espoir du Living Theatre et en dépit de la forme de *Paradise Now* pensée pour renverser l'ordre établi, la révolution n'a pas eu lieu. Aucune des représentations de la pièce ne mit fin à la violence, au capitalisme, à l'État. Le performatif révolutionnaire resta donc un idéal, un rêve, bien qu'il ne faille pas minimiser les propos de Hecht et sa croyance en la capacité à changer son environnement par la tentative même de changement. À l'instar de l'argument d'Olivier Neveux, dans son chapitre général sur la « Politique du post-dramatique » (*Politiques du spectateur. Les enjeux du théâtre politique aujourd'hui* [2013]), il serait injuste de conclure à l'échec du théâtre politique du Living Theatre et à sa dimension performative :

> Il paraît ainsi injuste de faire reproche à ce théâtre de n'avoir pas transformé le monde, ni même, peut-être, grand monde ; de n'avoir pas « réussi » là où des millions d'individus, organisés on non, ont, depuis des décennies, « échoué » ! On songe à la mise en garde du critique Émile Copfermann qui, en 1967, déjà, répondait à ce type d'interpellations : « Le reproche majeur formulé à l'égard du théâtre politique est celui de ne pas provoquer l'"activité" du public ou, si l'on préfère, de ne pas s'achever dans un meeting et une manifestation. » [...]
>
> Copfermann désigne justement l'indécidabilité de l'efficacité d'une forme artistique – à moins de basculer dans la logique évaluatrice qui, de quelques paramètres recueillis, conclut à la réussite ou à l'échec. (Neveux, 2013, p. 43)

La réussite ou non d'une forme politique est en effet subjective. Si le Living Theatre ne parvint pas à renverser la censure municipale à Avignon, les représentations de *Paradise Now*, comme nous le verrons dans les parties qui suivent, affectèrent le Festival d'Avignon et, en ce sens, infléchirent la réalité avignonnaise. L'évolution du Festival est ce que l'on pourrait qualifier de « transformation collatérale » à la suite de la non-révolution. Les membres du Living Theatre semblaient conscients du pouvoir de *Paradise Now* à opérer à la marge plutôt que de faire exploser le centre. L'idéalisme révolutionnaire était complètement assumé par les cofondateurs qui apparaissent ainsi comme des utopistes réalistes, une notion qui nous renvoie à la partie I. En 1968, à Avignon, Beck déclarait :

> Le travail du théâtre d'avant-garde n'est pas seulement de porter un message politique, mais de rechercher des formes ; car si l'homme voit que sur scène on peut « aller plus loin », il comprend que dans la vie également, on le peut, et cela l'encourage à agir.
>
> Il n'est pas nécessaire de dire seulement des choses directes ; en dehors du rationalisme, il faut parvenir à une sorte de compréhension subconsciente, d'où naît la passion d'agir [...] [et] faire savoir aux ouvriers que la vie offre une infinité de possibles [...].
>
> [...] [L]'Art peut simplement aider le mouvement révolutionnaire en donnant [...] à tous les déshérités une idée de ce que la révolution peut apporter. C'est de cette manière seulement que nous pouvons contribuer à la révolution. (Beck, 1969a, p. 223-225)

Comme il l'explicitait dans sa lettre rédigée en prison et publiée dans le *New York Times*, le théâtre apparaît comme un « remède » qui permet aux ouvriers de faire la découverte d'autres formes d'organisations sociales pour leur donner envie de réformer leur quotidien (*id.*, 1965, n.p.). Puisqu'il encourage à agir en « donnant l'idée d'une autre vie » dont le spectateur fait effectivement l'expérience durant la performance, le théâtre révolutionnaire du Living Theatre est bien un théâtre du devenir-performatif : en performant un nouvel ici-et-maintenant, les ouvriers pourront ensuite envisager de réformer la société dans un second temps. Les origines de ce théâtre proviennent peut-être de l'expérience de Judith Malina auprès d'Erwin Piscator. Peu de temps avant la disparition de la cofondatrice du Living Theatre en 2015, l'autrice et metteuse en scène américaine Annie Dorsen interrogeait Malina sur sa vision du pouvoir politique du théâtre. Malina revint alors sur l'implication du public dans *Paradise Now* et se remémore le travail de Piscator :

> Le public pouvait potentiellement quitter le théâtre et entamer cette belle révolution anarchiste non-violente. Bon, je ne m'attends pas à ce que cela arrive à chaque fois. Mais je continue de croire que cela peut parfois se produire.

> Piscator a dit qu'une fois il y a eu une représentation en Belgique où à la fin tout le monde s'écriait « Liberté ! Liberté ! » puis les gens sont sortis en trombe et dès le lendemain matin, la Belgique était libérée de la domination néerlandaise. Et ils l'ont fait après être sortis du théâtre. C'était son grand exemple. Mais, à plus petite échelle sans doute, je pense que le théâtre a eu une influence politique, en matière de racisme, en matière de langage et en matière de relations humaines. (Malina dans Dorsen, 2015, p. 81)[39]

Si l'exemple du spectacle de Piscator qui illustrerait le pouvoir du théâtre à libérer une nation est quelque peu naïf compte tenu du contexte historique, la jeune élève du maître allemand fut très certainement impressionnée par cette anecdote qui influença son travail. Malina présente l'effectivité du théâtre politique d'abord comme un espoir qu'elle nourrit, puis comme une réalité similaire à des petites révolutions. Comme si, pour changer la société à petite échelle, il fallait viser à « transformer le monde ». Le choix de l'adverbe « potentiellement » indique en effet que la Révolution est l'ultime objectif et que sa réalisation reste un idéal auquel il faut croire pour parvenir à faire évoluer la société. La conclusion de Malina à l'aube de ses quatre-vingt-dix ans rejoint celle de la jeune Hecht âgée de vingt-cinq ans en 1968 : en essayant de transformer le monde, nous changeons le monde. À l'image du style exhortatoire de *Paradise Now*, la rhétorique politique du Living Theatre se caractérise par sa force de conviction. Pour convaincre les individus du potentiel performatif du théâtre, il faut se montrer soi-même convaincu, au risque de décourager l'entourage avant même toute tentative. Pour revenir à la citation de Neveux, nous pouvons conclure que Beck, Malina et leurs camarades avaient conscience qu'ils ne transformeraient pas le monde mais avaient espoir, si ce n'est de faire agir le public, au moins de le faire réagir. Les réactions furent bien réelles : les spectateurs de *Paradise Now*, enthousiastes ou réfractaires, ne restèrent en tout cas pas indifférents. La vivacité des réactions des membres du public montre que l'œuvre de 1968 bouscula, positivement ou négativement, leur conception de

39 Trad. A.D. & E.J. – « *Potentially the audience could leave the theatre and begin the beautiful non-violent anarchist revolution. Now, I don't expect that will happen all the time. But I keep hoping it may happen sometime. Piscator said that once in Belgium there was a performance of a play in which everybody shouted "Freedom ! Freedom !" at the end and people stormed out and by morning Belgium was free of Dutch domination. And they did it coming out of the theatre. That was his great example. But certainly in smaller ways, I think theatre has had political influence, in terms of racism, in terms of language, in terms of human relations.* »

la réalité (qu'elle concerne la politique ou le théâtre). L'intensité et la radicalité des prises de position des membres du public furent d'une force rarement répertoriée dans les chroniques théâtrales, ce qui semble prouver l'intérêt de l'œuvre dans l'Histoire.

LE SPECTATEUR ÉMANCIPÉ ?

> *Paradise Now* fut une catastrophe artistique, la pièce ne disait rien. (Melly Puaux dans Jouve, 2018a, p. 63)
>
> Nous étions déçus par [*Paradise Now*] qui était ni fait ni à faire. (Sonia Debeauvais, *ibid.*, p. 88)
>
> *Paradise Now* a généré beaucoup de polémiques. Il faut bien avouer qu'à part des câlins sur scène ou dans le public, il ne se passait pas grand-chose. (Jean-Guy Lecat, *ibid.*, p. 83)
>
> On était [...] invités à aller sur le plateau [...], j'y suis allée comme tout le monde. On était complètement happés par ce qu'ils nous proposaient. (Laure Adler, *ibid.*, p. 100)
>
> *Paradise Now* [à Châteauvallon] en plein air, avec la mer au loin, c'était d'une beauté stupéfiante, mais l'expérience la plus forte de *Paradise Now*, je l'ai vécue à Mulhouse [...]. [L]es spectateurs montaient sur le plateau et se rassemblaient en un tas humain. Je me rappelle que je criais, totalement en transe, n'arrêtant pas de hurler compulsivement : « Le diable est au plafond ! » J'étais comme shooté par le spectacle, complètement shooté et ce n'était pas l'effet de la drogue, je ne fumais pas : c'était l'effet du spectacle. (Bernard Bloch, *ibid.*, p. 120)
>
> La grande révolution du Living est le rapport que la troupe entretient avec le corps. Le peuple n'était pas seulement « acteur intellectuellement », mais il était aussi physiquement engagé. (Serge Pey, *ibid.*, p. 141)

Ces différentes appréciations de *Paradise Now* furent recueillies au cours d'entretiens avec des participants du XXIIe Festival d'Avignon. Elles montrent que la réception de la pièce fut très contrastée : les premières représentations de *Paradise Now* en France, à Avignon, puis à Châteauvallon, enfin, plus tard, à Mulhouse (mai 1969), divisèrent l'opinion. Les récits de la tournée américaine illustrent le même phénomène : des membres du public adhéraient totalement à l'approche participative du Living Theatre alors que d'autres étaient beaucoup plus réticents face aux modes d'interactions proposés et jugeaient alors négativement la pièce. L'étude de la réception de *Paradise Now* nécessiterait une approche sociologique prenant en compte, d'une part, les profils des participants, et d'autre part, les contextes de production puisque la pièce est très ancrée dans la réalité contextuelle des lieux où la troupe jouait. Le chapitre III dresse un portrait détaillé de l'ici-et-maintenant avignonnais et viendra ainsi compléter la présente analyse qui considère les conditions absolues, optimales, et donc idéales, qui font que le spectacle fonctionne pour les membres du public. En écho aux théories de Wolfgang Iser, cette sous-partie abordera la notion de réception à l'échelle du spectateur dit « implicite » (1980, p. 38), c'est-à-dire celui que s'est imaginé la troupe. Cette étude se base donc à la fois sur les intentions artistiques et politiques des artistes et sur des témoignages, afin de confronter théorie et pratique et de voir en quoi la compagnie parvenait, si ce n'est à faire la révolution dans la cité, du moins à révolutionner le plateau en émancipant le spectateur de son rôle d'observateur traditionnel. Afin de définir dans quelle mesure les Beck et leurs acolytes parvenaient grâce à *Paradise Now* à transformer les spectateurs en participants actifs, il est important d'envisager les éventuels échecs qui, a contrario, renseignent sur les conditions nécessaires pour que la transformation tant attendue par le Living Theatre ait lieu.

Le concept de « spectateur émancipé » trouve ses origines dans les fondements du théâtre ; il s'est particulièrement développé au début du XXe siècle à partir de l'avènement du théâtre dit « politique ». Cependant, la locution est empruntée à Jacques Rancière qui, en 2008, publia un essai intitulé *Le Spectateur émancipé*. Si, comme le déplore Olivier Neveux, la théorie reste peu illustrée, pouvant alors faire douter de la validité des arguments (ce que le philosophe lui-même reconnaît, d'ailleurs), le texte de Rancière n'en demeure pas moins un point de départ pertinent pour notre réflexion (à partir d'exemples concrets) sur la place du public dans *Paradise Now* (Neveux, 2013, p. 8 ; Rancière, 2008, p. 29). Bien que la vision de la troupe new-yorkaise rejoigne celle du philosophe français sur certains points, elle diffère radicalement sur d'autres. Le texte de Rancière est utilisé ici en tant que « grille de réflexion » établie à partir des hypothèses qu'il formule, et non comme une simple grille de lecture, ce qui consisterait à démontrer ses hypothèses à partir de la création révolutionnaire du Living Theatre. Dans l'introduction du *Spectateur émancipé*, il énonce le « paradoxe du spectateur » qui consiste à dire qu'il « n'y a pas de théâtre sans spectateur », mais qu'il est pourtant

« un mal d'être spectateur » car « regarder est le contraire de connaître [et] d'agir » (Rancière, 2008, p. 8). Pour mettre fin à cette passivité qui aliène l'individu, il faut tuer le spectateur, et imaginer « un autre théâtre, un théâtre sans spectateur » en émancipant l'individu comme les Beck tentèrent de le faire. Rancière définit ainsi l'émancipation : « le brouillage de la frontière entre ceux qui agissent et ceux qui regardent, entre individus et membres d'un corps collectif » (*ibid.*, p. 26). Bien qu'il ne se réfère pas directement à Foucault, l'émancipation telle qu'il la conçoit semble faire écho au concept d'hétérotopie car il y voit « une reconfiguration ici et maintenant du partage du temps » et « une rupture au cœur même du temps [...] [génératrice] d'égalité » (*ibid.*). L'émancipation implique la mise en place d'un « lieu autre » en réaction au présent conventionnel inégalitaire. Cet espace hétérotopique est celui que le Living Theatre cherchait à instaurer par le rituel qui brouille les frontières entre acteurs et spectateurs pour constituer un collectif d'individus définis comme des « être créatifs » (« *creative beings* » ; *Living Theatre*, 1969, p. 94). Le syntagme employé par Beck associe la copule être (*be*) au gérondif (renvoyant ainsi à un état inscrit dans le temps) à l'adjectif dérivé du verbe d'action créer (*create*), illustrant l'abolition de cette frontière entre passivité (être) et action (créer). Plutôt que de fusionner, la combinaison entre « être » et « créer » (ou « faire » pour revenir aux analyses du chapitre précédent) fait émerger une troisième entité qui est le propre du devenir-performatif de la performance du *Living Theatre.* Jacques Rancière voit en effet la performance comme cette troisième identité dont « aucun n'est propriétaire, dont aucun ne possède le sens, qui se tient entre eux, écrasant toute transmission à l'identique, toute identité de la cause et de l'effet » (*ibid.*). Les pronoms employés par le philosophe (« aucun » et « eux ») renvoient aux notions du « maître ignorant » et de « l'apprenti émancipé », qui s'opposent à celles de « maître » et « ignorant » relatives à la relation pédagogique traditionnelle entre le comédien dans la position de détenteur du savoir et du pouvoir, et le spectateur, réceptacle docile de la science de l'artiste[40].

40 Cette dichotomie entre « maître » et « ignorant » rappelle dans une certaine mesure celle de Piscator telle que Malina la présentait en évoquant son idée de la salle de classe. Lors de son échange avec Annie Dorsen, Malina revint sur le désir de Piscator de faire participer le public, désir réalisé selon elle : « JUDITH MALINA : [...] Erwin Piscador croyait en la participation du public mais il n'avait aucune idée de la forme que cela pouvait vraiment prendre car il avait un peu peur du public. / ANNIE DORSEN : Ne pensait-il

L'ambiguïté de la démarche du Living Theatre réside dans le désir de mettre en place une relation horizontale, égalitaire et cocréatrice avec les spectateurs, et la pratique qui pose les comédiens en tant que « guides » invitant les membres du public à entrer en état de transe ou à participer aux Actions comme nous l'avons vu. Si Judith Hecht encourage ses camarades à ne pas penser la relation avec l'auditoire en termes hiérarchiques (« il faut que l'on arrête de prendre le Public pour des habitants d'Argos, pour des gens qui nous sont inférieurs et qui doivent être éduqués. Ils sont avec nous, nous sommes un »), Rufus Collins ne peut s'empêcher d'utiliser le modal d'autorité « doit » lors de cette même conversation (« le public doit changer parce que la pièce leur fait faire le voyage »), ce qui montre la résistance à laisser les spectateurs prendre des initiatives (Living Theatre, 1969, p. 100)[41]. Cette position de guide ne sortant pas de sa fonction aux dépens des prises d'initiative des participants avait gêné Richard Schechner qui, lors d'un entretien

pas le public comme une salle de classe pleine de metteurs en scène pouvant arrêter l'action ? / JUDITH MALINA : Si, il nourrissait ce rêve mais ça ne s'est jamais produit. Il imaginait que le public avait un petit bureau ou une table, du papier et des crayons et pouvait arrêter la représentation et dire : "Attendez une minute, elle est entrée avec ce manteau et a déclaré : 'C'est mon nouveau manteau'. Qu'est-ce qu'elle entend par là ? Combien lui a-t-il coûté, ce manteau ?" Puis il imaginait la réponse des acteurs : "Eh bien, elle aimerait que les gens croient que c'est un manteau à $2 000 mais en fait elle l'a eu en soldes pour $20 à l'Armée du Salut et elle fait semblant d'avoir un rapport aux vêtements qu'elle porte qui soit celui d'une classe sociale qui n'est pas la sienne." Et ainsi de suite, puis pour la question d'après, il imaginait des sujets liés à l'économie ou à la notion de classe et il imaginait un casting très raffiné ayant réponse à toutes ces questions. Mais il n'a jamais mis cela en pratique. Il en parlait juste beaucoup. » (Trad. A.D. & E.J.) – « *JUDITH MALINA : [...] Erwin Piscator believed in audience participation but he had no idea what it really could be, because he was a little afraid of the audience. / ANNIE DORSEN : Didn't he have an idea of the audience as a classroom of directors, where they could stop the action ? / JUDITH MALINA : Yes, he had a fantasy about that but it never happened. He imagined an audience which had a little desk or a table and paper and pencil and could stop the performance and say, "wait a minute she came in in this coat and said 'this is my new coat,' what did she mean by that ? What did she pay for that coat ?" and then he imagined the actor would say : "Well, she would like people to believe that it's a $2,000 coat, but actually it was a $20 coat on sale at the Salvation Army and she's pretending to have a different class relationship to the clothes that she's wearing." And then you go on, and then the next question comes up, and he imagined very economic questions, class-conscious questions, and he imagined a sophisticated cast who could answer all these questions. But he never did this. He only talked about it a lot.* » (Malina dans Dorsen, 2015, p. 80.)

41 Trad. A.D. & E.J. – « *We have to stop thinking of the Audience as Argives, as people beneath us to be taught. They are with us, we are us.* » ; « *The audience must change because the play makes them take the trips.* »

avec Beck et Malina, était revenu sur sa frustration face à l'attitude des comédiens qui n'avaient pas pris en compte son intervention lors du Rite I (ou « RITE DU THÉÂTRE DE GUÉRILLA ») :

> SCHECHNER. – [...] J'étais vraiment très en colère quand j'ai enlevé mes vêtements au début de *Paradise Now*. Je voulais réagir à vos litanies : « Je ne suis pas autorisé à voyager sans passeport ». [...] Puis j'ai répondu : « Ok, qu'est-ce on va faire face à ce genre de choses ? » Et je n'ai pas du tout eu la réaction que j'attendais. [...] Puis c'était reparti, « Je ne suis pas autorisé à ôter mes vêtements ». [...] Et j'ai répondu : « Ben, il y a enfin un truc que je peux faire ». Alors je l'ai fait. [...] Et donc, quelle a été votre réaction ? [...]
>
> BECK. – [On était t]rès contents que tu le fasses. Ça se joue à plusieurs niveaux. [...] Ce que l'on demande à l'acteur, ce n'est pas de l'annoncer à tout va comme s'il était sur un piquet de grève mais comme si ça le vraiment rendait fou. Et quand on aborde ces choses, qu'on les répète encore et encore et que les gens te jettent de drôles de regards, ça te rend vraiment fou. (Schechner, 1969, p. 29)[42]

L'objectif de cette première scène est de faire l'expérience de la frustration face aux interdictions sociétales ; de ces frustrations naît la souffrance qui permet ensuite d'entrer en transe. Cette frustration qui mène jusqu'à la folie purgative est vécue à la fois par les acteurs et les spectateurs-participants, comme l'expliquent Beck et Malina :

> SCHECHNER. – Est-ce que c'est pour ça que vous ne parlez pas au public ?
>
> MALINA. – On est obsédés par ce qu'on dit. J'entends pas ce que tu dis parce que toutes ces interdictions [...] et tout ce que j'arrive à prononcer c'est « euhhh » jusqu'à ce que ça se transforme en un cri.
>
> BECK. – Et ces interdictions rendent aussi toute communication impossible. C'est une autre barrière et tu la ressens [...] et tu vas te mettre à crier [...].
>
> MALINA. – Ça met le spectateur dans une position délicate. Certains d'entre nous s'adressent très personnellement aux gens de façon à susciter des commentaires chez le spectateur, qui, comme toi, se sent frustré car on

42 Trad. A.D. & E.J. – « *SCHECHNER – [...] I was really very angry when I took off my clothes at the start of* Paradise Now*. I wanted to respond to your litanies : "I can't travel without a passport." [...] Then I said, "Okay, what are we going to do about that kind of thing ?" So, I got none of the response I was expecting. [...] Then they came, "I'm not allowed to take off my clothes," [...] and I said, "Well, at last this is something I can do." So I did it. [...] Now, what was your reaction ? / BECK – [We were v]ery happy about it. It operates on several levels. [...] The actor's direction is not to go around and announce it like someone on a picket line but as if he were literally driven crazy from it.* »

> n'en fait rien, et c'est à peu près là que nous en sommes aussi avec ces lois prohibitives. [...]
>
> SCHECHNER. – Avez-vous découvert cette intention lors de la première ou est-ce que c'était une intention délibérée ?
>
> BECK. – Une intention vraiment délibérée. (Schechner, 1969, p. 30)[43]

Le processus est tout tracé et les comédiens n'en dévient pas. Ils interagissent pleinement avec les membres du public, quand ces derniers vont dans le sens du voyage menant à la révolution. Si les intentions du public ne vont pas dans le sens des intentions des comédiens (qui doivent, rappelons-le, acheminer tous les participants vers le paradis), ces derniers ne rebondissent pas sur les propositions faites. Les fins sont clairement définies et les moyens mis en place sont à leur image, c'est-à-dire précisément délimités : les « guides » doivent s'assurer que le protocole est suivi au risque de sombrer dans un chaos et de mettre en péril la révolution pacifique anarchique telle qu'ils la conçoivent. Cet encadrement du public, lors desdites « improvisations », est considéré comme la preuve de la « malhonnêteté intellectuelle » de la troupe aux yeux de Christopher Innes (1996, p. 198). La référence à la violence des spectateurs face à l'impression de ne pas être pris en compte lors de cette première scène nous ramène à l'évocation préalable des débordements possibles durant la pièce. L'excès de violence de certains membres du Living Theatre est une illustration extrême de la difficulté pour certains comédiens à abandonner leur rôle de maître. *A contrario*, l'attitude de membres du public prêts à agresser les comédiennes montre le potentiel de la foule à prendre le pouvoir aux dépens du pacifisme. Comme la révolution, l'égalité entre comédiens et spectateurs en tant qu'êtres créateurs reste un idéal, un devenir plutôt qu'un objectif réellement atteint.

En plus de l'égalité, Rancière voit dans l'interprétation un autre principe fondamental de l'émancipation : « [U]ne communauté émancipée

---

43 Trad. A.D. & E.J. – « *SCHECHNER – Is that why you don't talk to the audience ? / MALINA – We are obsessed with what we are saying. I don't hear what you say because I'm so crazy from all these prohibitions [...] that all I can say is "euhhh" until I scream from it. / BECK – And these prohibitions also make communication impossible. That's another barrier and you're feeling the barrier now [...] you'll scream [...]. / MALINA – It puts the spectator in a difficult position. Some of us say it very personally to people in order to arouse comments on the part of the spectator, who, like you, gets frustrated because we won't take it anywhere, which is about where we are with those prohibitive laws. [...] / SCHECHNER – Did you discover that intention only when you opened it, or was it an intentional intention ? / BECK – Very intentional intention.* »

est une communauté de conteurs et de traducteurs » (2008, p. 29). Les spectateurs, précise-t-il, « jouent le rôle d'interprètes actifs, qui élaborent leur propre traduction pour s'approprier l'"histoire" et en faire leur propre histoire » (*ibid.*). Le philosophe conçoit alors le spectacle comme une « aventure intellectuelle » (*ibid.*, p. 27), une vision qui semble occulter émotions et actions, deux dimensions fondamentales pour le Living Theatre pour qui l'organique est la source de l'action. En plus de sa nature intellectuelle, l'interprétation dépend, selon Rancière, du dialogisme « maître ignorant / apprenti émancipé », un dialogisme bancal dans *Paradise Now* du fait de la position de guide qu'occupe le comédien. Dans l'œuvre, « l'histoire » est déjà écrite puisque la fin est définie par la troupe et que cette fin, à savoir la Révolution, conditionne tout le déroulement du spectacle. Le spectateur n'est donc pas invité à imaginer sa propre histoire, sa propre issue au voyage. Pour le Living Theatre, l'émancipation passe non pas par l'interprétation, donc, mais par la participation du public, le fait qu'il prenne part à l'acte créateur. Ainsi, le syntagme *être créatif* aurait, dans *Paradise Now*, deux sens qui s'appliqueraient respectivement aux comédiens et au public : si acteurs et spectateurs sont tous des créateurs, les premiers sont ceux qui génèrent la création et les seconds seraient ceux qui y participent. *Créatifs*, dans le cas des spectateurs, ne renverrait alors pas à leur capacité à être autonomes mais à leur capacité d'agir, de *créer* dans le sens d'*accomplir*, de *mettre au monde*, plutôt que d'*inventer*. Cette analyse polysémique mettrait un terme au paradoxe du principe d'égalité préalablement discuté, mais rien ne prouve que Beck ait eu ces deux axiomes en tête. « LA CHARTE » est un élément important qui conditionne la créativité, l'action du public. Elle était distribuée aux membres du public pour les aider dans leur mutation et leur participation. Même si, comme Marianne DeKoven (qui participa à la représentation de Cambridge, dans le Massachusetts), nous pouvons douter de l'efficacité de ce document distribué au public, tant il est complexe à cerner, il témoigne tout de même de la grande rigueur de la troupe qui avait établi un protocole strict pour permettre la Révolution selon les termes qu'ils avaient définis (2004, p. 2908)[44].

44 DeKoven écrit : « Dans *Le Living Theatre*, Biner dit que la charte [...] était donnée à chacun des spectateurs au début de la pièce, mais je ne me souviens ni de l'avoir eue entre les mains, ni de l'avoir vue (j'avais en effet assisté à une représentation à Cambridge, dans le Massachusetts, en 1968). Peut-être que je l'ai eue, ou juste vue à

Leur *Théâtre de Réponses* énonce les principes de l'anarchie pacifiste que le Living Theatre souhaite mettre en place, et en cela, le spectateur n'est pas à même d'apporter ses propres réponses. Avec *Paradise Now*, le théâtre de la compagnie devenait édifiant, malgré eux. En effet, si, comme vu dans le chapitre I, Beck déclarait qu'ils ne pouvaient pas apporter « de salut par le théâtre, apporter au public des solutions » car « ce n'est pas possible », c'est pourtant ce qu'ils tentaient désormais de faire avec ce nouveau théâtre (cité dans Biner, 1968, p. 167). Le récit de Schechner montre que les Rites ne permettaient pas la libre participation des spectateurs. D'autres témoignages rendent compte du fait que les improvisations au moment des Actions s'inscrivaient dans un cadre prédéfini, ne laissant finalement que peu de liberté d'interprétation aux participants. Le journaliste Lucien Attoun se souvient de la représentation aux Carmes en juillet 1968 :

> Pendant le spectacle, il y a une improvisation d'une spectatrice qui s'était prise au jeu et ne voulait pas quitter le plateau. Je vois le régisseur côté jardin qui fait signe à Beck, et lui pointe sa montre pour lui indiquer que le temps de l'improvisation est terminé. La spectatrice ne voulait pas partir et il a fallu que deux machinistes la fassent sortir *manu militari* ! [...] Ils prônaient l'improvisation mais c'était quand même surtout de la théorie ! Vous vous rendez compte, on avait dit à cette jeune femme qui improvisait que le public est créateur, que l'on est tous des créateurs, et elle y a cru. C'était magnifique et terrible à la fois. Elle y croyait sincèrement, mais elle avait seulement un temps pour y croire, et au-delà, ça ne fonctionnait plus. (Attoun dans Jouve, 2018a, p. 72)

Comme indiqué dans la transcription de la pièce, c'est aux acteurs de juger quand les Actions ont été menées à leur terme : « Lorsque les acteurs sentent que l'Action et le contenu de cette scène sont épuisés,

---

un moment donné pendant la pièce, mais mon expérience de la performance n'en est restée néanmoins qu'une impression d'une agression confuse, chaotique, tous azimuts, parfois ridicule, parfois émouvante et stimulante. La charte aurait alors eu peu d'intérêt pour moi – elle n'aurait pas joué un rôle dans mon expérience. » (Trad. A.D. & E.J.) – « *Biner says, in his The Living Theatre, that the chart [...] was handed to each spectator entering the performance, but I have no recollection of receiving or even seeing this chart (I saw a performance in Cambridge, Massachusetts, in 1968). Perhaps I did receive it, or at least I saw it at some point during the performance, but my experience of the performance was nonetheless of a confusing, chaotic, multidirectional, at times ludicrous, at times moving and exciting assault. The chart would have had little meaning to me – it would have had insufficient relation to my experience of the performance.* » (2004, p. 2908.)

ils peuvent passer à l'Échelon III » (Malina & Beck [trad. Rooke], 2018, p. 20). L'équipe avait dû considérer qu'il était en effet temps de passer à une autre scène et avait ainsi interrompu l'improvisation de la jeune femme. La méthode employée est des plus surprenantes en effet mais elle reste exceptionnelle car les transitions d'une scène à l'autre étaient généralement plus subtiles. Comme le conclut Melly Puaux, suite à « l'expuls[ion] » d'un spectateur monté sur scène à Avignon, les membres du Living Theatre « demandaient une participation [du public] mais bien encadrée » (Puaux dans Jouve, 2018a, p. 64)[45].

L'émancipation du spectateur, dans *Paradise Now*, est donc relative. La pièce ne vise finalement pas à rendre les individus autonomes mais plutôt à créer un collectif d'agents qui, ensemble, œuvreront à la mise en place d'une société anarchiste. Il convient de se demander quelles sont les conditions nécessaires pour que cet objectif soit atteint et que le public participe selon les attentes de la troupe. On se souviendra du pessimisme initial de Judith Malina qui, déçue de l'attitude des spectateurs lors de la première version de *Mysteries and Smaller Pieces* (qui se terminait en théâtre libre), qualifiait le public de « non paradisiaque », selon elle, « le seul » public. Cet apparent défaitisme était cependant contrebalancé par l'espoir de Malina qu'il existe « une sorte de gens que vous pouvez élever à coup sûr là où vous voulez les conduire, si vous y mettez du sérieux, parce qu'ils sont prêts à vous accueillir, et que si vous êtes là, ils seront là » (Malina citée dans Biner, 1968, p. 93). La déclaration de la cofondatrice montre là encore que la compagnie se pose en tant que guide qui « condui[sent] » à une conclusion et que donc la liberté d'interprétation des participants est limitée. Cette relation avec cette « sorte de gens » est définie comme « idéale » (*ibid.*, p. 94). En France, le contexte révolutionnaire de 1968 semblait avoir exaucé les vœux de Malina, qui voyait le potentiel du public français à prendre pleinement part dans leur création : « Ces jeunes militants parisiens sont tellement beaux : ils écrivent de la poésie sur les murs et leur participation à *Paradise Now* n'est comparable à celle d'aucun autre public » (citée dans Schechner, 1969, p. 33)[46]. Cette affirmation, déjà

45 Melly Puaux se souvient : « [D]urant le spectacle, les comédiens réclamaient la participation du public, alors Mounat se lève et plonge au milieu des comédiens entassés les uns sur les autres. Julian Beck n'a pas aimé et il l'a faite expulser. » (Puaux dans Jouve, 2018a, p. 64.)

46 Trad. A.D. & E.J. – « *Parisian revolutionary kids who are so beautiful that they can write poetry on the walls and they can play* Paradise Now *like no other audience.* »

citée en introduction, sous-tend un principe fondamental du succès de la participation du public, selon les critères du Living Theatre : le partage de croyance. A priori, le spectateur qui est en capacité de pleinement participer à *Paradise Now* est celui qui embrasse l'utopisme de la troupe, qui est à la base même de la création. La croyance est double car elle est politique et théâtrale. En effet, pour ne pas opposer de résistance au voyage proposé dans la pièce, il faut croire en la révolution et il faut croire aux principes politiques anarchistes pacifistes que le Living Theatre propose. Les révolutionnaires parisiens descendus à Avignon pour poursuivre la révolte partageaient les convictions politiques du Living Theatre (du moins pour ce qui est de l'anarchisme mais les anarchistes n'étaient pas tous non violents, comme le rappellent Jean-Jacques Lebel ou Serge Pey), et c'est l'une des raisons pour lesquelles ces spectateurs étaient particulièrement à même de participer à *Paradise Now* selon les attentes des créateurs[47]. En plus de croire au fond, une croyance à la forme, c'est-à-dire au théâtre, est nécessaire pour que le spectateur lâche prise et se laisse guider par les comédiens. Pour Artaud, la croyance est centrale. Dans « Le Théâtre et la Peste », il écrit :

> Et la question qui se pose maintenant est de savoir si dans ce monde qui glisse, qui se suicide, sans s'en apercevoir, il se trouvera un noyau d'hommes capables d'imposer cette notion supérieure du théâtre, qui nous rendra à tous l'équivalent naturel et magique des dogmes auxquels nous ne croyons plus. (Artaud, 1964c, p. 47)

Le théâtre devient une nouvelle religion qui vient remplacer les dogmes de jadis. Un public qui croit en la révolution et croit à la magie du théâtre est un public paradisiaque avec qui établir des « relations idéales ». Les membres du public qui ne partageaient pas la fibre révolutionnaire de la jeune génération et qui n'étaient pas accoutumés à des formes théâtrales ritualistes et non traditionnelles avaient plus de mal à rentrer dans le spectacle comme Jean-Marie Lamblard, fidèle du Théâtre des Carmes d'André Benedetto, le rappelle lorsqu'il évoque le public des habitués du Festival :

47 Lebel raconte : « Moi, j'adorais le Living, c'était vraiment mes frères et mes sœurs, on était très proches, mais je n'étais pas d'accord sur beaucoup de choses avec eux. Par exemple, leur côté "non violent-Gandhi", c'était ridicule, complètement ridicule. » (Lebel dans Jouve, 2018a, p. 108.) – Serge Pey déclare : « [O]n n'était pas non-violents : c'était la société qui était violente. On n'était pas des pacifistes, mais la violence, ce n'était jamais nous qui la cherchions : c'est l'ennemi qui nous faisait violence. L'État et les institutions. » (Pey, *ibid.*, p. 139.)

> Je n'ai pas été surpris par Paradise Now car je connaissais leur travail, qui était dans la lignée de ce que j'avais vu, mais beaucoup de mes copains découvraient cette liberté du corps que leur théâtre nous révélait. Le public traditionnel du Festival, qui avait acheté toutes les places à l'avance, lui, était déboussolé, c'est vrai. Le public d'Avignon, l'été, se composait en grande partie des gens de l'enseignement, et de leurs élèves, les passionnés de théâtre, et de quelques ruraux des villages alentours qui s'endimanchaient. Pour ce public-là, le Living était un choc. (Lamblard dans Jouve, 2018a, p. 161)

Beaucoup de festivaliers furent en effet désemparés face à *Paradise Now* dont ils ne cernaient ni les enjeux ni l'esthétique. Le profil des spectateurs était donc important dans le processus de transformation à l'œuvre dans la pièce. L'émancipation, relative, suppose un partage de valeurs tant sur le plan politique qu'artistique, ou, dans le cas contraire, un très grand lâcher-prise de la part des participants. Ces valeurs « communes » impliquent donc que le public paradisiaque soit déjà constitué en tant que « communauté », à l'image de celle du Living Theatre avant même le début du spectacle. Ce phénomène semble confirmer la thèse d'Anthony Graham-White qui argue du fait que le rituel ne peut fonctionner au théâtre que si les spectateurs partagent des affinités (1976, p. 319). La communauté est initialement composée d'individus indépendants les uns des autres (mais partageant des valeurs communes) qui vont, au fur et à mesure du voyage, devenir de plus en plus solidaires jusqu'à créer ce que Schechner nomme une « congrégation » : « Le passage du théâtre au rituel », écrit le chercheur, « se produit lorsque le public se transforme d'un ensemble d'individus distincts à un groupe ou une congrégation de participants » (1988, p. 156)[48]. En tant que rituel, *Paradise Now* invite en effet à la communion entre les individus qui deviennent un seul et unique corps, un corps politique s'acheminant vers la même fin : la Révolution. Cette congrégation est définie par Hans Echnaton Schano comme une « communauté spontanée », d'après la théorie de Turner (Jouve & Schano, E2018b). Nous pouvons nous interroger sur le caractère « spontané » de cette communauté. Pour l'anthropologue, la *spontaneous communitas* est le propre de la communion, lorsque la compréhension mutuelle est atteinte entre les sujets (Turner, 1982,

---

48 Trad. A.D. & E.J. – « *The move from theatre to ritual [...] happens when the audience is transformed from a collection of separate individuals into a group or congregation of participants.* »

p. 48). Déjà individuellement convaincus des bienfaits de la rébellion et du théâtre en amont du spectacle, les spectateurs « implicites » (Iser) sont en capacité de se solidariser avec les comédiens et d'autres spectateurs au nom de la « Révolution Permanente » (Malina & Beck, 2019, p. 130).

Cette union, sacrée et politique, ne doit pas pour autant occulter les impacts personnels que la pièce a pu avoir sur certaines personnes dont *Paradise Now* a changé, si ce n'est la vie, du moins un aspect de celle-ci. Au-delà d'une révolution collective, la révolution était personnelle. Beaucoup d'artistes ont témoigné de l'influence du Living Theatre et de *Paradise Now* sur leur façon de concevoir l'art. *Paradise Now* a permis au comédien, auteur et metteur en scène, Bernard Bloch (qui, amoureux de théâtre et de politique, suivit le Living Theatre jusqu'à Avignon, après l'avoir découvert dans sa région natale d'Alsace) de définir son approche du théâtre :

> Le Living parvenait à nous transformer par le théâtre et cela m'a fondamentalement marqué et a fondé en partie mon projet : dans les spectacles dont je suis à l'origine ou même dans ceux auxquels je participe comme acteur, si nous arrivons à ce que les gens sortent de la salle, un tant soit peu modifiés [...] qu'ils soient un rien différents de ce qu'ils étaient lorsqu'ils sont arrivés [...] alors la pièce a fonctionné. Par « modifier », je veux dire changer un tant soit peu leur regard sur le monde, sur eux-même. Avec *Paradise Now*, le Living parvenait réellement à nous modifier, nous faire bouger, nous sortir de nous-mêmes, nous faire oublier un temps notre « je ». On pensait autrement, quelque chose s'était déplacé, [...] ouvert. C'est pour retrouver cette ouverture que je suivais le Living. (Bloch dans Jouve, 2018a, p. 120)

Le poète Serge Pey, qui découvrit la troupe à Avignon, confia que le Living Theatre et son théâtre d'action orienta son écriture :

> Je suis aussi un enfant du Living, car tous ceux qui ont touché le Living ont été transformés. En ce sens, Julian a gagné. Sans l'expérience avec Julian Beck, j'aurais peut-être vu des choses, mais je n'aurais pas appréhendé le monde de la même façon. Je n'aurais peut-être pas, alors, créé la poésie d'action. Le Living a été déterminant pour ma génération. (Pey dans *ibid.*, p. 142)

Enfin, pour donner un dernier exemple américain cette fois, Al Pacino expliqua lorsqu'il revint sur la première fois où il vit *Paradise Now* que la pièce fut « la chose la plus palpitante, vibrante et vivante » qu'il ait vue, et conclut que l'œuvre « changea sa vie » (« Al Pacino on the Living Theatre », s.d., n.p.). Ces témoignages nous invitent à repenser la notion d'émancipation du spectateur : plutôt que d'être celui qui élabore « sa propre histoire », c'est-à-dire sa propre interprétation du spectacle, selon Jacques Rancière, le « spectateur émancipé » ne pourrait-il pas être celui qui construit « sa propre histoire », c'est-à-dire sa vie, à partir de l'expérience artistique qui l'aurait bousculé au point de lui avoir ouvert de nouveaux horizons ?

La seconde partie du titre de ce chapitre, « *Paradise Now*, rites et passages », renvoie d'une part au procédé structurant de la pièce et à sa finalité. Le rite est en effet central dans la construction de l'œuvre qui évolue d'étape en étape afin d'assurer le passage des participants d'un statut à un autre. Les pluriels des deux termes-clés traduisent la double dynamique au cœur de *Paradise Now* qui représente, pour les comédiens et les spectateurs, une expérience à la fois sacrée et sociale, intime et politique. En effet, avec ce voyage ritualisé, le Living Theatre espère transformer l'individu en un Homme premier, à la fois connecté au ciel et à la terre : cette première révolution intime du sujet augure d'une révolution politique puisque l'Homme nouveau et bon pourra, une fois sorti de l'enceinte du théâtre, changer la société en instaurant de nouveaux rapports avec autrui, loin des préceptes militaires et capitalistes dominants. Conçue comme un rite de passage, *Paradise Now* se révèle être une hétérotopie de crise subversive, un espace de transformation non seulement personnel mais également collectif. C'est ce qui en fait son originalité, puisque la troupe rompt avec la tradition ritualiste du processus d'intégration et du retour à l'ordre établi, en appelant à une réorganisation de la société, afin d'espérer instaurer un paradis sur terre. L'articulation entre l'intime et le politique, poussée à son paroxysme dans cette création avignonnaise, permet de repenser la notion de performance (en tant que *performance art*) qui est, difficile à définir. Au-delà des neuf critères proposés par Joseph Danan, nous pouvons avancer que la performance est une œuvre qui infléchit les rapports que le sujet, qu'il soit artiste ou participant, entretient avec le contexte de production sur lequel il agit directement, dans l'ici-et-maintenant (en sortant dans la rue par exemple et performant ainsi le devenir-révolutionnaire), et non a posteriori comme dans une pièce de théâtre (fut-elle expérimentale et/ou engagée). Envisager la performance dans son lien entre le personnel et le contextuel, l'intime et le politique, permet de rendre compte, d'une part, de son rapport à l'illusion (rapport que la performance met à mal en abolissant les frontières propres au théâtre traditionnel), et d'autre part, de son potentiel transgressif, tant du point de vue esthétique, qu'ontologique et sociétal.

HÉTÉROTOPIE DE DÉVIATION

Avignon 68 ou la naissance de la tragédie

> Dans tout chaos il y a un cosmos, dans tout désordre un ordre secret.
> Carl Gustav JUNG, *Les Racines de la conscience* (1954).

> La crise du Festival d'Avignon en juillet n'était pas simplement, comme aurait dit Marx, la reprise en farce – disons, moins méchamment : au second degré – de ce qui s'était passé au premier degré en mai. Ce fut aussi à la fois le lieu et le signe du commencement de la fin pour les deux utopies qui s'affrontèrent et qui s'y découvrirent, non sans surprise, [avec] trouble et douleur pour certains antagonistes. (Pascal Ory dans Jouve, 2018a, p. 114)

Selon l'historien Pascal Ory qui, jeune étudiant, participa au XXIIe Festival d'Avignon grâce aux Rencontres Internationales, la contestation de juillet 68 contre « le supermarché de la culture » fut semblable à une « farce » mise en scène par « la queue » de la comète de mai, selon les termes de Jean-Guy Lecat, Michel Mathieu ou encore Ernest Pignon-Ernest (*ibid.*, p. 81, 145 et 151). La référence au genre théâtral comique renvoie à la célèbre réflexion de Karl Marx, dans *Le 18 Brumaire de Louis Bonaparte*, selon laquelle « tous les grands événements et personnages historiques se répètent pour ainsi dire deux fois [...] : la première fois comme tragédie, la seconde fois comme farce » (1852, n.p.). Pour Ory, les événements de juillet 68 n'étaient donc pas inédits mais la « répétition » d'un mouvement par « des acteurs qui n'en avaient pas fini avec mai 68 » et qui se sont saisis du Festival pour « rejou[er] » les événements printaniers sur un mode farcesque comme il l'expliqua en avril 2018 à l'occasion de la conférence « Mai 68, ou le triomphe de la "société du spectacle" ? ». Ce positionnement sera cependant ici questionné et il s'agira de démontrer, en reprenant la métaphore théâtrale introduite par Ory, que juillet 68 fut, non pas une farce, mais une tragédie, et ce tout d'abord parce que l'événement fut bel et bien inédit du fait de la nature des enjeux mais aussi de la forme des manifestations : en cela, juillet 68 ne fut pas exactement la répétition du même, la réplique de mai, même si les échos avec mai dont il découlait étaient évidents. Comme nous le verrons, aux problématiques nationales se mêlaient des tensions locales et les revendications des différents partis engagés étaient alors ancrées dans le contexte avignonnais. De plus, cette contestation était avant tout théâtrale : si tracts, discussions, défilés étaient organisés comme lors des mois qui avaient précédé, la forme autour de laquelle le mouvement se cristallisa fut la forme théâtrale, le spectacle et non le spectaculaire. L'importance de la dimension locale du débat et le recours au théâtre pour faire la révolution sont donc les deux dimensions principales de juillet qui en font sa spécificité. La révolte avignonnaise est une première occurrence et en cela elle est une tragédie, selon la logique marxiste[1]. En posant le postulat, sur lequel nous reviendrons au chapitre IV, que la contestation marqua la fin des utopies de la troupe étatsunienne et de Jean Vilar, Pascal Ory rend également compte (sans le vouloir) de la dimension tragique de ce mois d'été qui se serait conclu par une sorte de mise à mort des idéaux. La dimension tragédie de juillet 1968 tient à la dualité à l'œuvre entre l'apollinien et le dionysiaque, forces contraires mais complémentaires dans la tragédie grecque d'avant Euripide et Socrate. Dans le chapitre premier de *La Naissance de la tragédie*, Friedrich Nietzsche écrit :

> Nous aurons fait en esthétique un grand pas lorsque nous serons parvenus non seulement à la compréhension logique mais à l'immédiate certitude intuitive que l'entier développement de l'art est lié à la dualité de l'apollinien et du dionysiaque [...]. Ces deux impulsions si différentes marchent de front, mais la plupart du temps en conflit ouvert, s'excitant mutuellement à des productions toujours nouvelles et de plus en plus vigoureuses afin de perpétuer en elles ce combat des contraires [...] jusqu'à ce qu'enfin, par un geste métaphysique

1 L'adoption d'une logique marxiste semble cohérente pour analyser juillet 1968 puisque, nous allons le voir, les « gauchistes » contestataires étaient pour la plupart d'idéologie marxiste (déclinée en différentes associations politiques). De plus, les communistes contre qui la jeunesse se révoltait en appelaient eux aussi à Marx. La théorie du penseur allemand permet donc de poser un cadre analytique sans prendre position pour l'un ou l'autre des partis.

> miraculeux de la « volonté » hellénique, elles apparaissent accouplées l'une à l'autre et, dans cet accouchement, en viennent à engendrer l'œuvre d'art à la fois dionysiaque et apollinienne, la tragédie attique. (Nietzsche, 1977, p. 27-28)

En effet, le Festival d'Avignon devint le lieu où deux visions de l'art et de la politique rentrèrent en conflit, celle de Vilar et celle des Beck. Cette confrontation, fruit d'un terreau culturel inédit, « accouch[a] » d'une tragédie qui se conclut par la censure de *Paradise Now* par la mairie, symbole, si ce n'est de la fin des utopies, du moins de la difficulté de Vilar à protéger ses artistes invités et de la compagnie américaine à renverser l'ordre établi par son théâtre.

Le recours à *La Naissance de la tragédie* ne doit pas être perçu comme une tentative d'exégèse d'un texte que la critique s'accorde à qualifier de « difficile » (Colli, 2017, p. 13). L'œuvre nietzschéenne nous offre des outils permettant de mettre au jour les forces en présence durant ce mois de juillet. L'emploi du terme « tragédie » est évidemment métaphorique puisque, d'un point de vue théâtral (et à l'exception notable d'*Antigone* sur laquelle nous reviendrons), les pièces présentées par le Living Theatre n'étaient pas des tragédies. Le terme est utilisé principalement pour définir l'événement sociopolitique dans sa globalité structurelle et non pas pour rendre compte de sa dimension spectaculaire puisque la portée autoréférentielle de la révolte caractérise principalement mai comme nous le verrons dans le chapitre qui suit. Cette section est principalement historique : elle est le résultat d'une recherche bibliographique mais aussi, et surtout, d'un travail d'archives et d'entretiens. Il s'agira de reconstruire le récit de la participation du Living Theatre au Festival d'Avignon qui s'analysera, par analogie, « comme » une tragédie à partir de certains éclairages nietzschéens sélectionnés par rapport à la pertinence de notre propos sociopolitique et non artistique, donc. Enfin, il semble important de souligner que définir juillet 1968 comme une tragédie ne revient pas à condamner les tentatives révolutionnaires qui se sont exprimées à Avignon en les réduisant à des échecs. Cette recatégorisation des événements a au contraire pour but de rendre hommage à l'intensité des passions qui se sont déchaînées dans cette France de l'après-mai, où le passé se conjuguait à nouveau au présent suite au retour en puissance du gaullisme, une conjugaison contre laquelle les contestataires résistaient. Qualifier Avignon 68 de « noble tragédie », plutôt que de « sombre farce », permet d'affirmer sa signifiance historique et de lui attribuer ainsi les lettres de noblesse dont cette XXIIe édition s'est vue longtemps privée.

Dans la première partie du présent chapitre, « "Le rêve et l'ivresse" : théâtre populaire, théâtre révolutionnaire », nous présenterons le directeur du Festival comme représentatif de la dynamique apollinienne et le Living Theatre comme les héritiers de Dionysos, afin de rendre compte des idéaux qui les animent. Ces deux forces en présence portées par un contexte sociopolitique qui put les dépasser furent les moteurs (ou les prétextes) de révolutions contradictoires, comme nous le verrons dans la deuxième partie, « "Le sublime et le comique" : les révolutions de juillet ». Après cette immersion dans les événements de juillet, la troisième partie mettra en avant le lien entre le concept d'hétérotopie et celui de tragédie. La critique a souvent envisagé les liens entre la pensée de Friedrich Nietzsche et celle de Michel Foucault, qui aurait été notamment influencé par la vision de son aîné concernant la notion de vérité, celle du rapport au temps, ou encore du concept de subjectivation. De plus, à l'instar du philosophe allemand, « Foucault refuse à son tour de distinguer les "discours" des "pratiques" », comme le rappelle Jean-Claude Vuillemin (2012, p. 49). Son analyse des espaces hétérotopiques qui est ancrée dans la réalité concrète de l'organisation de l'espace social illustre l'approche héritée de Nietzsche. La dette à son aîné semble s'arrêter là quant au concept d'hétérotopie et pourtant, comme nous le verrons dans « "Le Syndrome d'Antigone" : déviation et tragédie moderne », les représentations de *Paradise Now* transformèrent le cloître des Carmes en espace hétérotopique de déviation en rejouant la tragédie d'*Antigone*. La nature hétérotopique d'Avignon, qui accueillait le Festival de Vilar et, par son truchement, le Living Theatre, est donc étroitement liée à la renaissance de cette tragédie antique dans l'enceinte des Carmes. Enfin, pour conclure, et pour considérer la responsabilité de Vilar et des Beck dans le conflit et tenter de définir ainsi leurs fautes tragiques, nous reviendrons sur le duo Apollon-Dionysos.

« LE RÊVE ET L'IVRESSE » : THÉÂTRE POPULAIRE, THÉÂTRE RÉVOLUTIONNAIRE

Dans son chapitre introductif de *La Naissance de la tragédie*, Friedrich Nietzsche compare l'impulsion apollinienne et l'impulsion dionysiaque aux « deux mondes esthétiques distincts du rêve et de l'ivresse » (1977, p. 28). Plus loin, il introduit les notions d'artiste « apollinien du rêve » et d'artiste « dionysiaque de l'ivresse » :

> Jusqu'à présent nous avons considéré l'apollinien et son contraire, le dionysiaque, comme des forces artistiques qui jaillissent de la nature elle-même *sans la médiation de l'artiste* et par lesquelles la nature trouve à satisfaire primitivement et directement ses pulsions artistiques : c'est-à-dire, d'une part, comme le monde d'images du rêve, dont la perfection est sans aucun rapport avec le niveau intellectuel et la culture esthétique de l'individu, et d'autre part, comme la réalité d'une ivresse qui, elle non plus, ne tient pas compte de l'individu mais qui cherche au contraire à anéantir toute individualité pour la délivrer en un sentiment mystique d'unité. Au regard de ces dispositions artistiques immédiates de la nature, tout artiste est un « imitateur », à savoir : soit un artiste apollinien du rêve, soit un artiste dionysiaque de l'ivresse, soit enfin – comme dans la tragédie grecque par exemple – un artiste du rêve et de l'ivresse à la fois [...]. (*ibid.*, p. 32 ; italiques originales)

Cette typologie d'artistes fait écho à celle de Carole Talon-Hugon dans son ouvrage, *Le Conflit des héritages*, sur lequel nous reviendrons : l'artiste apollinien serait l'artiste de la beauté universelle qui ne nécessite pas une culture spécifique pour être appréciée et en cela son appréhension serait du côté de « l'esthétique de la réception » selon la philosophe ; l'artiste dionysiaque du côté du mysticisme et de l'unité absolue, appellerait lui à un mode de réception de l'ordre de la « métaphysique d'artiste » (2017, p. 59). En raison de son goût pour l'ordre, l'harmonie, Jean Vilar, qui prônait un théâtre pour tous et accessible à tous, peut être défini comme un artiste apollinien alors que le Living Theatre, qui cherchait la transe afin de forger avec ses spectateurs une communauté de révolutionnaires, serait une compagnie d'artistes dionysiaques. Comme précédemment indiqué au sujet du recours à l'image de la tragédie structurant cette partie, ces associations entre les divinités grecques telles que le philosophe allemand les présente et les figures emblématiques du Festival 68 ne sont évidemment pas des analogies *stricto sensu* mais elles mettent en avant des tendances qui les rapprochent et qui permettent de cerner les conséquences de la réunion de Vilar et du Living Theatre. Dans ce contexte sociopolitique bien spécifique, la tragédie avignonnaise fut en effet le fruit de la rencontre de ces deux acteurs qu'il convient de, si ce n'est confronter, du moins de comparer dans leur rapport aux impulsions divines. Selon Ory, la rencontre entre Vilar et les Beck fut la confrontation de deux « utopies », celle d'un théâtre populaire pour l'ancien directeur du Théâtre National Populaire et celle d'un théâtre révolutionnaire pour le Living Theatre. À l'aube du XXIIe Festival d'Avignon, le cloître des Carmes où *Paradise Now* allait être jouée était un lieu d'utopies, un non-lieu, dans le sens ici de symbole, dans la mesure où il était le réceptacle des idéaux artistiques et politiques des deux partis avant de se transformer en un lieu bien réel, en un espace hétérotopique. Si l'utopie du Living Theatre a été abordée dans la première partie qui brosse un portrait de la troupe à travers son histoire jusqu'en 1967, il conviendra de préciser quelle était l'utopie théâtrale de la compagnie américaine à la veille de sa participation au Festival, afin de cerner au plus près les forces en vigueur à l'occasion de ce mois de juillet.

LE RÊVE : L'UTOPIE NÉCESSAIRE

L'attrait de Vilar pour l'ordre et la pureté, qu'ils soient esthétiques en raison de son goût pour des mises en scène texto-centrées sans fioritures, ou structurels comme son sens de l'organisation le prouve, fait de lui une figure apollinienne. Pour Nietzsche, Apollon est associé aux « apparences » et aux « rêves » car son art se constitue autour de « visions directement contemplées et comprises » (Nietzsche, 1977, p. 28). Le rêve n'est pas une chimère chez Vilar mais une « utopie nécessaire » et les apparences ne sont pas « illusions » mais en effet des visions facilement appréhendées par les spectateurs car rien ne s'interpose entre ces derniers et le texte qu'ils reçoivent de façon immédiate, directe[2]. Ce rapport instantané à l'art est le propre de ce que le philosophe allemand

2 L'esthétique vilarienne est en effet une théâtralité dramaturgique, en quelque sorte, dans la mesure où Vilar souhaitait livrer sur scène le texte que l'acteur articulait pour le transmettre directement au public. Le metteur en scène prônait une théâtralisation scénique minimale pour qu'il n'y ait en effet pas d'obstacle entre le texte et le spectateur.

appelle le « *principium individuationis* » (*ibid.*, p. 30) : Vilar ne cherchait pas à créer des communautés avec son théâtre mais à donner à chacun un accès à la culture. L'individualisation était alors horizontale et ne se faisait pas aux dépens des autres individus, l'harmonie étant en effet de rigueur. Harmonieux, son théâtre populaire se voulait égalitaire : en menant une politique de démocratisation artistique, Vilar cherchait non seulement à rendre le théâtre accessible au plus grand nombre mais aussi à l'ouvrir aux jeunes créateurs. La Cité des Papes et, par synecdoque, le cloître des Carmes, incarnaient l'utopie vilarienne, le rêve apollinien d'un théâtre de « la mesure dans la délimitation », du « calme tout de sagesse du dieu sculpteur » (*ibid.*).

Dans son roman, *Chronique romanesque*, publié un mois après son décès en 1971, Jean Vilar met en scène Côme, directeur de théâtre. Ce double fictif de l'auteur exposé aux affres des vicissitudes administratives s'interroge sur son idéal de théâtre populaire défini comme une « utopie nécessaire » :

> Ce théâtre communautaire dont ses vingt ans avaient rêvé, ce théâtre pour les travailleurs dont, adulte, il tentait enfin avec quelques rares compagnons d'établir durablement les assises, les structures et le fonctionnement, ce théâtre non pas à tout prix révolutionnaire ou révolté, mais naviguant du moins à contre-courant des habitudes, des traditions confortables, des politiques installées, des droits acquis, ce théâtre pour le populaire, en un mot, n'était-il qu'une utopie nécessaire ? [U]ne chose irréelle, irréalisable aujourd'hui ? Que l'on ne réaliserait jamais ? Cependant il se battait pour cela, recevait des coups et les rendait [...]. Il avait toujours été en quête d'une raison concrète de vivre et de travailler et voilà qu'au bout du compte il découvrait ce vertige que l'on appelle un idéal. (Vilar, 1971, p. 211-212)

Les interrogations du protagoniste rendent évidemment compte de celles de Vilar qui, en s'embarquant dans la grande aventure du Festival d'Avignon dès 1947, puis du Théâtre National Populaire en 1951, tentait de réaliser son souhait « de rendre "praticables" à toutes et à tous l'art, le divertissement, la leçon du théâtre » (cité dans Wehle, 1991, p. 25). L'expression oxymorique « utopie nécessaire » traduit la force du désir du personnage-auteur pour qui l'idéal populaire, la démocratisation de l'art, était un moteur pour faire du théâtre un service public.

La cour du Palais des Papes fut, jusqu'en 1967, *le* lieu, l'unique *u-tópos* de cette tentative de concrétisation d'un idéal théâtral. Puis, désireux d'accompagner le développement de la création contemporaine, Vilar et son équipe cherchèrent de nouveaux espaces pour accueillir de jeunes artistes. Pour le communiste Jack Ralite, fidèle du Festival, cette ouverture à la jeunesse dès 1967 était « une véritable révolution » (dans Jouve, 2018a, p. 92). Sonia Debeauvais, fidèle collaboratrice de Vilar au TNP et au Festival, se souvient du jour où Vilar leur annonça sa décision de trouver d'autres lieux de représentation :

> En 1967, il a ouvert le cloître des Carmes où le Living s'est produit l'année qui a suivi. Je me souviens que l'on s'inquiétait un peu quand il a pris ces décisions. Un jour, on était alors en réunion, j'avais dit à Vilar – timidement, parce qu'on n'osait pas trop lui faire ce genre de remarque : « Mais est-ce qu'il faut faire tout ça la même année ? » Il m'avait répondu : « Quand on prend un tournant, il faut le prendre sec ». Ça m'avait cloué le bec. (Debeauvais, *ibid.*, p. 87)

Si celle qui était en charge des relations avec les publics pour le Festival d'Avignon prit timidement la parole, c'est parce que son directeur était un « patron » avec une autorité certaine mais non dénué d'humanité, comme Melly Puaux, secrétaire du Festival, l'explique :

> Il était assez strict mais très humain et de bonne foi. Vilar était un Patron avec un grand « P » au sens de « Patron de barque ». Sétois qu'il était. On ne lui tapait pas sur le ventre, il n'y avait pas de familiarité mal placée, peu de gens le tutoyaient. Dans ses notes de service, dont beaucoup ont été publiées, on voit à la fois la tendresse, l'humanité, mais aussi la sévérité de Vilar qui avait le sens des deniers publics et qui [disait] : « Faites attention à vos costumes, parce qu'ils ne vous appartiennent pas ! » (Puaux, *ibid.*, p. 65)

Vilar dirigeait son Festival avec discipline et rigueur car il se positionnait en chef de troupe et endossait la responsabilité des actions menées par le Festival comme celle d'élargir la programmation à la jeunesse. Le cloître des Carmes inaugura cette entreprise d'ouverture et devint un lieu de représentations pour les jeunes compagnies en juillet 1967 ; le cloître des Célestins ouvrit ses portes l'été suivant. Du fait de son histoire papale, Avignon disposait d'une multitude d'espaces religieux que le Festival détourna en espaces de représentations. Ce *détournement*, pouvant être perçu comme une profanation de lieux sacrés, peut être cependant aussi considéré comme un *retournement* (un retour sur soi) dans la mesure où en investissant des lieux de culte le Festival renouait, en quelque sorte, avec la tradition médiévale lorsque mystères et moralités étaient joués dans les églises. Le cloître des Carmes abritait, jadis, l'ordre mendiant établit à Avignon, en 1267, « hors des murs de l'enceinte d'alors » (Girard, 1958, p. 303). Selon Vilar « tout lieu [pouvait] être lieu de représentations », même ces vieilles bâtisses historiques (Vilar, 1971b, p. 181). Ces *non-lieux théâtraux*, qu'il fallait aménager pour accueillir troupes et spectateurs, devenaient alors des *utopies théâtrales*, des scènes d'exception où l'on jouait à ciel ouvert. Pour Vilar, le Festival n'était autre que « le ciel, la nuit, la fête, le peuple, le texte » : *in fine* l'espace théâtral devenait les cieux en ces lieux historiques tournés vers les étoiles (Clavel, 1995, p. 36).

Dans cet élan d'ouverture vers le ciel et la jeune création, Vilar et son équipe invitèrent en décembre 1967 le Living Theatre. L'esthétique du Living Theatre rompait avec la tradition épurée et texto-centrée vilarienne ou encore avec les expérimentations baroques d'Antoine Bourseiller qui avait inauguré en 1967 le cloître des Carmes. Bourseiller devait occuper à nouveau les Carmes en 1968 avec *America Hurrah* de Jean-Claude van Itallie et *Crénom*, une adaptation de textes extraits de la correspondance et de l'œuvre de Charles Baudelaire. Cependant, suite aux événements de mai et aux grèves du monde du spectacle, Vilar et son équipe avaient pris la décision début juin de maintenir le Festival mais de le recentrer sur les compagnies étrangères dont le travail de répétition n'avait pas été entravé par les événements. Suite à la reprogrammation, le Living Theatre fut relocalisé au cloître des Carmes qui devint alors le *locus* de la révolte.

L'IVRESSE : LE THÉÂTRE, LE PEUPLE, LA RÉVOLUTION

L'association du Living Theatre à la pulsion dionysiaque était revendiquée par la troupe elle-même. En juin 1968, Julian Beck, en écho à la définition du théâtre utopique vilarien, présentait son art comme le « lieu de la danse populaire », un populaire qui, cependant, avait plus d'affinité avec le dieu de l'ivresse que celui de l'harmonie vilarienne :

> [Le] travail que le monde doit accomplir est le seul travail du théâtre :
> parce que le théâtre est avant tout le lieu de la danse populaire
> par conséquent le lieu de la danse des dieux qui ne dansent en
> extase qu'au milieu du peuple
> donc nous dédions ce théâtre à Dieu
> et au peuple
> qui sont le chemin de la plus sainte
> sainte sainte révolution. (Beck, 1978, p. 82)

Cette danse était inspirée par l'art musical dionysiaque décrit par Nietzsche comme un « tourbillon des formes changeantes » qui fait vivre aux récepteurs différents états, de la « souffrance » au « plaisir d'exister » :

> L'aiguillon furieux de ces tourments nous transperce dans le temps même où nous ne faisons pour ainsi dire plus qu'un avec l'incommensurable et originel plaisir d'exister et où, ravis dans l'extase dionysiaque, nous pressentons l'indestructible éternité de ce plaisir ; où, nonobstant terreur et pitié, nous connaissons la félicité de vivre, non pas comme individus, mais en tant que ce vivant *unique* qui engendre et procrée, et dans l'orgasme duquel nous nous confondons. (Nietzsche, 1977, p. 101)

La transe cathartique douloureuse, qui donne ensuite lieu à une communion organique des sens et des individus qui ne font alors qu'un, est à l'image de l'approche du Living Theatre qui aspirait à un théâtre libre qui libérerait les participants de leurs traumas pour ensuite vivre une expérience extatique. Alors que le personnage de *Chronique Romanesque* œuvre à la création d'un théâtre qui serait « non pas à tout prix révolutionnaire ou révolté », les fondateurs du Living Theatre rêvent d'un théâtre révolutionnaire d'un point de vue formel (dans la mesure où il rompt avec la tradition réaliste dominante aux États-Unis) et politique puisque tel est le but du théâtre aux yeux de ces Américains ayant quitté New York pour l'Europe. Dans « Notes pour un Exposé sur l'Anarchisme et le Théâtre », rédigé à Avignon, le 7 juin 1968, Beck déclare : « [L]e but du théâtre est de servir les besoins du peuple [...]. Le peuple a besoin de la révolution, pour changer le monde, la vie même » (1978, p. 80). La conclusion de ce qui s'apparente à un syllogisme est que le but du théâtre est donc la révolution. Lorsque Beck écrit ces lignes, ses convictions se sont renforcées car il a vu dans les événements français de mai un potentiel révolutionnaire contre le pouvoir en place. Alors que la compagnie arrivait à Avignon dès le 13 mai (soit environ deux mois avant la date initialement convenue) les fondateurs rejoignaient leur ami Jean-Jacques Lebel à l'Odéon où Beck prit la parole : « Ce qui se passe ici est la chose la plus belle que j'aie vue au théâtre », déclara-t-il avant de poursuivre, « depuis vingt-cinq ans, nous appelons la révolution ; et nous pensons que nous aurions la preuve de la réussite de notre travail au moment où la révolution commencerait [et] il me semble que ces derniers jours, nous avons assisté au début de la révolution » (Beck, 1969b, p. 161). La prise de l'Odéon et les manifestations de mai offraient donc au Living Theatre le contexte révolutionnaire nécessaire pour que ce qui était une utopie théâtrale devienne alors une réalité. C'est donc la révolution elle-même, son actualisation, qui permettrait au Living Theatre de faire du cloître des Carmes le berceau de leur théâtre engagé : depuis l'Odéon, le rêve d'atteindre leurs objectifs artistiques et politiques semblait réalisable.

Le Living, contrairement à nombre de troupes contestataires françaises, ne se mit pas en grève car pour eux jouer était leur façon de soutenir le mouvement comme Beck le précisa par téléphone à Paul Puaux, l'administrateur permanent de Vilar[3]. Nombre de commentateurs contemporains sympathisants de Vilar, comme Melly Puaux, Sonia de Beauvais, Lucien Attoun et d'autres, soulignèrent le paradoxe d'une telle position : en effet, il était pour eux incongru que le Living Theatre maintienne sa participation au Festival d'Avignon et soit payé tout en avançant que leur participation était la preuve de leur engagement révolutionnaire contre l'institution (dans Jouve, 2018a, p. 62 et 89). Ce qui, comme nous le verrons, fut perçu comme un paradoxe fut d'une certaine manière évoqué par Beck lui-même lors de son discours à l'Odéon où il explique que les membres de la troupe, tout comme Jean-Louis Barrault d'ailleurs, sont des « esclaves de l'État » qui les nourrit (Beck, 1969b, p. 163) : l'ambiguïté de l'utopie nécessaire du Living Theatre est en effet liée à la nécessité de survivre dans une société de fait dominée par l'argent et dont il était complexe de s'extraire complètement. Si les sympathisants du Festival jugeaient le positionnement de la compagnie américaine ambivalent, certains contestataires gauchistes considéraient quant à eux leur position anarchique non violente comme naïve. Toujours à l'Odéon, Beck clamait :

> [J]e voudrais prononcer un mot que je n'ai pas entendu depuis mon arrivée à Paris : et c'est la recherche de moyens non violents pour une révolution. Nous devons chercher à changer le monde sans employer des formes et les fins de la civilisation que nous voulons détruire. La société est fondée sur la violence, elle va vers la violence, et c'est cela qu'il nous faut changer. Sans utiliser la violence. (*ibid.*, p. 162-163)

3 On peut lire dans le document « Chronologie du XXIIe Festival », consigné par l'équipe de Vilar : « Julian Beck, interrogé au téléphone, répondait à Paul Puaux que pour le Living Theatre il n'y avait pas de problème [à jouer] et que le travail qu'il accomplissait était sa forme de participation aux événements » (s.d., n.p.).

Pour leur ami, Jean-Jacques Lebel instigateur de la prise de l'Odéon avec Paul Virilio, « leur côté "non violent-Gandhi", c'était ridicule, complètement ridicule » (dans Jouve, 2018a, p. 108). Lors d'un entretien, il revint sur la vision du théâtre révolutionnaire de ceux qu'il désigne comme ses « frères et sœurs » :

> C'était un peu naïf comme position, « le théâtre révolutionnaire » : le théâtre ne peut pas être révolutionnaire, la peinture ne peut pas être révolutionnaire, la musique ne peut pas être révolutionnaire. C'est simplement du théâtre ! Ça peut faire naître en vous des révolutions, des réflexions, une pensée, qui irait vers la critique sociale. Le théâtre c'est avant tout un spectacle et par définition, il ne peut pas être révolutionnaire puisque c'est du spectacle. (*ibid.*)

Ce que ce proche du Living Theatre définit comme de la naïveté est une marque de scepticisme face à une entreprise bel et bien utopique. Cette croyance en la révolution par la révolution (le théâtre révolutionnaire ayant besoin, selon Beck, de la révolution) grâce à des moyens non violents, comme le théâtre, avait, avec *Paradise Now*, une dimension performative : comme nous l'avons vu, la performance artistique devait actualiser la transformation de l'individu-spectateur-acteur qui allait se réveiller à lui comme un nouvel Homme qui œuvrerait pour que la société ne soit qu'amour. L'enceinte du cloître des Carmes et la place des Carmes où se finissait le spectacle étaient envisagées comme les *loci* de ce monde paradisiaque ici et maintenant : ces lieux étaient ainsi figurés comme des espaces utopiques d'un monde postrévolutionnaire d'avant la Chute. La tragédie avignonnaise transforma ces utopies en hétérotopies.

« LE SUBLIME ET LE COMIQUE » : LES RÉVOLUTIONS DE JUILLET

Juillet 1968 fut le mois du sublime et du comique, deux notions que Nietzsche développe dans le chapitre VII de *La Naissance de la tragédie* pour rendre compte de la faculté de l'art, « qui sauve et qui guérit », à nous permettre de supporter la vérité, c'est-à-dire « l'horreur et l'absurdité de l'être » :

> [C']est ici, dans cet extrême danger qui menace la volonté, que survient l'*art*, tel un magicien qui sauve et qui guérit. Car lui seul est à même de plier ce dégoût pour l'horreur et l'absurdité de l'existence à se transformer en représentations capables de rendre la vie possible : je veux parler du *sublime*, où l'art dompte et maîtrise l'horreur, et du *comique*, où l'art permet au dégoût de l'absurde de se décharger. Le chœur satyrique du dithyrambe est l'acte salvateur de l'art grec. Car, au contact de ce monde médiateur des compagnons du dieu, s'évanouissaient tous ces accès de dégoût que nous venons d'évoquer. (Nietzsche, 1977, p. 56)

En se basant sur la réflexion nietzschéenne, il peut être avancé que le mois de mai culmina en cette « extase dionysiaque qui détruit les limites et les frontières de l'existence » et leva le voile des illusions. Suite à cette révélation extatique, « Hamlet aussi bien que l'homme dionysiaque » prennent alors connaissance de « l'horreur de la vérité » : « [L]a conscience pénétrée de cette vérité une fois aperçue, l'homme ne voit plus désormais partout que l'horreur et l'absurdité de l'être » (*ibid.*). L'extase de la révolte renforça les convictions de certains contestataires qui se refusaient d'accepter le retour au *statu quo* suite à la dissolution de l'Assemblée. C'est alors que, « tel un magicien », le Festival d'Avignon survint avec son art ; il apparut comme une opportunité pour « sauv[er] » et « guér[ir] » la révolution de mai sacrifiée sur l'autel de l'ordre établi, « horrible » et « absurde » pour ceux qui le dénonçaient. Le Festival devint ainsi, métaphoriquement, ce médiateur qui rendit la vie possible après le retour du général de Gaulle. Comparer juillet 68 à cet « acte salvateur de l'art » explicite la filiation avec le mois de mai qui annonçait des lendemains qui chantent, avant que juin ne fasse déchanter les révolutionnaires qui, refusant l'idée d'un échec, poursuivirent leur mouvement sur les bords du Rhône. La métaphore du sublime et du comique nous permet de souligner la dimension kaléidoscopique des événements plutôt que de proposer une vision monolithique et partiale. Dans un contexte de droitisation où « l'horreur » de la violence physique et verbale était bien réelle, et dans une ambiance contestataire que différents partis pouvaient juger « absurde », dans la forme et/ou dans le fond, le sublime se mêlait au comique pour rendre cette vérité plus supportable. La subjectivité est ici centrale : les actions artistiques et militantes étaient considérées par les témoins (et seront considérées par les lecteurs) comme « sublimes » ou « comiques », selon les affinités idéologiques de chacun. Il ne s'agira pas pour le narrateur de ces récits sur la participation du Living Theatre à la XXIIe édition du Festival de prendre parti mais de rendre compte des positions des divers acteurs des événements. Notre histoire démarrera en 1967 avec l'invitation du Living Theatre quelques mois avant la prise de l'Odéon en mai 1968 (sur laquelle nous reviendrons également). L'atmosphère de droitisation de la Cité papale, terre d'accueil du Living Theatre sera ensuite abordée, avant de plonger dans le cœur de juillet 68, où se joua une tragédie en trois actes : Acte I ou l'interdiction de la *Paillasse aux seins nus*, Acte II ou les représentations de *Paradise Now* et Acte III ou l'interdiction de la pièce.

1967-1968 : L'INVITATION DU LIVING THEATRE

Avant que leurs destins ne se croisent en 1968, l'histoire du Living Theatre et celle du Festival d'Avignon furent étrangement parallèles : créé la même année que la troupe new-yorkaise en 1947, le Festival d'Avignon prit un nouveau tournant en 1963, l'année même où les Beck quittèrent New York, après que Jean Vilar eut décidé de quitter la direction du Théâtre National Populaire en ne renouvelant pas son mandat. À partir de 1963, le TNP perdit le monopole de la Cour d'Honneur et ses pièces ne seraient désormais plus les seules à être présentées sur le majestueux plateau du Palais des Papes. Cette ouverture à d'autres compagnies de théâtre précéda l'ouverture à la danse dès 1966, puis au cinéma en 1967. La diversification de la programmation s'accompagna par la mise en place, dès 1964, des « Rencontres d'Avignon » dont le but était d'articuler de façon encore plus étroite les deux principaux piliers du Festival (« divertissement » et « savoir ») en proposant des « débats publics, des tables rondes et des conférences » (Festival d'Avignon, 2003, p. 277). Le tournant que Vilar fit prendre au Festival en 1967 se fit en direction de la jeune création. Lors de la conférence de presse du 14 février 1968, où il présentait le bilan de la XXIe édition et annonçait le Festival de l'été suivant, Vilar déclara :

> Créer : oui, je crois que c'est là désormais la doctrine d'Avignon. Le Festival offre à des équipes jeunes mais expérimentées – et ces deux mots dans notre esprit n'ont jamais été contradictoires – des lieux scéniques de plein air dans une ville qui depuis des siècles, de par ses monuments et son histoire, sait ce qu'est une œuvre d'art, le sacrifice qu'elle exige, les inquiétudes et les épreuves qu'elle impose. « Le chemin du milieu est celui qui ne mène pas à Rome », disait Schönberg. Il ne mène pas non plus au Festival d'Avignon. (Vilar, 1975a, p. 492)

C'est dans cet élan de « création », de renouvellement des formes, que l'équipe du Festival eut l'idée d'inviter le Living Theatre, une compagnie jeune uniquement par la moyenne d'âge de ses membres puisque fort expérimentée et déjà reconnue en France où elle s'était produite à diverses reprises comme vu précédemment. Par la métaphore du chemin, Vilar insistait sur la qualité des propositions des jeunes troupes qui se sacrifiaient à leur art. Cette image pourrait sembler avoir été inspirée par la compagnie américaine elle-même, qui fit le choix de quitter les États-Unis pour l'Europe afin ne pas galvauder son entreprise théâtrale. Cependant l'auteur de cette métaphore n'est pas celui qui fut véritablement à l'origine de l'invitation de la troupe. En effet, d'après plusieurs proches du directeur du Festival (dont le critique d'art et fondateur du Théâtre Ouvert, Lucien Attoun ; mais aussi Jean-Marie Lamblard, alors compagnon du Théâtre des Carmes ; ou encore Sonia Debeauvais), l'idée lui aurait été soufflée par Paul Puaux dont l'épouse, Melly Puaux, avait vu *The Brig* à l'Odéon, en 1966 (Jouve, 2018a, p. 70, 156, 86 et 60). En fin d'année 1967, le Living Theatre présenta au Théâtre Alpha 374, à Paris, sa mise en scène de l'*Antigone* de Brecht à laquelle l'administrateur permanent de Vilar assista. Mandaté par son directeur, Puaux, séduit par la proposition artistique de la compagnie, rencontra Julian Beck et Judith Malina pour évoquer une éventuelle participation au Festival de l'été 1968. La proposition fut ensuite officialisée le 4 janvier 1968 par un courrier adressé à Beck par Puaux, dans le préambule duquel il rendait compte du regret de Jean Vilar dont « les déplacements, en cette fin d'année, [l'avaient] empêché de voir [*Antigone*] », puis lui demanda de faire parvenir au plus vite des propositions quant aux trois spectacles (deux reprises et une création) qui seraient présentés au Festival : l'invitation du Living Theatre au XXIIe Festival d'Avignon était donc scellée (Puaux, 1968, n.p.). Il semble important de souligner qu'*Antigone*, pièce sur laquelle l'équipe du Festival s'est appuyée pour formaliser l'invitation du Living Theatre, n'était pas vraiment représentative de la direction que prenait le travail de la compagnie à cette époque. En effet, le texte était de moins en moins important dans leur approche qui se focalisait peu à peu sur le corps. L'adaptation de Brecht restait, elle, texto-centrée, à l'image des propositions d'Antoine Bourseiller qui inaugurèrent le cloître des Carmes, en 1967. Suite à la lettre du 4 janvier, Beck reprit contact avec Puaux, qui fut son principal interlocuteur durant toute la période de préparation. Dans un français un peu hésitant, le cofondateur partageait l'enthousiasme de la compagnie quant à la perspective de créer une nouvelle pièce pour le Festival[4] :

> Votre lettre nous a fait nous sentir très heureux parce que nous croyons que nous soyons en ce moment-ci bien murs [*sic*] pour créer un nouveau spectacle dans lequel nous espérons développer encore plus loin les conçus [concepts ?] de théâtre que nous avons commencé d'explorer dans notre travail ici en Europe. (Beck, 1968a, n.p.)

L'évocation de la maturité de la troupe, désormais prête à aller plus loin dans le travail collectif et corporel entamé en Europe, présageait d'une révolution théâtrale, du moins dans l'histoire du Living Theatre. Cette nouvelle création avait pour titre *Paradise Now*, traduit par la compagnie par *Paradis tout de suite*. La note d'intention que Beck joignit à la lettre du 18 janvier rend d'abord compte de la méthode employée :

> Comme *Mysteries and Smaller Pieces* et *Frankenstein*, *Paradis tout de suite* va être créée par la Compagnie du Living Theatre en tant que réalisation collective de la communauté. Pour préparer un tel travail, la compagnie commence avec un thème, choisissant d'abord un sujet qui engage tous les membres de la compagnie. Suit une période de discussion pendant laquelle le thème est développé sur tous les plans que nos capacités et notre courage nous permettent d'explorer. Les aspects théoriques que nous avons découverts doivent ensuite être transformés en expression théâtrale. La période de discussion est suivie d'une période d'exercices et de répétitions durant laquelle la forme théâtrale de la pièce est développée et les formes de jeu explorées. (Living Theatre, 1968, n.p.)

On notera qu'*Antigone* n'est pas mentionnée, ce qui démontre bien que cette adaptation de Brecht à laquelle Puaux assista différait par nature des autres pièces de cette seconde partie des années 1960. Cette « période de discussion » et d'« exercices » démarra à Rome, puis le Living Theatre élut résidence, de février à début mai, au Club Méditerranée de Cefalù, en Sicile, avant de prendre le « chemin » pour le Palais des Papes. Cette période italienne fut en effet une « période de discussion », comme en témoigne le recueil d'entretiens publié en 1969 chez Belfond et écrit par Jean-Jacques Lebel qui séjourna avec l'équipe en Italie. Dans la suite

4 La majorité des écrits en français de Beck sont de très bonne tenue et ce courrier ne reflète pas le niveau de langue de la majorité des lettres échangées. Ces faiblesses linguistiques gommées dans la plupart des courriers sont la preuve du travail de relecture par des membres de la compagnie qui maîtrisaient mieux le français.

de la note d'intention, la compagnie introduit *Paradise Now* comme en rupture avec les pièces de leur répertoire :

> Le Living Théâtre a choisi le thème de *Paradise Now* parce que nous sommes anxieux de contrebalancer les cinq pièces de notre répertoire qui traitent toutes de l'horreur de la civilisation contemporaine, par un travail d'espoir, de joie, que le spectateur-participant peut atteindre.
>
> La réalisation du thème contiendrait : des aperçus d'un monde postrévolutionnaire, le problème de rendre le bien plus attrayant que le mal, les métaphysiques de la vie quotidienne, l'annihilation de l'obscénité, le plaisir animal, la joie humaine, le voyage spirituel et la communication, l'unification, le rire transcendantal, la victoire sans victoire, et sans perdants, la fin des lois, la fin de l'argent et d'autres choses agréables. [sic]
>
> La forme de notre travail est basée sur la thèse que la société ne changera pas avant que ne change la forme de la culture. C'est pourquoi nous cherchons de nouveaux moyens d'être. (*ibid.*)

Avec leur création avignonnaise, le Living Theatre se proposait d'aller au-delà de la dénonciation des maux sociétaux qui caractérisaient les pièces précédentes pour ouvrir les perspectives vers un monde postrévolutionnaire heureux. En explorant de nouvelles formes artistiques, la compagnie s'employait à changer « la forme de la culture » afin de transformer la société. Si le monde que la compagnie souhaitait laisser entrevoir était postrévolutionnaire, alors la pièce serait la révolution qui permettrait de créer une société construite sur les principes du bien, du plaisir, de la joie, de l'unification et de la paix. La dimension politique de la pièce était donc clairement annoncée dès janvier 1968, quelques mois avant les contestations qui ébranlèrent la France. La référence au « spectateur-participant » laissait déjà présager la participation active du public, une première au Festival. Les désirs révolutionnaires tant du point de vue esthétique et politique que des modalités d'interaction avec le public étaient donc clairement annoncés dès le départ et aucun document ne laisse apparaître de réticence de la part de l'équipe de Vilar qui semblait alors accueillir le projet dans sa globalité. En plus de *Paradise Now*, les deux reprises proposées étaient *Mysteries and Smaller Pieces* et *Antigone*. Comme l'explique Beck, l'idée de présenter *Frankenstein* fut abandonnée car le plateau avignonnais était trop petit. De plus, le dispositif étant lourd, il semblait donc compliqué de jouer ce spectacle en alternance et il aurait fallu que le Festival prenne en charge le transport du décor (Beck, 1968a, n.p.). Le contrat entre Beck et le maire d'Avignon fut signé le 29 mars 1968 et approuvé par le préfet du Vaucluse le 2 mai de la même année. La compagnie n'ayant pas d'identité juridique, Beck s'engagea légalement en son nom propre pour les quarante-deux membres de la troupe. « La ville d'Avignon, représentée par son maire en exercice », et non l'équipe de Vilar, était l'organisatrice officielle du Festival. Ainsi, ce fut Henri Duffaut, le maire socialiste de la ville, qui signa le contrat avec Julian Beck ; lequel s'engagea donc à donner à des dates et des horaires déjà prédéfinis six représentations d'*Antigone*, cinq de *Mysteries and Smaller Pieces* et huit de *Paradise Now*, ainsi qu'à « participer à une improvisation avec Maurice Béjart, dans la Cour d'Honneur » pour un cachet global de 95 000F versé en trois fois (soit à l'arrivée de la compagnie, le 24 juillet, puis le 14 août). La ville mit le cloître des Célestins à disposition de la troupe et un quota d'invitations très précis pour l'ensemble des représentations fut fixé. Le contractant devait prendre à sa charge « les éléments du décor, les costumes et accessoires », « tous frais de transport » et garantir « le paiement des éventuelles notes de consommations, téléphone ou hôtel, laissées impayées par les artistes ou techniciens de la Compagnie ». Les responsabilités de chacun furent établies : ainsi, la ville était « responsable vis-à-vis du contractant, de tous les accidents qui surviendraient à des tiers, sur le lieu des représentations et des répétitions, du fait de son matériel ou de son personnel, mais non de ceux causés par le fait du matériel ou du personnel du contractant » (« Contrat entre Julian Beck et le Député-Maire d'Avignon, 21 mars 1968 », n.p.). Il est important de revenir aux termes de ce contrat dont le respect fut remis en question par chacun des signataires lors des événements de juillet.

Alors que l'équipe de Vilar préparait le Festival et que le Living Theatre était en pleine création de *Paradise Now* en Italie, étudiants et ouvriers commencèrent à se mobiliser contre le pouvoir gaulliste en place. La jeunesse avait soif de changements. « La nouvelle vague », d'après l'expression de Françoise Giroud pour qualifier la jeune génération française de la fin des années 50, donna naissance, dix ans plus tard, à une « aile gauche » contestataire estudiantine qu'Edgar Morin supposait être le « nouveau symptôme d'une crise planétaire de l'humanité » (1969, p. 773). Dans son article, « Culture adolescente et révolte étudiante », le sociologue écrit :

> Le 3 mai 68 voit la jonction d'un mouvement spontané de jeunes qui déborde de beaucoup les étudiants (lycéens et jeunes des milieux populaires) et d'un mouvement révolutionnaire étudiant (mouvement du 22 mars), c'est-à-dire en fait la conjonction des aspects émancipateurs et violents de la culture adolescente-juvénile et d'un mouvement révolutionnaire.
>
> C'est au nom d'une idéologie révolutionnaire prolétaire que le mouvement étudiant se lance à l'assaut révolutionnaire de la société. En France comme dans une grande partie du monde, sauf les pays de l'Est, le drapeau du marxisme est celui par lequel le mouvement révolutionnaire étudiant veut manifester qu'il œuvre pour l'intérêt général. (*ibid.*)

Cette jeunesse se rebellait contre le carcan autoritaire gaulliste et se gauchisait en proposant d'autres alternatives au Parti communiste français fortement remis en question suite au lever de rideau sur les horreurs des goulags mais aussi parce que le Parti restait proche du pouvoir. Marx devint en effet l'étendard des étudiants mais, comme le rappelle Jean-Pierre Le Goff, « les interprétations de Marx et les références [étaient] loin d'être homogènes » (1998, p. 143) : une pluralité d'associations politiques proposant des modèles sociétaux alternatifs virent le jour. Le Mouvement du 22 mars à l'initiative d'étudiants de l'université de Nanterre, suite à l'arrestation d'opposants à la guerre du Vietnam, accéléra la montée des contestations qui culminèrent en mai avec la grève générale des étudiants et des travailleurs.

MAI 68 : LA PRISE DE L'ODÉON

Le Living Theatre était attendu dans la Cité des Papes pour le 15 juillet. Cependant, le chemin vers Avignon fut emprunté plus tôt que prévu car la compagnie souffrait de problèmes financiers et anticipa donc son arrivée. Le 1er mai, Beck fit parvenir une lettre à Puaux depuis Cefalù lui indiquant le changement de calendrier :

> Notre calendrier a changé et s'il sera possible, nous voudrions prendre davantage de la proposition que vous avez proposée il y a quelques mois de nous trouver des maisons de ferme où il serait possible que la compagnie descende pour faire des répétitions. Nous parlions, si vous vous en souvenez, de faire comme cela du 1er juillet (après notre engagement à Londres) jusqu'à la 1re à Avignon le 24 juillet. Mais l'engagement à Londres, c'est remis à octobre, nous ne tournerons pas la chose pour la télévision jusqu'en septembre et ainsi nous aurons beaucoup plus de temps pour finir les préparations et les répétitions. En ce moment-ci, la solution le plus convenable de notre situation

> serait de descendre à Avignon tout de suite après Tours (ça veut dire que nous arriverons à Avignon le 13 mai et que nous y resterons jusqu'à la première). De temps en temps, il nous faudra partir pour donner des représentations (pour en couvrir les frais pendant cette période). [*sic*] (Beck, 1968b, n.p.)

Lors d'un échange téléphonique, l'administrateur permanent expliqua qu'il était compliqué de mettre gratuitement à disposition les 26 chambres que Beck demandait. En dépit des difficultés, une partie de la troupe arriva de Tours, où ils avaient joué *Antigone*, le 13 mai (jour qui marqua le début de la grève générale en France), avant l'arrivée des autres membres le 15. L'ancien lycée Mistral, qui devint ensuite une caserne de CRS, fut rapidement aménagé et mis à disposition de la compagnie. Le 14 mai, une conférence publique de Françoise Kourilsky, spécialiste du théâtre américain, fut organisée à la Maison des jeunes et de la culture afin de présenter le travail du Living Theatre aux Avignonnais.

Si l'ensemble de la compagnie fut donc installé dès le 15 mai à Avignon, où elle reprit le travail sur *Paradise Now*, deux des membres manquaient cependant à l'appel : Judith Malina et Julian Beck étaient en effet à Paris pour prendre part aux événements. À partir du 10 mai, les manifestations parisiennes s'intensifièrent. Suite à la « nuit des barricades », au cours de laquelle les CRS montèrent violemment à l'assaut des barricades élevées par des étudiants. Les syndicats appelèrent à la grève générale dès le 13 mai, journée de défilés où étudiants et travailleurs manifestèrent ensemble pour la première fois afin de demander le départ du général de Gaulle. C'est dans ce contexte parisien révolutionnaire que les Beck rejoignirent à la capitale leur ami, Jean-Jacques Lebel, qui avait séjourné avec eux à Cefalù. Les Beck furent alors particulièrement touchés par la beauté et la « poésie » du mouvement contestataire porté par la jeunesse française, comme évoqué dans l'introduction, et participèrent à cette prise du pouvoir par la parole et l'imagination en occupant le Théâtre de l'Odéon, alors sous la direction de Jean-Louis Barrault. Si dans son ouvrage, *Occupying the Stage : The Theater of May '68*, Kate Bredeson relativise très justement l'influence de Beck et Malina lors de la prise de l'Odéon, à la suite de nombreuses tentatives de mythification aux États-Unis, l'importance de l'événement pour comprendre la participation du Living Theatre au Festival n'est cependant pas à minimiser (2019, p. 45). L'occupation de ce symbole de la culture institutionnelle (dont le nom officiel de 1956 à août 1968 était : « Théâtre de France ») s'organisa à l'initiative de Lebel et de l'architecte Paul Virilio (Daufresne, 2004, p. 8). Elle fut décidée le 14 mai et effective le jour suivant. Lebel rappelle que ses amis « avaient déjà occupé le Théâtre de France » quelques mois avant la prise de l'Odéon en mai (Lebel dans Jouve, 2018a, p. 103). Selon Marie-Ange Rauch, compte tenu de la localisation du théâtre, « situé au cœur du quartier étudiant de la capitale », Jean-Louis Barrault souhaitait en faire « un lieu de rencontres des jeunes intellectuels, ouvert aux nouveaux courants artistiques » (2008, p. 176). Simone Benmussa, directrice en chef des *Cahiers Renaud Barrault*, était chargée de la programmation de soirées étudiantes, les « mardis gratuits [...]. C'est dans le cadre de ces soirées gratuites que J.L. Barrault va être confronté à une première salve de contestations », précise Rauch (*ibid.*). En effet, le mardi 20 février 1968, la soirée consacrée aux poètes de la *Beat Generation* fut interrompue par une soixantaine de jeunes. Lebel revient sur cet événement :

> J'avais traduit les poètes de la Beat Generation dans l'anthologie *La Poésie de la Beat Generation*. Sans me demander mon avis et d'une façon totalement absurde, [...] Simone Benmussa [...] a pris les poèmes et en a fait du théâtre. Alors moi j'ai dit : « Mais, vous transformez la poésie en théâtre, vous tuez la poésie ! [...] » Ils ne voulaient pas comprendre ça ; ils ont continué leur soirée [...]. Je n'étais pas présent car j'étais en Italie où je travaillais, mais mes copains anars qui eux étaient présents, sont montés sur scène et ils l'ont occupée. C'était déjà une façon de leur dire : « Le Théâtre de France c'est de la merde et on n'en veut pas ! On a envie d'autre chose, on veut une autre société, une autre forme de culture. » Il y avait donc ce rapport très critique avec l'institution théâtrale officielle. (Lebel dans Jouve, 2018a, p. 103)

Alors que l'ami des Beck était en Italie, à Rome puis Cefalù, avec le Living Theatre, comme les entretiens de ces périodes retranscrits dans *Living Theatre* l'attestent, des membres de la compagnie étatsunienne auraient été présents à l'Odéon ce soir de février. Barrault se souvient qu'à « l'heure "H", la manif' éclata, lancée précisément par un des acteurs du Living » (2010a, p. 393). Beck et Malina apparaissent dans la retranscription des échanges de Lebel et l'on peut donc conclure que les cofondateurs se trouvaient bien en Italie et qu'il s'agissait d'autres comédiens qui avaient fait le voyage jusqu'à l'Odéon. Cet événement de février, pour lequel Barrault n'appela pas la police, joua certainement un rôle décisif dans la mobilisation des contestataires par Lebel quant à l'occupation de cette « institution théâtrale officielle » qu'il appelait à rebaptiser « Théâtre Rosa Luxembourg[5] ».

Suite à la rumeur d'une occupation éventuelle de son théâtre, Barrault s'était rapproché du ministre des Affaires culturelles qui lui avait donné pour consigne d'ouvrir les portes du théâtre et d'instaurer un dialogue avec les manifestants. Plus de trois mille personnes occupaient alors le théâtre dont la capacité d'accueil était d'à peine un millier. Le 17 mai, le Comité d'Action Révolutionnaire (CAR) publia le tract « L'imagination prend le pouvoir », affirmant sa victoire sur ce qui devenait « l'ex-théâtre de France » et invitant la population à s'approprier le lieu. Comme vu précédemment, la transition de l'injonction « l'imagination au pouvoir » à l'assertion « l'imagination prend le pouvoir » rend compte de l'effectivité de l'entreprise révolutionnaire, du moins durant les quelques semaines d'occupation des lieux où les rêves d'une nouvelle société semblaient alors possibles (Jouve, 2018b, n.p.). Le temps s'était en effet comme suspendu dans le théâtre occupé d'où les contestataires laissaient libre cours à leur imagination pour faire émerger les nouveaux principes de la France de demain. Pour Beck et Malina, la prise de l'Odéon symbolisa non seulement ce triomphe de l'imagination mais elle leur donna « la preuve de la réussite de leur travail » (Beck, 1969b, p. 161). Comme indiqué dans la première partie, l'intervention de Julian Beck permet de cerner les conditions nécessaires au succès artistico-politique de la compagnie : le théâtre du Living Theatre a besoin de la révolution pour être révolutionnaire. Beck avouait donc, en quelque sorte, que le théâtre révolutionnaire est un théâtre qui, plutôt que de déclencher une révolution, permet de la poursuivre en s'appuyant sur le terreau politique contextuel. Ce principe semble renverser celui présenté à Puaux, dans la note d'intention sur *Paradise Now*, et fondé « sur la thèse que la société ne changera pas avant que ne change la forme de la culture » (Living Theatre, 1968, n.p.). Ici, Beck avançait une théorie que l'on peut qualifier de plus réaliste car il posait le théâtre, non comme catalyseur, mais comme médiateur entre un mouvement déjà entamé

---

5 Dans l'ouvrage *La Prise de l'Odéon. L'Odéon est ouvert* (publié par Patrick Ravignant mais signé par l'un des « membres du Comité d'Action Révolutionnaire » qui « désire garder l'anonymat »), le révolutionnaire qui appelle à prendre l'Odéon et à le rebaptiser est nommé par la lettre *L* (1968, p. 7 et 39). Lucien Attoun a rapporté lors d'un entretien que Lebel « rêvait de rebaptiser [l'Odéon] "Théâtre Rosa Luxembourg" » (dans Jouve, 2018a, p. 71). Il est donc logique de conclure que « *L* » soit Lebel.

et sa finalisation. C'est d'ailleurs pour cette raison que Beck confirma à Puaux, lors d'une conversation téléphonique, que le Living Theatre ne faisait pas grève contrairement à beaucoup d'artistes français car « le travail qu'il accomplissait était sa forme de participation aux événements » (« Chronologie du XXIIe Festival », s.d., n.p.). Barrault aussi pensait qu'il fallait continuer à jouer non pas parce qu'il défendait l'idée d'un théâtre révolutionnaire mais parce que pour lui la révolution et le théâtre étaient deux choses distinctes. Dans La Prise de L'Odéon, le témoin des événements rapporte l'intervention du directeur :

> Il ne s'agit pas de théâtre, s'écrit-il, mais d'un mouvement révolutionnaire, un mouvement de jeunes qui veut transformer la société. Je suis de tout cœur avec ce mouvement ! (Murmures méfiants.) Vous pouvez faire tout ce que vous voulez dans ce théâtre (rires et allusions obscènes). Tout ce que je vous demande c'est de nous laisser jouer le soir (sifflets, huées). Moi, ça ne me concerne même pas : ici, en ce moment, c'est le Théâtre des Nations, les ballets de Paul Taylor, et nous ne touchons pas un sou de bénéfice ! (Grondement réprobateur et impatient.) Je vous signale que Paul Taylor a dansé à Cuba : il est avec vous, c'est un révolutionnaire ! Je vous demande... (Ravignant, 1968, p. 60)

Dans *Le Théâtre en France en 1968*, Marie-Ange Rauch rapporte une dispute entre Barrault, Beck et le metteur en scène Raymond Rouleau, qui, lui, militait en faveur de la suspension des spectacles. Selon la chercheuse : « [M]al à l'aise, Julian Beck, qui [devait] lui aussi faire vivre sa troupe en tournée, éprouv[ant] vraisemblablement le malaise de l'apprenti sorcier après la catastrophe qu'il a déclenchée, aurait suggéré que le théâtre poursuive ses activités en donnant des représentations au profit des grévistes » (2008, p. 197).

Le membre anonyme du CAR, qui confia sa transcription du déroulé de la prise de l'Odéon à Ravignant, rapporta la surprise de l'artiste américain et du directeur français lorsqu'ils s'aperçurent l'un l'autre :

> [...] Debout sur l'avant-scène, au milieu des jeunes assis en tailleur, [Barrault] aperçoit tout à coup Julian B..., très repérable au milieu de la salle, avec son air d'oiseau de proie extraterrestre et surréaliste, de dévoreur dévoré, de tortionnaire torturé – officiant de quelque secrète liturgie expiatoire et obsessionnelle...
>
> « Salut, Julian ! lance Barrault, *wonderful happening*, merveilleux happening, n'est-ce pas ? »

> B… tourne une tête pâle effarée (qui semble appartenir plus que jamais au rêve halluciné d'un haschischin) à droite et à gauche, comme s'il ne comprenait pas, ou cherchait l'explication sur le visage de ses voisins. (Ravignant, 1968, p. 59)

Le directeur de l'Odéon n'avait pas anticipé ce qu'il vécut comme le retournement du Living Theatre à son encontre. « Nos rapports étaient excellents », confie-t-il, « nous étions amis, et, d'après leur réaction spontanée, je me sentais tout naturellement des leurs. Nous nous imaginions admis » (Barrault, 2010a, p. 393). Il n'avait pas envisagé la remise en question de son institution par le Living Theatre, ni la hargne de cette jeunesse qui, représentée par Daniel Cohn-Bendit, l'avait pourtant défendu en 1967, lorsqu'un groupe d'extrême droite était intervenu pour interdire les représentations de *Les Paravents* de Genet. En mai 1968, ce même Cohn-Bendit se félicitait de l'occupation du théâtre, symbole « de la culture bourgeoise et gaulliste ». À la diatribe du jeune meneur, Barrault répondit : « Barrault n'est plus le directeur de ce théâtre, mais un comédien comme les autres, Barrault est mort » (cité dans Ressi, 2011, p. 475). Son ministre de tutelle ne pardonna pas au directeur cette déclaration dont la presse ne retint que la dernière partie. Aux désaveux de la jeunesse et des artistes qu'il avait accueillis s'en suivra alors celui du gouvernement. Barrault refusa d'exécuter la demande du 22 mai du général de Gaulle de couper l'électricité. Un communiqué de presse officiel désavouant sa conduite fut ensuite publié. Le 24 mai, dans le *Figaro*, Barrault publia sa réponse à André Malraux : « [J]e répondrai dans le style à la mode : serviteur oui, valet non ! » (1968, n.p.). Cette lettre ouverte signa un renvoi souhaité plus tôt par le président.

Le 29 mai, de Gaulle disparut provoquant un vent de panique. Le 30 mai, à son retour, il annonça la dissolution de l'Assemblée nationale. La prise de pouvoir de la jeunesse et des travailleurs tourna court. L'imagination fut sur le point d'abdiquer face à l'autoritarisme sans compromis du « sauveur » de 1945. Offusqué par l'attitude du gouvernement envers Barrault et « profondément heurté par les propos du chef d'État […] sur les origines de la crise […] et les mesures d'ordre envisagées », Vilar écrivit à Malraux pour lui annoncer qu'il renonçait à la direction du projet d'Opéra populaire : « [L]'allocution radiodiffusée prononcée le 30 mai par Monsieur le Président de la République m'impose, disons en conscience, de reconsidérer l'acceptation de principe que je vous avais donnée» («Lettre au ministre» dans Vilar, 2003, p. 291).

JUIN 68 : LES «SATAN[S] À AVIGNON»

Si les manifestations parisiennes printanières attiraient particulièrement l'attention du fait de leur caractère spectaculaire, la contestation de mai fut également d'actualité à Avignon. Robert Vettoretti, jeune Avignonnais militant UNEF[6] en 1968, rappelle, documents (tracts et articles de journaux) à l'appui, que les «événements commencèrent à Avignon dès 1967, avec l'antagonisme entre le PC et les militants de l'AJS[7] (Jouve & Vettoretti, E2018). Étudiantes et étudiants (notamment des Beaux-Arts occupés) comme travailleuses et travailleurs se mobilisèrent durant tout le mois pour manifester leur insatisfaction vis-à-vis du gouvernement. Le défilé du 13 mai (jour de l'arrivée de membres du Living Theatre) rassembla à Avignon plus d'un millier de personnes[8]. En dépit de la mobilisation, les élections législatives de juin, suite à la dissolution de l'Assemblée par le général le 30 mai, assirent l'hégémonie du pouvoir gaulliste à Avignon (et dans une grande majorité des circonscriptions françaises). Suite à la disparition du Chef de l'État le 29, les Français prirent peur. Cette crainte des dérives gauchistes fut particulièrement vive dans le Vaucluse où le maire socialiste, Henri Duffaut, perdit sa députation au profit du représentant de l'Union des Démocrates pour la Cinquième République (UDR), Jean-Pierre Roux. Durant sa campagne, le candidat droitiste instrumentalisa l'invitation du Living Theatre au Festival pour discréditer son adversaire. Dans un tract électoral le candidat gaulliste dénonçait la politique délétère de Duffaut qui recevait «les désœuvrés, les freudiens du Living Theatre dont les mœurs» étaient perçues comme «une injure pour nos jeunes, nos travailleurs» (cité dans Lebel, 1969, p. 140). Comme Guy Dumur l'indique dans son article du *Nouvel Observateur* intitulé «Satan à Avignon», la presse de droite se fit, durant tout le Festival, le relais du positionnement du candidat finalement élu. *Le Méridional*, particulièrement féroce à l'égard de la compagnie américaine, fit paraître, le 16 juin, une enquête des plus

6 Union nationale des étudiants de France.

7 Alliance des jeunes pour le socialisme.

8 Selon le journal *La Marseillaise* du 2 mai 1968 : « 1 500 travailleurs ont défilé de la gare à la place de l'Horloge. » (n.p.)

subjectives, dont le titre est « Enquête sondage dans les rues d'Avignon. Le "Living Theater" [*sic*] condamné sans appel ? », puis le 26 juin, il publia un article (sur lequel nous reviendrons) présentant le Living Theatre comme une menace pouvant « tuer » le Festival d'Avignon :

> « Vedette du Festival », le « Living Theatre » va-t-il tuer celui de 1969 ?
> Des énergumènes en haillons et aux cheveux longs déambulent depuis un mois dans les rues de la Cité des Papes.
> Il s'agit des acteurs du Living Theatre, troupe dirigée par M. Julian Beck, et dont la participation au Festival d'Avignon a malheureusement pris une importance majeure, suite à la décision de M. Vilar d'annuler la participation des troupes françaises.
> Si les Avignonnais sont choqués par le comportement habillé ou déshabillé de cette faune, ils ne sont pas au bout de leur étonnement. Celui-ci atteindra son point culminant lors des représentations (nombreuses) qui seront offertes au public. (Soubiron, 1968, n.p.)

Choqué par ce déferlement de haine, André Benedetto, qui le 20 mai s'était félicité de la prise de l'Odéon et des perspectives de voir « renaître » un théâtre de la « vie », placarda l'article sur les murs de son théâtre, le Théâtre des Carmes, en ajoutant le mot suivant (cité dans Lebel, 1969, p. 56) :

> Appel au meurtre
> *Le Méridional* propose tout simplement d'envoyer les comédiens du Living Theatre dans les fours crématoires
> Demain ce sera votre tour (« Écriteau "Appel au meurtre" du 26 juin 1968 »)[9]

Les tonalités hyperboliques des détracteurs et défenseurs du Living Theatre montrent que dès son arrivée, la compagnie déchaîna les passions. En fondant sa campagne sur la peur de l'autre et du changement, celui qui signait ses tracts en ajoutant « 29 ans, père de famille », renversa le député en place dont la fonction de maire fut remise en question par la droite durant tout le Festival (Loyer & de Baecque, p. 248). Ironie du sort, donc : la compagnie américaine révolutionnaire fut l'un des facteurs qui participa au passage de la droite dans la circonscription du Vaucluse. Ce fut dans ce contexte de droitisation de la ville que le

9 Merci à Christian Bourgeois qui m'a ouvert les archives du Théâtre des Carmes et fait part de ce document.

Living Theatre allait présenter *Paradise Now*, appelant à la création d'une société anarcho-pacifique. La situation politique remit en question l'organisation initiale du Festival. Des comédiens français avaient d'ailleurs déjà annoncé qu'ils ne joueraient pas à Avignon. Dans son édition du 3 juin, *Le Monde* démentit le fait qu'un drapeau rouge eût été hissé sur le palais de Chaillot par le comité de grève du TNP mais y précisa néanmoins que son directeur, Georges Wilson, n'avait pas commencé les répétitions du *Diable et [du] Bon Dieu* prévues pour le Festival, lesquelles furent finalement repoussées à la rentrée d'octobre. Suite à une série de réunions entre l'équipe du Festival et les compagnies invitées, Vilar prit la décision de maintenir l'édition à venir mais la programmation fut toutefois limitée aux seuls artistes étrangers dont le travail n'avait pas été perturbé par les grèves et dont les productions pouvaient être garanties. Ainsi, seuls les spectacles du Living Theatre et du Ballet du XXe siècle dirigé par Maurice Béjart seraient présentés respectivement au cloître des Carmes (et non plus au cloître des Célestins, où un programme musical était désormais prévu) et au Palais des Papes. Le 20 juin, les comédiens du *Concile d'amour*, mis en scène par Jorge Lavelli, annoncèrent par voie de presse qu'ils étaient prêts à participer et dénonçaient donc la décision du Festival. Trois jours avant l'évacuation de l'Odéon et de la Sorbonne, soit le 12 juin, le *Nouvel Observateur* annonça que Vilar avait déclaré vouloir « transformer Avignon en un lieu de contestation que la présence de nombreux jeunes pourra rendre international ». Ainsi, il remplaça les Rencontres d'Avignon par des Assises du Théâtre sur le thème « Théâtre et Société » afin de faire de la Cité des Papes un *forum* international. Celui qui venait de renoncer à la direction de l'Opéra Populaire prit donc le contre-pied des événements parisiens en accueillant la contestation plutôt qu'en tentant de la juguler.

En maintenant le Festival, Vilar offrait un espace d'échange mais s'exposait aussi lui-même aux contestations, qui ne manquèrent pas de se poursuivre à Avignon. Fin juin, les Renseignements généraux annoncèrent l'arrivée de militants contre la culture bourgeoise et la venue de Lebel pour qui le Festival d'Avignon était un « supermarché de la culture », comme le sous-titre de son ouvrage, *Procès du Festival d'Avignon*, publié en fin d'année 1968, l'indique. Lebel confia qu'il ne se souvenait plus exactement comment ses camarades et lui décidèrent d'aller à Avignon mais il supposait que l'idée venait de Beck et Malina :

> [Les Beck] étaient à Paris en mai et ils étaient présents à la prise de l'Odéon. Donc, quand ils m'ont dit : « Nous on va à Avignon parce qu'on est invités, venez continuons donc ensemble ! », on a dit : « Bon, d'accord, on vient ! » et on a fait passer l'information. C'est fort possible que ce soit comme ça, parce que le Living nous a parlé d'Avignon. (Lebel dans Jouve, 2018a, p. 104)

Des rendez-vous furent planifiés entre l'équipe du Festival et les autorités, locales et nationales, qui s'inquiétaient de la tournure des événements. Lors de la réunion du 28 juin convoquée par le préfet du Vaucluse, Paul Puaux et Jean Pavier (responsable des rencontres de jeunes des Centres d'Entraînement aux Méthodes d'Éducation Active ou CEMEA) demandèrent aux pouvoirs publics de faire confiance aux organisateurs pour maintenir l'ordre et éviter ainsi toute intervention militaire. Le Living Theatre, qui reçut un premier acompte de 35 000 F, le 19 juin, poursuivit ses répétitions au lycée Mistral où des jeunes parisiens révolutionnaires les rejoignirent.

JUILLET 68 : TRAGÉDIE AVIGNONNAISE EN TROIS ACTES

Acte I ou l'interdiction de la Paillasse aux seins nus

Le Festival d'Avignon 1968 se déroula du 17 juillet au 14 août. Vilar arriva à la Cité des Papes le 12 juillet pour une première conférence de presse. Puaux fut donc celui qui, au nom du directeur avec qui il était en contact permanent, s'occupa de la finalisation de l'organisation en ce début du mois de juillet. Le 9 juillet s'ouvrit le procès d'un comédien du Living Theatre : jugé pour attentat à la pudeur, il fut condamné à deux mois de prison avec sursis. La rumeur parla de pornographie mais plusieurs témoins, dont Jean-Marie Lamblard, fidèle compagnon du Théâtre des Carmes, parlèrent de diffamation : « [U]n acteur de l'équipe, plutôt discret, avait une femme et des enfants et l'un de ses petits garçons a profité d'une porte ouverte pour courir dans la rue ; son père était en maillot car il faisait une chaleur terrible et il est sorti pour aller chercher son fils » (cité dans Jouve, 2018a, p. 159). La question de l'intervention des forces de l'ordre fut au cœur des échanges entre l'équipe du Festival et les autorités publiques. Suite au rendez-vous du 10 juillet avec le chef de cabinet du préfet, il fut convenu que la police n'interviendrait pas sans l'avis de Duffaut et Vilar mais, le 12 juillet, le commissaire des Renseignements généraux infléchit cette décision puisqu'il accepta de ne pas faire intervenir la police dans les lieux de représentation mais précisa qu'elle pourrait cependant intervenir dans la rue en dernier ressort. Béjart et sa compagnie arrivèrent à Avignon, le 14 juillet. Lors de la conférence de presse du 15, le chorégraphe fit une déclaration qui fit état de son positionnement par rapport au contexte politique, un positionnement qui le différenciait du Living Theatre. La chronologie du Festival d'Avignon tenue par l'équipe de Vilar rapporte la scène suivante :

> Des étudiants des Beaux-Arts demandent à Béjart s'il ne pense pas que l'art et la politique sont étroitement mêlés et comment les événements de mai ont agi sur son travail. Béjart précise sa position : si l'artiste réagit directement sur l'événement il devient un journaliste ou un homme politique. « Si j'ai été touché par les événements de mai, c'est dans mes créations de l'an prochain que vous vous en apercevrez car un artiste doit d'abord digérer l'événement. » (« Chronologie du XXIIe Festival », s.d., n.p.)

Là où le Living Theatre souhaitait accompagner la révolution avec son théâtre, les spectacles du Ballet du XXe siècle reflétaient la façon dont les événements d'hier avaient pu influencer le chorégraphe qui ne cherchait donc pas, lui, à influencer les événements d'aujourd'hui avec son art comme ses homologues américains. En ce 15 juillet, le Théâtre des Carmes présenta *Zone rouge, feux interdits* de Benedetto : « [L]'histoire d'un rebelle de bas quartier / d'un blouson noir tué avec sa bande / à l'orée de la ville » (Benedetto, 1969, p. 9).

Le Festival s'ouvrit le 17 juillet sur des contestations. Dans *Le Nouvel Observateur*, le tract qui appelait à se réunir place de l'Horloge dénonçait l'hypocrisie de l'annonce de Vilar désireux de « transformer Avignon en un lieu de contestation » :

> UN FESTIVAL POUR QUOI FAIRE ?
> La contestation ne s'organise pas
> La contestation naît dans l'action
> Sur les lieux de vie
> Sur les lieux de travail
> Dans la rue
> La contestation ne naît jamais dans le respect des institutions bourgeoises : le Festival d'Avignon en est une. Il ne développe que l'illusion d'une contestation.
> TOUS À 18H30 – PLACE DE L'HORLOGE

> CE SOIR
> POUR ENVISAGER ENSEMBLE
> LES ACTIONS À MENER
> DANS LE FESTIVAL
> HORS DU FESTIVAL.
> (« Rassemblement place de l'Horloge », 1968, n.p.)

Duffaut et Vilar reçurent alors les contestataires afin de pacifier les tensions, en vain puisque, dès la première du *Sacre du printemps* par le Ballet du XXe siècle qui affichait complet, de jeunes révolutionnaires prirent place sur les marches du Palais des Papes et invectivèrent les spectateurs perçus comme des « bourgeois consommateurs ». Dès le lendemain, des tracts et affiches contre le Festival, « supermarché de la culture », circulèrent dans la ville. L'agitation s'intensifia lorsque le jeune metteur en scène de la compagnie du Chêne noir, Gérard Gelas, annonça, en début d'après-midi, que le préfet du Gard venait d'interdire les représentations de *La Paillasse aux seins nus* à Villeneuve-lès-Avignon, sous prétexte que la pièce, dont le titre était une facétieuse allégorie de la République, était « susceptible de troubler gravement l'ordre public » (« Arrêté du Préfet du Gard, 18 juillet 1968 », n.p.). La Nouvelle Compagnie d'Avignon (Théâtre des Carmes) publia le jour même un tract dénonçant la censure :

> ATTEINTES AUX LIBERTÉS
>
> Le Théâtre du CHÊNE NOIR vient d'être frappé de deux mesures d'interdiction émanant de la Préfecture du Gard. La pièce « La Paillasse aux seins nus » est donc interdite. Cette mesure policière est intolérable. Pour se solidariser concrètement avec le Chêne noir, la NOUVELLE COMPAGNIE D'AVIGNON [...], le LIVING THEATRE et les BALLETS DU XX[e] SIÈCLE de Maurice Béjart [...] refusent de jouer tant que l'interdiction ne sera pas levée.
>
> Cette mesure policière touche directement à la liberté d'expression [...] [d]es gens de théâtre et leur public, mais aussi [de] toute la population [...].
>
> Nous appelons donc la population à un débat public et une conférence de presse à 18h30 CE SOIR, Place [*sic*] de l'Horloge, afin [...] d'envisager les mesures à prendre vis-à-vis du premier pas vers l'atteinte aux libertés. (La Nouvelle Compagnie d'Avignon, 1968b, n.p.)

La chronologie du Festival n'indique pas que Béjart refusa de jouer mais qu'il proposa de lire une déclaration dénonçant l'interdiction. Il y est toutefois confirmé que la compagnie étatsunienne s'opposa, pour sa part, à jouer *Antigone*, programmée le soir même pour les Centres de Jeunes et des Rencontres Internationales. Les membres de la troupe souhaitaient « faire grève jusqu'à ce que le Chêne [N]oir puisse jouer sa pièce », expliqua l'un des comédiens du Living (Schano dans Jouve, 2018a, p. 39). Si Beck déclarait en mai que jouer était leur « forme de participation aux événements », le Living Theatre voyait désormais les choses autrement et c'est Vilar qui insista pour que la représentation de cette héroïne (qui refusa de se soumettre à une loi qu'elle jugea absurde) fut maintenue. Cette première représentation du Living Theatre fut finalement annulée ; décision que le maire récusera le 19 juillet, arguant que la compagnie avait déjà été rémunérée. Pavier, en charge des CEMEA, et les Beck convinrent alors de convier les jeunes spectateurs à la générale de *Paradise Now* qui devint finalement une représentation de *Mysteries*. Le 18 juillet, en fin d'après-midi, une manifestation eut lieu place de l'Horloge, elle fut finalement évacuée par les CRS. Dans la soirée, une foule se pressa devant le cloître des Carmes. L'équipe du Festival finit par ouvrir les grilles et des échanges furent engagés, en présence de Vilar, sur l'interdiction de *La Paillasse aux seins nus* et sur l'industrie culturelle. On apprit par la suite que Gelas avait été retenu par la gendarmerie. Une fois relâché (après quelques heures de garde à vue), le jeune metteur en scène demanda au Festival si la proposition de la veille (concernant une intervention du Chêne Noir lors du spectacle de Béjart) était toujours envisageable. Suite à l'accord de Vilar, les comédiens vinrent s'assoir sur le plateau après la première de *Messe pour le temps présent* (Pierre Henri, Michel Colombier et Maurice Béjart), puis Gelas prit la parole. Avant la représentation, le sociologue Georges Lapassade, fondateur du Comité Révolutionnaire d'Action Culturelle (CRAC) qui multiplia les actions durant le Festival, s'était introduit dans les loges de Béjart pour lui demander de faire une intervention durant le spectacle mais il se fit reconduire aux portes du Palais.

Suite aux interpellations de jeunes manifestants de la veille, un rendez-vous fut fixé au 20 juillet entre le préfet et les responsables du Festival, qui firent part de leur inquiétude quant à l'intervention des forces de l'ordre. Lors de son discours d'ouverture pour les Assises de la culture sur le thème « Théâtre et Société », Vilar rappela son souhait de ne pas faire intervenir la police et, pour cette même raison, déclara que le Festival avait organisé son « propre service d'ordre ». Il insista, de plus, sur l'importance de pouvoir s'exprimer librement :

> Il faut que la discussion soit possible et c'est à nous de décider de quelle façon elle sera ouverte et poursuivie, ici et dans les commissions et groupes de travail qui se réuniront dès demain matin.
>
> Quels que soient les problèmes qui seront discutés, je souhaite que chacun puisse s'exprimer, et puisse s'exprimer librement.
>
> Je crois que nous sommes tous d'accord pour défendre en commun une chose : le droit de chacun à s'exprimer. (Vilar, 1968a, n.p.)

Les contestataires ne manquèrent pas de s'exprimer aux dépens du directeur du Festival qui, lui, peinait à prendre la parole lors des divers rendez-vous au Verger, comme le racontent Philippa Wehle et Jack Ralite, choqués de voir avec quelle condescendance Vilar était traité (cités dans Jouve, 2018a, p. 36 et 92-93). Les Assises se conclurent par la lecture d'un tract du Parti communiste qui réveilla « la fureur des contestataires » (« Chronologie du XXIIe Festival », s.d., n.p.). En ce 20 juillet, Duffaut organisa une conférence de presse pour répondre aux attaques, non pas de la jeunesse gauchiste, mais du représentant de la droite avignonnaise, le nouveau député UDR, Jean-Pierre Roux qui, la veille, avait demandé le départ du maire jugé responsable du trouble. Ne prenant en compte ni le contexte politique global ni les grèves des troupes françaises, le député déployait une rhétorique très nationaliste aux relents d'eugénisme et de complotisme, traduisant ainsi une sorte de racisme anti-Living :

> L'écroulement du XXIIe Festival d'Avignon était parfaitement prévisible.
>
> Sa nouvelle orientation [...] qui est de choquer et non de plaire avait soulevé de justes réserves. [...]
>
> Le choix de ces troupes fut exclusivement politique et le choix des œuvres une insulte à la population provençale.
>
> Des subventions ont été versées à des gueux inconnus.
>
> Une troupe d'anarchistes non violente, dès son arrivée, a soulevé la colère de la population. Et la place de l'Horloge, le forum avignonnais, n'était plus le soir qu'une annexe de la Cour des miracles : haillons, crasse, obscénité ! [...]
>
> Il faut prendre dès maintenant les mesures d'ordre et d'assainissement que M. Duffaut a été incapable de prendre lui... à temps !
>
> Nous ne voulons plus d'un festival de contestation sordide mais un festival de qualité incontestable.
>
> Avignon ne deviendra pas une poubelle [...] (Roux, 1968, n.p.)

Preuve supplémentaire de l'agitation dans la Cité des Papes, la Nouvelle Compagnie d'Avignon publia ce même jour une « tribune libre » en réaction aux allégations racistes de la droite avignonnaise et appela à la discussion : « La rupture s'accentue et s'aggrave entre la population d'Avignon et ceux qui sont venus pour contester le Festival. Un racisme particulier est en train de naître. Ne serait-ce que pour cette raison, la discussion est plus que jamais nécessaire. Ce théâtre est donc ouvert cette après-midi en tribune libre » (La Nouvelle Compagnie d'Avignon, 1968c, n.p.).

Les débats houleux dégénérèrent le soir même en manifestation devant le cloître des Carmes, où le Living Theatre joua *Antigone* pour les Centres de Jeunes. Avant la représentation, des contestataires tentèrent de rentrer gratuitement mais l'équipe du Festival fit barrage et tenta de faire de même à chaque fois que des spectateurs sans billet essayèrent de franchir le seuil du théâtre. Comme le rappelle le communiste Jack Ralite, invité, en 1968, à participer aux Assises du théâtre, la position de Vilar était motivée par deux raisons : la sécurité et la morale. La jauge était pleine et accepter de nouvelles entrées revenait à prendre le risque de mettre en danger l'intégrité physique d'un public trop nombreux pour l'espace à disposition. De plus, pour Vilar, autoriser des personnes à assister gratuitement aux spectacles était irrespectueux vis-à-vis de ceux qui avaient payé leur place (Ralite dans Jouve, 2018a, p. 94). La troupe américaine annonça qu'elle ne jouerait pas si la centaine de spectateurs supplémentaires n'était pas accueillie. Comme la chronologie rédigée par l'équipe du Festival en atteste, Puaux finit par céder à certaines demandes de la compagnie afin que la représentation eût lieu :

> Entre 21h15 et 21h30, les comédiens du Living et Julian Beck obtiennent de Paul Puaux une trentaine d'invitations pour les « amis ». Paul Puaux accepte pour éviter toute altercation, tout en rappelant les prescriptions du contrat et le mode de délivrance des invitations. Cependant, pendant que Puaux et quatre hommes de l'équipe Emmanuelli empêchent un groupe de contestataires de pénétrer sans billet par l'entrée des artistes, une centaine de personnes, dont Lebel, s'introduisent avec les camions du Living par la cour arrière. Les comédiens du Living menacent de ne pas jouer si on exige l'évacuation de ces cent personnes. Puaux cède, toujours pour éviter des incidents, mais les contestataires sans billet envahissent les gradins et les postes de régie. (« Chronologie du XXIIe Festival », s.d., n.p.)

Puaux, qui aurait soufflé à Vilar l'idée d'inviter le Living Theatre, se montra tout au long du Festival très conciliant avec la troupe et céda encore à plusieurs reprises. Pour Sonia Debeauvais, l'administrateur permanent de Vilar était « totalement dévoué » aux Américains (dans Jouve, 2018a, p. 86). Peut-être Paul Puaux se sentait-il responsable de la venue de la troupe et multipliait ainsi les efforts pour éviter les débordements ? La représentation d'*Antigone* eut bien lieu avec les comédiens du Chêne Noir assis en fond de scène, du sparadrap sur la bouche pour dénoncer la censure de la *Paillasse aux seins nus*. La pièce fut très favorablement accueillie par le public. Les troubles de cette journée du 20 juillet ne s'arrêtèrent toutefois pas aux grilles du cloître des Carmes. Dans un contexte de radicalisation, la violence se fit de plus en plus palpable. Des agresseurs prirent à parti des contestataires, place de l'Horloge, et un jeune « chevelu » fut tondu par un commando droitiste. Les CRS étaient prêts à charger mais les organisateurs du Festival intervinrent pour s'y opposer. La police procéda cependant à des interpellations et les membres du Living Theatre furent victimes d'agressions : les comédiens restés en ville se firent accoster par un groupe agressif et leurs camarades, rentrés au lycée Mistral, reçurent la visite de groupes d'extrême droite. Hans Echnaton Schano se souvient de l'épisode au lycée et de leurs ripostes, plus ou moins non violentes, face aux assaillants :

> Après *Antigone*, nous sommes retournés au lycée Mistral. Jenny Hecht et moi avions envie d'aller nous balader mais peu après avoir franchi le seuil de la porte, nous avons été repérés par une bande de droitistes en plein maraudage. Ils se sont mis à nous courser dans la rue en hurlant des phrases obscènes et en nous menaçant de nous raser la tête. Avec Jenny, nous nous sommes dépêchés de rentrer et j'ai barricadé la porte comme j'ai pu. Ils étaient trop nombreux pour que je puisse leur résister seul derrière cette porte, alors j'ai cédé et j'ai couru à toute vitesse dans la cour puis j'ai monté les escaliers quatre à quatre. Pendant ce temps-là, Jenny a alerté la première personne qu'elle a croisée à l'intérieur, même s'il n'y avait pas grand monde car on était quasiment les seuls à être déjà rentrés. Heureusement, Jimmy Anderson et Jimmy Tiroff ont réussi à faire déguerpir nos agresseurs d'une façon qui, au vu des circonstances, n'était…disons pas tout à fait « non violente »… Sans aucune intention de blesser les maraudeurs, ils agitaient tous les deux de grandes barres de fer tout en proférant des menaces pour repousser ces raclures hors des locaux. Entre-temps, j'étais moi-même redescendu et j'aidais à barricader la porte. Cette fois, on a réussi. Nous avons même déplacé l'un des combis Volkswagen juste derrière la porte d'entrée pour être sûrs qu'elle reste bien fermée. Quand le reste de la troupe est arrivé, on leur a raconté ce qui venait de se passer et, pour la sécurité de tous, on a décidé de faire des rondes. Plus

> tard dans la nuit, ces vauriens ont remis ça. Ils s'en sont pris à l'autre entrée : une porte plus petite avec un judas dans lequel ils avaient inséré un petit bâton. Ils ont bien failli éborgner la personne qui était venue voir ce qui se passait. Comme sa chambre était juste à côté de l'entrée, Julian leur a dit qu'un bébé dormait à l'intérieur. Ils sont partis, tout contents à l'idée de nous avoir fait peur, j'imagine. Je me souviens que le lendemain, des syndicalistes de la CGT sont venus assurer notre protection au lycée Mistral. (Schano dans Jouve, 2018a, p. 44)

La mise en place d'un service de protection par les cheminots CGT aurait été proposée par Jack Ralite pour protéger le Living Theatre et, plus largement, le Festival de la droite réactionnaire :

> On parle des contestataires et de leur attitude pas toujours très honnête mais il ne faut pas oublier que la droite n'a pas non plus été toujours très courtoise. Il y avait des enjeux politiques : ils voulaient profiter de la situation pour prendre la mairie. Là aussi, il y avait une bataille. Il faut lire la presse de droite ! La façon dont ils traitaient Vilar était injurieuse ! Ils faisaient tout pour retourner contre le Festival, les petits bourgeois d'Avignon qui, sans avoir été des adorateurs du Festival, savaient quand même ce qu'il rapportait. La presse racontait n'importe quoi sur le Living pour affoler cette classe sociale. Les membres de la troupe se baladaient souvent nus dans le lycée Mistral et la droite étalait ces choses-là dans la presse, dans le but de choquer. Certains, à droite, devenaient d'ailleurs hargneux à l'encontre du Living Theatre. Je me suis dit : « Ils ne vont jamais nous laisser tranquille ! Et un soir, ils peuvent entrer au lycée Mistral et causer un accident et même blesser des gens ! » Alors, j'ai eu l'idée de faire appel aux cheminots pour protéger le Living. Le syndicat CGT des cheminots d'Avignon était très fort à l'époque. Je suis allé les voir et je leur ai dit : « Il y a quelque chose que vous pourriez faire : constituer un petit groupe de quatre ou cinq et chaque nuit, monter la garde au lycée Mistral. » Ils ont accepté, ce qui m'a enchanté. Même s'ils n'étaient pas de grands clients du Festival, c'étaient des militants solides et ils ont donc accepté ! (Ralite, *ibid.*, p. 95)

Cette implication des communistes pour défendre, contre l'extrême droite, une troupe étatsunienne soutenue par des contestataires qui, bien sûr, rejetaient la droite mais aussi les communistes, montre à quel point l'échiquier politique avignonnais était complexe. La complexité de la situation s'intensifia du fait de la position du Living Theatre concernant ces gardes du corps improvisés[10]. Suite aux échauffourées de la veille,

10 Nous reviendrons plus tard sur l'ambiguïté du positionnement de la troupe new-yorkaise à l'égard des communistes (voir *infra*, p. 214).

Vilar condamna publiquement cette violence, et notamment celle à l'égard de ses invités :

> Dans la nuit du 20 au 21 juillet, des comédiens du Living Theatre ont été agressés dans les lieux même où ils habitent par des groupes organisés. D'autre part, dans la rue, un jeune garçon a été tondu.
>
> Organisateur des représentations du Festival et n'ayant aucun droit ni pouvoir sur les manifestations de rue, il est cependant de mon devoir de déclarer que ceux qui ont commandé ou guidé de loin ces groupes, se déshonorent, déshonorent la ville qui nous accueille, nous déshonorent nous, artistes, organisateurs et ouvriers.
>
> Nous protègerons nos camarades comme nous protégeons tous les jeunes qui viennent à Avignon, comme nous protégeons la tenue de nos spectacles contre qui que ce soit.
>
> Les spectacles du Festival d'Avignon se déroulent sans heurts, sans violences, sans rien que nous n'ayons accepté ou ordonné.
>
> Nous ferons tout pour qu'il en soit ainsi jusqu'au 14 août.
>
> Pour terminer, nous savons que nous pouvons faire confiance une fois de plus à la qualité de l'accueil des Avignonnais et qu'ils réprouvent les actes commis cette nuit contre des artistes et contre un homme jeune. (Vilar, 1968b, n.p.)

Acte II ou les représentations de Paradise Now

La bonne tenue des spectacles fut remise en question le lendemain, le 22 juillet donc, non pas à cause d'agresseurs, mais d'une décision des autorités que Puaux et Vilar tentèrent de déjouer suite au coup de téléphone de M. Dumas, « inspecteur de salle aux Carmes », qui leur annonça qu'un commissaire de police attendait Beck « pour lui faire signer une déclaration affirmant qu'il ne fer[ait] pas jouer la pièce du Chêne noir aux Carmes ». Alors que *Mysteries* était en train d'être jouée pour les CEMEA, « Puaux [fit] appeler immédiatement le commissaire au téléphone et lui demand[a] d'annuler cette démarche qui pourrait exaspérer Beck ». Le commissaire accepta à condition d'être couvert par « un ordre de la préfecture », ce que Puaux et Vilar réussirent à obtenir. Jean Vilar réitéra auprès du préfet son désir de ne pas faire intervenir les forces de l'ordre dans le cadre du Festival : « Nous maintiendrons la discipline à l'intérieur du Festival, aidez-nous à maintenir le calme » (« Chronologie du XXIIe Festival », s.d., n.p.). Si l'équipe du Festival parvint à éviter ce premier incident, elle ne parvint cependant pas à intercepter la lettre du maire adressée à Beck, qui menaça, alors, d'interrompre les représentations face à ce que l'artiste percevait comme de l'agressivité de la part de Duffaut. Ce dernier mit en garde l'artiste quant au respect des consignes de sécurité. Il lui indiqua que suite à l'annulation de leur première représentation, la close concernant le paiement de la troupe était modifiée : le Living Theatre serait désormais payé « le lendemain de chaque représentation » pour s'assurer de la tenue effective des pièces (Duffaut, 1968, n.p.). En dépit de l'agitation de la troupe très contrariée par le rappel à l'ordre du maire, les répétitions de *Paradise Now* furent maintenues car Vilar et son équipe promirent d'aller négocier avec le premier magistrat de la ville. Ce jour-là, la première réunion du Comité de Défense du Festival eut lieu. Jacques Sauvageot, l'un des meneurs de la contestation estudiantine de mai, arriva à Avignon pour un rassemblement du PSU prévu le 23 (auquel Vilar fut d'ailleurs invité). Benedetto annonça par communiqué que la tenue d'assemblées générales dans son théâtre, devenu l'un des forums de la contestation, n'engageait cependant pas sa compagnie. Comme convenu, le 23 juillet, Jean Vilar, Paul Puaux et Michel Debeauvais rencontrèrent Henri Duffaut pour remettre en cause le paiement par représentation ; procédé que Beck refusa dans une lettre adressée au maire où il s'engageait toutefois à respecter les conditions de sécurité. Un deuxième acompte de 40 000 F en espèce fut donc bien versé à Beck le 24 juillet comme prévu par le contrat original, afin d'assurer que les représentations aient lieu. Beck demanda aussi à ce que la totalité des invitations auxquelles la compagnie avait droit lui fût donnée pour le soir de la première de *Paradise Now*.

La générale du 23 juillet commença à 22h pour se poursuivre jusqu'à 3h du matin le lendemain, jour de la première de la création avignonnaise (soit le 24). Puaux n'avait pu obtenir que trente des soixante-dix invitations demandées car le cloître était déjà plein. Ce soir-là, une foule se massa devant l'entrée pour assister à la représentation mais l'équipe du Festival refusa encore de laisser entrer les personnes sans billet. Alors que Beck, aux grilles des Carmes, exhortait la foule et les organisateurs à « Libérer le Théâtre ! », les contestataires scandaient « Béjart, Vilar, Salazar ». La violence symbolique des slogans (que certains regretteront cependant plus tard) était alors revendiquée par cette jeunesse qui cherchait à blesser l'oppresseur, comme Claude Eveno le souligne :

> Aujourd'hui, il y a des gens qui disent : « J'ai honte d'avoir dit "Béjart, Vilar, Salazar" ou "CRS, SS" car c'est tellement faux ». Bien sûr que c'était faux et on le savait que c'était faux. On était capables de faire la différence entre un CRS et un SS. On savait aussi quand même qu'il y avait eu des CRS collabos, la police collabo, pendant la guerre. Quand on insulte des gens que l'on considère comme des ennemis, on utilise ce qui peut être le plus blessant possible. Donc, à cette époque-là – ce n'était quand même pas longtemps après la guerre – traiter quelqu'un de « SS », c'était franchement négatif. Quant à « Vilar, Béjart, Salazar » qui est de l'ordre de la consonance humoristique, du slogan, comme une rime de chanson, c'était une façon de critiquer des postures de grands manitous, des postures de référence autoritaire. Salazar était un dictateur au Portugal et on savait parfaitement que ni Béjart, ni Vilar, ne seraient jamais des dictateurs. Tout le monde savait que tout cela était bidon au niveau du sens immédiat, du sens superficiel, mais au niveau du sens profond, ça ne l'était pas, non. Il y avait la critique de l'autoritarisme, la critique de la police et de ses magouilles absolument abjectes. (Eveno dans Jouve, 2018a, p. 78)

La représentation eut finalement lieu non, sans rebondissement, car des spectateurs ayant acheté leur place sortirent durant la représentation et des contestataires essayèrent d'en profiter pour rentrer. La deuxième représentation du 25 juillet se déroula dans la même confusion mais Vilar s'organisa cette fois pour minimiser les débordements. Les deux premières représentations durèrent environ 4h30 et se terminèrent aux alentours de 2 ou 3h du matin dans la rue, comme indiqué sur les programmes que le Living Theatre avait fait parvenir aux organisateurs avant l'ouverture du Festival. Vilar et le maire étaient donc au courant que la fin de *Paradise Now* se jouait à l'extérieur des Carmes. Cependant, le 26 juillet, le maire se plaignit auprès de Vilar et Puaux suite à des récriminations pour tapage nocturne des habitants du quartier des Carmes mais aussi suite aux réactions d'une partie de la population avignonnaise qui se dit choquée par la diffusion sur une chaîne régionale d'extraits de la pièce qui montraient des comédiens lascivement entrelacés. Suite au vote du Conseil des adjoints municipaux, Duffaut se vit dans l'obligation d'interdire *Paradise Now* et envoya un huissier pour demander à Julian Beck de « substituer [...] une des deux autres pièces de son programme du Festival à "Paradise Now" » (Baillet, s.d., n.p.). Selon plusieurs locaux, dont Michel Crousillat-Drüke, le Conseil municipal comprenait des représentants très à droite sur l'échiquier politique et qui, de par le passé, avaient adopté des postures très radicales (contre la Résistance durant la Deuxième Guerre mondiale et en faveur de l'OAS durant la Guerre d'Algérie)[11]. Pour rendre compte des tendances réactionnaires de ce conseil, Crousillat-Drüke, alors jeune Avignonnais au moment des faits, rappelle que *Le Concile d'amour*, mis en scène par Lavelli, avait en fait été interdit par le Conseil municipal car jugé anticatholique et que l'affaire fut ensuite « noyée » dans ce qui devint, pour cette pièce, le prétexte de la grève des troupes françaises (Jouve & Crousillat-Drüke, E2018). Ce fait reste peu connu bien que plusieurs témoignages convergent dans le même sens. Ces adjoints conservateurs, dont l'influence était donc considérable, voyaient d'un très mauvais œil la présence du Living Theatre sur leurs terres et jouèrent un rôle dans les prises de position du maire.

Acte III ou l'interdiction de Paradise Now

Beck refusa de changer la programmation comme le rapport de l'huissier retranscrivant sa réponse l'indique :

> La pièce de *Paradise Now* est conçue pour diminuer la violence dans le monde, agrandir la tranquillité et les sentiments d'amour parmi la population. C'est le résultat de vingt ans de travail dans le théâtre qui a pour but un monde plein de beauté, de liberté et la paix. Ainsi nous voulons continuer selon le calendrier prévu dans le contrat et ne pas le rompre. À propos de la marche du 25 juillet 1968, c'était beaucoup plus une action spontanée de la part des gens qui restaient devant la grille du théâtre et qui ne pouvaient pas y entrer. C'était une marche paisible de joie rayonnante et le son que les gens ont émis était un très doux chant qui a pour but de transformer les vibrations dans la ville d'Avignon, de vibrations de violence, de haine, d'hostilité et d'aliénation, en vibrations d'harmonie. (Baillet, s.d., n.p.)

En précisant que la procession dans la rue avait notamment été une réponse « spontanée » de la foule qui fut empêchée de rentrer dans le cloître, le cofondateur de la troupe indiquait donc que, si le maire souhaitait éviter tout désagrément, une solution serait de laisser entrer tout le monde. De plus, le fait que des non-spectateurs se soient ralliés aux

11 « Parmi les proches d'Henri Duffaut, dans sa municipalité, il y avait des gens qui venaient d'un autre horizon que celui de la gauche progressiste, libérale. Sa municipalité comptait des gens qui pendant la Seconde Guerre mondiale n'étaient pas du côté gaulliste, n'étaient pas du côté résistant et comptait des gens qui avaient pris des positions favorables à l'OAS. » (Jouve & Crousillat-Drüke, E2018.)

spectateurs dans cette dernière scène de *Paradise Now* semble montrer que le Living Theatre avait réussi son pari « d'aller vers l'homme dans la rue », comme Beck l'espérait dans son discours à l'Odéon, même si ce succès est à relativiser puisque ces Hommes de la rue étaient des contestataires déjà convaincus de la nécessité d'une révolution. Présentée comme « le résultat de vingt ans de travail », la création avignonnaise était donc considérée comme l'aboutissement des objectifs théâtraux et politiques de la compagnie. La représentation du 26 eut finalement lieu car les organisateurs du Festival négocièrent avec Duffaut pour faire ajourner l'interdiction du Conseil municipal. Alors que les comédiens s'apprêtaient à sortir à la fin du spectacle, ils restèrent finalement à l'intérieur du cloître à la demande de Vilar. En dépit de l'argumentation de Beck, le Conseil municipal ne fut pas convaincu des bienfaits de ces « vibrations » dans sa ville et les cofondateurs furent convoqués à la mairie le lendemain. Au sortir du rendez-vous avec Duffaut, le couple informa les journalistes que le Living Theatre ne jouerait plus *Paradise Now* et que le maire refusait que la troupe se produise gratuitement devant son public. Suite à une allocution du maire, l'interdiction de la pièce fut débattue au Verger. Dans les cercles contestataires, l'on dénonça alors la censure. Dans sa tribune du 27 juillet, la Nouvelle Compagnie d'Avignon publia un texte anonyme condamnant l'obscurantisme de la ville qui voyait en la peste régénératrice artaudienne un véritable fléau faisant d'Avignon un enfer, là où Beck rêvait d'établir un paradis :

> JE COMMENCE LA LITANIE POUR JULIAN AUJOURD'HUI
> Julian tu veux dire que le Paradis maintenant [*sic*]
> Et c'est l'enfer qui ouvrit sa gueule
> Julian as-tu oublié que D. est mort sur la chaîne de Citroën ?
> Julian tu apportes une peste dont personne ne veut
> Julian l'amour est fait pour rester dans les livres avec la liberté
> Julian tu joues avec l'antimatière. (La Nouvelle Compagnie d'Avignon, 1968d, n.p.)

Alors que le *Sacre du printemps* fut joué en soirée, le Living Theatre se rendit dans le quartier populaire Louis Gros pour exposer à la population d'ouvriers leur souhait de jouer gratuitement. Dans un courrier du 28 juillet, les Beck annoncèrent à Vilar et son équipe qu'ils avaient décidé de quitter Avignon et joignirent la déclaration que Beck lut au Verger pour justifier leur décision :

> Le Living Theatre a décidé de se retirer du Festival d'Avignon :
> Parce que, sans que le mot d'interdiction ait été prononcé, *Paradise Now* a été interdit par la municipalité sous menace d'action répressive et judiciaire ;
> Parce que les responsables du Festival, représentés par le maire d'Avignon, ont interdit toute représentation gratuite dans les rues d'Avignon alors que la totalité des places payantes étaient vendues. Ces responsables affirment catégoriquement que la population n'a pas le droit d'accéder au théâtre sans payer ; [...]
> Parce qu'on ne peut servir Dieu et Mammon, le peuple et l'État, la liberté et l'autorité, parce qu'on ne peut à la fois dire la vérité et mentir, parce qu'on ne peut substituer à un spectacle interdit, une pièce, *Antigone*, dans laquelle une jeune fille, au lieu d'obéir à des ordres arbitraires, accomplit un acte sain ; [...] (Living Theatre, s.d[a], n.p.)

Le soir même, Maurice Béjart dédia son spectacle, *À la recherche de l'instant présent*, au Living Theatre :

> Mes camarades et moi, nous nous sommes réunis afin d'envisager un geste de solidarité avec le Living. Je comprends et apprécie l'action de Beck dans son théâtre de recherche. Nous avions envisagé de ne pas jouer. Je crois que dans le cas présent, notre grève n'apporterait rien à Julian Beck et à sa troupe. Pour nous, il est beaucoup plus difficile de jouer dans ces conditions. Ainsi, je dédie mon spectacle au Living Theatre pour lequel j'ai la plus grande admiration. Nous jouerons donc pour l'instant. (« Chronologie du XXIIe Festival », s.d., n.p.)

Présent lors de l'allocution du chorégraphe, Pascal Ory, alors jeune étudiant, jugea ce discours « fameusement politique, voire franchement très malin » car en dédiant le spectacle au Living Theatre, Béjar faisait acte de solidarité envers la troupe sans pour autant rompre, lui, son contrat avec la ville (dans Jouve, 2018a, p. 115). Selon des proches de Vilar, ce dernier fut offusqué par la démarche des Beck qui ne l'avaient pas averti en personne de leur départ. Le journaliste Edmond Volponi se souvient d'une rencontre fortuite entre Jean Vilar et Julian Beck, le lendemain de l'annonce :

> Alors que nous conversions avec Jean Vilar devant le café Régina, en haut de la rue de la République, Beck, qui remontait vers la place de l'Horloge, aperçoit Vilar. Il se précipite vers lui, les bras grands ouverts : « Monsieur Vilar, je voudrais vous parler. » Vilar refuse de lui tendre la main et lui dit – je m'en souviens encore – : « Je suis un comédien, Monsieur, mais je suis aussi un homme. Vous quittez le Festival où je vous ai invité sans avoir eu la

> correction de me faire connaître votre décision. C'est fini. Nos relations sont définitivement rompues. » Beck, abasourdi, veut le prendre par les épaules ; Vilar se dégage et dit « sans haine ». Vilar a donc « jeté » Beck, avec élégance mais il l'a repoussé et, malgré tout, le lendemain il est intervenu en faveur du Living parce qu'il se faisait expulser. (Volponi, *ibid.*, p. 55-56)

En effet, le 31 juillet, Vilar apprit que des CRS étaient venus déloger les Américains du lycée Mistral. Il se rendit alors sur les lieux pour récuser l'intervention de la police qui pressait la troupe de partir et interpellait des mineures qui s'apprêtaient à suivre le Living Theatre sans autorisation parentale. Volponi, qui couvrait alors l'événement, se rappelle de la scène qui lui sembla « folklorique ». En effet, les représentants de l'ordre prétendaient ne pas connaître Vilar, comme pour mieux lui rappeler qu'il n'avait aucune autorité dans l'affaire :

> Lorsque les CRS sont venus pour déloger le Living du lycée, je me trouvais à l'auberge de France. Vilar, qui était là pour déjeuner, fut averti de l'expulsion du Living. Aussitôt, il s'est rendu au lycée et je lui ai emboîté le pas avec le photographe du journal, Yvon Prévost. Nous sommes arrivés devant le lycée pour assister à une scène inédite bien que peu théâtrale. Vilar voulait entrer et le capitaine Farret, commandant de la CRS 60, planté devant la porte lui dit : « Qui êtes-vous ? » Vilar lui répond : « Je suis le directeur du Festival d'Avignon. » Farret, sétois d'origine, savait très bien qui il était, mais c'était pour le folklore. (*ibid.*, p. 55)

Ce même 31 juillet, le Living Theatre quitta la Cité des Papes pour Châteauvallon, où *Paradise Now* serait jouée gratuitement. Le mois de juillet s'acheva donc sur le départ du Living Theatre du Festival où la troupe avait été invitée et sur la démission de Jacques Gheysens, chargé de presse du Festival, qui, dans une lettre adressée à Henri Duffaut, Jean Vilar et Paul Puaux, se dit indigné de la façon dont les membres de la compagnie furent « chassés » (Gheyssens, « Lettre du 31 juillet 1968 » dans Volponi, 1988, p. 110).

LE SYNDROME D'ANTIGONE : DÉVIATION ET TRAGÉDIE MODERNE

Alors que Vilar avait programmé l'*Antigone* de Brecht revisitée par le Living Theatre, la tragédie, originellement inspirée de Sophocle (que le directeur du Festival avait montée, dans la Cour d'Honneur, en 1960), se rejouait dans la Cité des Papes. En effet, devenu, à Avignon, l'étendard de la révolution portée par les contestataires du « supermarché de la culture », le Living Theatre en vint à incarner la pulsion de transgression, à l'image d'Antigone face à Créon (représentant de l'ordre établi), sous les traits d'un Jean Vilar soumis aux lois municipales. Le rapprochement entre ces personnages imaginés par le tragédien grec et les acteurs du XXIIe Festival est, là encore, un analogisme. Il ne s'agit pas d'affirmer que ces différentes entités sont superposables mais qu'elles se ressemblent, qu'elles partagent des caractéristiques. Si la comparaison entre le Living Theatre et Antigone est suffisamment explicite, celle entre Créon et Vilar est plus complexe car Vilar est un Créon polymorphe. Directeur du Festival d'Avignon, il joua également le rôle de médiateur entre la compagnie et la *doxa* locale, puis entre la compagnie et l'autorité municipale, à l'instar du Créon moderne de Jean Anouilh aux prises avec ses responsabilités de père de famille et de représentant d'institution.

La tragédie naît de la confrontation entre la démesure et la mesure. Selon Nietzsche, « Apollon, en tant que divinité éthique, exige des siens la mesure », alors que les émotions dionysiaques lèvent toute censure et libèrent « l'individu – ses limites et sa mesure » jusqu'à la « démesure » (1977, p. 40 et 41). La transgression et la tentative de la contenir sont donc deux dynamiques fondamentales de la tragédie. Cette vision philosophico-esthétique nietzschéenne de la tragédie antique grecque peut être rapprochée du concept philosophico-sociologique foucaldien de la civilisation moderne. Faire tendre la théorie du philosophe allemand vers l'approche de son héritier français permet de rendre compte de la dimension moderne de la tragédie avignonnaise du point de vue culturel. La tension entre décentrement et cadrage, démesure et mesure, telle que Nietzsche la met en avant, est, dans nos sociétés, le propre de ce que Foucault nomme « hétérotopie de déviation » : « [C]elle dans laquelle on place les individus dont le comportement est déviant par rapport à la moyenne ou à la norme exigée » (1984, n.p.). Avec l'arrivée du Living Theatre, Avignon devint un espace de transgression, une tragédie moderne où des Antigone américaines revendiquaient le droit de s'émanciper d'une norme à la fois coutumière (représentée par des locaux) et écrite (telle qu'elle fut définie par le contrat avec la mairie). L'hétérotopie de déviation est double dans le contexte local : elle est, d'une part, l'expression de la curiosité craintive ou admirative envers l'Autre (celui qui est différent et ainsi relégué à la marge) et, d'autre part, l'articulation rhétorique du sentiment d'aliénation de la part de celles et ceux qui se sentent persécutés par les lois dont ils sont victimes. Chacune de ces interprétations est propre à un point de vue : celui d'une population locale intriguée par la présence d'étrangers, mais aussi celui d'artistes militants cherchant à convaincre de la nécessité de renverser les structures existantes. Voyant les membres du Living Theatre comme des individus oisifs, certains Avignonnais considéraient que les tentatives d'émancipation de la compagnie invitée étaient transgressives. « L'oisiveté est une sorte de déviation », dans nos sociétés, selon Foucault et, aux yeux de beaucoup de locaux, les Carmes devinrent un lieu de liberté bohème. « République libre » durant le mois de juin, le cloître est ensuite devenu une prison aux yeux des membres du phalanstère et des contestataires qui, cette fois, accusaient l'équipe du Festival de se soumettre au règlement de la ville. La prison est une autre forme d'hétérotopie de déviation, la plus coercitive même. Et le soir du 24 juillet, lors de la première de *Paradise Now*, le cloître des Carmes se transforma en effet en Bastille.

L'analyse des hétérotopies de déviation permet de mettre au jour les dynamiques de transgression à l'œuvre dans la Cité des Papes. Ces déviances constituent le point culminant du drame, les scènes d'*agôn* entre deux conceptions de la société. Ces affrontements sont les conséquences des fautes tragiques des héros. Si l'*hybris*, ou excès, est associé à la pulsion dionysiaque, le Living Theatre n'en a cependant pas l'apanage. Comme précisé dans la partie II, la comparaison entre les Américains, Vilar, Dionysos et Apollon vise à mettre en évidence des tendances plutôt que des rapprochements *stricto sensu*. Ainsi, si le patron du Festival est du côté du dieu de la mesure, il est, lui aussi, cependant coupable de démesure. Tout comme Créon, ses erreurs de jugement furent fatales. Les paradoxes de chacun, mais aussi les malentendus entre les parties furent autant d'erreurs (ou *hamartias*) qui précipitèrent Avignon dans la tragédie. Ces ambiguïtés, inhérentes à l'individu, ou entre individus, sont propres à l'humanité, ce qu'Anouilh retranscrivit dans sa pièce en nuançant les personnages originels de Sophocle qui restaient avant tout des figures mythologiques. La modernité de cette tragédie avignonnaise tient non seulement à la profonde complexité du drame dans lequel un grand nombre d'acteurs sont impliqués et où les intrigues (ou « révolutions ») se multiplient, mais aussi à la nature même de l'Homme, sa faillibilité intrinsèque. C'est la dimension *anouilhenne* (plutôt que brechtienne) de cette adaptation grandeur nature d'*Antigone* qui rend difficile toute prise de position en faveur de l'une ou l'autre des forces en action car les fautes, qu'elles soient liées à des paradoxes ou des incompréhensions, semblent partagées[12].

HÉTÉROTOPIE DE DÉVIATION : DE LA RÉPUBLIQUE LIBRE À LA BASTILLE

Si la présence du Living Theatre fit du cloître des Carmes une hétérotopie de crise, lorsqu'il devint l'espace de représentation de *Paradise Now* (et donc un espace marginal de rite de passage), elle le transforma également en hétérotopie de déviation, d'oisiveté d'abord, d'enfermement ensuite. Ainsi, l'hétérotopie de déviation sera tout d'abord envisagée en tant que « république libre », puis nous reviendrons sur l'image de la Bastille.

Le cloître des Carmes, où le Living Theatre se produisait, avait abrité, au Moyen Âge, l'ordre mendiant. Un cloître est défini comme la partie du monastère « interdite aux profanes et fermée par une enceinte » (Ambrogi, p. 45). Cet espace est donc traditionnellement habité par une communauté régie par ses propres codes et se tenant à l'écart de la vie civile même si, dans le cas des ordres mendiants, les échanges avec l'extérieur existaient bel et bien. Déserté par les frères, le cloître fut investi en cet été 68 par une autre communauté, considérée elle aussi comme marginale. La troupe américaine était en effet décrite comme « en marge » de la vie des Avignonnais, dans l'article journalistique

12 Il est intéressant de noter que Vilar n'appréciait pas l'*Antigone* d'Anouilh qu'il qualifiait de « mauvais sujet dans tous les sens du terme » et que, pour lui, les tentatives de réécritures des tragédies classiques par ses compatriotes étaient ratées (1975c, p. 99).

« *Paradise Now* : des rêves auxquels il faut croire… » (1968, n.p.). Logés à l'ancien Lycée Mistral et répétant aux Carmes, les trente-cinq comédiens (et neuf enfants) du Living Theatre ne passaient pas inaperçus dans la Cité des Papes. La presse rendait compte (avec dégoût ou admiration, selon les tendances politiques des journaux) de l'originalité de ces « marginaux » : le 12 juin, *Le Méridional* interrogeait les habitants sur la présence de ces « hommes barbus, chevelus, d'une propreté difficilement discernable (sinon douteuse) » (« Enquête sondage dans les rues d'Avignon ») ; le 17 juillet, *Le Dauphiné libéré* les croquait bien plus positivement comme des hommes et femmes paraissant « échappés de la scène » (« Le "Living Theatre" : des anarchistes non violents », n.p.). « Interdit aux profanes », comme la définition de *cloître* le rappelle, les Carmes étaient, en 1968, « une forteresse » impénétrable, selon l'épouse de Paul Puaux. En février 2017, cette dernière déclarait :

> [Les membres du Living Theatre] ont investi le lieu comme si c'était le leur, au point de fermer la porte à tout le monde. Pas un organisateur du Festival, ni Jean Vilar, ni Paul, ni le régisseur général, ni personne de la ville ne pouvait entrer. Ils se sont construit une forteresse et ils répétaient entre eux. On voulait savoir si tout se déroulait correctement et si la création avançait, mais c'était barricadé. (Melly Puaux dans Jouve, 2018a, p. 62)

À l'abri des regards, les comédiens se prélassaient, selon Sonia Debeauvais (dans *ibid.*, p. 88). Jean-Guy Lecat, régisseur du cloître, semble confirmer cette théorie de l'oisiveté ambiante dans l'enceinte des Carmes : « [D]'une certaine manière, le Living était comme une famille, on vivait ensemble ; il faut bien avouer que l'on ne travaillait pas beaucoup dans la "République libre des Carmes" » (dans *ibid.*, p. 83). Puaux avait nommé les Carmes « République libre » car, d'après Lecat, celui-ci y avait instauré un esprit libertaire pour faciliter le travail des jeunes compagnies (*ibid.*, p. 82). En 1968, les Carmes assumèrent encore plus leur sobriquet. Il convient cependant de nuancer l'oisiveté qui régnait dans cette hétérotopie de déviation. En effet, d'autres témoins, comme Jean-Marc Peytavin, compagnon du Théâtre des Carmes, saluent l'engagement de la troupe qu'ils observaient répéter aux Carmes et au Lycée Mistral (Jouve & Peytavin, E2018). Hans Echnaton Schano est également revenu sur le travail quotidien des membres de la compagnie : « [C]haque jour, on passait de nombreuses heures à chercher les formes théâtrales les mieux adaptées à représenter les divers "Rituels", "Visions" et "Actions" de [*Paradise Now*] » (dans Jouve, 2018a, p. 40). Deux raisons peuvent être avancées pour expliquer cette impression d'oisiveté de la part de certains Avignonnais ou membres du Festival. Tout d'abord, *Paradise Now* n'était pas une création *in situ*. La compagnie avait déjà travaillé à cette pièce à Cefalù, où ils avaient élu résidence avant de venir à Avignon. D'autre part, la modalité de travail du Living Theatre était principalement l'échange, comme vu dans la partie I : ces discussions pouvaient être interprétées par les extérieurs comme de simples bavardages. En faisant du cloître des Carmes un espace perçu d'emblée comme une hétérotopie de déviation, les membres du Living Theatre semblaient afficher la nature transgressive de leur éthique de vie qui ne ressemblait pas à celle de la doxa pour qui travail rythmait avec action, non avec discussion. Ce pas de côté vis-à-vis de la norme rappelle celui de l'Antigone de Sophocle (et puis plus tard d'Anouilh) qui, elle, détonne, non pas dans son rapport au travail, mais dans son rapport à la féminité puisqu'elle n'a pas d'enfant (ce qui, pour une femme à cette époque, était considéré comme une anomalie). Bien que de sang royal, Antigone est elle aussi une marginale, une femme seule, sans époux ni progéniture. Née de l'union tragique entre Œdipe et sa mère Jocaste, son destin fut inscrit dans son nom *Anti – gónê*, « contre la descendance » (Blin, 2014, n.p.). Socialement atypiques, ce qui leur valut d'être considérés comme des *anti*-sociaux (littéralement « contre la société normée ») par la frange conservatrice de leur époque, les membres de la troupe, comme l'héroïne mythique, non seulement ne vivaient pas à la lisière de la tradition, mais empiétaient sur cette frontière entre norme et marge pour renverser les lois en place. Dans un élan de désobéissance civile comme celui d'Antigone, le Living Theatre, héritier du transcendantaliste Henry David Thoreau, s'efforça de déjouer les interdictions de la mairie en accusant les instances de chercher à emprisonner le théâtre. De « forteresse », le cloître des Carmes, cette hétérotopie d'oisiveté relative avant les premières représentations de la compagnie, s'était donc mué en prison.

Après l'interdiction de la *Paillasse aux seins nus* de Gérard Gelas par le préfet du Gard, l'autre épisode majeur de ce Festival 1968 fut la première de *Paradise Now*, le 24 juillet. Ce soir-là, une foule se massa devant le cloître pour assister à la représentation mais l'équipe du Festival refusa de laisser entrer les personnes sans billet, en dépit de l'insistance des membres du Living Theatre qui demandaient des invitations supplémentaires. Rappelons-le, deux raisons principales étaient avancées par le Festival pour interdire l'entrée de personnes sans billet : le respect du public qui avait payé et la sécurité du lieu, dont la jauge était limitée et au-delà de laquelle l'intégrité physique des spectateurs ne pouvait plus être garantie. Les jeunes gauchistes, qui scandaient alors le fameux slogan « Vilar, Béjar, Salazar », s'amassaient à l'extérieur du cloître ; Julian Beck, lui, s'accrochait aux grilles, depuis l'intérieur des Carmes, et « suppli[ait] la foule de "libérer le théâtre" » (Peytavin dans Jouve, 2018a, p. 129). Echnaton se souvient que les comédiens criaient : « Ouvrez les portes, le théâtre est en prison, libérez le théâtre ! » ; là où Jack Ralite se rappelle des cris : « [C]'est la Bastille ! » (dans *ibid.*, p. 47 et 94). Certains, comme la journaliste de *France Nouvelle* Édith Rappoport, affirment que la rhétorique carcérale n'était pas du Living mais qu'elle fut soufflée par Lebel et le sociologue Georges Lapassade :

> Depuis la première représentation, certains « contestataires » du Festival habilement manœuvrés par M. Lapassade, sociologue travaillant sur la « dynamique de groupe », professeur à l'Université de Tours, et son premier violon Jean-Jacques Lebel, viennent former des groupes compacts près des grilles du cloître des Carmes, réclamer « la libération du théâtre » emprisonné dans le cloître « par les organisateurs du Festival » qu'ils s'emploient ingénieusement à discréditer auprès de la population depuis l'ouverture. (Rappoport, s.d., n.p.)

S'il est en effet très probable que ces deux figures de la contestation aient œuvré à mobiliser les troupes, le verbe « manœuvrer » qui, comme celui de « manipuler », est très souvent employé pour rendre compte de l'influence de ces deux hommes sur la compagnie new-yorkaise est à nuancer. Dès le début du Festival, des membres de l'équipe de Vilar et des journalistes soupçonnent en effet Lebel de « manipuler » Gelas et le Living. Hans Echnaton Schano confie que : « Certains organisateurs du Festival auraient alors laissé entendre que des acteurs du Chêne noir avaient accusé Jean-Jacques Lebel de les avoir manipulés et d'avoir fait en sorte que le Living réagisse violemment à l'interdiction de *La Paillasse aux seins nus* » (dans Jouve, 2018a, p. 42)[13]. Le comédien du Living ne partage cependant pas ce point de vue :

---

13 Selon Melly Puaux, « des comédiens de Gelas ont ensuite rapporté qu'ils avaient été manœuvrés par Jean-Jacques Lebel » et Claude Eveno évoque la thèse selon laquelle les comédiens

> Je dirais plutôt que Jean-Jacques croyait sans doute qu'il se devait de saisir toute opportunité de pousser l'agitation à son paroxysme. Si certains acteurs du Chêne noir avaient l'impression qu'il les avait manipulés dans le but de leur faire prendre une posture plus agressive, cela n'était peut-être que le résultat de leurs propres incertitudes. De fait, au lieu de réfléchir par eux-mêmes, ils ont sûrement dû s'en remettre aux arguments de Jean-Jacques sans prendre la pleine mesure des conséquences. Par la suite, ils ont eu des remords et le sentiment d'être allés trop loin, trop vite. (*ibid.*, p. 43)

Claude Eveno, révolutionnaire descendu de Paris pour voir la compagnie américaine dont le *Frankenstein fut une révélation*, récuse cette théorie de la manipulation en arguant que les « membres du Living étaient des gens très intelligents » :

> On a pu dire qu'ils étaient naïfs, on a même pu dire qu'ils étaient manipulés par des gens comme Lebel ou Lapassade, mais ce n'était pas Napoléon, Jean-Jacques Lebel, faut pas déconner, et Lapassade, on ne peut pas dire que ça a été de la sociologie franchement convaincante ! Moi, je ne crois pas du tout à la manipulation. Les comédiens du Living n'étaient ni plus ni moins naïfs que des milliers de gens comme moi qui ont cru, à un moment donné, que le rapport de force avait basculé de manière très majoritaire, vers l'installation d'une dimension inventive de la vie pour faire de la société un grand laboratoire vers un nouvel ordre plus juste et plus amusant. (*ibid.*, p. 79)

Confronté à cette même thèse de la manipulation, Lebel appelle lui aussi à remettre en question cette accusation arguant qu'une telle posture dénigrerait l'intelligence des membres du Living qui agissaient de leur propre chef : « Moi ? Manipuler le Living ? C'est dingue ! ça, c'est du cinéma, c'est du Hollywood, c'est une interprétation hollywoodienne[14] ! ». De plus, la rhétorique carcérale, soulignée par Rappoport,

---

du Living « étaient manipulés par des gens comme Lebel ou Lapassade », thèse à laquelle il ne souscrit cependant pas (dans Jouve, 2018a, p. 63 et 79).

14 Lors d'un entretien en mars 2017, Jean-Jacques Lebel développa son point de vue : « [...] Non, c'est rigolo quoi, mais ce n'est pas sérieux ! C'est tout simplement historiquement faux ! Ce n'est pas mon truc de manipuler les gens. Même si je l'avais voulu, ils ne se seraient pas laissé faire ! Qu'il y ait eu un dialogue, qu'il y ait eu des influences d'amitié, des influences affectives, politiques et des discussions approfondies, ça oui d'accord, surtout dans la période de Cefalù où on a quand même passé presque trois mois dans ce club méditerranée, qui était fermé et où nous étions hébergés. Une fois que l'on avait fait le travail de la journée, on bouffait, on faisait du thé, on fumait un joint et on discutait, toute la nuit pratiquement. Vous voyez ? Donc, il y avait vraiment des grands débats, chaque nuit, des débats ouverts ; et les débats, c'est fait pour transformer les

pour dénoncer la nature même de la société autoritaire était héritée de Thoreau, philosophe cher aux Beck. Comme démontré dans « Staging the Peaceable Revolution : Henry David Thoreau et le Living Theatre », chapitre de l'ouvrage consacré aux influences du penseur sur les arts du XXe siècle (Jouve, 2020b), Julian Beck et Judith Malina étaient de grands admirateurs de la pensée de Thoreau et de *La Désobéissance civile* (*Civil Disobedience*), essai publié en 1849 dans lequel il défendait la « révolution pacifique » par le refus d'obtempérer aux règles les plus injustes ; ce qu'il fit lui-même en ne payant pas ses impôts afin de protester contre l'État américain et sa politique esclavagiste et impériale à l'encontre du Mexique. Alors que leur théâtre du 14th Street avait été officiellement fermé par les autorités et qu'aucune pièce ne pouvait désormais y être représentée, la compagnie fit à son tour preuve de désobéissance civile en proposant des représentations clandestines de *The Brig*. Lorsque la police débarqua pour déloger acteurs et spectateurs, Malina se réfugia dans le décor de la pièce reproduisant une cellule de marins et, paraphrasant les célèbres propos de Thoreau dans « La Désobéissance civile », déclara que la prison était « la véritable place d'une femme juste [...] sous un gouvernement injuste » (Malina, 1964, p. 49). Plus tard, derrière les barreaux de la prison de Danbury qui suivit l'éviction par l'IRS, Beck écrivit le texte « Thoughts on Theatre » qui parut le 21 février 1965, dans le *New York Times*, et dans lequel il appelait déjà à « libérer le théâtre » :

> Je rêve d'un théâtre libre. Qu'est-ce que je veux dire par là ? Déjà, il faut reconnaître que tout le monde n'est pas libre d'aller au théâtre : ça coûte trop cher. Et puis, il y a le coût des créations qui est si important que beaucoup ne sont même pas libres de faire les pièces qu'ils aimeraient faire... Au théâtre, on n'est pas libre de parler librement de sexe ou de politique, on n'a pas non plus la liberté suffisante de permettre au théâtre de critiquer, sans irriter, quoi que ce soit à l'exception près de nos fragilités évidentes.

---

gens, pour les aider à faire une synthèse à partir de points de vue différents. C'est ça les buts des débats, ce n'est pas seulement la palabre, pas parler pour parler mais c'est parler pour arriver à opérer une synthèse. ça, oui ! Ce n'est pas de la manipulation, ça c'est tout simplement du dialogue. Les gens racontent n'importe quoi, ils ne sont pas au courant ! Comment voulez-vous manipuler le Living ! C'est absurde, ça ne marche pas comme ça et ça ne marchait pas comme ça. Ce n'était pas des enfants quand même ! C'étaient des gens extrêmement cultivés : ils avaient une grande culture politique et une énorme culture poétique. Ce n'étaient pas des gens qui se laissaient manipuler comme ça, et moi d'ailleurs, je n'avais aucunement cette intention. » (Lebel dans Jouve, 2018a, p. 109-110.)

> On n'est pas libre d'échouer non plus. Ça, c'est la grande crainte. On est tellement esclave de l'idée de ce que devrait être le succès que l'on considère l'échec comme une mort assurée… Et quand on se lance finalement dans un projet, les pressions logistiques et financières sont tellement écrasantes qu'il est rare de le mener à terme. (Beck, 1965, n.p.)[15]

Avant d'avoir été éventuellement soufflée par Lebel et Lapassade, la rhétorique carcérale était bel et bien une rhétorique connue du Living Theatre qui voyait dans le théâtre le moyen de mener la révolution pacifique que Thoreau avait appelée de ses vœux plus d'un siècle plus tôt. Le fait que des commentateurs attribuent à d'autres les arguments de la compagnie semble montrer qu'ils avaient mal mesuré, lors de cette « prise de la Bastille » avignonnaise, l'agentivité de la compagnie alors sous-estimée par méprise (ou mépris), notamment du fait de leur ignorance de la culture américaine et de l'héritage fondamental des transcendantalistes qui influencèrent profondément la société étatsunienne, les communautés hippies en particulier[16]. L'image d'un théâtre emprisonné aux Carmes était très forte, puisque ce lieu que Vilar avait ouvert se retournait contre sa propre utopie. Beck, qui aurait lancé au directeur : « [C]omment peut-on aimer Racine, Shakespeare et avoir une telle attitude ? », remettait ainsi en question la notion vilarienne de théâtre populaire qui était désormais enfermé derrière des grilles (Lamblard, 2006, n.p.). Le refus initial de jouer *Paradise Now* peut être qualifié de désobéissance civile puisque la troupe s'opposait alors à la mairie avec qui le contrat avait été signé. La compagnie finit par jouer ce soir-là. Contrairement à Antigone, qui s'obstina dans sa détermination à transgresser la loi royale, le Living Theatre oscilla entre la volonté de jouer et de ne pas jouer en signe de protestation révolutionnaire. Ces changements de positionnements furent vécus comme des paradoxes par les détracteurs de la contestation. Les ambiguïtés et autres malentendus

---

15 Trad. A.D. & E.J. – « *I dream of a theatre that is free. What do I mean by that ? To begin with, let us recognize that everyone is not free to go to the theatre : it costs too much. And then there are the production costs that are so great that even the plays many people might want to do they are not free to do … In the theatre we aren't free to speak freely about sex or politics, nor are we a free enough thinking public to permit the theatre to criticize all but our obvious frailties without becoming irate. / Nor are we free to fail. That's the great fear. We are so much the slaves of the success-pattern idea, that we regard failure as killing … [W]hen finally you do work, the pressures of time and money are so severe that you are rarely free to see your work through to completion.* »

16 Mark Sullivan définit Thoreau comme le « ur-hippie » américain. (2010, p. 84.)

idéologiques furent nombreux en ce mois de juillet et peuvent être considérés comme les pierres d'achoppement entre pulsions dionysiaques et apolliniennes. Confrontation des visions beckiennes et vilariennes, ces zones d'incertitude ont précipité Avignon dans le tragique.

HYBRIS : PARADOXES COMME FAUTES TRAGIQUES

Dans les *Leçons sur Œdipe-Roi de Sophocle*, Nietzsche écrit : « Ce qui leur [les Grecs] semblait tragique chez Œdipe, c'était le caractère immérité du destin de l'individu. L'énigme du destin de l'individu, la faute inconsciente, la souffrance imméritée, en un mot le caractère véritablement terrible de la vie humaine était leur Muse tragique » (Nietzsche, 1994, p. 30-31). D'après le philosophe allemand, Sophocle inaugurait avec *Œdipe-Roi* la préquelle de son *Antigone*, une nouvelle approche de la tragédie où les dieux avaient certes toujours leur rôle à jouer mais où les humains, « trop humains » pour revenir à Nietzsche, devenaient désormais acteurs de leur propre chute et non plus juste victimes de la foudre divine qu'ils avaient déclenchée. C'est dans ce sens que Jean Anouilh retravailla *Antigone*, en désacralisant toutefois totalement l'œuvre et en faisant des protagonistes les seuls responsables de leur tragédie personnelle. L'auteur mettait alors en scène l'affrontement entre la Raison d'État et la révolte, là où Sophocle dramatisait l'opposition entre les hommes pétris d'orgueil et le monde du Divin, tout puissant. Il semblerait que, comme l'Antigone et le Créon d'Anouilh, ce ne soit pas l'orgueil qui ait dicté les comportements du Living Theatre et de Vilar mais leurs sens des responsabilités, non pas en tant que sœur ou que Chef d'État, mais en tant qu'artistes désireux de mener à bien leurs utopies théâtrales. La véritable *hybris* des acteurs de ce XXIIe Festival d'Avignon ne fut finalement pas liée au fait de tenter de transgresser le cadre préétabli par la mairie du côté du Living Theatre ni, à l'inverse, de maintenir ce cadre, comme Jean Vilar essayait de le faire, mais d'être les auteurs ou les sujets de malentendus. En effet, l'affrontement entre la compagnie américaine et l'ancien directeur du TNP n'était pas idéologique : si Vilar et les Beck avaient des visions différentes du théâtre et de la politique, les griefs furent en réalité de l'ordre de l'anecdotique, mais ces derniers cristallisèrent les rancœurs entre les partisans des pulsions dionysiaques et ceux des apolliniennes. En effet, les entretiens que j'ai menés, dans le cadre de l'ouvrage *Avignon 1968 & le Living Theatre. Mémoires d'une révolution* (2018), montrent que les témoins de cette tentative de révolution estivale respectaient les positionnements idéologiques tant de Vilar que de la troupe invitée mais récusaient ce qu'ils percevaient comme les ambiguïtés de leur comportement. Ces ambiguïtés continuent à irriter ces témoins pour qui le sentiment d'incompréhension qui les animait autrefois reste très vif. Deux exemples nominatifs, l'un et l'autre aux antipodes du spectre dionysiaque-apollinien, illustrent parfaitement ce phénomène : Jean-Jacques Lebel, auteur du *Procès du Festival d'Avignon* (1968), confia qu'il pensait que « Vilar était un type sincère » mais il l'accusait de manquer de transparence vis-à-vis du Parti communiste français qu'il tenait en horreur (dans Jouve, 2018a, p. 106). Melly Puaux, secrétaire au Festival, reconnaît que le « Living était une grande compagnie » mais, au moment de notre entretien, presque cinquante ans après les faits, elle ne leur avait toujours pas pardonné d'être partis d'Avignon avec l'argent des représentations qu'ils n'avaient pas données (dans *ibid.*, p. 63). D'autres exemples pourraient être proposés mais ces deux témoins et acteurs du Festival rendent compte des deux principales zones de troubles et donc des frictions tragiques entre les Antigone et le Créon avignonnais. Selon les contestataires, la faute tragique de Jean Vilar était sa sympathie pour le PC et pour les sympathisants du Festival ; le Living Theatre avait, lui, fait preuve d'*hybris* en partant avec l'argent.

Comme indiqué précédemment, les communistes furent remis en question par une jeunesse qui les percevait comme des traitres suite à la découverte des horreurs du stalinisme mais aussi en raison de l'alliance, après la Libération, entre communistes et gaullistes. Selon les enragés, dont Lebel était l'un des plus fougueux représentants, « le Parti communiste plaçait ses hommes et ses femmes, ses bureaucrates, dans ses institutions de façon à ce qu'ils aient un salaire » ; « le Festival d'Avignon », ajoute Lebel, « comme la maison de la culture du Havre, la maison de la culture d'ici ou de là, toutes les maisons de la culture étaient pour ainsi dire occupées par les bureaucrates du Parti communiste » (dans *ibid.*, p. 105). Paul Puaux était membre du PCF et même si Vilar n'adhéra jamais au parti, il était perçu comme « un compagnon du Parti communiste français » et « donc forcément [comme] un "chien" », selon le jeune révolutionnaire Claude Eveno, ou encore « le masque derrière lequel se cachait toute la bureaucratie du Parti communiste », d'après Lebel (dans *ibid.*, p. 77 et 106). Dans une lettre ouverte adressée à

Claude Roy, qui avait défendu le Festival dans *Le Monde*, Lebel soulignait ce qu'il percevait comme de l'hypocrisie de la part PCF qui avait « condamn[é] l'intervention impérialiste russe à Prague » au nom de la liberté d'expression, puis avait participé à Avignon à la mise en place d'un « Comité de Défense du Festival [...] pour contrer les "gauchistes" » et défendre Vilar (1968, p. 14-15). La droite avignonnaise « accusait [également] Jean Vilar de servir le PCF, d'en être le sous-marin » (La Nouvelle Compagnie d'Avignon, 1971, p. 106). De par ses fonctions et le soutien qu'il avait pu recevoir de membres actifs du parti, Vilar était considéré comme l'un des leurs. La grande méfiance qui régnait vis-à-vis des communistes peut également être illustrée par le positionnement des plus ambigus du Living Theatre qui aurait accusé la CGT. Si Echnaton reconnaît que les cheminots protégèrent la troupe, l'artiste plasticien Ernest Pignon-Ernest, proche du Théâtre des Carmes qui soutenait la troupe étatsunienne, se souvient que Beck avait, quant à lui, accusé les cheminots communistes de les avoir attaqués :

> Un jour, j'assiste à une réunion au Verger, c'était toujours des assemblées houleuses : Beck prend la parole pour parler des agressions dont la troupe est victime. Il faut rappeler qu'il y avait, au Verger, une sorte d'hostilité à l'égard des communistes et de la C.G.T. Julian Beck, consciemment, ou parce que vraiment il ne comprenait pas la situation, ou parce qu'il était manipulé, déclare à un moment : « Nous avons été agressés par les gens de la C.G.T. ! » Consterné, je suis monté, là, sur la scène du Verger et je lui ai dit : « Vous mentez, vous êtes un sale menteur ! » Je l'ai insulté et ça a entraîné un foutoir terrible. (Pignon-Ernest dans Jouve, 2018a, p. 153)

Ce témoignage montre qu'une grande confusion régnait à Avignon et que les accusations paradoxales fusaient. Le témoignage d'Ernest Pignon-Ernest est inédit et ne peut être recoupé avec un autre récit. Si Julian Beck accusa en effet la CGT à tort, comme l'affirme le plasticien, alors, l'argument de la mauvaise compréhension de la culture française, plutôt que de la mauvaise foi, pourrait éventuellement être avancé, inversement à celui proposé plus haut, pour justifier de la maladresse de jugement part la journaliste de *France Nouvelle*, Edith Rappoport, au sujet de la rhétorique carcérale.

Le fait que Jean Vilar, non membre du Parti, ne clarifia jamais son positionnement vis-à-vis des communistes faisant face aux accusations des « enragés » peut être lié à son rapport avec la mairie. Désavouer sa sympathie pour la gauche aurait mis en danger le Festival, officiellement accueilli par la municipalité dirigée, non pas par un communiste, mais par un socialiste qui avait des affinités avec le PC et comptait sur les membres de ce dernier dans son conseil. L'hypothèse suivante peut alors être avancée : ce lien étroit avec la municipalité peut être la raison pour laquelle Vilar ne compta pas parmi les signataires de la déclaration de Villeurbanne, dont l'idée serait née un an plus tôt, au Festival, à l'occasion du colloque sur la « politique culturelle des villes[17] ». Lors de cette rencontre à Avignon en 1967, Roger Planchon, parmi d'autres directeurs de centres nationaux, demandait alors « plus de pouvoir aux créateurs » face à « la main mise municipale » (Hédouin, 2018, p. 110). Les réunions de Villeurbanne réunissaient directeurs de maisons de la culture et de théâtres populaires, ce que Vilar n'était plus depuis 1963. Selon Sonia Debeauvais, Vilar s'était retrouvé seul, à l'image de Créon, face à ceux qui définissaient son Festival comme un « supermarché de la culture » pour avoir « refusé de prendre part aux réunions en disant : "Ils feraient mieux d'être dans leur théâtre que de se réunir en séminaire à Villeurbanne" » (dans Jouve, 2018a, p. 88)[18]. Son Festival avait besoin du soutien de la mairie sans qui il ne pouvait exister et désavouer cette institution à Villeurbanne en demandant plus d'autonomie ou à Avignon, en se défendant d'être communiste était une prise de risque véritable pour le maintien du Festival déjà menacé par les allégations de la droite et de son député fraîchement élu. Si, publiquement, Vilar ne désavoua en effet pas les instances politiques qui portaient le Festival, lui et son équipe négocièrent à plusieurs reprises avec les autorités (le maire mais aussi le préfet comme nous l'avons vu dans la partie II) pour éviter le recours aux forces de l'ordre et éviter la censure de *Paradise Now*, ce que montre le détournement de la visite de l'huissier avant la représentation du 26 juillet. Si le directeur du Festival essayait de temporiser lors de l'intervention des autorités, il s'efforça également de négocier avec le Living Theatre, tentant ainsi de convaincre les Beck de jouer *Antigone*

17 Sonia Debeauvais confia à Denis Guénoun que : « Vilar s'était rendu à Villeurbanne, mais *après* la réunion à laquelle il n'avait pas voulu participer. » (dans Jouve, 2018a, p. 192.)

18 Le personnage du prologue créé par Anouilh présente Créon comme un homme « seul ». Lucien Attoun, Sonia Debeauvais et Jack Ralite se souviennent d'un Vilar sans véritable soutien, si ce n'est celui de la petite équipe qui l'entourait. D'après ces témoins, ses collègues directeurs d'institutions ne se montrèrent pas solidaires envers lui (voir Jouve, 2018a, p. 73, 88, et 97).

le 18, ou de ne pas sortir du cloître lors de la représentation de *Paradise Now* du 26. Ce rôle de médiateur, Vilar le jouait également auprès des médias : par exemple, il répétait souvent que le Festival se déroulait dans le calme. Le 21 juillet, au micro de l'ORTF, Vilar, au milieu des cris et des slogans « Vilar, Béjar, Salazar », répondit calmement à la question du journaliste lui demandant ce qu'il pensait « de la violence à Avignon » :

> Oh c'est pas vrai, enfin, nous en sommes à notre 10e jour de représentation et il y a eu par rapport à certains camarades un peu trop vifs, un service d'ordre, créé par nous, pacifique. D'ailleurs eux-mêmes sont des non violents, et nous le sommes nous aussi, et je le suis. (« 1968 : Manifestations au festival d'Avignon », 1968, archive INA)[19]

Si la violence verbale ne peut être niée, comme les slogans des contestataires du « supermarché de la culture » comparant le directeur et le chorégraphe au dictateur portugais le montrent, il est vrai qu'aucun témoignage de violence physique devant les lieux des représentations, ou à l'intérieur de la Cour, ou du cloître, n'a été relevé mais la nécessité de gardes du corps cheminots pour protéger les membres du Living Theatre, suite aux attaques du 20 juillet, prouve évidemment que la violence était bel et bien présente à Avignon. La référence de Vilar à la « non-violence » était un clin d'œil à la posture du Living Theatre visant à souligner publiquement que l'équipe du Festival et la troupe invitée partageaient la même vision. Les négociations avec la mairie, la troupe ou encore les déclarations à la presse sont autant de tentatives de recouvrement de la part de Vilar. Contrairement à l'instransigeant Créon de Sophocle, le directeur du Festival, tout comme le Créon d'Anouilh, essayait de trouver des solutions pour apaiser la situation entre les parties impliquées, s'assurer du maintien du Festival et pour montrer, aux médias notamment, que la situation était effectivement maîtrisée. Cette attitude rapproche encore ce Créon version 1968 d'Apollon, la divinité des « apparences ». Selon Nietzsche, ce dieu voile la réalité douloureuse pour la rendre plus supportable aux humains (1977, p. 38). Vilar, lui, négociait en coulisse pour sauver les apparences et assurer la continuité de son entreprise. Si

19 En 1969, lors d'un entretien, Vilar revint sur la violence à Avignon et déclara que la contestation à Avignon « s'est manifestée [...] par une extrême violence verbale et sans jamais aucune violence physique ce qui déjà était énorme. » (« Vilar, un an après 68 », 1969, n.p.)

pour les contestataires, la faute de Vilar résidait dans ses sympathies politiques, une hypothèse non partisane serait de dire que le directeur de cette XXIIe édition commit une erreur de jugement. Et posons, à présent, l'hypothèse suivante : Jean Vilar participa à précipiter la Cité des Papes dans la tragédie de 1968 parce qu'il n'avait pas pris la mesure des enjeux. Tout d'abord, il faut, en effet, rappeler que le directeur programma une compagnie qu'il n'avait pas vue jouer et que son bras droit, Paul Puaux, s'était fondé sur la représentation parisienne d'*Antigone* pour inviter le Living Theatre. Or, comme déjà souligné, cette pièce de Brecht n'était que peu représentative du travail européen de la troupe qui s'émancipait de plus en plus du texte, alors que ce dernier restait central dans cette production. Il est évident que Vilar et Puaux avaient entendu parlé de *The Brig*, de *Frankestein* ou *Mysteries and Smaller Pieces*, suite au vif intérêt que ces pièces avaient suscité dans l'Hexagone mais le fait d'avoir assisté à une représentation d'*Antigone*, plutôt qu'à des spectacles de la compagnie plus iconoclastes, biaisa peut-être la perception que l'équipe du Festival se faisait de l'approche des Américains. Il ne s'agit pas ici de minimiser la force et l'originalité théâtrale de leur création bordelaise de 1967, mais il convient de reconnaître que l'esthétique fondée sur un texte suivi était moins déroutante que celle développée dans leurs autres créations européennes. Vilar aurait confié à Lucien Attoun, qui réalisait alors un entretien pour *France Culture*, que s'il avait vu le Living Theatre en amont, il ne les aurait jamais invités[20]. Cette déclaration apparaît comme un aveu plus qu'un désaveu car, publiquement, Vilar n'eut aucun mot (du moins explicite) contre la compagnie. L'autre erreur de jugement concerne la sortie de troupe à la 8e scène de *Paradise Now*. Le Living Theatre n'avait pas caché que la fin de la pièce se terminait dans la rue, comme les supports de communication du Festival archivés à l'antenne de la BNF de la Maison Jean Vilar le prouvent. L'équipe ne mesura certainement pas l'audace de cette démarche qui choqua d'autant plus les locaux qu'elle eut lieu dans un contexte politique des plus tendus. Enfin, Vilar n'avait pas anticipé l'intensité de ce même contexte politique. Lorsque, le 12 juin, il annonça via le *Nouvel Observateur* qu'il souhaitait « transformer Avignon en un lieu de contestation que

20 D'après Attoun, Vilar lui aurait dit : « c'est évident que si j'avais vu le Living avant, je ne l'aurais pas invité. » Et de souligner que : « [C]'était la première fois qu'il le disait… » (dans Jouve, 2018a, p. 73.)

la présence de nombreux jeunes pourra[it] rendre international ». Vilar, pour qui « le théâtre [était] essentiellement un dialogue », n'avait pas pris la mesure de la complexité de la situation, ni du point de vue local puisqu'Avignon se droitisait, ni du point de vue générationnel puisqu'il tendait la main à une jeunesse qui rejetait en bloc la génération qui était la sienne (cité dans Wehle, 1991, p. 113).

L'*incipit* du *Procès du Festival d'Avignon* par Jean-Jacques Lebel semble indiquer que Vilar fut pris à son propre piège :

> Il est parfaitement vrai qu'un certain nombre d'enragés, qu'un certain nombre d'étudiants révolutionnaires dont les mouvements avaient été dissous en juin par le gouvernement, se sont retrouvé au Festival d'Avignon pour continuer le combat [...]. [A]u nom de quel scrupule commercialo-philosophique se seraient-ils privés, ces étudiants, ces enragés, de continuer leur action dans un festival qui se prétendait « populaire » et « ouvert » à la contestation ? (Lebel, 1969b, p. 9)

Si la plupart des contestataires appréciaient l'homme à l'instar de Lebel, il était devenu le symbole d'une époque que les contestataires méprisaient (un mépris que l'attitude du général de Gaulle lors du conflit avait exacerbé chez certains) et en cela, son Festival était à rejeter de fait. Les fautes tragiques de Vilar seraient donc liées à des malentendus et de mauvaises appréciations d'une situation post-mai des plus extraordinaires.

Selon Sonia Debeauvais : « [I]l y a eu beaucoup d'histoires d'argent avec le Living [...] ; [v]oir Beck demander la gratuité des spectacles alors qu'il avait déjà été payé, c'était quand même amusant ». Puis, ajoute-t-elle :

> Je me souviens de Julian Beck, ce soir de la première, accroché aux grilles et nu, comme d'habitude, qui criait : « Le théâtre est en prison ! Laissez entrer les gens gratuitement ! C'est la révolution ! » Je le regardais à poil et je me disais : « Quand je pense qu'il est allé personnellement ce matin toucher une partie de l'argent pour les représentations et qu'il a cet argent dans ses poches... » et ensuite je me marrais et je me disais : « Mais non, il n'a pas de poches ! » (Debeauvais dans Jouve, 2018a, p. 89)

L'un des principaux griefs contre le Living Theatre fut le fait que la compagnie quitta Avignon avec le paiement de représentations qu'ils n'avaient pas données. Contrairement à l'hypothèse soutenue par Melly

Puaux selon laquelle le Living Theatre quitta Avignon après avoir perçu « l'argent des dix-neuf représentations alors qu'ils n'en avaient données que cinq », la compagnie partit avec les deux-tiers du montant total soit l'équivalent de 12,5 représentations et non 19 (dans *ibid.*, p. 65). Le Living rompit effectivement le contrat sans rembourser l'argent pour les spectacles non présentés. Ce comportement choqua les sympathisants du Festival et fut considéré comme une preuve de la malhonnêteté de la troupe qui aurait volé l'argent public, alors que, pour les contestataires, le Living Theatre partait avec l'argent des petits bourgeois du gouvernement gaulliste, ce qui n'était qu'une juste rétribution dans un système injuste. Deux conceptions s'affrontaient alors. La question de l'argent des représentations va de pair avec celle de la nécessité ou non de faire grève. Comme préalablement indiqué, le positionnement du Living Theatre oscilla entre la nécessité de jouer ou de ne pas jouer au nom de la révolution. Ils refusèrent de jouer *Antigone*, une pièce sur la désobéissance civile suite à l'annonce de la censure de *La Paillasse aux seins nus*, à la grande incompréhension de Vilar qui, lors de discussions avec Beck, aurait déclaré : « [Q]uand il y a une injustice, on joue précisément *Antigone* pour le public présent, "On joue !" » (Puaux, *ibid.*, p. 63). *Paradise Now* avait été écrite pour transformer les participants en Hommes Nouveaux qui révolutionneraient la société, et pourtant, la troupe, qui avait été rémunérée, menaça (avant de finalement se rétracter) de ne pas donner les représentations si les grilles des Carmes restaient fermées aux personnes sans billet. Ces tensions soulèvent la question de la rémunération du théâtre politique : si le Living Theatre était contre la société capitaliste, les membres n'auraient-ils pas dû jouer gratuitement, c'est-à-dire en dehors du circuit fondé sur un schéma libéral production/rémunération qui leur assurerait un cachet ? L'hypothèse qui peut être avancée, pour tenter d'expliquer cet apparent paradoxe, est ce que l'on pourrait définir comme la « schizophrénie de l'artiste », au sens étymologique de « fractionnement de l'esprit », et non dans l'acception psychiatrique du terme. Comme Beck le déclarait à l'Odéon, les membres de la compagnie étaient des « esclaves de l'État », et d'une société capitaliste qu'ils dénonçaient mais qui, pourtant, leur permettait de vivre de leur art. L'ambiguïté de Beck, qui occupait l'Odéon mais s'apprêtait à jouer pour une autre institution en échange d'une rémunération (dont le cofondateur dira, en 1969, qu'elle était d'ailleurs « très faible[21] ») semble être endossée par l'orateur américain qui poursuivit son allocution à l'ex-Théâtre de France en revenant sur la tension entre institution et révolution :

> Il est important d'occuper l'Odéon, parce qu'il se trouve près du Quartier Latin, et surtout parce qu'on y voit un talent très développé : le talent de la compagnie Madeleine Renaud-Jean-Louis Barrault, qui, dans l'ensemble, sont comme moi-même, des esclaves de l'État. Et cela nous amène à cette idée que nous devons changer immédiatement notre forme d'action. Il faut le dire : le Living Theatre accepte des engagements dans les maisons de la culture, dans les théâtres bourgeois, etc… [*sic*] Il nous faut aller dans la rue ! Il nous faut détruire cette architecture qui sépare les hommes. Il nous faut aller vers l'homme dans la rue pour lui faire connaître ses possibilités d'être. (Beck, 1969b, p. 162)

Ce qui peut être perçu comme une pirouette rhétorique semble être plutôt de l'ordre de l'ambiguïté assumée puisqu'en 1969, le cofondateur reviendra sur « ce piège » dans lequel ils étaient pris en 1968 :

> Des jeunes militants parisiens sont venus à Avignon pour arrêter le Festival, pour qu'il soit annulé. Pourquoi est-ce qu'on continue ce truc capitaliste ? On n'arrêtait pas de dire que *Paradise Now* était notre contribution à la révolution. Tout en sachant pertinemment qu'on était pris dans le même piège que le reste du monde. (dans Schechner, 1969, p. 33)[22]

En faisant référence, dans son allocution à l'Odéon, à la thématique de la rue comme sortie de l'impasse idéologique dans laquelle il se trouvait, Beck annonçait la fin de *Paradise Now*, qui se terminait en effet hors de l'institution, hors de l'espace théâtral mis à disposition par l'équipe de Jean Vilar. En assimilant les sacrifices de la compagnie Renaud-Barrault à ceux du Living Theatre, Beck tentait peut-être de faire amende honorable envers celui qui, deux ans plus tôt, les invita à jouer *The Brig* et *Mysteries* sur le plateau de l'Odéon. Richard Schechner revint sur l'ambivalence du positionnement de la compagnie à leur retour aux États-Unis, leur

21 Lors d'un entretien avec Schechner, Beck déclara en effet que la somme versée par le Festival pour les réprésentations de juillet 68 était très faible (« *[They paid the company] very little money.* » [Dans Schechner, 1969, p. 33]).

22 Trad. A.D. & E.J. – « *[Parisian revolutionary kids] came to Avignon to disrupt the Festival, to withdraw. Why did we continue this capitalist thing ? We kept saying* Paradise Now *was our contribution to the revolution. Even though we knew we were caught in the same trap that the rest of the world is caught in.* »

demandant ce que cela leur faisait d'être des « révolutionnaires qui dépend[aient] des bourgeois ». Beck répondit alors :

> Nous avons parlé longtemps du projet d'amener le théâtre dans la rue. Et on reconnaît tous qu'on fonctionne encore grâce au système capitaliste bourgeois et au soutien financier de l'état. C'est comme ça qu'on gagne notre vie. Le gros problème auquel on est confrontés en ce moment même, ce n'est pas de savoir quelle pièce faire ensuite mais comment sortir de cette situation. Parce qu'il est évident, je pense, pour quiconque s'intéresse à comment changer la structure de la société que le théâtre est un moyen de communication ; les prises de conscience ne doivent pas être limitées aux moins privilégiés d'un point de vue économique, seulement, mais aussi psychologique et culturel. (*ibid.*, p. 42-43)[23]

Si Beck ne développait pas cette situation de « fragmentation de l'esprit », dans laquelle les membres de la compagnie se trouvaient et qui les obligerait finalement à choisir entre leurs convictions et leur survie matérielle, il avoua volontiers que le Living était déchiré entre ses idéaux et la réalité du quotidien. Plutôt que de revenir en détail sur ces tensions entre le rêve et le réel, le cofondateur déplaçait, une fois encore, la conversation vers la nécessité de jouer dans la rue pour les plus démunis. Ce public idéal n'était pas celui de la Cité des Papes, qu'il décrivit non sans un certain mépris lors de la conférence de Genève du 20 août 1968 : il y parle alors du Festival comme un « festival de consommation, bourgeois, créé pour un public parachuté en Avignon » (cité dans Jacquot, p. 266). Si avec *Paradise Now*, la compagnie amorçait cette tentative de transporter le théâtre dans la rue, il s'agissait d'amener jusqu'à la 8e scène, donc vers le « dehors », les gens du « dedans », c'est-à-dire ceux qui avaient acheté leur place pour le spectacle. Lorsque le Living Theatre voulut jouer gratuitement aux Carmes, quartier populaire d'Avignon, il tenta une première fois de véritablement jouer *dans la rue*, au sens propre comme au figuré (c'est-à-dire sans salaire). Si Beck ne revint pas sur la façon dont

23 Trad. A.D. & E.J. – « *What is it like to be revolutionaries who are dependent on the bourgeois ? / [...] We talked for a long time about bringing theatre into the streets. And we acknowledge that we are still functioning off the bourgeois capitalist system and the state-supported tax system. This is how we get our living. The important problem that faces us right now is not what play we do next, but how do we get out of that situation. Because it is apparent, I think, to all people who are interested in changing the structure of society that theatre is a medium of communication, and community revelation must get to the people who are not only economically underpriviledged* [sic], *but also fearsomely psychologically and culturally underpriviledged* [sic]. »

il pensait résoudre le dilemme de leur propre survie en jouant gratuitement pour les plus démunis, le Living Theatre parvint à y répondre lorsqu'une partie de la compagnie décida, après la scission du groupe en 1969, de partir au Brésil où ils jouèrent notamment dans les favelas. Ces paradoxes entre jouer / ne pas jouer, être payé / ne pas être payé, peuvent être interprétés, dans une perspective deleuzo-guattarienne, comme propres aux schizophrènes qui cherchent à créer, à produire d'autres modèles au sein d'une société capitaliste qui les rend dépendants. Dans *L'Anti-Œdipe*, Gilles Deleuze et Félix Guattari redéfinissent la schizophrénie comme le paradigme du désir productif (un désir qui n'est donc plus fondé sur le manque mais sur le plein, la construction), s'éloignant ainsi de la vision psychiatrique traditionnelle : « Il y a de la schizophrénie comme de l'amour : il n'y a aucune spécificité ni entité schizophrénique, la schizophrénie est l'univers des machines désirantes productrices et reproductrices, l'universelle production primaire comme "réalité essentielle de l'homme et de la nature" » (Deleuze & Guattari, 1975, p. 13). La fragmentation de l'esprit est donc perçue positivement puisqu'elle devient un moteur de vie. De ces tensions, entre désir de produire un idéal et nécessité de se conformer à une structure qui nous aliène en nous nourrissant, naît le délire dans lequel git « l'éclatante et noire vérité », à savoir celle des paradoxes d'une société qui nie l'individu, qui contraint les rêveurs, les producteurs d'idéaux au nom du bien commun, au nom du collectif (*ibid.*, p. 11). Nous pourrions donc conclure, à la suite de l'analyse du philosophe et du psychanalyste, que le Living Theatre était une compagnie « schizophrène ». Cette vision positive de la schizophrénie, qui récuse l'association entre désir et folie rejoint d'ailleurs celle des membres de la compagnie new-yorkaise pour qui « l'on devrait arrêter d'associer rêves ou visions et folie » (Dorothy Shari dans Living Theatre, 1969, p. 105)[24]. Il faut rappeler que *L'Anti-Œdipe*, sous-titré *Capitalisme et Schizophrénie I*, fut publié en 1972 et s'inscrit dans un contexte post-68 qui, selon les penseurs dans « Mai 68 n'a pas eu lieu », n'a pas su intégrer les revendications de cette (non)révolution. Cet échec de la révolution, dont les revendications désirantes ne furent pour la plupart pas retenues, réduit alors le schizophrène « positif » en schizophrène « pathologique », puisque la société normée n'a pas réussi à l'intégrer. Ainsi, si les paradoxes du Living Theatre peuvent

24 Trad. A.D. & E.J. – « *We should stop associating dreams and visions with insanity.* »

être interprétés positivement, cet élan positif de tentative d'échapper à la réalité sociétale est rattrapé par la norme qui souligne le manque (ou absence de logique) au lieu de valoriser les pleins (ou potentiel créateur). Nous pouvons alors également parler de malentendu, d'incompréhension, tant dans le cas du Living Theatre que dans celui de Jean Vilar.

Le Living Theatre n'a pas l'exclusivité de l'ambiguïté concernant la problématique financière. Alors que la mairie avait refusé que la troupe permette à des spectateurs d'assister aux représentations sans billet et de jouer gratuitement dans les rues, il fut décidé le 30 juillet d'« offrir un spectacle ouvert au public » le 4 août sur le pont Saint-Bénézet afin, selon les organisateurs du Festival, de « déjouer les manœuvres » des contestataires qui avaient envoyé à Béjart une « lettre signée "les enragés" » lui demandant « d'ouvrir la discussion sur son lieu de travail » (« Chronologie du XXIIe Festival », s.d., n.p.). En dépit des intempéries, des tracts contre le maire de la droite (lui demandant de se retirer, à l'instar du Living Theatre) et des gauchistes (outrés par l'organisation d'un tel événement après l'interdiction des spectacles gratuits du Living Theatre), l'événement eut lieu et fut un succès. 15 000 spectateurs se régalèrent d'aïoli offert et du spectacle de Béjart. Plus tard, lors d'un échange avec Richard Schechner en 1969, les Beck témoignèrent de leur amertume :

> BECK. – On nous a interdit de jouer *Mysteries* dans les rues d'Avignon.
> MALINA. – Dans des quartiers ouvriers.
> BECK. – Et le jour où on quitte Avignon, ils ont décidé de laisser Béjart danser gratuitement sur une île, sous le pont, et où 20 000 spectateurs pouvaient être rassemblés.
> MALINA. – Oui, avec des lumières et de la nourriture gratuite, un public de 20 000 personnes pour bien montrer que les pouvoirs publics avaient à cœur de servir les intérêts du peuple et qu'ils mettaient l'art à leur portée.
> BECK. – Je pense que les gens ont plus apprécié ce spectacle que si ça avait été *Mysteries*…
> MALINA. – J'en suis sûre, mais je pense aussi que tout le monde était conscient de la différence entre *Mysteries* joué au coin de la rue et ce cirque populiste. Je pense qu'ils ont été bien clairs là-dessus. C'était une bonne démonstration didactique.
> SCHECHNER. – Autrement dit, tout le monde sait reconnaître la corruption.
> MALINA. – Oui, tout à fait.
> BECK. – Ils l'acceptent, bien sûr.

MALINA. – On accepte, on accepte tous : c'est gratuit. (Schechner, 1969, p. 44)[25]

La critique est évidemment sévère mais elle met en avant l'ironie de la situation et pose la gratuité comme une stratégie imparable de contentement du public, ce qui soulève la question des procédés démagogiques de la mairie, mais aussi par extension du Living Theatre. La gratuité est donc une notion très ambivalente : jouer sans être payé ou sans faire payer peuvent être perçus comme des procédés altruistes de partage ou, au contraire, égoïstes et intéressé de tentatives de séduction.

Ces divers malentendus, ces fautes tragiques, sont à l'origine de la tragédie avignonnaise de 1968. Qualifier l'*hybris* des deux principaux acteurs du conflit de « malentendu » ne revient pas à minimiser les fautes commises ni à faire preuve de naïveté. Il ne s'agit pas non plus de considérer que l'origine de la crise était uniquement imputable au Living Theatre et à Vilar car ce point de vue oblitèrerait les facteurs liés à la complexité et à la diversité des enjeux locaux et nationaux. Le but est, bien au contraire, de mettre en avant le fait que deux conceptions du théâtre et de la politique se rencontrèrent à Avignon cet été là, car ces malentendus, que l'on pourrait nommer plus explicitement de « divergences d'opinion ou d'interprétation », renvoient bien à la confrontation de deux visions de l'art et de la lutte. Les Beck et Vilar avaient des objectifs communs, dans la mesure où ils partageaient le même désir d'offrir au public un « théâtre formellement novateur et institutionnellement accessible » (Jouve, 2018a, p. 226). Cependant, ce désir commun se déclinait en deux utopies distinctes, telles que présentées dans la première partie du présent chapitre : ces divergences politiques et esthétiques, du fait du contexte de l'après mai 68, rentrèrent en friction. Vilar restait un « patron », à l'image du « patron de barque » sétois : « [O]n ne lui tapait pas sur le ventre, il n'y avait pas

25 Trad. A.D. & E.J. – « *BECK – We were prohibited from giving Mysteries in the street at Avignon. / MALINA – In workers' quarters. / BECK – Then the day we left Avignon they decided to let Béjart dance free under the bridge on an island where 20,000 spectators could gather. / MALINA – Yes, with lights and free food, 20,000 people to show that the officials indeed have the interests of the people at heart and they were bringing art to them. / BECK – I think the people probably liked it much more than they would have Mysteries… / MALINA – I am sure, but I think everyone knew the difference between our performing Mysteries on that street corner and that great bread and circus scene under the bridge. I think that was made very clear. It was a good didactic point. / SCHECHNER – In other words, people know bribery. / MALINA – Yes, people know. / BECK – They take it, of course. / MALINA – Take it, we all take it, it's free.* »

de familiarité mal placée, peu de gens le tutoyaient » (Jouve, 2018a, p. 65). Sur les photos prises lors du XXIIe Festival, Vilar arborait une moustache qu'il ne portait pourtant pas l'année précédente. Suite à la question au sujet des raisons de l'apparition de cette moustache, Melly Puaux indiqua que Vilar n'avait pas expliqué sa démarche mais qu'elle était pour elle le signe de « sa confusion » ; elle ajoute : « [I]l se disait qu'il était peut-être d'une autre époque, d'où la moustache » (Jouve & Puaux, E2017). La moustache pouvait symboliser alors le fait que Vilar assumait d'être, comme il le dit lui-même au cours d'un entretien, de « l'autre côté de la barricade » en face à face avec les jeunes contestataires en décidant de maintenir le Festival qui n'était plus en effet ce « lieu de contestation [...] international » mais bien un « supermarché de la culture » à leurs yeux :

> [M]a crainte était que l'on passe à la violence physique et de quel côté de la barricade aurais-je été ? Comme les jeunes camarades disaient, j'étais de l'autre côté de la barricade [...]. À moment donné vous êtes comme on dit coincé et il est vrai que vous devez dire « est-ce que vous restez là ou vous n'y restez pas ? ». Je pensais que le travail de 23 ans devait continuer. Donc j'ai maintenu. [...] Si on a accepté de diriger un navire, au cours de la traversée, on ne l'abandonne pas. (« Vilar, un an après 68 », 1969, émission TV)

Vilar revendiquait donc son statut d'*Ancien* et le « patron de barque » se compare ici au capitaine d'un navire dont il aurait eu la responsabilité. Si le Living Theatre n'était pas une troupe jeune, puisque fondée la même année que le Festival, et que ses fondateurs avaient guère plus de 40 ans chacun, elle représentait cette jeunesse fascinée par les arts étatsuniens et la soif de liberté du mouvement hippie et était elle-même composée de comédiens d'une vingtaine ou d'une trentaine d'années à qui les rebelles français pouvaient s'identifier.

Il est important de souligner que lors d'allocutions publiques ni les Beck ni Vilar ne s'accusèrent. Les Américains accusaient soit la mairie soit les spectateurs avignonnais mais ne vilipendèrent cependant pas le directeur du Festival lors de prises de parole officielles, orales ou écrites. Pourtant, en 1970, en réaction à une déclaration de Vilar au *Nouvel Observateur*, Beck et Malina adressèrent un courrier à celui-ci, avec « Copie au *Nouvel Observateur* », l'accusant d'avoir défendu la police aux dépens des artistes :

> Vous écrivez que « jamais une compagnie d'artistes n'a été chassée d'Avignon ». Mais vous-même, vous étiez présent dans la cour du vieux Lycée Mistral quand la police était en train de contraindre la compagnie du Living Theatre de quitter sans délai l'endroit. « Je vous prie de croire, Beck, que je ne suis pas du tout le responsable de cette action policière », avez-vous déclaré Le capitaine de la police nous a dit qu'il entreprenait son action sur l'ordre du Maire, M. Duffaut
>
> Pourquoi défendre la police ? Si l'impression générale est que la police protège le peuple contre des valeurs, n'est-ce pas le travail de l'artiste de montrer la vérité qui est que la police protège les vrais voleurs contre le peuple ? Travaillons ensemble. Le travail c'est de faire quelque chose contre l'état policier qui s'agrandit aujourd'hui partout et contre la mentalité policière qui infecte toute la planète. (Beck & Malina, 1970, n.p.)

L'exhortation finale à travailler ensemble se lit comme une formule rhétorique visant à, si ce n'est amoindrir, du moins adoucir l'accusation. L'amertume de Vilar envers ses invités ne s'exprima pas non plus durant le Festival : en tant que directeur, il ne désavoua jamais publiquement le comportement des artistes. Les ressentiments de Vilar s'exprimèrent de façon apollinienne, c'est-à-dire voilée, à l'occasion des différents bilans du Festival. Le 13 août, lors de la conférence de presse, il déclara : « [L]a Politique, c'[était] le Destin » et que le Festival avait « eu le mérite d'exister. » Revenant sur la programmation théâtrale, il précisa que le Living Theatre et les raisons de son départ faisaient « partie de l'histoire de ces vingt-deux ans d'Avignon », ce qui revenait à dire que la troupe appartenait au passé et ne serait plus réinvitée comme il l'induit également lors de la présentation du XXIIIe Festival, le 14 mars 1969 (Vilar, 1969, n.p.) :

> Le Living Theatre a réuni dans le cloître des Carmes 3490 personnes pour 5 représentations, réalisant ainsi dans un lieu de 600 places près de 105 % de fréquentation. Cette compagnie devait donner 20 représentations. Celles-ci étaient entièrement louées. Le jour où Julian Beck et Judith Malina m'inviteront à présenter un spectacle français sur le territoire américain (dans la rue, sur un campus ou peut-être dans un théâtre), je ne suis pas certain que ma compagnie atteindra ce chiffre de fréquentation publique. Remerciements donc à nos très turbulents amis et à bientôt peut-être. Aux États-Unis, cette fois. (Vilar, 1975d, p. 496)

Vilar, qui de toute évidence avait suivi l'actualité de la compagnie et sa tournée aux États-Unis (où ils avaient joué dans « la rue, sur un campus [...] dans un théâtre »), indiquait là encore, avec ironie, qu'une prochaine rencontre n'était envisageable que si la troupe invitait Vilar car la réciproque n'était plus pensable. Siège d'affrontements, la Cité des Papes fut le théâtre de la confrontation entre deux utopies qui semblaient donc à jamais incompatibles. Cette divergence de position est évoquée par Judith Malina qui parle des différentes « natures » du Living Theatre et de Jean Vilar lors de l'entretien avec Schechner publié dans *The Drama Review* au printemps 1969 :

> Notre travail était d'une nature telle que le maire se devait de l'interdire et Jean Vilar était d'une nature telle qu'il n'était pas en mesure de lui rétorquer : « Même si je n'aime pas leur pièce, il ne faut pas l'interdire ». Car Jean Vilar n'était pas de nature à agir ainsi et le maire était de nature à devoir agir ainsi et notre travail était de nature à provoquer ce genre de choses. D'une certaine manière, si un style de vie, une culture pro-drogues ou une mode ou un courant artistique a un quelconque pouvoir intrinsèque, il se mettra lui-même, je pense, dans une position qui l'empêchera d'être accepté. S'il peut être maîtrisé alors il n'a pas de valeur révolutionnaire. (Malina citée dans Schechner, 1969, p. 44)[26]

Si Malina ne rend pas hommage aux tentatives de Vilar qui négocia en effet à plusieurs reprises avec Duffaut et si le commentaire est à l'avantage de sa compagnie, elle rend bien compte de la nature apollinienne de Vilar, le Créon avignonnais du côté de l'ordre, et de celle dionysiaque du Living Theatre, les Antigone révolutionnaires.

En ce mois de juillet 1968, *Paradise Now* fit du cloître des Carmes un lieu autre, un lieu de déviance aux lendemains des élections législatives qui avaient supposément rétabli le pouvoir en place et donc la norme. La soif de liberté des membres du Living Theatre faisait d'eux, aux yeux de certains Avignonnais, des êtres atypiques et oisifs alors que, selon eux, ils ne cessaient d'œuvrer pour faire exploser le carcan dans lequel ils se sentaient enfermés. Ces danseurs dionysiaques, portés par la

---

26 Trad. A.D. & E.J. – « *The nature of our work was such that the Mayor had to ban it and the nature of Jean Vilar was such that he could not say to the Mayor, "Even if I don't like their play, you mustn't ban them." Because it was the nature of Jean Vilar not to do that and it was the nature of the Mayor to have to do that and it was the nature of our work to force this to happen. In some way, if a life-style or a drug culture or a mode or an artistic tendency has any intrinsic power, it will, I think, put itself in a position where it won't be accepted. If can be contained, then its value is not revolutionary.* »

contestation, proposaient un théâtre révolutionnaire et se heurtèrent aux principes populaires du patron apollinien du Festival qui les avait invités et qui ne put empêcher la censure de la mairie en dépit de ses tentatives. L'opposition de ces deux forces en vigueur, aveuglées par l'*hybris* relative à leur divergence de points de vue mais aussi à leur incompréhension réciproque, précipita la Cité des Papes dans une noble tragédie dont la singularité est à souligner car ce Festival ne ressembla à aucun autre tant les enjeux politiques et culturels étaient spécifiques. Ce chapitre plus historique que le précédent nous permet de préciser la nature de l'articulation entre le politique et l'intime, centrale dans la notion de performance. La participation du public à l'expérience *Paradise Now* fut conditionnée par le contexte sociopolitique de ce mois de juillet 68, un temps particulièrement complexe à analyser tant les divergences idéologiques étaient non seulement nombreuses mais également pas toujours clairement définies notamment du fait de malentendus. Du propre aveu de Beck, c'est la révolution qui permettrait à la troupe d'accomplir son rêve d'un théâtre révolutionnaire qui pourrait alors accompagner plus avant cet élan de révolte. La dimension politique est donc double : elle est une prédisposition nécessaire préalable à la mise en condition des participants et est une conséquence de la transformation du soi. Art du réel, de l'abolition des frontières entre illusion et réalité, la performance, plus que tout(e) autre forme artistique dépend du contexte de production qui définit ses contours. L'attention que les performeurs portent à l'ici-et-maintenant en tant qu'actualité influence la réception de l'œuvre et ainsi le voyage du participant. Si en inscrivant *Paradise Now* dans le contexte contestataire de l'après-mai 68, le Living Theatre prenait le parti de s'ostraciser face une frange du public qui n'avait d'autre curiosité que celle d'assister à une pièce programmée par le Festival, ses membres faisaient aussi le pari de donner un sens véritablement citoyen à leur démarche et, en misant sur l'énergie révolutionnaire ambiante, d'embarquer plus avant encore les sympathisants vers une forme de changement. La performance est ainsi façonnée par le contexte politique dont la prise en compte façonne, quant à elle, l'impact de l'artistique sur l'intime et, par voie de conséquence, sur l'environnement lui-même, qui évoluera face aux circonstances initiales de création et production.

2018, DES PARADIS AUJOURD'HUI

La survivance des lucioles ?

> La lumière est toujours égale à une autre lumière.
> Puis elle se modifia : de lumière elle devint aube incertaine, [...] et l'espoir eut une nouvelle lumière.
> Pier Paolo PASOLINI, « La Résistance et sa lumière » (1961).

En août 1967, soit environ un an avant la tentative révolutionnaire avignonnaise du Living Theatre, Julian Beck écrivait dans son court essai « Théâtre et Révolution » :

> Aucun des trente-deux membres de la compagnie ne prétend que le Living soit actuellement le paradis, mais la lutte est un des plaisirs de la révolution.
> Nous rêvons de l'instant où le Living Theatre s'effacera tandis que la société en évolution créera d'autres formes de théâtre. (Beck dans Lebel 1969, p. 262)

Utopiste réaliste, le cofondateur du Living Theatre ne prétendait pas ériger sa compagnie en modèle : désireux de créer une communauté créatrice paradisiaque fondée sur un principe horizontal supposant l'effacement des deux « directeurs et administrateurs » originaux, cette entreprise les « réjoui[ssait] » autant qu'elle leur « coût[ait] un effort » (dans, 1969a, p. 262). L'effort, la lutte, étaient le sel de ce que nous avons défini en introduction comme un « devenir-révolution » ; devenir-révolution qui atteignit son paroxysme en 1968. La révolution ne se concrétisa pas pleinement mais l'esprit de la révolution, l'« l'irruption d'un devenir à l'état pur », fut bien réel. Avec *Paradise Now*, le Living Theatre participa à la réalisation de cette hétérotopie révolutionnaire. L'espace utopique, « autre » et « effectivement réalisé », fut à la fois théâtral et politique

(Foucault, 1964, n.p.) : *Paradise Now* métamorphosa le cloître des Carmes en hétérotopie « de crise » et « de déviation » ; *locus* et de transformation intime et de transgression collective. Toutefois, le départ de la troupe suite à une censure de cette dernière par la mairie sonna le glas de l'hétérotopie avignonnaise. Ce départ est à considérer à l'aune du rêve de Beck de voir disparaître le Living Theatre pour laisser place à « d'autres formes de théâtre » (Beck dans Lebel 1969, p. 262). Au lendemain du cinquantenaire de 1968, se pose la question de la nature de l'héritage laissé par la troupe, et plus spécifiquement de celui que *Paradise Now* a laissé en France. Avant de considérer, dans la partie intitulée « 2018 : "le Living Theatre, toujours envie ?" Un héritage complexe », la teneur précise de cet intérêt pour la troupe américaine, un demi-siècle après l'événement, une immersion dans l'immédiat d'après-juillet 68 s'impose. Les conséquences directes de la tragédie avignonnaise sur la troupe américaine mais également sur le Festival d'Avignon auguraient, dans une certaine mesure, de la marche de l'Histoire. En effet, comme nous le verrons dans la partie I « 1968-1969 : dénouement tragique ou la mort des utopies ? », le départ du Living Theatre le 1er août 1968 marqua l'évanouissement de la troupe en France alors que le Festival de Vilar qui avait été remis en question par les contestataires maintint son cap. L'institution, que les anarchistes voulaient renverser, s'en trouva finalement renforcée au point que cette même institution prit à sa charge de rendre hommage aux tentatives passées de son propre démantèlement lorsqu'en 2018 des théâtres nationaux organisèrent des commémorations de 1968 et de *Paradise Now*. Ce renversement, qui peut être interprété comme ironie de l'histoire (et opportunisme démagogique) ou devoir de mémoire (et prise de responsabilité politique), sera abordé à la lueur bioluminescente des théories de Georges Didi-Huberman.

Dans son ouvrage *Survivance des Lucioles* (2009), le philosophe et historien de l'art interroge en effet, le pessimisme ambiant des années post-soixante, qu'incarnaient Pier Paolo Pasolini puis Giorgio Agamben. L'image des lucioles est empruntée à Dante qui, dans son volume « L'Enfer » de *La Divine Comédie*, représente les mauvaises âmes, ces « conseillers perfides », comme de petites lumières (*lucciola* en italien) qui s'agitent « dans une poche à péchés », loin de la « grande lumière [du Paradis] se répand[ant] partout en cercles concentriques » (2015, p. 64). Didi-Huberman note, dans l'histoire moderne, un renversement du paradigme dantesque, « lumière éclatante / âme des justes » ; « lumières vacillantes / âmes des damnés » :

> C'est un temps où les « conseillers perfides » sont en pleine gloire lumineuse, tandis que les résistants de toutes sortes, actifs ou « passifs », se transforment en fuyantes lucioles à se faire aussi discrets que possible en continuant d'émettre leurs signaux. L'univers dantesque est donc bien inversé : c'est l'enfer qui, désormais, est au grand jour avec ses politiciens véreux, surexposés, glorieux. Les lucioles, quant à elles, tentent d'échapper comme elles peuvent à la menace, à la condamnation qui désormais frappe leur existence. (Didi-Huberman, 2015, p. 109)

À l'instar de Pasolini, Didi-Huberman fait des lucioles la métaphore d'un contre-pouvoir face à un pouvoir aveuglant par sa toute-puissance médiatique. Selon le philosophe, l'artiste italien « a pratiquement théorisé, ou affirmé comme une thèse historique, la disparition des lucioles » (*ibid.*, p. 199) ; un pessimisme qui fait écho à celui des Beck pour qui l'année 1969 avait signé « la mort de la culture » (Beck, 1978 ; p. 143). La montée de ce que les Américains, comme le maître italien, considéraient être un totalitarisme bourgeois étouffait, à leurs yeux, toutes les fulgurances contestataires. Pour Didi-Huberman, « l'objection qui pourrait être adressée au Pasolini de la "disparation des lucioles" » et, par voie de conséquence, au Living Theatre :

> [S]erait [...] énonçable en ces termes : comment peut-on déclarer la mort des survivances ? [...] N'est-ce pas aussi vain que de décréter la mort de nos hantises, de notre mémoire en général ? N'est-ce pas s'abandonner à l'inférence fatiguée qui va d'une phrase comme *le désir n'est plus ce qu'il était* à une phrase comme *il n'y a plus de désir* ? (Didi-Huberman, 2015, p. 677)

Le philosophe nous invite à combattre ce pessimisme ambiant en déplaçant notre regard afin de contrecarrer la menace, qui pesait alors sur Pasolini, de perdre notre « capacité de voir – dans la nuit comme sous la lumière féroce des projecteurs – ce qui n'a pas complètement disparu et, surtout, ce qui apparaît malgré tout » (*ibid.*, p. 686). Cette dialectique du regard didi-hubermanien nous amène à nous demander si, en mettant le Living Theatre sous le feu de la rampe en 2018, l'institution a empêché l'initiative révolutionnaire de la troupe de briller par surexposition ou si, au contraire, le passage de la marge au centre, de l'ombre à la lumière, a revitalisé leur entreprise hétérotopique pour la faire pleinement entrer dans l'Histoire, s'assurant ainsi qu'elle ne tombe pas dans les ténèbres de l'oubli.

1968-1969 : DÉNOUEMENT TRAGIQUE OU MORT DES UTOPIES ?

Avignon 1968 s'apparente à une tragédie en raison des pulsions dionysiaques et apolliniennes qui habitaient à l'époque la Cité des Papes, la transformant alors en un théâtre de confrontations, un théâtre de l'*agôn*. Tragique par la nature des forces à l'œuvre, ce mois de juillet l'est-il aussi de par le dénouement du drame ? D'après Friedrich Nietzsche, le coup fatal porté à la tragédie attique est lié à l'apparition du *deus ex machina* qui se « substitua à la consolation métaphysique ». Le dénouement de ce qui devenait alors « la comédie nouvelle » était ainsi heureux alors que les pièces d'avant Euripide et Socrate se concluaient par la mort. Si le philosophe voit une perte du tragique à partir de Sophocle, du fait de « la prépondérance croissante que la peinture des caractères et le raffinement psychologique prennent », le dénouement de l'*Antigone* originelle, mais aussi de celle d'Anouilh, reste profondément tragique, dans la mesure où la mort s'abat sur le royaume (1977, p. 104 et 105). À Avignon, la mort est évidemment symbolique : l'ivresse de la révolution fut sacrifiée sur l'autel municipal, le rêve de transformer « Avignon en un lieu de contestation » de la jeunesse internationale anéantie (Vilar dans *Le Nouvel Observateur*, 1968, n.p.). En cela, juillet 1968 fut tragique dans la tradition des œuvres grecques attiques. Selon la théorie, la noirceur du dénouement est cathartique pour ceux qui observent la scène. Pour Nietzsche, cette fin tragique résulte en effet, chez le spectateur, en ce qu'il nomme « la consolation tragique » (1977, p. 101). Témoin du drame, il reconnaît que « tout ce qui voit le jour doit nécessairement s'apprêter à décliner et périr dans la souffrance » mais « nonobstant terreur et pitié », il connaît la « félicité de vivre » :

> Pour de brefs instants, nous sommes réellement l'être originel lui-même, nous ressentons son incoercible désir, et son plaisir d'exister ; les luttes et les tourments, l'anéantissement des phénomènes, tout cela nous paraît soudain

> nécessaire, étant donné la surabondance des innombrables formes d'existence qui se pressent et se précipitent vers la vie, la fécondité débordante du vouloir universel ; l'aiguillon furieux de ces tourments nous transperce dans le temps même où nous faisons pour ainsi dire plus qu'un avec l'incommensurable et originel plaisir d'exister [...]. (*ibid.*)

Si le Living Theatre et Jean Vilar étaient des acteurs dans cette tragédie, ils étaient également les témoins, les spectateurs du coup fatal porté à leurs idéaux (mais pas à leur personne), ce qui rendit possible la remise en jeu de leur utopie, au-delà du mois de juillet. Nous pouvons nous demander si l'événement aura été cathartique pour ces observateurs impuissants de la chute de leurs propres espoirs et si la pulsion de vie aura été plus forte que celle de mort, les poussant à poursuivre leurs aventures utopiques en tenant compte des maladresses, fautes tragiques, du passé. *Le Méridional* avait titré son article du 26 juin : « Vedette du Festival, "Le Living Theatre" va-t-il tuer celui de 1969 ? » Cet article, particulièrement hostile à la compagnie, comme nous l'avons vu, augurait de la mort prochaine du Festival sous les coups de ces « énergumènes en haillons et aux cheveux longs » :

> Le Living Theatre, il est bon de le souligner, a participé au Festival de Cassis en 1966 et lui a, il faut l'avouer, porté un coup fatal. [...]
>
> S'agit-il d'une forme artistique nouvelle ? Nous en doutons ! et avec nous, tous ceux qui ont assisté à ces accablantes démonstrations.
>
> Signalons enfin que la colère gronda en la charmante cité cassidaine et que l'hospitalité de la population atteignit son paroxysme au lendemain d'un scandaleux « happening », organisé par M. Lebel, où toxicomanes de toute sorte firent une démonstration stupéfiante de la bêtise de leur jeu public.
>
> Une charge de plastic placée sous une roulotte remercia poliment les comédiens, pour qui Cassis devint « ville interdite ».
>
> Avignon, Avignon, ton Festival f... le c... (Soubiron, 1968, n.p.)

Le journaliste Pierre Soubiron extrapolait à partir du scandale cassidain lié au *happening* de Lebel (*Tant va la cruche à l'eau qu'à la fin elle s'enlace*) auquel les membres de la compagnie participèrent et qui se conclut par l'intervention des forces de l'ordre, et envisageait le potentiel danger que la participation du Living Theatre représentait pour Avignon (Lamblard, 2006, n.p.). Si la dernière édition du Festival de Cassis fut, semble-t-il, celle de 1967, l'éventuelle responsabilité de Lebel et de ses camarades reste encore aujourd'hui à prouver. L'interrogation du journaliste nous invite à nous demander si Jean Vilar surmonta le dénouement tragique de juillet et parvint à « ressusciter » (pour filer la métaphore de Soubiron) le Festival en 1969. En renversant le paradigme, nous nous interrogerons ensuite sur la survivance de l'entreprise du Living Theatre suite à leur départ de la Cité des Papes. Enfin, dans un troisième temps, nous considèrerons en quoi 1968 marqua la fin d'un monde. Si le Festival d'Avignon et le Living Theatre survécurent à juillet 1968, ce mois d'été apparaît cependant comme un moment charnière dans l'histoire du théâtre au-delà de Vilar et des Beck. Le dénouement tragique de juillet 68 et le sacrifice de la révolution et du dialogue salvateur avaient comme présagé de l'instinct tragique qui se répandit dans le milieu théâtral à partir de 1969, dans un monde où les utopies d'un théâtre public et d'un théâtre révolutionnaire semblaient remises en question.

CONFLIT DES GÉNÉRATIONS : LE LIVING THEATRE A-T-IL TUÉ LE FESTIVAL ?

Pour Olivier Py, qui avoue « [s']identifie[r] un peu » au père du Festival d'Avignon qu'il dirige depuis 2014, juillet 68 ne fut pas une tragédie mais « plutôt une comédie ridicule [...] même si en partie, elle a tué Vilar » (dans Jouve, 2018a, p. 202). Jean Vilar fut victime d'un infarctus après le Festival puis s'éteignit subitement dans son sommeil, à 59 ans, « d'une crise cardiaque, le 28 mai 1971, en pleine préparation du 25e Festival » (Loyer & de Baecque, 2016, p. 285). Nombreux furent les défenseurs du Festival qui pensèrent qu'en effet la contestation avait ébranlé Jean Vilar aux dépens de sa santé. Cette rumeur a pu s'amplifier jusqu'à accuser le Living Theatre d'avoir tué Jean Vilar. Ce sont d'ailleurs par ces bruits qui couraient encore dans les rues d'Avignon que j'entendis parler de la troupe américaine pour la première fois. Alors jeune adolescente participant à un séjour CEMEA à la Cité des Papes, ma curiosité fut attisée jusqu'à me plonger, environ deux décennies plus tard, dans les entrailles de juillet 68. Le présent ouvrage illustre la force de cette anecdote qui en est donc à l'origine. La responsabilité que certaines et certains firent endosser aux Beck et à leurs camarades rend compte de l'intensité de la rancœur envers la compagnie, qui devint l'allégorie même de la contestation de juillet. Le gendre de Jean Vilar, Jacques Téphany, qui dirigea l'Association de la Maison Jean Vilar de 2003 à 2017, confia que, selon sa lecture de certaines des lettres de son beau-père, ce dernier avait déjà été victime « d'infarctus non décelés » et que l'hypothèse d'un 1968 meurtrier lui semblait exagérée (Jouve & Théphany, E2016). En 1961, Vilar écrivit pour *Bref* un texte intitulé « Avignon et le travail », où il déclara : « [N]ous avons beaucoup joué parce que nous avons beaucoup travaillé » (1975a, p. 437). Le travail, la cigarette, mais aussi le stress, évidemment, furent certainement des facteurs qui participèrent à fragiliser la santé du directeur. Si la contestation avait affaibli Vilar, elle ne tua pas le Festival 1968 qui, tronqué, arriva cependant à son terme en se recentrant sur les spectacles de Béjart, sur les concerts et les projections filmiques suite au départ du Living Theatre. *Le Méridional* pu ensuite constater que l'édition 1969 du Festival ne fut pas non plus sacrifiée car Jean Vilar considéra qu'il fallait continuer. Lors d'un entretien cette même année, le directeur s'expliqua sur les raisons qui le poussèrent à poursuivre son aventure :

> [Q]uelles sont les idées essentielles qu'a apportées la contestation à Avignon ? Et dans quelle mesure ces idées sont-elles justes ? Et dans quelle mesure, toi, un certain Vilar, ayant une certaine expérience, […] peux-tu les assumer ? Or, […] beaucoup d'événements qui se sont passés l'année dernière ne se sont pas traduits par des idées claires. Et qu'au moment où le dialogue s'est engagé, certes ils pouvaient être violents, […] mais au moins qu'après sept heures de discussion violente on en arrive […] à une prise de conscience : ça je ne l'ai pas vu […]. Dans quelle mesure peut-on transformer un événement comme le Festival en suivant les idées de ceux qui viennent après-vous ? Malheureusement, je ne les ai pas reçues les idées et je puis dire que celles que j'ai reçues c'est simplement la suppression pure et simple du Festival, alors là, […] je ne suis pas d'accord. (« Vilar, un an après 68 », 1969, n.p.)

La suppression du Festival n'était pas envisageable pour ce capitaine de navire dont le devoir était de poursuivre l'entreprise démarrée en 1947. La critique de Vilar face à cette jeunesse de la part de laquelle il attendait une « prise de conscience », des solutions aux problèmes soulevés, fait écho à la remarque de Jean-Louis Barrault. Dans son ouvrage biographique, *Souvenirs pour demain*, l'ancien directeur de l'Odéon explique avoir fait en mai 1968 l'expérience du « conflit de génération » qui, selon lui, « ne vient pas forcément de la conduite des aînés mais du refus des cadets » (Barrault, p. 393). Les deux hommes ne voyaient que négation et volonté de destruction dans un mouvement des jeunes rebelles sans aucune proposition de reconstruction, ni d'amélioration. Ce serait donc cette absence de recommandation qui poussa Vilar à conserver la formule en proposant, une fois encore, de la danse, de la musique et du théâtre pour la XXIIIe édition. Inaugurée en 1967, cette formule fut cependant infléchie encore plus en faveur de la jeunesse et Ariane Mnouchkine fut ainsi invitée pour présenter *Les Clowns*. En dépit du manque de clarté des demandes, Vilar, selon Emmanuelle Loyer et Antoine de Baecque, tira certaines leçons des évènements de 68 en mettant à l'honneur, en 1969 et 1970, de jeunes artistes dont les conditions de création rappellent celles du Living Theatre :

> Les Festivals 1969 et 1970 se caractérisent par l'invitation de jeunes troupes, outre le Soleil, qui sont totalement inconnues et se voient réserver le cloître des Carmes. De longues listes conservées dans les archives attestent le travail de prospection accompli par l'équipe du Festival [...]. [L]es metteurs en scène [retenus] animent des compagnies « libres, non subventionnées, menant une existence menacée et précaire ». Vilar entend par là se situer dans l'économie de ce jeune théâtre qui l'a interpellé en 1968 et qu'il avait remarqué auparavant. Il lui offre, clé en main, des lieux prestigieux et un public admirable, en faisant le pari que leur présence renouera le pacte historique, abîmé l'été précédent, entre Avignon et la jeunesse. Il poursuit sa conférence du 14 mars 1969 par une référence explicite à l'un des slogans de l'été 1968 pour mieux s'en emparer : « ce n'est plus ici le théâtre de papa ou de "papape" qui regarde de haut ou avec amertume et effroi et, trop souvent, avec une absolue incompréhension, les problèmes actuels de la jeunesse ». (Loyer & de Baecque, 2016, p. 281)

La conférence de mars 1969 fut en effet l'occasion, pour le directeur, de démontrer que le Festival n'était pas un « supermarché de la culture » et que sa pérennité tenait justement à sa nature de service public « tout comme le gaz, l'eau, l'électricité », d'après la célèbre formule de 1953 (Vilar, 1975e, p. 173) :

> Nous avons tout fait pour que le Festival continue [...]. Mais nous avons tout fait [...] pour que nul événement cruel ne ternisse ces manifestations de l'été qui, depuis plus de quinze ans, grâce à la générosité de la ville et à la très libérale organisation des CEMEA, offrent à la jeunesse [...] un hébergement à des prix modiques, un accueil fraternel et des représentations que vous avez jugées souvent exemplaires. Ai-je besoin de rappeler qu'en aucune manière, Avignon, ses organisateurs, la municipalité, n'ont industrialisé cet afflux de la jeunesse. [...] Ai-je besoin de rappeler que nous ne sommes pas des exploiteurs ? Que nous ne sommes pas des exploitants ? [...] [L]a récompense d'Avignon est d'avoir par l'exemple et par la pratique, par la persévérance et, mon Dieu, par l'invention aidé précisément à transformer la notion de

> spectacle et tout autant à faciliter la naissance puis l'expansion désintéressée, les assises enfin d'une culture au service de tous ou du moins offerte à tous. (Vilar, 1975c, p. 498-499)

En précisant que ce service public qu'est le Festival n'était possible que grâce « à la générosité de la ville », Vilar soulignait son allégeance à la municipalité sans qui le Festival n'aurait pas existé. En n'osant pas affronter la question institutionnelle, Vilar ne passait-il pas à côté des problématiques de 68 ? La remise en cause du Festival était notamment liée aux liens étroits entre l'organisation artistique et les structures politiques, auxquelles elle était adossée. Reprenant la formule de Barrault, Lebel écrit, dans le *Procès du Festival d'Avignon* :

> Quelle différence politique y a-t-il entre « serviteur » et « valet » ? Aucune [...]. Et les enragés qui prirent à partie Vilar en Avignon n'étaient pas dupes non plus puisqu'ils l'accusèrent d'être « un valet du capitalisme ». Dès que l'on abandonne les arguments culturalistes et esthétiques pour une analyse politique des produits (ou des producteurs) de la culture, tout devient clair. (Lebel, 1968b, p. 13)

En revenant sur la notion d'exploiteur/exploitant, Vilar répondait à la critique capitaliste mais il n'affrontait pas vraiment la critique du serviteur/valet. Ce pas de côté était, encore une fois, certainement dû à l'absolue nécessité du soutien de la Mairie pour assurer l'existence structurelle du Festival. Il fallut attendre le départ de Paul Puaux, en 1979, et l'arrivée de Bernard Faivre d'Arcier, en 1980, pour que le Festival jouisse d'une structure juridique propre, sous le nom suivant : « Association de gestion du Festival ». À la mort de Vilar, Puaux prit sa suite. L'implication politique de ce dirigeant communiste peut expliquer pourquoi il n'opéra pas la transition vers une autonomie accrue vis-à-vis des autorités locales. La suite de l'allocution de Vilar du 14 mars 1969 rappelle le passage de son roman, *Chronique romanesque*, cité dans la troisième partie pour définir « l'utopie nécessaire » de Vilar :

> Peut-être – et il ne faut pas craindre de se poser la question – peut-être l'établissement d'une authentique culture populaire est-il une illusion romanesque ? Celle-ci a-t-elle jamais existé ? Ce théâtre communautaire dont nous rêvons tous ou presque tous, je veux dire ce théâtre non pas à tout prix révolutionnaire ou impulsif mais naviguant sûrement à contre-courant des habitudes, [...] des politiques installées, [...], le théâtre pour le peuple,

> pour le populaire, [...] ce théâtre n'est-il pas une utopie nécessaire ? n'est-il qu'un idéal, comme l'égalité ? ou la liberté ? Du moins cette vue d'apparence pessimiste des choses eu égard à notre entreprise ne nous a jamais arrêtés dans notre action [...]. C'est précisément cette vue pessimiste mais souriante des choses, de celles entre autres que l'on a surmontées, qui nous incline à poursuivre le chemin. (Vilar, 1975c, p. 499)

L'intertextualité rend ainsi compte de la dimension biographique de ce roman à clé et de l'impact que la contestation de juillet eut sur Vilar. Ce pessimisme n'est pas le fruit de 1968 mais il est néanmoins caractéristique de ce que l'on pourrait appeler le « doute moteur vilarien » traduit par l'antithèse, à savoir « cette vue pessimiste mais souriante des choses ». Lors de la conférence de presse du 14 février 1968, Vilar remerciait les artistes de lui permettre de poursuivre ce qu'il commença vingt ans auparavant « dans le doute, l'incertitude juvénile... et les dettes » (*id.*, 1975b, p. 491). À 57 ans, ses doutes juvéniles persistaient, ravivés par les exigences d'une autre jeune génération. Ce pessimiste sauva-t-il le Festival ? La remise en question initiée par les jeunes gauchistes fut une nouvelle fois l'occasion pour le directeur de s'interroger sur l'utilité de ce rassemblement artistique ; interrogation qui l'avait déjà amené de par le passé à transformer le Festival en donnant plus de place aux jeunes artistes. L'amplitude de cette remise en question fut toutefois contrebalancée par l'absence de propositions de la jeunesse que le « doute moteur vilarien » vint combler, à sa façon, dans la droite ligne de sa conception du théâtre populaire. Après l'échec de ce que Vilar aurait aimé être un débat intergénérationnel, l'utopie nécessaire qu'incarnait le Festival résista, du moins pour quelques années encore. En effet, Melly Puaux confia qu'à la veille de sa mort soudaine, Vilar avait envisagé de mettre un terme au Festival après la XXVe édition :

> Il aimait bien les anniversaires et il pensait que 25 ans c'était bien et que ça suffisait. Paul et Vilar préparaient donc l'arrêt du Festival, surtout pour que cela ne se dégrade pas. Ils ne l'avaient dit à personne [...] Vilar voulait arrêter, oui. Il disait : « Le Festival est une aventure Humaine et comme un être humain, elle naît, se développe, et puis s'arrête... » (Puaux dans Jouve, 2018a, p. 68)

Le rôle que la contestation joua dans cette prise de décision reste évidemment en suspens... et restera à jamais le secret de Vilar. « Par fidélité et pour poursuivre l'œuvre et son éthique », explique son épouse, « Paul acceptera de continuer jusqu'en 1979 », soit jusqu'à la XXXIIIe édition (*ibid.*). Nous pouvons nous interroger sur la portée de cette décision de poursuivre après le vingt-cinquième anniversaire du Festival alors que son créateur, lui-même, souhaitait y mettre un terme.

« L'ÉNORME DÉSESPOIR » : LE FESTIVAL A-T-IL TUÉ LE LIVING THEATRE ?

La révolution donc échoua à Avignon : le Living Theatre ne fit pas de la Cité des Papes un paradis sur terre. Si l'utopie ne s'inscrivit pas dans le temps, Avignon se transforma néanmoins, le temps du mois de juillet, en hétérotopie de déviation, en espace de renversement où tous les espoirs anarchiques étaient possibles. La censure avignonnaise ne mit pour autant pas fin à l'ivresse dionysiaque qui culmina à Châteauvallon, près de Toulon, où la compagnie fut accueillie pour jouer *Paradise Now* gratuitement et sans limite de places. Dans ce faux amphithéâtre antique en plein air, construit dans les années 1960, *Paradise Now* avait des airs de bacchanales, pour Claude Eveno :

> C'était comme un miracle. Il y avait du monde partout, quand on est dans un lieu qui est ouvert, sans limite, il peut arriver de plus en plus de monde, sans arrêt, et c'est ce qui se passait sans qu'il y ait qui que ce soit pour l'empêcher, ni pour avoir l'envie de l'empêcher, comme à Avignon. En plus, c'était gratuit… La relation que les membres du Living ont pu éprouver vis-à-vis de l'inscription de leur travail dans le monde devait être exaltante pour eux, parce que tout d'un coup, les gens se rassemblaient autour d'eux. Il y avait un phénomène d'assemblement dans la cité, un peu comme à Athènes. Les deux lieux essentiels de la démocratie athénienne, c'est l'agora et le théâtre. Le Living, surtout Julian Beck et Judith Malina qui étaient tout sauf des gens incultes, savait très bien quelle avait été la place du théâtre dans la cité de la Grèce du Ve siècle avant JC. Et là, les acteurs du Living, mais aussi les spectateurs, ont pu vivre l'écho des origines de la démocratie, et donc se ressentir dans un commencement d'un futur démocratique inédit. Nous aussi, on disait qu'il y avait quelque chose de la beauté d'un rêve : être ensemble. Ce n'était pas ce qu'on nous avait appris comme façon d'être ensemble. D'un seul coup nous avons été ensemble, réellement, avec le sentiment à la fois spirituel et charnel d'être ensemble. On avait l'impression que cette veille combine qu'est le théâtre, et qui avait perdu cette capacité-là à être réunis – sinon entre bourgeois – revenait à ses origines. Pour nous c'était magique : le théâtre, les étoiles, les camarades que l'on connaissait ou non d'ailleurs. Les acteurs et les spectateurs se mélangeaient. Il y a eu des scènes magnifiques, ce n'étaient pas des scènes d'orgie mais de fusion des corps. (Eveno dans *ibid.*, p. 79-80)

Cette communion pacifique entre, non pas bourgeois, mais « camarades », fut la dernière en France avant le départ de la compagnie pour Genève puis pour les États-Unis. Quatre autres représentations françaises de *Paradise Now* furent par la suite données en 1969 : à Mulhouse, Saint-Hilaire-du-Touvet, Saint-Martin-d'Hères et à Saint-Étienne. Ce furent les tout dernières dans l'Hexagone. *Paradise Now* s'évanouit en France pour ne plus renaître qu'en 2018, lors du cinquantenaire de 1968.

À partir des années 1970, le Living Theatre se fit de plus en plus rare en France. Rapidement, la mémoire du Living s'évanouit à l'intérieur de nos frontières. Le succès et la reconnaissance dont la troupe avait joui furent oubliés et nous émettons l'hypothèse que juillet 1968 joua un rôle dans cet effacement mémoriel. Si le Festival 68 ne tua pas le Living Theatre, qui poursuivit son activité, il porta ombrage à sa réputation, du moins du point de vue de l'institution qui se détourna de son actualité. Si les Beck firent parler d'eux en 1971, à l'occasion de leur incarcération au Brésil, leurs créations furent largement ignorées par les programmateurs artistiques des célèbres instances qui les avaient jadis accueillis. Même s'il est difficile de définir dans quelle mesure la troupe tourna d'elle-même le dos aux grands théâtres et aux festivals, nous pouvons noter que ces vitrines étatiques ou indépendantes n'invitèrent plus la compagnie. Le comédien, metteur en scène et directeur du Théâtre National de Strasbourg, Stanislas Nordey, grand amateur, si ce n'est de l'esthétique du Living du moins de sa politique, se rappelle que la génération d'artistes qui survécurent à 68, comme Jean-Pierre Vincent ou Patrice Chéreau, « avaient oublié de parler du Living à la jeune génération de comédiens » dont il faisait partie :

> Je me souviens que j'ai d'abord découvert *La Vie du théâtre* de Julian Beck et c'était comme si je tombais sur une mine d'or : j'ai eu l'impression de découvrir un continent oublié. J'avais parlé de ma découverte à Jean-Pierre et il avait, je crois, balayé ça d'un revers de main [...]. Les seules choses qu'on m'avait dites sur le Living étaient en gros : « Ce sont des hippies et il a fait du mal à Jean Vilar. » C'est finalement tout ce que l'histoire officielle, l'histoire de l'institution retenait du Living. (Nordey dans *ibid.*, p. 206)

La rancœur des admirateurs de Vilar (ou du moins des artistes qui aspiraient à créer au sein de l'institution), telle que décrite par Nordey, entacha la mémoire de ces révolutionnaires qui fut niée et non transmise à leurs successeurs[1]. Judith Malina témoigna de cet oubli lorsqu'en juillet 1998, elle revint à Avignon suite à l'invitation du cinéma Utopia qui avait programmé le documentaire *Signals Through the Flames* consacré à la compagnie. La rencontre du 18 juillet à 11h était annoncée dans la gazette du cinéma par un encart présentant un court texte de Malina dans lequel elle commentait son retour dans la Cité des Papes trente ans après sa première et dernière visite en 1968 :

> Que signifie pour moi retourner à Avignon trente ans après ?
> C'est d'abord faire face aux fantômes du passé. Entendre la voix de Julian criant que le théâtre est dans la rue. Voir le visage de Vilar déchiré par l'angoisse des contradictions. Sentir la présence spectrale de Jenny Hecht, Luke Theodore, Carol Berger, Rufus Collins, Bill Shari, Jimmy Anderson, Jim Tiroff, et des autres magiciens du Living qui nous ont quittés avant la révolution. C'est oser me confronter avec une France qui depuis longtemps n'a plus la moindre curiosité à mon égard. Témoigner de mes aventures des trente dernières années et de l'inextinguible créativité du Living aujourd'hui. (Malina, 1998, p. 23)

La référence à Vilar se lit comme l'affirmation du bien-fondé de la position du Living Theatre face à un directeur de théâtre qui ne sut résister à la pression des autorités. À l'image des comédiens et comédiennes disparus que Malina cite, le Living Theatre était devenu un fantôme dans cette France qui se désintéressa de la troupe qu'elle avait accueillie à bras ouverts avant 1968. La rencontre à l'Utopia eut lieu en plein Festival mais ne fut cependant pas intégrée à la programmation officielle de ce que la presse appelait désormais le « Festival *IN* ». Mathilde La Bardonnie, journaliste de *Libération* (qui fut un des rares journaux nationaux à avoir couvert la venue de Malina), s'étonna de l'absence du directeur du Festival, dans son article, « Festival d'Avignon. L'âme du provocateur Living Theatre, expulsé du Festival en 1968, revient parler de révolution, d'un espoir nécessaire » : « [O]n peut trouver curieux », écrit-elle, « que Bernard Faivre d'Arcier n'ait pas jugé indispensable d'aller saluer hier cette "vétérante" d'un Avignon révolu » (1998, n.p.). En 1986, Jean-Pierre Roux, alors maire RPR de la ville d'Avignon, inaugura, lui qui avait pourtant tant critiqué le Festival, les quarante « fenêtres-festivals » réalisées par Marion Pochy et Dominique

1 Vincent et Chéreau furent tous deux à la tête d'importantes institutions : respectivement, du Théâtre National de Strasbourg et du Théâtre Nanterre-Amandiers.

Durand commémorant chacune des éditions depuis 1947 : aucune des peintures ne représentait le Living Theatre. En 2017, les deux artistes, qui avaient poursuivi leurs travaux, avaient alors réalisé soixante-dix peintures et pas une ombre du Living Theatre, alors que Jan Fabre, en dépit de la contestation de 2005, fut lui commémoré. Un spectacle de Béjart a été choisi pour incarner l'édition de 1968 quand bien même il avait déjà été retenu pour celle de 1967. La compagnie de Beck et de celle à qui l'on « reproch[ait] d'avoir craché sur Vilar », à tort, fut, en quelque sorte, rejetée par le Festival (Eveno dans Jouve, 2018a, p. 77). Si Vilar avait déclaré que le Living Theatre et les raisons de son départ faisaient « partie de l'histoire » du Festival, ses successeurs refusèrent cette histoire dont l'une des rares mentions fut, de façon humoristique et aux dépens de la compagnie, à l'occasion du spectacle *L'Énigme Vilar* d'Olivier Py présenté à la Cour d'Honneur en 2006, dans le cadre du soixantième Festival, alors dirigé par Hortense Archambault et Vincent Baudriller (« Bilan du XXIIe Festival »).

Le Living Theatre survécut au Festival d'Avignon 1968 mais son image s'en trouva altérée auprès des figures institutionnelles qui verrouillèrent, consciemment ou inconsciemment, toute transmission de l'approche de ceux que la France avait pourtant admirés. Les années 1968 et 1969 marquèrent également un tournant quant à la réception du travail de la troupe aux États-Unis. Judith Malina revient sur leur tournée américaine supervisée par Saul Gottlieb, dans son journal d'août 1968 à avril 1969, publié sous le titre *The Enormous Despair* (1972). Ce titre, comme Marie-Claire Pasquier le rappelle, traduisait les sentiments de Malina envers son pays natal :

> Le titre fait allusion à une lettre que leur avait écrite de Jérusalem le philosophe Martin Buber, en 1961, au moment où les Beck militaient pour la grève générale pour la paix : « Je crains, avait écrit Martin Buber, le désespoir immense que ne peut manquer de susciter l'échec inévitable. » Telle Rip Van Winkle, la troupe se réveille au milieu d'un paysage trompeusement familier qu'elle ne sait plus déchiffrer. (Pasquier, 1978, p. 86)

Selon l'universitaire française, cette perte de repère était notamment liée au rejet de l'intelligentsia américaine et à une conception non pacifique de la révolution d'une partie de la jeunesse convaincue d'être sous surveillance. Rappelons ici ce qui a été mentionné dans la deuxième partie :

la « “vieille” gauche » critiqua très sévèrement *Paradise Now*. Les Beck « sont reniés par leurs anciens amis qui sont restés des Brechtiens orthodoxes, ainsi Eric Bentley, traducteur de Brecht et ayant même travaillé avec lui, qui, [dans] le *New York Times* du 20 octobre 1968 écrit un article intitulé “je rejette le Living Theatre” » (*ibid.*, p. 87). En 1969, lors de son allocution, « Art as a Form of Reality », au Guggenheim de New York, Herbert Marcuse critiqua l'anti-art et prit le *Living Theatre* pour cible : il critiqua leur théâtre qui disait viser à dénoncer l'illusion alors que, selon le philosophe, il trompait en fait le spectateur à un degré bien plus avancé que les formes d'art assumant leur part de fictionnalité. Si les intellectuels ne comprenaient pas leur travail, les Beck eux ne comprenaient pas, selon Pasquier, la surenchère de violence dont ils étaient les témoins :

> L'appel des Beck à la révolution non violente se trouve en porte-à-faux par rapport aux différents mouvements révolutionnaires violents de 1968-1969, en particulier les *Black Panthers*. Judith et la troupe se trouvent plongés dans une atmosphère paranoïaque : chacun se croit entouré d'espions, de policiers en civil, de tables d'écoute. Et, de fait, ils se heurtent à l'hostilité, à l'incompréhension, quand ce n'est pas à l'attaque directe. (*ibid.*, p. 86)

L'incompréhension culturelle dont ils avaient été les victimes à Avignon se renversa. La compagnie avait-elle vécu trop longtemps loin de son pays natal au point de ne pas avoir anticipé l'ambiance qui régnait désormais aux États-Unis ? Le Living Theatre se heurta aux forces de l'ordre à l'occasion de la représentation de *Paradise Now* à l'Université de Yale, dont le doyen n'était autre que le critique Robert Brustein. Beck, vêtu d'un string, ainsi que d'autres comédiens et des spectateurs furent arrêtés par la police à l'extérieur du théâtre pour outrage à la pudeur et refus d'obtempérer :

> Lors du procès, Julian a déclaré que son costume, un string, et la procession faisaient partie du spectacle. Selon ses dires, ces éléments représentaient : « Une ascension verticale vers une liberté accrue, une abondance accrue… On fait voler en éclats les barrières qui existent entre l'art et la vie, barrières qui empêchent beaucoup d'êtres humains de franchir les portes du Paradis ». Le Commissaire de police James D. Ahern a donné un point de vue différent. Selon lui : « L'art s'arrête au seuil des portes du théâtre, où s'appliquent alors les règles de la vie en communauté. » Le commissaire Ahern considérait le théâtre comme une fiction devant se dérouler en lieu clos. Une fois les limites de ce

> lieu clos dépassées, il devenait impossible de déterminer si l'événement n'était qu'une représentation théâtrale ou le début de cette révolution annoncée. Le juge a déclaré Judith et Julian coupables. Julian a reçu une amende de 100$ pour refus d'obtempérer lors de son arrestation mais toutes les autres charges qui pesaient contre lui ont été abandonnées. (Houchin, 2009, p. 196-197)[2]

Des performances au MIT (*Massachusetts Institute of Technology*) furent annulées en novembre 1969, face à « l'impossibilité de contrôler l'auditoire dans un auditorium bondé, ce qui représent[ait] un risque de feu latent ». À l'entrée correspondante de son journal, Malina écrivit :

> Pauvre *Paradise* ! Il a été annulé ou raflé pour tant de différentes raisons :
> Pour tapage nocturne
> Pour outrage à la pudeur
> Pour trouble de la paix
> Pour trop de gens dehors
> Pour trop de gens dedans
> Aucun officiel ne dira qu'il ne veut pas d'une pièce qui prône l'Anarchie.
> Ou peut-être que ce qu'ils sont effectivement en train de dire c'est qu'ils ne veulent pas d'une pièce qui démontre les conditions de l'Anarchie. (Malina, 2017, p. 123)

Pour l'artiste, leur pièce était victime de censure, une censure à laquelle la troupe avait déjà été confrontée et qui avait précipité leur départ pour l'Europe. Les difficultés rencontrées lors de la tournée américaine rendent compte, une fois de plus, de la dimension subversive de *Paradise Now*. Ils démontrent également que les autorités américaines ne se montrèrent finalement pas plus compréhensives que les officiels avignonnais. Comme à Avignon cependant, la troupe bénéficia du soutien de nombreux étudiants qui ne « boud[èrent] pas leurs conférences-démonstrations ni leurs spectacles » (Pasquier, 1978, p. 87). Dans son ouvrage très critique de la troupe, *The Living Theatre : USA*, Renfreu Neff indique d'ailleurs que la

---

2 Trad. A.D. & E.J. – « *At the trial, Julian claimed that his G-string costume and the procession were necessary parts of the production. In his words, they represented "a vertical ascent to greater freedom, greater plenty… We're breaking down the barriers that exist between art and life, barriers that keep most men outside the gate of Paradise." Police Chief James D. Ahern offered a different view. As far as he was concerned : "Art stopped at the door of a theatre, and then we apply community standards." For Chief Ahern, theatre was a fiction designed to take place in a container. Once the confines of the container were violated, it was impossible to determine if the event was a fictional enactment or the beginning of the loudly prophesied revolution. The judge found both Julian and Judith guilty. Julian was fined $100 for resisting arrest, but all the other charges were dropped.* »

compagnie aurait habilement programmé *Paradise Now* après *Antigone* et *Mysteries* pour s'assurer que ces deux pièces bénéficient d'un maximum d'entrées du fait de l'engouement estudiantin pour la création avignonnaise (1970, p. 95). La tournée bénéficia en effet de l'enthousiasme des jeunes Américains, qui étaient cependant moins politisés qu'en Europe. Selon Vendeville : « [E]n Europe il ne se passait pas de représentation de *Paradise Now* sans que l'*Internationale* soit chantée à l'initiative d'une partie du public » (2008, p. 192). Aux yeux des cofondateurs du Living, le public américain apparaissait moins engagé dans la lutte anticapitaliste. Si Beck ne niait pas la présence de radicaux (comme ceux du mouvement des *Black Panthers* cités plus haut), il regrettait leur manque de clairvoyance, qualité qu'il attribuait en revanche aux militants français :

> J'ai le sentiment qu'en Europe, ils y voient plus clairement quant à la situation politique que parmi les radicaux américains. Il me semble qu'ils sont politiquement mieux préparés là-bas – tant émotionnellement qu'intellectuellement. En Europe, ils en arrivent progressivement au point où il ne s'agit plus seulement de rébellion, plus seulement de destruction mais où ils réfléchissent clairement à ce que signifie toute transformation, et en des termes très radicaux. (Beck dans Schechner, 1969, p. 43)[3]

Si le Living Theatre avait été exaspéré par le comportement des autorités françaises, la déception semblait s'amplifier aux USA : en plus des difficultés avec la police, ils se confrontaient aux commentaires acerbes des intellectuels qui déploraient l'attitude des jeunes rebelles jugée trop violente et politiquement trop floue.

Le bilan de la tournée 1969 fut amer. La rébellion théâtrale des Antigone d'Avignon semblait veine. À l'entrée 66 de *La Vie du théâtre*, le cofondateur écrit :

> Nous avons réalisé *Antigone* en 1967
> afin que :
> l'exemple d'antigone
> après 2 500 années d'échec
> puisse enfin pousser un public intellectuel payant

3 Trad. A.D. & E.J. – « *I have a feeling that certainly in Europe there is much more clarity about the political situation that among the radicals in America. It seems to me they are better prepared over there, politically – both feelingly and intellectually. They are beginning to come to that point in Europe where they are not only rebelling, not only destroying, by also thinking very clearly about what a transformation is and thing in very radical terms.* »

> à passer à l'action
> avant qu'il ne soit
> trop tard.
> et nous :
> trop tard.
>
> (« Parce qu'elle qui voyait tout ne pouvait qu'aider l'ennemi » brecht [*sic*], accusant antigone [*sic*] de se réveiller « trop tard »)
>
> Et nous :
> trop tard :
> croyant qu'en dehors du style
> pourrait surgir
> le satori politique. (Beck, 1978, p. 166)

L'exemple d'Antigone ne fit pas des émules sur le plan politique. Si la troupe était suivie et admirée par beaucoup de jeunes, elle ne fut pas en mesure de faire « surgir le satori politique » car, selon Beck, le Living Theatre s'était « réveillé trop tard » pour pouvoir sauver le monde. Ce constat tragique fit de 1969 une année à la fois de rupture et de transition : « [A]i-je un plan ? Non, 1969. Attends quelques années », écrit Beck en novembre 1969, alors en Italie (*ibid.*, p. 69). La troupe traversée par différents courants finit par se scinder en plusieurs cellules :

> Une partie du groupe veut aller en Inde pour se consacrer [aux] études spirituelles. Une autre veut se concentrer sur le théâtre politique, c'est le groupe de Julian Beck et de Judith Malina ; un autre groupe veut s'installer à Londres où la recherche expérimentale des nouvelles technologies a commencé. (Vendeville, 2008, p. 192)

Il fallut, non pas « quelques années », mais un an aux Beck pour définir leur nouveau plan qui se dessina, pour leur cellule, à Croissy-sur-Seine, où de nombreuses discussions se tinrent pour échafauder leurs nouvelles actions. L'idée de travailler sur l'œuvre inachevée de Sacher-Masoch, *Le Legs de Caïn* (1870), émergea alors. La nouvelle troupe du Living Theatre décida alors de partir au Brésil où elle donna, en 1970, des représentations gratuites pour les populations défavorisées des favelas. La compagnie franchissait alors une nouvelle étape : en accouchant d'un théâtre politique, bravant la dictature et destiné aux plus nécessiteux, elle semblait venir au terme de ses paradoxes du passé. Au Brésil, le Living Theatre tenta de faire face au piège capitaliste dans lequel il se disait être pris en jouant en dehors du système pour les plus démunis. Avignon 68 fut donc en quelque sorte *leur* révolution. Cette année où, pour eux, « la culture » mourut, leur donna un second souffle de vie et raviva leur espoir de « vaincre » la société bourgeoise, ce qui poussa la compagnie à adopter une approche artistique au plus près de leurs convictions politiques. Le pessimisme post-68 des Beck rappelle celui de Vilar. Le doute qui les envahit ne se traduisit pas par un abandon de leur entreprise mais par la reconsidération des reproches qui leur étaient adressés et de ceux qu'ils adressaient eux-mêmes à la société. Les Beck se rendirent compte à l'issue de leur tournée de 1969 qu'il fallait changer de cap et prendre une direction encore plus politique afin de ne pas risquer de se dévoyer. Avec *Paradise Now*, la troupe effectua sa propre transformation. Ainsi Julian Beck et Judith Malina réalisèrent en partie leur rêve : s'ils ne parvinrent pas à métamorphoser la société, leur troupe, elle, se métamorphosa. Alors à Rio de Janeiro en octobre 1970, Beck couchait par écrit ce que représentait leur propre révolution :

> Avignon, 1968, l'année où la culture est morte, nous avons créé *Paradise Now*. […] Contraints par l'ici-et-maintenant à nous retirer du Festival, nous n'avions pas le cœur de continuer, nous avions compris qu'en fait tous ces festivals étaient la contre-révolution.
>
> Tout l'art a commencé à disparaître cette année-là, tout le bel art que nous avons thésaurisé, tout l'art auquel nous croyions était une forme d'expérience maximale. […]
>
> Après 68, la culture est morte en son sein, la conspiration internationale se mit au travail. Nous cherchons d'autres moyens de sortir du labyrinthe, nous n'avons pas de cartes, et le Minotaure (Mammon) se cache derrière tous les recoins alors que nous nous dérobons le long des corridors répétant le mantra « Venceremos… Venceremos… » Nous nous retrouvons en octobre 1970, à ramper à travers la jungle du labyrinthe à Rio de Janeiro. (Beck, 1978, p. 214-215)

« DE L'UTOPIE AU DÉSENCHANTEMENT » : LA MORT DE LA CULTURE ?

L'expression « la culture est morte » employée par Beck serait inspirée d'une remarque du sociologue Georges Lapassade, que l'artiste côtoya à Avignon. Dans *La Vie du théâtre*, l'auteur se rappelle : « "1968 a été la Mort de la Culture. La mort n'est pas en dehors de nous. Elle est en chacun de nous. Elle est morte ici même." Georges Lapassade, se frappant la poitrine » (*ibid.*, p. 143). Cette mort intérieure peut être interprétée comme la menace de l'évanouissement des utopies personnelles. Si Vilar et le Living Theatre poursuivirent leur entreprise, 1968 les obligea à reconsidérer les moyens d'atteindre leurs idéaux. Si les utopies d'un théâtre populaire et d'un théâtre révolutionnaire restaient bel et bien vivaces en chacun des acteurs de la tragédie avignonnaise, le pessimisme s'installa face à une jeunesse française (pour Vilar), et américaine (pour le Living Theatre), qu'ils ne comprenaient plus tout à fait. Le doute moteur ici à l'œuvre, chacun fit évoluer son Festival et son théâtre pour être au plus près du peuple : Vilar ouvrit le Festival d'Avignon encore plus à la jeune génération de metteurs en scène et les Beck partirent jouer au Brésil dans les favelas. Ces remises en question personnelles de nos protagonistes s'opérèrent dans un contexte général d'ébranlement des utopies. L'ivresse révolutionnaire d'un *Paradise Now* qui laissait entrevoir un monde post-révolutionnaire solidaire sombra peu à peu. À l'orée du XXIe siècle, Jean-Pierre Sarrazac publia *Critique du théâtre*, sous-titré *De l'utopie au désenchantement.* Le chercheur se décrit au début de l'ouvrage comme ayant appartenu à « une génération (celle de 1968) qui, globalement, s'est aussi facilement accommodée d'un certain "réalisme" néolibéral qu'elle avait adhéré, quelques dizaines d'années auparavant, aux utopies les plus radicales » (2009, p. 10). Suite « à l'élan proprement utopique du théâtre-service public ou du théâtre critique de la société d'après-guerre », le chercheur observa un « désenchantement » de la part des artistes (*ibid.*, p. 9). À l'image de celui qui avait perdu ses idéaux de jeunesse, les artistes de sa génération perdirent eux aussi, progressivement, la flamme utopique. 1969 apparaît comme un moment charnière dans l'histoire du théâtre. Pour Bernard Dort, qui publia en 1971 *Théâtre réel. Essais de critique 1967-1970*, 1969 fut une « mauvaise année pour le théâtre » :

> Ne le cachons pas : 1969 a été une mauvaise année pour le théâtre. C'est que, plus peut-être qu'aucune autre activité artistique, le théâtre s'est senti « concerné » par ce qui s'est passé dans le monde et, particulièrement, en Europe occidentale, au cours de 1968. Il avait d'une certaine manière, annoncé les événements du printemps : il avait rêvé d'une semblable « insurrection » de la jeunesse et d'un paradis de la vie immédiate et collective, tel que les étudiants l'ont vécu, brièvement, dans la Sorbonne « occupée » en mai. Il s'est trouvé à la fois confirmé et dépassé par la réalité. Aussi, en 1969, ébranlé jusque dans ses structures apparemment les plus fermes, le théâtre s'est-il

vu contraint de faire un retour sur lui-même, de se poser la question de sa propre existence. (Dort, 1971, p. 235-236)

Le théâtre en France vécut comme une période de stase, de paralysie. En Europe et aux USA, la désolation s'empara des planches cette même année 1969. La référence au paradis renvoie évidemment à *Paradise Now*, qui ne réussit pas à instaurer l'allégresse universelle. En 1969, le réalisateur et auteur allemand, Rainer Werner Fassbinder, présenta sa pièce, *Preparadise Sorry Now*, en réponse à la création du Living Theatre. Cette pièce noire était inspirée des « assassins de la lande », Ian Brady et Myra Hindley, deux Anglais fascinés par Dostoïevski, Sade et Hitler, qui violèrent, torturèrent et tuèrent plusieurs enfants et adolescents. Elle mettait en scène l'oppression sous diverses formes. Fassbinder prenait le contre-pied de la compagnie américaine, non pas parce qu'il n'aspirait pas à un monde meilleur, mais parce que, selon lui, le climat de l'époque, fondé sur un principe de dominant-dominé, lui semblait inconciliable avec la notion de bonheur (Barnett, 2009, p. 106). Ce sentiment de désespoir se répandait à travers le monde. Si, comme Dort le souligne, aucune pièce de 1969 ne se démarqua véritablement, il est à noter que les œuvres théâtrales de cette année-là recensées par la BNF sont pour la plupart très sombres (« Spectacles représentés en 1969 »). En Angleterre, le succès critique et commercial de l'année fut *The National Health* de Peter Nichols, comédie noire sur les conditions affligeantes de prise en charge des malades au Royaume-Uni. Aux États-Unis, le *Pulitzer Prize for Drama* de 1970 fut attribué à la pièce de 1969 de Charles Gordone, *No Place to Be Somebody* (1969) « qui parle de paysans venus s'installer à la ville à la poursuite du rêve urbain du succès pour n'y trouver que déception, désespoir et mort », selon les termes même de l'auteur (4e de couverture)[4]. Ces œuvres rendent compte du pessimisme ambiant. Ce dernier aurait pu tourner au tragique et signer littéralement la mort de la culture utopiste mais les utopies, révolutionnaires et populaires, résistèrent encore quelques années.

L'essoufflement de la flamme militante radicale fut progressif. Ce qu'Olivier Neveux nomme la « décrue militante » fut un phénomène

4 Trad. A.D. & E.J. – « *[*No Place to Be Somebody *is a play] about country folk who had migrated to the big city, seeking the urban myth of success, only to find disappointment, despair, and death.* »

principalement de la seconde moitié des années soixante-dix avant une « réapparition, après les années 1995, d'un théâtre combatif » (2007, p. 12). L'analyse de Neveux sur le paysage théâtral français est aisément transposable au contexte étatsunien, à la seule exception près que les années 1980 virent aux USA le développement d'un théâtre féministe qui devint plus radical dans les années 1990. Ce théâtre, qui dénonce la domination patriarcale et l'invisibilisation des femmes dans la sphère publique fut, paradoxalement (ou ironiquement), peu médiatisé et, par conséquent, invisibilisé, avant d'être reconnu tant par la critique que par le milieu universitaire qui avait pourtant tardé à s'intéresser à ce théâtre militant communautaire : le phénomène d'invisibilisation du théâtre féministe (tout comme celui émanant de la communauté LGBT) donnait ainsi l'impression d'un effondrement du théâtre politique outre Atlantique au cours de cette décennie maudite marquée par l'épidémie du Sida qui frappa les milieux d'avant-garde comme le signe mortuaire que, contrairement aux croyances des années 1960 et 1970, la jouissance de la liberté individuelle avait ses limites. Cet affaiblissement du théâtre politique, réel ou apparent, parut après l'éclosion de nombreuses troupes en marge de l'institution en France, et du théâtre dit *mainstream* aux USA. Le mouvement « *Off-Off-Broadway* » se développa à New York, dans les années 1960, à l'heure où le « *Off-Broadway* », lui, se professionnalisa et devint plus commercial et moins expérimental. Ce nouveau théâtre avait élu résidence dans des bars, cafés, églises désaffectées, lofts de Greenwich Village et de Lower East Side (Banham, 1992, p. 732). En France, les années qui suivirent 1968 virent l'explosion de compagnies indépendantes :

> Après 1968, l'esprit de révolte anti-autoritariste du mouvement se perpétue et [...] se renouvelle par l'éclosion de nombreuses petites compagnies théâtrales volontairement en marge des institutions. Toute une génération affronte la défaite politique de 1968 par la volonté de maintenir les effets culturels en inventant des modes de création et de production différents. [...] La remise en question du pouvoir[...] théâtral [...] se traduit par des formes d'organisation démocratiques, ou se voulant telles, à l'intérieur d'un microcosme – la troupe –, qui préfigurent le modèle plus au moins autogestionnaire d'une société à venir. Alors que ces jeunes troupes, le plus souvent sans statut ni lieu de travail, sont au nombre de quarante-cinq à cinquante avant 1968 [...] et il y en aura trois cents en 1977, parmi lesquelles figurent le Théâtre de l'Aquarium, le Teatro de la Carrera, le Magic Circus, le Théâtre Z, etc. (Loyer & de Baecque, 2016, p. 280)

À Avignon, cette révolte se traduisit par le développement du Festival « *Off* » (en référence au théâtre « *Off-Broadway* » des premières heures) sous l'impulsion d'André Benedetto et de son Théâtre des Carmes[5]. Selon Dort, 1969 marqua le début de la « crise » des institutions théâtrales à travers l'Europe et, en France, la « fin d'un mythe » (1971, p. 236, 238) : celui du théâtre populaire. Les autorités commencèrent en effet à se désengager et : « [S]ans doute émues par les positions prises, en mai 68, par des directeurs de Maisons de la culture ou de Centres dramatiques, certaines municipalités [réduisirent] leurs subventions ou [retirèrent] leurs salles [aux] troupes (par exemple à Caen et à Toulouse) » (*ibid.*, p. 238). Les subventions officielles furent drastiquement réduites au cours des années, les maisons de la culture abandonnèrent peu à peu le théâtre pour se tourner vers le sport, et les artistes subventionnés se détournèrent de « l'idéal de culture sans classe » (*ibid.*).

Si 1968 ne tua ni le théâtre ni, évidemment, la culture, elle sonna l'heure de la transformation. Ni Vilar, ni le Living Theatre ne sont responsables de cette mutation : la tragédie d'Avignon 68 mit au jour le point de non-retour entre le populaire et le révolutionnaire. Elle marqua la fin d'un monde et le commencement d'une nouvelle ère plus pessimiste où les artistes devraient désormais de plus en plus compter sur eux-mêmes pour mener leur entreprise artistique. En amorçant cette transition, les paysages français et américains se mirent à se ressembler de plus en plus et, si aujourd'hui, les Français bénéficient de beaucoup plus de subventions que les Américains, le modèle économique de la France prend le chemin du système libéral étatsunien. Il est intéressant de noter que c'est au sein d'institutions financées par l'État que *Paradise Now* revit le jour en 2018, en France et en Belgique : cette résurgence était-elle le signe du désir d'un retour vers le populaire ou vers le révolutionnaire, cinquante ans après l'ébranlement de ces deux notions ?

5 André Benedetto et sa Nouvelle Compagnie d'Avignon présente *Statues*, en 1966, « en marge du festival d'Avignon [...] et lance le OFF sans le vouloir. » (Théâtre des Carmes). Le phénomène « *Off* » se développa ensuite de manière exponentielle.

2018, « LE LIVING THEATRE, TOUJOURS ENVIE ? » : UN HÉRITAGE COMPLEXE

En mai 1984, Gilles Deleuze et Félix Guattari ont publié, dans les *Nouvelles*, un article intitulé : « Mai 68 n'a pas eu lieu ». Pour ces intellectuels, qui avaient participé aux mouvements de 1968, la France fut dans « l'incapacité [...] [d']assimiler mai 1968[6] » : « [L]a société française a montré une radicale impuissance à opérer », écrivent-ils, « une reconversion subjective au niveau collectif, telle que l'exigeait 68 » (Deleuze & Guattari, 2007, p. 23-24). Selon ces anciens révolutionnaires, 1968 fut un échec non pas à cause des contestataires mais parce que les pouvoirs français ne surent réagencer l'ordre social en répondant aux « exigences de l'événement » (*ibid.*, p. 23). L'échec est aussi interprété par les détracteurs du mouvement ou certains révolutionnaires repentis comme étant celui des militants qui n'auraient pas su prendre le pouvoir. Comme le rappelle Kristin Ross, « l'échec de mai » est devenu rétrospectivement une expression figée pour désigner ce qui fut perçu comme un statu quo politique de l'après-68 qui confirma la Ve République et les logiques capitalistes (2010, p. 73). En affirmant l'échec de 1968, on attente à cet « esprit de mai » : 1968 est donc mort. Enterrer 1968, c'est affirmer son caractère illusoire, utopique. Pourtant, 1968 a bel et bien eu lieu. Ces mois de révoltes contre l'ordre établi qui ébranlèrent la France actualisèrent l'utopie révolutionnaire, en en faisant alors une réalité concrète. Ce « devenir-révolutionnaire » conjugua l'espérance utopique au présent, une espérance que l'année 2018 aurait cherché à raviver : « 1968 est mort, vive 68 ». La formule renvoie tout d'abord à la tentative d'exhumation symbolique d'un 1968 relégué aux couloirs de la mort car condamné comme échec de l'utopie. Il est également un clin d'œil à la survivance commémorative de cette époque. Si l'esprit de 68 n'est plus « en vie », comme en témoigne la non-prise de l'Odéon du 4 mai 2018, sur laquelle nous reviendrons, et si le Living Theatre

---

6 Deleuze participa aux mouvements de l'Université de Lyon où il enseignait et Guattari occupa l'Institut pédagogique national de la rue d'Ulm à Paris (voir particulièrement Dosse, 2009, chap. 9, « Mai 68 : la rupture instauratrice – *Comme un poisson dans l'eau – Deleuze à l'écoute de 68* », p. 170-181).

des années 1960 a bel et bien disparu, l'envie de débattre des mouvements politiques et artistiques qui ont fait descendre les *baby-boomers* dans la rue est, quant à elle, bien vive. En effet, la multiplication des publications, expositions, représentations, et autres échanges témoigne de l'intérêt pour cette époque. Il est à noter que la spécificité de cet anniversaire 2018 est liée au dépassement des manifestations de mai 68. Si, comme le rappelle Sophie Doudet, dans sa préface de l'anthologie *Commémorer mai 68 ?*, les tentatives d'expliquer le phénomène de mai ont abondé dès juin 1968 et se multiplient à chaque anniversaire, celles de comprendre juillet 1968 et la pièce qui en est l'emblème ont été jusqu'en ce cinquantième anniversaire beaucoup plus rares en dépit des passions politiques et artistiques qui animèrent ce mois d'été avignonnais. Étrangement, il aura fallu attendre cette décennie, qui pourtant règle « ses comptes avec les soixante-huitards » et qui a vu la pensée anti-68 se radicaliser dans les milieux conservateurs, pour s'intéresser à nouveau au travail de ces théâtreux libertaires et libertins hirsutes qui voulaient faire la révolution en faisant participer activement les spectateurs à la manifestation artistique qui devenait ainsi politique (Doudet, 2018, p. 8 et 9)[7]. On croyait le Paradis de juillet 1968 perdu et cependant, en ces mois de printemps et d'été 2018, des artistes s'emparèrent du projet théâtral révolutionnaire du Living Theatre et revisitèrent *Paradise Now*, qui n'avait jusqu'alors jamais été repris par d'autres compagnies. Dans un contexte 2018 traversé par des contestations sociales qui rappelaient lointainement celles de 1968, ce retour à *Paradise Now* pouvait nous faire espérer un « Paradis Retrouvé », celui d'une époque où, des toits de l'Odéon, tout avait semblé possible, l'espace de quelques jours. L'espoir fit pourtant place à la résignation et la nostalgie au questionnement. « Le Living Theatre, toujours envie ? », s'interrogeait Augustin Guillot, qui signait pour *Libération* une critique de la pièce *Re-Paradise* conçue par Gwenaël Morin. Ce jeu de mots du journaliste rend compte de la complexité de l'héritage de la compagnie dont la pièce devenue le « symbole de la contre-culture hippie, emblème d'Avignon 68 [et] monument de l'histoire théâtrale » semble cristalliser bien des conflits à la fois esthétiques et politiques (Guillot, 2018, n.p.).

7 En 2008, Serge Audier publiait *La Pensée anti-68*. En mars 2018, dans un entretien pour le journal *Le Monde*, le philosophe indiquait qu'il observait une « surenchère » de la pensée anti-68 dans les milieux conservateurs (Chemin, 2018, n.p.).

MAI *VS.* JUILLET

2018 marqua un tournant dans les commémorations de 1968, dans la mesure où elles dépassèrent celles du mois de mai parisien. Comment expliquer que, jusqu'en 2018, les manifestations autour de la révolte de la jeunesse et des ouvriers se concentrèrent principalement sur une temporalité restreinte (mai) et sur un espace restreint (Paris) aux dépens du juillet avignonnais, alors même que les issues des événements de la Ville Lumière comme de la Cité des Papes furent similaires ? Dans les deux cas, les contestataires durent abdiquer : pour les uns, suite aux élections législatives du 30 juin qui donnèrent une écrasante majorité au général de Gaulle ; pour les autres, suite à l'interdiction de *Paradise Now* par le maire d'Avignon, le 27 juillet. Pourtant mai a, lui, résisté aux aléas du temps. Trois raisons peuvent être avancées pour expliquer cette amnésie estivale : le centralisme, le spectaculaire et le traumatique.

Les événements avignonnais, à l'instar des (événements) parisiens, coururent sur une période pleine d'un mois et avec une intensité qui, pour une ville moyenne, valait la fièvre de mai, à en juger les témoignages et les nombreux clichés photographiques de l'époque. La passion avignonnaise fut, en revanche, bien souvent réduite à une anecdote dans les livres de la « grande Histoire du 68 français ». Comme si le gaullisme (qui signa la fin des troubles à la capitale, qui retrouva son calme d'antan suite à la dissolution de l'Assemblée) avait exercé son autorité sur l'Histoire elle-même, les manifestations qui suivirent furent minimisées. En dépit des efforts certains de décentralisation, dont le Festival d'Avignon est d'ailleurs l'un des premiers symboles, le jacobinisme culturel a persisté dans les faits mais aussi dans les consciences. La décentralisation théâtrale coordonnée par Jeanne Laurent sous la IVe République visait à une diffusion de la culture au-delà de Paris qui avait alors le monopole sur la scène dramatique. Il fallut attendre les années 1980 et les lois Defferre de 1982 pour que la décentralisation devînt un processus légal, après plusieurs tentatives avortées et, notamment, celle de 1969 proposée au vote par référendum par Charles de Gaulle, lequel démissionna de ses fonctions après la défaite de ce projet de loi en faveur de la création de régions et de la rénovation du Sénat. Le succès de la décentralisation est relatif, comme Philippe Poirrier en rendait compte dans son article, « Le mythe de la décentralisation culturelle », écrit à l'occasion du vingtième anniversaire des lois Defferre. Pour l'historien, spécialiste de l'histoire culturelle contemporaine, la politique mitterrandienne de transfert de compétences de l'État aux collectivités fut remise en cause à partir des années 1990 : « [L]a faible croissance [du] budget culturel [de l'État], le poids croissant des grands travaux parisiens, la pratique des "collectifs budgétaires" » ont en effet fragilisé le principe d'autonomisation de la marge (Poirrier, 2002, p. 16). Si sur le plan juridique, les transferts de pouvoir sont effectifs, la question des moyens dévolus aux collectivités territoriales a fait l'objet de réévaluations jusqu'au printemps 2018, lorsque le président Macron annonça une réduction de leurs dépenses de 13 milliards d'euros d'ici 2022. Si ces efforts politiques pour valoriser les spécificités culturelles locales sont régulièrement remis en question, ils existent malgré tout, même si la capitale accroche toujours plus la lumière que la Province. La commémoration de l'histoire de Paris bénéficie ainsi d'une large visibilité alors que les événements organisés autour de moments historiques locaux restent plus confidentiels, comme les couvertures médiatiques des grands journaux nationaux semblent le prouver. Avignon et son mois de juillet ne faisaient donc pas le poids face au mai 68 parisien qui, par tradition, « centralisa » toute l'attention autour lui.

L'autre raison qui participa à cette minimisation de l'importance de juillet 68 est liée à la confusion entre le spectaculaire et le spectacle. Le théâtre, le spectacle, devinrent des outils révolutionnaires lors du conflit avignonnais, là où le spectaculaire, la mise en scène de l'événement comme révolutionnaire, étaient de mise en mai, selon Pierre Nora. Dans « La Métamorphose de la commémoration » (1997), l'historien défend l'idée que mai 68 n'est pas une révolution mais un événement autoréférentiel qui se commémore par rapport aux révolutions passées avant même de se réaliser[8]. Nora n'adhère pas à la thèse présentée en introduction qui consisterait donc à valoriser la dimension performative de 1968. Pour lui, mai 68 était une commémoration en soi : « Les soixante-huitards voulaient agir, ils n'ont fait que célébrer, dans un ultime festival et une reviviscence mimétique, la fin de la Révolution. L'événement n'a de sens *que* commémoratif » (Nora, 1997, p. 19-20). Évidemment, réduire les événements de mai à une célébration de l'idée révolutionnaire, plutôt qu'à l'actualisation de cette idée, tendrait à nier

8 L'historien Jean-François Sirinelli parle aussi de la dimension « d'autoreprésentation du mai français » dans son ouvrage, *Mai 68. L'Événement Janus* (2008, p. 3154).

les succès de 68, de la libération de la parole à la hausse des salaires (suite aux accords de Grenelle du 27 mai 1968), par exemple. Nous retiendrons cependant ici l'argument de Nora car son hypothèse est largement partagée par celles et ceux qui tendent à relativiser (voire minimiser) l'impact de 1968. Ce point de vue est important car il sous-tend le scepticisme à l'œuvre dans la dévalorisation de cette période et l'effacement de juillet qui fut victime de la confusion entre ce qui est du côté de la monstration autoréférentielle (le spectaculaire) et ce qui serait du côté de la réalisation artistique (le spectacle). Toujours selon Nora : « Mai 1968 incarne jusqu'à la caricature la tendance autoréférentielle de toute commémoration vraie [...] L'avènement vrai de la "société du spectacle" est là, avec quoi "les événements de mai" se proposaient précisément de rompre » (*ibid.*, p. 20). Les revendications situationnistes qui dénonçaient, à la suite de Guy Debord, la « société du spectacle » se seraient alors retournées contre elles-mêmes. Le théoricien démontrait, dans son célèbre essai éponyme, que le capitalisme usait et abusait des ressors du spectaculaire pour conforter sa domination aliénante alors que d'après Nora, les manifestations de mai auraient, ironiquement, assis leur autorité tout justement par le même recours au spectaculaire. En faisant sa propre commémoration, mai est entré dans l'Histoire là où juillet en est très vite sorti alors que le spectacle ne se limite pas à la seule rhétorique commémorative. Si, pour Pierre Nora, à Paris, le spectaculaire était de mise, c'est d'abord par le spectacle, celui du Living Theatre, que la contestation s'exprimait à Avignon. Le Festival d'Avignon était le « monde du spectacle » avant d'être le reflet de « la société du spectacle », comme Jean-Jacques Lebel le dénonçait pourtant dans son ouvrage *Procès du Festival d'Avignon. Supermarché de la culture* (1968). En faisant la révolution avec le spectacle, donc avec le théâtre, la compagnie américaine performait le « devenir-révolution », non pas dans un geste autoréférentiel visant à célébrer l'idée révolutionnaire, mais véritablement dans un geste artistique visant à *faire* la révolution. Ainsi, en prolongeant la thèse de Nora, nous pourrions conclure qu'en basculant du côté de l'art plutôt que de la commémoration, le Living Theatre n'œuvra pas à sa postérité. Là où mai aurait fait du spectacle avec la politique (et donc du spectaculaire), juillet faisait de la politique avec le spectacle, une inversion de paradigme qui participa à la dévalorisation des événements de juillet en dépit de leur intérêt.

La dernière raison qui sera avancée ici pour justifier de l'amnésie nationale face à ce juillet 68 est d'ordre psychique puisqu'elle renvoie au trauma. En 2018, deux recueils de témoignages parurent, l'un sur mai et l'autre sur juillet : l'éditrice et autrice Pascale de Langautier et la journaliste et biographe Inès de Warren publièrent le recueil d'entretiens *Femmes et Filles. Mai 68* ; je publiai *Avignon 1968 & le Living Theatre. Mémoires d'une révolution.* Il est intéressant de comparer la teneur des récits rassemblés dans ces deux ouvrages car ils diffèrent par leur tonalité. Comme les titres qui introduisent les récits des femmes de mai le soulignent, les souvenirs sont majoritairement souriants, les aspects positifs de cette période sont volontiers mis en avant alors que les témoins d'Avignon 68 reviennent sur leur expérience avec un ton souvent plus affecté qui rend ainsi compte de la complexité des conflits qui se jouaient dans la Cité des Papes. En effet, la vivacité des récits avignonnais montre que, pour beaucoup des présents au XXIIe Festival, les événements furent, d'une certaine façon, traumatisants, dans la mesure où ce Festival était teinté de l'amertume d'une révolution politique déchue (celle de mai) que l'on tentait de poursuivre à Avignon, où les enjeux mais aussi les acteurs étaient, somme toute, différents de ceux de la capitale. Ceci fut la source des incompréhensions qui heurtèrent nombre de participants. L'intensité des vexations varie évidemment et leurs origines dépassent le binarisme « pro-Vilar / anti-Living » ou « pro-Living / anti-Vilar » souvent avancé, ce qui explique l'imbroglio qu'était juillet 68. S'il faut souligner que tous les participants de juillet 68 ne partageaient pas cette amertume, la majorité des entretiens rend malgré tout compte, non pas de nostalgie, qui caractérise les témoignages de mai, mais de mélancolie, d'une certaine tristesse ou déception face au sort qui attentait à la compagnie américaine ou aux procès faits à Vilar. Si la joie, l'allégresse des souvenirs de ce mai où tout semblait possible pour la jeunesse étaient prompts à être célébrés, le désir de commémorer des souvenirs mélancoliques voire blessés était évidemment moins ardant. Le ressentiment personnel envers celles et ceux qui avaient osé remettre en question la volonté d'ouverture et de démocratisation de la culture de Jean Vilar devint institutionnel et le Festival d'Avignon n'organisa aucune manifestation commémorative pour revenir sur cette période de son histoire qui, jusqu'en 2018, ne fut que furtivement évoquée dans la Cité des Papes, comme si revenir sur juillet 68 revenait à prendre le risque de voir le Festival à nouveau contesté[9].

L'ÉVANOUISSEMENT MÉMORIEL DU LIVING THEATRE

Une fois envisagée la question de la survivance de mai, dans l'Histoire nationale, face à un juillet moribond, il convient de revenir sur les raisons qui expliqueraient l'essoufflement d'intérêt après les années 1970 pour le Living Theatre et son *Paradise Now*, en dépit du succès de la compagnie aux États-Unis et en Europe, dans les années 1960. Nous avons avancé tout à l'heure l'hypothèse institutionnelle : en France, le Festival d'Avignon « tua », dans une certaine mesure, le Living Theatre car les institutions et leurs représentants leur tournèrent le dos, expliquant, en partie du moins, la disparition effective et mémorielle de la compagnie dans l'Hexagone. L'attention qui fut portée à la troupe diminua drastiquement au cours des décennies, tout comme les publications à son sujet, signe d'une avant-garde qui aurait, en quelque sorte, fait son temps. L'exemple de la parution des travaux de Stéphanette Vendeville (alias Fanette Vander), spécialiste de l'œuvre du Living Theatre, est représentatif de l'amoindrissement de l'attention portée, en France, à la compagnie. En effet, si Gallimard publia, en 1978, *La Vie du théâtre*, sa traduction de *The Life of the Theatre* de Julian Beck, la prestigieuse maison d'édition ne publia cependant ni ses traductions de *Theandric* (Beck, 1992) et de *The Enormous Despair* (Malina, 1972) ni son volume monographique, *Le Living Theatre. De la toile à la scène, 1945-1985*[10]. Selon la chercheuse et traductrice, l'une des raisons qui explique qu'il fut compliqué de renouer avec Gallimard est liée au départ d'André Veinstein en tant que directeur de la collection « Pratique du Théâtre ». De 1962 à 1993, il encouragea la publication d'œuvres iconoclastes, confie Vendeville, puis la collection s'orienta vers des auteurs et des sujets plus traditionnels (Jouve & Vendeville, E2018). Le positionnement de Gallimard est représentatif du processus d'effacement de la compagnie

9 En 1998, le cinéma *Utopia* d'Avignon reçut Judith Malina à l'occasion d'une projection. En 2006, pour commémorer la soixantième édition, Olivier Py présenta *L'Énigme Vilar* à la Cour d'Honneur et évoqua le Living Theatre. En 2008, l'association de la Maison Jean Vilar organisa une exposition autour de 68. Enfin, en 2013, une « soirée spéciale Living Theatre » fut proposée en direct du Musée Calvet.

10 En 2017, Stéphanette Vendeville publia chez l'Harmattan sa traduction de *The Enormous Despair* (*L'Énorme Désespoir. Journal d'août 1968 à avril 1969*) sous le nom de Fanette Vander.

américaine, en dépit des efforts de Fanette Vander qui fut l'une des très rares universitaires française à continuer à travailler sur le Living Theatre. En plus, si ce n'est du mépris, du moins de l'amertume de l'institution vis-à-vis du Living Theatre qui l'aurait trahie, deux explications supplémentaires semblent pouvoir être avancées pour rendre compte de la disparition progressive du Living Theatre en France : la première justification est liée à la dimension théorique du travail de la compagnie et la seconde renvoie à ce que Carole Talon-Hugon nomme la « métaphysique d'artiste » (2017, p. 6).

Le manque d'intérêt des chercheurs et des maisons d'édition pour le Living Theatre est à mettre en miroir avec l'attention portée à l'œuvre de Jerzy Grotowski qui fit l'objet, en France, de nombreuses publications dont deux parvinrent même à trouver grâce auprès de l'illustre éditeur Actes Sud[11]. La comparaison des publications sur le Living Theatre et Grotowski est significative. En raison de leurs visions organiques du théâtre, les artistes ont souvent été rapprochés de leur vivant mais aussi après leur mort. Grotowski et les Beck revenaient d'ailleurs souvent sur leur travail respectif pour en souligner les similitudes mais aussi les différences. Nous pouvons supposer que l'approche du fondateur du *Teatr Laboratorium* continue à être débattue contrairement à celle du Living Theatre parce que Grotowski était, notamment, un théoricien qui fit de la pédagogie son art, un art qu'il transmit dans ses ateliers et ses écrits ou lors de conférences. En 1968, Julian Beck récusait cette position verticale du Maître : « [N]otre communauté est un croisement d'énergies et de degrés de conscience », expliquait-il lors d'une répétition de *Paradise Now*, « nous ne représentons pas le génie d'une personne, contrairement à la compagnie de Grotowski, qui, elle, est la vision d'un seul homme » (dans Lebel, 1969, p. 114). Si Beck et Malina sont souvent revenus sur leur objectifs théâtraux (créer collectivement, utiliser le théâtre comme arme révolutionnaire pacifiste, faire entrer le spectateur dans une transe purificatrice, etc.) lors d'entretiens ou dans leurs écrits biographiques, leurs méthodes restaient relativement vagues, ce qui peut s'expliquer par la nature collective de leur travail à partir des années 1960. Le fait que les Beck, qui ne s'érigeaient pas en pédagogues, n'aient pas laissé d'héritage théorique précis, de techniques de

11 Les deux ouvrages en question sont : Richards Thomas et Jerzy Grotowski, *Travailler avec Grotowski sur les actions physiques* (1995) ; et Peter Brook, *Avec Grotowski* (2009).

préparation de jeu pour l'acteur, explique en partie l'évanouissement de la mémoire du Living Theatre de la grande époque qui était alors plus compliquée à transmettre que celle du metteur en scène et professeur polonais, par exemple. L'amour des Français pour la théorie, l'une des spécificités de ce que l'on nomme « l'exception française », aurait donc joué en la défaveur de la compagnie américaine dont l'héritage théorique, s'il n'est pas totalement inexistant, reste éparse, ce qui en fait d'ailleurs l'un de ces intérêts.

La seconde raison qui sera avancée ici pour tenter de rendre compte de l'essoufflement mémoriel de la compagnie renvoie à ce que Jean-François Lyotard nomme un « différend », une notion que Carole Talon-Hugon reprend pour faire état des polémiques qui secouèrent le Festival d'Avignon 2005, suite à la remise en question de la programmation imaginée par Hortense Archambault et Vincent Baudriller en association avec l'artiste Jan Fabre. La contestation portait notamment sur la disparition du verbe au profit du corps dont l'exhibition choqua une partie du public pour qui, d'une part, l'art est la monstration du beau et, d'autre part, l'expérience esthétique doit procurer du plaisir. Ce « différend », c'est-à-dire, ce « conflit qu'il n'est pas possible d'arbitrer et de résoudre en courant à une règle de jugement qui convienne à la fois à l'une et l'autre des positions », oppose ce que le philosophe nomme « l'esthétique de la réception » (l'appréciation du bon goût, de la « qualité artistique » comme valeur absolue) à la « métaphysique d'artiste » (l'appréciation de la « démarche du créateur », pour reprendre les termes de Baudriller (dans Talon-Hugon, 2017, p. 28, 59 et 79). Ces tensions font directement écho à celles qui traversèrent la Cité des Papes en 1968 et opposèrent les amateurs de la grâce que les spectacles de Maurice Béjart incarnaient cette année-là à celles et ceux qui défendaient le geste artistique du Living Theatre qui, lui, tendait vers le transcendant, le révolutionnaire. Si Jan Fabre, dont les œuvres sont toujours accueillies partout dans le monde par de grandes institutions, a donc résisté aux déchirements de passions suite au Festival 2005 (mais aussi aux polémiques de 2012, 2016 et 2018), la troupe américaine sortit affaiblie du Festival d'Avignon 1968[12]. Cette différence de destin est non seulement

12 En 2012, Fabre déclencha la colère de défenseurs des animaux et de personnalités politiques outrés par son « lancer de chats » sur le parvis de la mairie d'Anvers en référence à la photo *Dali Atomicus* par Philippe Halsman. En 2016, une polémique similaire est

liée aux parcours propres des artistes puisque Beck et Malina recentrèrent leur art du côté du politique, là où l'esthétique resta centrale chez Fabre, mais elle est également liée au soutien institutionnel. Au moment de la contestation avignonnaise les Américains ne furent pas soutenus par l'institution comme le fut Fabre, envers qui Archambault et Baudriller restèrent fidèles. Duffaut, et non pas Vilar qui avait invité la troupe, censura *Paradise Now*, à la suite de quoi la compagnie décida de partir. Ce désaveu de l'institution doit être considéré dans le contexte politique de 1968 dans lequel le socialiste Duffaut perdit la députation suite à la dissolution de l'Assemblée et où la campagne du candidat de droite instrumentalisa la présence de ces « énergumènes en haillons » pour convaincre son électorat (Dumur, 1968, n.p.). La difficulté pour nombre de festivaliers et de locaux à cerner la métaphysique créatrice du Living Theatre, qui ne fut pas défendue par l'institution qui les avait accueillis, joua en la défaveur de la survivance de la compagnie à l'intérieur de nos frontières.

50 ANS APRÈS : L'OMBRE ET LA LUMIÈRE OU L'INSTITUTIONNALISATION DES HÉTÉROTOPIES

Il aura donc fallu attendre le cinquantenaire pour que juillet 68 et son œuvre emblématique, *Paradise Now*, soient mis en avant par des acteurs culturels qui n'avaient pas vécu les événements et n'avaient pas hérité du trauma de leurs aînés. Libérés du traumatisme originel, ces passeurs de mémoire bénéficièrent de l'appui de l'institution ; celle-là même qui avait jusqu'alors tourné le dos aux événements. En octobre 2017, le Président de la République annonçait qu'il envisageait l'organisation de manifestations officielles pour commémorer « le temps des utopies et des illusions », en France et dans le monde (AFP, 2017, n.p.). Puis l'Élysée se rétracta en novembre, alors que les menaces de grèves et les manifestations contre la « loi travail » commençaient à se faire entendre. Cet appel officiel d'Emmanuel Macron fut sujet à débat

suscitée par son installation au Musée de l'Ermitage à Saint-Pétersbourg qui donne en spectacle des chiens empaillés suspendus au plafond par des crocs de boucher. 2016 est également l'année où Fabre, alors curateur au Festival international d'Athènes et d'Épidaure, remet sa démission, à la demande des artistes grecs s'étant sentis humiliés lors d'une conférence de presse que le Ministre grec de la culture venait de donner. En septembre 2018, Fabre fut accusé dans une lettre ouverte d'humiliation et d'intimidation sexuelles mais les suites de l'affaire ne furent pas relayées dans les journaux.

car il désola les descendants du gaullisme, la gauche l'accusa d'être une tentative de récupération. Il est à noter qu'en ayant placé l'utopie du côté de « l'illusion », Macron épousa l'approche schizophrénique de l'utopie définie par Ricœur et analysée dans le chapitre III[13], envisageant donc la commémoration comme l'affirmation d'une vaine tentative qui semblait reléguer toute entreprise utopique à la sphère de l'inaction. Bien qu'avorté et des plus ambigus, ce projet ancra symboliquement 68 dans l'Histoire officielle et donc dans l'institution pour le meilleur et pour le pire. Les manifestations de 2018 s'étendaient sur tout le territoire français, parfois sous forme de rétrospective, et ouvraient des perspectives au-delà du mai parisien. Une autre spécificité de 2018 fut l'implication d'institutions culturelles d'autorité. Neuf institutions majeures (le Centre Pompidou, les Beaux-Arts de Paris, la Cité de l'architecture et du patrimoine, les Archives nationales, la Cinémathèque française, le Théâtre Nanterre-Amandiers, l'Université Paris Nanterre) s'associèrent autour d'un programme « soixante-huit », donnant alors une grande visibilité au cinquantenaire tout en impulsant d'autres initiatives plus modestes (le plus souvent malheureusement éclipsées par ces grandes machines culturelles, comme les couvertures médiatiques en attestent). Ce fut donc au sein de centres culturels financés pour partie par l'État ou ses tutelles que des artistes trouvèrent l'espace pour réinventer 68, ce qui peut être vu comme une ironie de l'histoire ou comme un retour aux origines, à l'image de la XXIIe édition du Festival d'Avignon. Cependant, si cet événement institutionnel qu'était le Festival des années 1960 était prêt à accueillir les enragés, les directeurs de structures se montrèrent plus timorés en 2018 vis-à-vis d'une ouverture vers la contestation qui grondait pourtant dans les rues comme la « non-prise de l'Odéon 2018 » l'illustre.

Le 7 mai 2018, l'ex-Théâtre de France, devenu non pas « Théâtre Rosa Luxembourg » comme les camarades de Jean-Jacques Lebel et Paul Virilio l'avaient souhaité, mais « Théâtre de l'Europe », proposait une soirée anniversaire intitulée « L'Esprit de mai ». Cet événement se déclinait en deux temps : une performance historique par Antoine de Baecque accompagné de comédiens, à partir de textes de l'ouvrage de Patrick Ravignant, *La Prise de l'Odéon. L'Odéon est ouvert* (1968), puis une série de témoignages sous forme d'abécédaire dont chaque lettre était prise

13 Voir *supra*, p. 96.

en charge par une personnalité ayant soit vécu 68 soit travaillé directement ou indirectement sur les événements[14]. L'idée de commémorer l'histoire de l'Odéon émana de son directeur, Stéphane Braunschweig. Ainsi que l'explique l'historien et critique de théâtre et de cinéma : « Stéphane, assez légitimement en devenant directeur de l'Odéon, s'était dit qu'il fallait faire quelque chose à l'occasion de 68 à l'Odéon » (Jouve & de Baecque, E2018). Ainsi, Braunschweig contacta de Baecque, qui avait dirigé l'ouvrage *L'Odéon, un théâtre dans l'Histoire* (2010), pour apporter le matériel historique préalable à toute commémoration mais aussi pour participer à l'organisation. Cependant, « l'ironie de l'histoire [...] s'est refermée de façon assez violente sur le projet. [...] [O]n pouvait s'y attendre et pourquoi pas », ajoute de Baecque, « cela fait partie du "re-jeu", en quelque sorte » (*ibid.*). En effet, la prise de l'Odéon se rejoua, ou plutôt, ne se rejoua pas, en dépit des tentatives des étudiants qui, ce soir-là, se présentèrent à une cinquantaine aux portes de l'Odéon pour interrompre la soirée et faire entendre leurs revendications face aux réformes gouvernementales de l'université. L'annonce par un membre du public de la présence des CRS à l'extérieur du théâtre interrompit la seconde partie de soirée. Désemparés, les invités demandèrent au directeur de venir les informer sur la situation. Stéphane Braunschweig prit alors la parole :

14 Le programme présentait la seconde partie en énonçant les 26 invités et la thématique qui leur revenait : « Prologue : *Joli Mai*, film de Sylvain George ; Abécédaire de mai avec : Pascal Aubier, acteur, réalisateur et producteur / A – Amour ; Michel Eltchaninoff, philosophe et journaliste / B – Bourgeois ; Sylvain George, cinéaste et écrivain / C – Ciné-tracts ; Jul, dessinateur et auteur de bande dessinée / D – Debout ; Virginie Linhart, auteure et réalisatrice de documentaires / E – Enfant ; Geneviève Fraisse, philosophe et historienne / F – Féminisme ; Lola Lafon, écrivaine et musicienne / G – Goldman (Pierre) ; Julie Pagis, sociologue / H – Héritage ; Philippe Artières, historien / I – Immigrés ; Jean-Pierre Filiu, historien du Moyen-Orient contemporain / J – Jéricho ; Sandrine Treiner, écrivaine et directrice de France Culture / K – Krasucki (Henri) ; Lucien Attoun, homme de théâtre et de radio / L – Lebel (Jean-Jacques) ; Boris Gobille, maître de conférences en science politique / M – Mort de l'auteur ; Romain Goupil, acteur et réalisateur / O – Odéon ; Patrice Maniglier, philosophe / P – Pensée ; Maylis de Kerangal, romancière / Q – Quotidien ; Fred Wiseman, cinéaste et documentariste / R – Rêve ; Elisabeth Roudinesco, historienne et psychanalyste / S – Sorbonne ; Paula Jacques, écrivaine et productrice de radio / T – Très loin, très proche ; Pascal Ory, historien et critique / U – Utopie ; Nicolas Klotz, réalisateur et documentariste / V – Vie ; Rodolphe Burger, compositeur, guitariste et interprète / W – Williams (David Mc) ; Claire Denis, réalisatrice et Alex Descas, comédien / X – Accouchement sous X et Malcolm X ; Ariane Ascaride, actrice / Y – Yéyé et Y'en a marre ; Mathieu Potte-Bonneville, philosophe / Z – Zone. » (« Programme : L'Esprit de mai », 2018, n.p.)

> Bonsoir. Je n'avais pas prévu d'intervenir ce soir. Effectivement, il y a un groupe d'étudiants qui s'est présenté tout à l'heure à l'entrée de l'Odéon et qui voulait entrer sans payer ses places [*sic*] – *huées de la foule.* On leur a dit que ce n'était pas possible de rentrer. Il y a ensuite un groupe de gens avec des cagoules qui se sont présentés du côté de la rue Corneille, qui ont essayé de rentrer en cassant des vitres, en essayant de casser des vitres et donc, effectivement, ils ont été repoussés par les CRS. Est-ce que ça veut dire que l'on doit arrêter la soirée ? [*« Non ! » crie la salle. Une spectatrice propose de faire entrer une délégation d'étudiants*]. On ne nous a pas demandé de faire entrer une délégation d'étudiants : ils voulaient entrer à 50 et donc empêcher la soirée de se dérouler normalement [*Une personne s'écrit « Pourquoi ne pas les avoir intégrés à ce genre de soirée ? »*]. Il n'y a pas une négation de ce qui se passe. C'est une soirée qui est consacrée à mai 68 à l'Odéon [*Commentaires d'une spectatrice*]. Je peux comprendre madame que vous ne soyez pas contente, c'est votre droit, tout à fait. Maintenant, nous avons ce soir beaucoup d'invités qui sont venus pour parler de ce qu'évoque mai 68 pour eux mais également de ce que ça évoque aujourd'hui : qu'est-ce que c'est que cette mythologie, cette histoire de mai 68 est pour nous aujourd'hui ? Je pense que ça a évidemment de fortes résonances et franchement dans les textes que l'on a entendus dans la première partie, il y a aussi beaucoup de choses qui résonnent avec ce que l'on vit aujourd'hui. Je vous propose de continuer cette soirée [*applaudissements*] avec nos invités. (« L'Esprit de mai », 2018, n.p.)

Cette intervention du directeur du Théâtre de l'Odéon fait écho à la théorie de Deleuze et Guattari selon laquelle « Mai 68 n'a pas eu lieu ». Ironiquement, alors que Stéphane Braunschweig a souhaité revenir sur l'épisode de mai, il reproduit les « fautes tragiques », pour reprendre la formule utilisée dans le troisième chapitre, les malentendus de ses aînés : en effet, l'argument avancé consistant à interdire l'entrée car les étudiants n'ont pas payé leur place, rappelle la position de Vilar qui a antagonisé la jeunesse gauchiste en 1968. Le recours au terme *mythologie* pour qualifier le mouvement de mai fait lui écho à celui d'*illusion* utilisé par le président Macron. En réduisant les espoirs de 68 à des légendes, le directeur dévalorise ainsi indirectement les espoirs de la jeune génération de 2018. Dans son ouvrage, *Contre le théâtre politique* (2019), Olivier Neveux, qui dénonce l'appropriation et la « prolifération » du vocable politique par le théâtre public, dans la mesure où elles neutralisent l'action militante par l'art, s'interroge : « [E]t si le directeur de l'Odéon, Stéphane Braunschweig, ne voyait vraiment aucune contradiction entre sa célébration de 68 et la répression de 18 ? » ; puis conclut sur la domestication de la politique, « comme si [elle] s'était à ce point thématisée, qu'il n'y avait désormais pour elle d'existence qu'à heures fixes, quand elle est attendue, dans les formats qui lui sont octroyés, reconnaissables et balisés » (Neveux, 2019, p. 95-96). Ce que nous pourrions définir comme la preuve d'une « incapacité » à effectivement « assimiler mai 1968 » est perçu par Antoine de Baecque comme de la « naïveté », le « manque d'anticipation » (Jouve & de Baecque, E2018). L'historien s'explique :

> On finit par prendre des décisions qui sont très tranchées (arrêter l'événement ou continuer sans les étudiants) alors que nous étions en empathie avec 68 et avec les étudiants de 2018 et en même temps, ça se fait exactement comme à l'Odéon en 68, dans un cadre qui est un cadre de culture que l'on va dire « d'État » et où l'autorité de l'État ne peut pas accepter de laisser prendre un théâtre. Il y avait quand même un enjeu très fort pour Stéphane qui jouait, entre guillemets, sa tête ; il jouait son poste, tout comme Barrault l'a joué en 68. Je pense que c'était quelque chose qui était très douloureux pour lui et très difficile car la première chose qu'il a eu à affronter, quand il est devenu directeur de l'Odéon, c'était justement une occupation par les intermittents. (*ibid.*)

L'analogie que fait de Baecque, entre Barrault et Braunschweig, est intéressante car elle met paradoxalement en avant le fait que la situation n'est pas tout à fait la même qu'en 1968, où de Gaulle et son gouvernement autoritaire avaient fait ouvrir les portes de l'Odéon au directeur des lieux, alors que ses portes restèrent closes en 2018. Cette fermeture des portes est le symbole de l'impossible débat entre les générations, entre l'État (ou les structures publiques directement ou indirectement sous sa direction) et la rue. Si la « non-prise de l'Odéon » illustre la difficulté d'engager des débats intersectionnels à l'occasion des commémorations de mai, les commémorations de juillet témoignent du même phénomène. S'il convient de relativiser l'ampleur du retour à juillet par rapport à un mai qui fut commémoré d'une manière exponentielle, il ne faut cependant pas la minimiser car des efforts furent véritablement faits en comparaison avec les précédents anniversaires. Cette immersion dans le « juillet de nos aînés » se déclina en propositions artistiques et autres rencontres. Les événements artistiques furent donc proposés en France par Gwenaël Morin puis Ferdinand Flame et en Belgique par Michiel Vandevelde. Dans le cadre de l'*American Theatre Project*, le laboratoire CAS[15] de l'Université Toulouse 2 – Jean Jaurès (UT2J) et la compagnie

15 CAS : Cultures Anglo-Saxonnes (EA 801).

toulousaine Innocentia Inviolata initièrent un stage et une journée d'étude autour, notamment, de *Paradise Now*[16]. L'après-mai 68 fut également l'un des thèmes retenus par les « Conférences Savoirs Partagés » de l'UT2J. Durant le mois de juillet, le Festival Avignon manifesta un certain intérêt pour son héritage : le Théâtre des Carmes proposa une « Journée nécessaire » durant laquelle s'enchaînèrent les rencontres et les événements artistiques. Enfin, l'Association de la Maison Jean Vilar invita des chercheurs et artistes à échanger sur les résonances entre hier et aujourd'hui. Ces propositions ne furent cependant pas en lien avec la programmation du Festival « *In* ». Héritier du trauma (ou représentant inquiet d'une institution que les grèves des intermittents avaient remise en question en 2014 sous sa direction), Olivier Py n'a pas jugé nécessaire de retraverser cette « comédie ridicule » (dans Jouve, 2018a, p. 202) : ainsi, si des clins d'œil au passé furent faits à l'occasion de présentations d'ouvrage à la Librairie du Festival ou de l'hommage rendu à Jack Ralite, aucune évocation directe ne fut planifiée. À la rentrée de septembre, les archives de la Ville d'Avignon, en association avec la Maison de la Poésie d'Avignon, invitaient les curieux à des lectures de récits d'Avignonnais sur « *leur* 68 », avant de lancer l'exposition « On refait le monde. Souvenirs de 1968 à Avignon » (janvier-septembre 2019). Il faut souligner que seule la pièce de Gwenaël Morin aux Amandiers, qui était donc l'un des partenaires du programme « soixante-huit », bénéficia d'une couverture médiatique nationale ce qui montre bien que la décentralisation reste relative. Outre-Atlantique, il est également important de souligner que *Paradise Now* ne fut pas l'objet de reprise. Si une projection de la pièce fut programmée au Metrograph Cinema à New York, l'équipe actuelle du Living Theatre dirigée par Brad Burgess n'a pas souhaité rejouer l'œuvre car pour la compagnie, qui est toujours très active en dépit de sa quasi-invisibilité médiatique, cela aurait été d'abord un pas en arrière (revenir sur le passé comme si les combats d'hier n'avaient plus de pertinence aujourd'hui) et cela aurait été à l'encontre de la philosophie du groupe qui « ne veut pas nécessairement reprendre

16 Stage « Living Theatre / Paradise Now : l'énergie au service du corps en révolte », 9-11 avril 2018, Centre Chorégraphique James Carlès (Toulouse), organisé par Émeline Jouve et Céline Nogueira ; Journée d'étude, « Du Living Theatre au théâtre vibrant : énergie et exploration sensorielle (1968-2018) », 12 avril 2018, Musée les Abattoirs (Toulouse), https://cas.univ-tlse2.fr/accueil-cas/seminaires/du-living-theatre-au-theatre-vibrant (consulté le 12/11/2019).

[ses] anciens spectacles comme ces groupes qui ne font que des reprises des Beatles ! » (dans Jouve, 2018a, p. 186)[17].

Ces divers événements proposaient bien des « commémorations », non des « célébrations », tant de juillet 68 que du Living Theatre : il ne s'agissait pas, en effet, d'encenser les révolutionnaires d'antan et d'appeler à la révolte. Le débat autour de la notion de « commémoration » fut notamment ravivé en France à la rentrée 2018, à l'occasion de l'inscription sur la liste des commémorations nationales de Charles Maurras, principal animateur de l'Action Française, défenseur du Régime de Vichy, condamné, en 1945, à la réclusion criminelle à perpétuité et à la dégradation nationale. Dans une tribune du *Monde* du 28 janvier 2018, les historiens Jean-Noël Jeanneney et Pascal Ory, tous deux membres du Haut Comité des commémorations nationales, rappelaient alors que « Commémorer, ce n'est pas célébrer » :

> C'est se souvenir ensemble d'un moment ou d'un destin. Distinction essentielle : on commémore la Saint-Barthélemy, on ne la célèbre pas. On commémore l'assassinat d'Henri IV par Ravaillac, on ne le célèbre pas. On commémore la Grande Guerre, on ne la célèbre pas. (Jeanneney & Ory, 2018, n.p.)

Dans le chapeau d'amorce de sa tribune, le journal précisait que pour les historiens « l'État doit rappeler les moments lumineux de notre histoire comme les périodes les plus sombres » (*Le Monde*, 2018, n.p.). Cette métaphore de la lumière nous renvoie à l'image des lucioles développée par Georges Didi-Huberman. S'il serait malvenu de comparer Charles Maurras, antisémite notoire et sympathisant d'un régime fasciste mortifère, au Living Theatre, fondé par deux artistes juifs pacifistes militants

---

17 En octobre 2016, Brad Burgess déclarait : « Quant à rejouer *Paradise Now*, justement… il y a tellement de facteurs qui entrent en ligne de compte. Premièrement, on en a trop fait autour de cette pièce. Entendons-nous bien, j'adore *Paradise Now* – d'après l'idée que je peux m'en faire grâce à la captation vidéo, au livre et à ce qu'en dit Al Pacino – et je suis très attaché à toute l'histoire qu'il y a derrière autant qu'aux conséquences de ce travail pour la compagnie. C'est un spectacle aussi génial qu'original, c'est une œuvre phare. Cependant, *Paradise Now* fait l'objet d'une attention démesurée, on le met trop en avant, tout comme la culture américaine de cette époque. Les gens pensent que les mouvements de la contre-culture des années soixante et soixante-dix sont morts à petit feu, ou qu'ils ont échoué. C'est parce qu'ils pensent cela que, d'une certaine manière, c'est devenu réalité. Donc de ce point de vue, *Paradise Now* est passé de mode, ce spectacle est comme figé dans le temps. » (dans Jouve, 2018a, p. 186-187.)

contre l'autoritarisme, la problématique de la « commémoration versus célébration » leur est toutefois commune (Jeanneney & Ory, 2018, n.p.). Dans le cas de Maurras (qui rappelle celui de Céline en 2011), l'État aurait donc affirmé la nécessité de « se souvenir ensemble d'un moment ou d'un destin » (*ibid.*). Jeanneney et Ory n'ont pas eu recours à l'expression *devoir de mémoire* qui aurait levé toute ambiguïté sur la nécessité d'inscrire sur la liste des commémorations nationales des personnalités aux idéologies contraires à celles de l'État en place. Si cette reconnaissance nationale de l'homme politique n'est pas l'expression d'un hommage à son antisémitisme, les événements nationaux organisés autour de 1968 et du Living Theatre ne sont pas non plus une apologie de l'anarchisme. La commémoration, telle qu'institutionnalisée par l'appareil officiel, n'est donc pas une marque de fierté nationale mais la reconnaissance de l'importance d'un événement (ou d'une personnalité) dans l'histoire de la France. Cette approche peut être considérée comme des plus ambiguës, surtout lorsqu'elle n'est pas pensée dans une logique d'ouverture aux débats et à la confrontation des points de vue. La soirée « L'Esprit de mai » à l'Odéon illustre cette tendance à « commémorer » sans questionner. Des temps d'échange n'avaient en effet pas été envisagés et l'homogénéité du public, des habitués de l'Odéon en grande majorité, ne permettait pas de remise en question et, lorsque cette dernière a voulu s'inviter sans avoir payé son entrée, elle fut remerciée et accueillie par les CRS. L'expérience de Jean Vilar, qui s'était vu dépassé après avoir souhaité accueillir la jeunesse et programmé des temps de rencontres (à l'image des Rencontres du Verger), a-t-elle échaudé ses héritiers à la tête de théâtres nationaux ? Si, comme vu précédemment, le directeur du Festival prit des décisions qui lui furent tragiques suite à des incompréhensions, son sens d'un théâtre « service public » qui ouvre les bras à la contestation est, *a posteriori* et à la lueur des événements de 2018, à saluer. S'il ne faut pas nier que l'évocation du Living Theatre et de son *Paradise Now*, qu'elle fût sous forme artistique ou de rencontres, suscita un vif intérêt de la part du public dont les réactions furent contrastées, il faut souligner que le débat restait historique et que les ponts lancés entre l'actualité d'antan et les problématiques contemporaines (pour en souligner les similitudes, à la manière de l'historienne Ludivine Bantigny, ou au contraire les divergences, comme le réalisateur et participant aux événements de 68 Romain Goupil[18]) furent, si ce n'est inexistants, du moins rares, notamment du fait du phénomène de l'entre-soi dont la faute ne peut être imputée aux seuls organisateurs, puisqu'elle repose sur des mécanismes de reproductions sociales bien connus. Ce phénomène, qui consiste à mettre sous la lumière une entreprise anarchique du passé sans tisser des liens avec le présent, peut être interprétée comme une façon, non pas de normaliser l'utopie passée, mais de la ramener au centre de façon à la maîtriser en la circonscrivant à la sphère des « illusions » ; illusions que le Président Macron sous-entendait être « perdues ». Commémorer *Paradise Now* comme un « Paradis Perdu » serait à l'image des lucioles invisibilisées par l'apparat médiatique. Faire

18 Lors d'une émission télévisée de décembre 2018, Ludivine Bantigny voyait des résonnances entre 1968 et 2018, dans le rapport à l'inédit, le partage des affects et la subversion de l'ordinaire : « [O]n va pouvoir travailler cette analogie avec 68, même s'il y a bien des différences [...]. [L]e fait qu'un événement est à l'œuvre, là on le sent, on le perçoit. [...] On le sent aussi très bien dans la façon dont certains médias hégémoniques s'affolent à ce sujet. Mais on le sent y compris dans la joie, on va peut-être pouvoir parler des affects, [...] ce surgissement d'affects qui sont divers, qui sont complexes mais qui donnent [...] un sentiment de vivre un temps qui est lui-même commun donc c'est la sensation d'être des contemporaines, contemporains [...]. C'est ce qui fait la force de l'événement, la fin de la résignation, la fin de la passivité et la fin de l'assignation de celles et ceux qui n'ont pas pour fonction la chose politique de se l'approprier [*sic*]. C'est très puissant : l'événement en tant qu'il subvertit l'ordinaire, qu'il ouvre un temps au sens strict extra-ordinaire [...]. » (2018a, n.p.) – Pour Romain Goupil, s'exprimant lors de la commémoration à l'Odéon, 1968 et 2018 n'ont absolument rien à voir : « [C]'est vrai que c'est étrange pour nous d'être à l'intérieur pendant que les autres qui veulent s'exprimer, participer au débat ne peuvent pas rentrer. ça met une sorte de malaise et une répétition de quelque chose qui ne ressemble en rien, mais absolument en rien à Mai 68. L'idée qui court depuis maintenant le 22 mars, date de la manifestation syndicale, qu'on allait vers des convergences de luttes pour arriver à un nouveau 68 pour faire tomber le gouvernement [...], n'a rien à voir mais absolument rien à voir avec 68, si ce n'est, effectivement, le fait qu'il y ait des manifestants, qu'il y ait des mots d'ordre et qu'il y ait la police [...] C'est complétement absurde de dire qu'en 68, la France, telle qu'elle était dans les années 1966-1967, n'a absolument rien à voir avec ce qu'elle est maintenant. On était dans une illusion qui promettait que tout pouvait changer, que tout allait changer et ce que je dis, c'est que tout a changé. On est dans une autre France où les gens, alors que nous, on voulait tout changer, là, ils veulent se protéger, se protéger par rapport au chômage, à la précarité et essayer de garder les choses qui ont été acquises [...]. Tout ce mouvement, [c']est pour essayer de conserver des acquis. ça n'a absolument rien à voir *["Ouuh" de la foule]*. L'illusion est complète, elle est totale, elle est consolatrice. On va réussir à nouveau mai 68 : c'est absurde. Déjà nous en 1968, on voulait reproduire 1917. Imaginez que maintenant, l'idée c'est de refaire 1917 un siècle plus tard. Il y a quelque chose d'absurde, d'idiot et encore plus absurde d'empêcher qu'effectivement les plus jeunes viennent discuter et qu'il y ait ce type d'échange entre nous. » (« L'Esprit de mai », 2018, n.p.)

la lumière sur le Living Theatre, à des fins purement promotionnelles et dans l'intérêt de la « société du spectacle », celle-là même qui « "baigne indéfiniment dans sa propre gloire" », serait ressusciter la troupe pour mieux l'enterrer (Didi-Huberman, 2015, p. 300). À l'invitation de Didi-Huberman, combattons cependant ce pessimisme ambiant et, sans nier certaines tentatives de récupérations plus ou moins assumées par ceux qui commémorent et ceux qui assistent à ces commémorations, considérons les aspects positifs de cette institutionnalisation des hétérotopies du passé. Ces manifestations furent la marque de l'intérêt de l'État, mais aussi des citoyens, pour la « chose culturelle » : la *start-up nation* ne s'est pas encore totalement désinvestie de sa fonction de service public et, à l'heure où la menace grandit, ces événements sont des symboles de survivance, non pas dans le sens de résistance contre-culturelle, mais en tant que persistance d'une tradition de politique culturelle française, celle défendue par Vilar plutôt que par les Beck. Il convient encore de souligner qu'à quelques exceptions près[19], ce sont majoritairement les institutions publiques qui ont endossé la responsabilité de revenir sur l'œuvre révolutionnaire du Living Theatre, comme pour s'assurer que cette entreprise théâtrale ne s'éteigne à tout jamais et que son souvenir puisse scintiller dans l'Histoire officielle. Revenant sur la problématique de la commémoration, l'historien Jean Garrigues estime que ces manifestations ont le mérite d'entretenir la mémoire : « [L]a mémoire de mai 68 se perd aujourd'hui, il est donc important de la faire revivre et de rappeler ce qu'a signifié ce moment dans notre vie nationale » (dans France Culture, 2018, n.p.). Ces lucioles de l'institutionnalisation hétérotopique sont bien les marques d'une survivance, pas dans le sens pasolinien de « contre-pouvoir », mais dans celui de ce qui survit dans la pénombre de la mémoire, non dans l'actualité. 2018 vit cependant d'autres lucioles, du présent, celles-ci, et s'apparentant, elles, au sens pasolinien. Ironisant sur la position des institutions, étudiants et fonctionnaires, descendus dans les rues françaises au printemps 2018, avaient orné la statue de la République à Paris du slogan : « Mai 68 : ils commémorent, on recommence ». C'est sous forme de manifestations émanant de la rue que les « lucioles du contre-pouvoir » ont spontanément ravivé la flamme de l'esprit de 68. Cependant, ces lucioles ne manifestaient pas en faveur

19 Comme celle du Théâtre des Carmes qui organisa sa « Journée nécessaire », gratuite et ouverte à tous.

de l'anarchie, comme les membres du Living Theatre le défendaient, mais en faveur du maintien de l'État providentiel. En 2018, *le théâtre*, dans le sens des Beck de « communion entre les individus à des fins collectives », était bel et bien « dans la rue » mais *Paradise Now*, ou du moins ses réinterprétations, se produisaient, elles, dans les théâtres, ce qui pose la question du lien que les metteurs en scène contemporains s'étant emparés du travail du Living Theatre entretiennent avec l'art et le politique.

PARADISE NOW 2018 : « DES THÉÂTRES QUI VEULENT CHANGER LE MONDE » ?

En mai, au Théâtre National de Nice, dans le cadre des « Utopies Culturelles », puis en juillet 2018, au Théâtre des Carmes à Avignon, à l'occasion de la « Journée Nécessaire », Cyril Cotinaut et Sébastien Davis de la compagnie TACT présentaient leur spectacle, *Mai 68. Que sera le théâtre dans 50 ans*[20] *?*. La pièce, drôle et intelligente, se déroule en 1968 et met en scène deux experts qui s'interrogent sur le devenir du théâtre et imaginent, à partir des théories en vigueur à leur époque, ce que pourrait être le théâtre en 2018. Dans une courte scène intitulée « Le Monde et le Théâtre », les spécialistes reviennent sur l'approche du Living Theatre et considèrent dans quelle mesure leur entreprise politique inspirera les générations futures :

> Le théâtre comme un remède aux maux de notre temps, c'est beau. C'est… poétique. […] Il y a ce phénomène Living Théâtre. Vous savez ceux-là même qui sont invités cet été à participer au Festival de Vilar ! Julian Beck, son représentant nous le dit : « Vie, révolution et théâtre sont trois mots pour une même chose : un NON inconditionnel à la société actuelle. »
>
> – Mais ce n'est pas du théâtre ! Des corps nus en scène, des cheveux longs, des acteurs au milieu des spectateurs, des spectateurs au milieu des acteurs […] [À] force de tout détruire, de faire tout et n'importe quoi, ce théâtre, si on le nomme « Théâtre », puisqu'il n'y a plus de fable, plus de personnage, des actes posés sans narration, le théâtre n'est-il pas en train de se détruire lui-même et mourir ?
>
> – Vous êtes vieux. Vous pensez encore le théâtre comme une finalité. Mais le théâtre peut n'être qu'un moyen. Soyons ouvert d'esprit un instant. Je sais que ce n'est pas facile, mais souvenons-nous de ce que cela veut dire qu'être jeune, que d'avoir des rêves et mettons qu'ils aient raison. […]

20 La pièce tourne désormais sous le titre *Le Casque et l'Enclume*.

> – Mettons qu'ils aient raison. Ils deviennent le modèle à suivre, l'incarnation d'une singularité. Et mettons qu'ils fassent des petits et que ce théâtre qui veut changer le monde, change le monde ! Dans pas plus tard que 50 ans nous vivrons dans un monde où il n'y a plus d'argent, plus de frontières, où les gens vivront regroupés en petites communautés rurales fondées sur l'autosuffisance et le bon sens paysan [...] le Paradis... Le théâtre aura été le fer de lance de cette révolution humaine et spirituelle qui nous aura permis de rouvrir une bonne fois pour toutes les portes du jardin d'Éden.
> – [...] Bien.... Ça n'arrivera pas...
> – Et heureusement.
> – Comment ça, « heureusement » ?
> – Parce que cela doit rester à l'état de rêve et non de réalité. Le propre de ce théâtre c'est de vouloir changer le monde. Mais il n'y arrive pas... Et ce n'est pas grave. Parce que ce n'est pas son objet. Son objet, c'est de VOULOIR changer le monde. Pas d'y arriver !
> – Vous avez raison. On peut même imaginer qu'il y aura beaucoup de théâtres qui veulent changer le monde. Bon. Ils ne le changeront pas. Le monde restera ce qu'il est. Même dans deux ou trois cents ans, la vie, elle restera ce qu'elle a toujours été. Elle ne change pas, elle est immuable. Mais ce n'est pas important. L'important c'est le chemin. Il faut qu'il VEUILLE changer le monde. Dans 50 ans, il y aura une dénomination spécifique à ce genre de théâtres : Théâtres qui veulent changer le monde...mais qui n'y arrivent pas. Et c'est très bien qu'ils n'y arrivent pas, parce que s'ils y arrivaient, il n'y aurait plus de théâtres qui veuillent changer le monde. (Cotinaut & Davis, 2019, p. 11-12)

Nous l'avons déjà souligné, le Living Theatre n'a, en effet, pas fait la révolution sur le plan politique mais à la suite de ce qu'il nomme la « décrue militante », si bien qu'Olivier Neveux salue la recrudescence d'un « théâtre combattif » à l'orée du XXIe siècle (réf. biblio). La survie de ce théâtre, dont nos experts prédisent qu'il se nommera « Théâtres qui veulent changer le monde... mais qui n'y arrivent pas », dépendrait de son échec même à révolutionner l'ordre social car la réalisation du « Paradis Maintenant » mettrait un terme à la nécessité de *faire du théâtre* pour améliorer la marche du monde. À en suivre la logique des spécialistes fictionnels de la pièce de Cotinaut et Davis, le contexte politique explosif (au propre comme au figuré) de ce début de siècle et la montée de mobilisations citoyennes de ces dernières années, en France, mais aussi à travers le monde, sembleraient propices à raviver la flamme du Living Theatre. En proposant des réinterprétations de *Paradise Now*, les metteurs en scène Gwenaël Morin et Ferdinand Flame et le chorégraphe

Michiel Vandevelde expriment-ils leurs désirs d'effectivement changer le monde (ou plutôt de « vouloir » le changer) face à une actualité marquée par la recrudescence de l'extrémisme, la progression des inégalités et la multiplication des catastrophes climatiques ? Ont-ils fait du Living Theatre leur « modèle à suivre », « l'incarnation d'une singularité » qu'ils ont souhaité raviver pour l'adapter à leur époque et créer, à partir de la création avignonnaise, d'« autres formes de théâtre » répondant ainsi à l'appel de Beck (Beck dans Lebel 1969, p. 262) ? Ces interrogations soulèvent également, d'après Walter Benjamin, la question de la « reproductibilité » de *Paradise Now*, une question liée à la notion de *re-enactment* sur laquelle se concluront les présentations de chacune des trois variations sur l'œuvre du Living Theatre.

À la question « pourquoi avoir monté *Paradise Now* ? », le metteur en scène Gwenaël Morin (dont l'autorité dans le paysage théâtral français est largement reconnue) répondit « par opportunisme » (Jouve & Morin, E2018)[21]. Cet aveu qui pourrait surprendre n'étonnera pas les amateurs du théâtre de l'ancien directeur du Point du Jour à Lyon dont les prises de parole sont directes, brutes, à l'image de son théâtre lui aussi brut : théâtre de la matière première ou « le sol, la sueur, le bruit, l'odeur », pour reprendre la définition de Peter Brook (1977, p. 91). À l'image de sa direction d'acteur, Morin évite les détours pour évoquer son travail dont les deux fondamentaux sont le corps et le texte. Clara Hédouin, chercheuse et comédienne ayant travaillé sous la direction du metteur en scène, écrit, dans un passage sur Morin intitulé « "*Structure is everything*" : s'en tenir au squelette » :

> Morin a sa propre façon d'éviter les détours, non seulement dans ses textes/manifestes, mais aussi sur le plateau, dans sa manière de mettre en scène

21 *Paradise Now* dirigée par Gwenaël Morin (1h50) fut présentée les 4, 5, 11, 12, 18, 19, 25, 26 mai 2018, au Théâtre Nanterre-Amandiers, Atelier, puis le 21 juillet au Théâtre du Point du Jour, à partir de *Paradise Now*, création collective du Living Theatre (retranscription originale de la pièce : Judith Malina, Julian Beck ; traduction en français : Elsa Rooke. Avec : Isabelle Angotti, Luis Ayet Puigarnau, Gaël Baron, Elsa Bouchain, Michael Comte, Anne de Queiroz, Giulia Deline, Vincent Deslandres, Jean-Charles Dumay, Julian Eggerickx, Jonathan Foussadier, Cécilia Galléa, Alyse Gaultier, Gabriel Gauthier, Léo Gobin, Jules Guittier, Barbara Jung, Manu Laskar, Victor Lenoble, Natacha Mendès, Nicole Mersey-Ortega, Elsa Michaud, Julien Michel, Viviana Moin, Olga Mouak, Perle Palombe, Gianfranco Poddighe, Ulysse Pujo, Lison Rault, Thierry Raynaud, Richard Sammut, Mayya Sanbar, Brahim Tekfa, Thomas Tressy, Gaëtan Vourc'h, Marc Zammit.

> l'action. Ses directions de jeu sont minimales, voire simplistes : elles consistent à découper la matière sonore (le texte) et visuelle (corps et matériaux) en lignes claires. Plus fort, moins fort, plus vite, moins vite, plus à droite, plus à gauche, plus au fond, plus en avant – on a presque fait le tour des indications possibles. Volumes et rythmes suffisent à organiser la matière sonore, placements et trajectoires, la matière visuelle. Dans les deux cas, il s'agit d'isoler les points forts, de segmenter les mouvements et de faire saillir les dynamiques du texte qui sont les plus évidentes, les plus tranchantes. (Hédouin, p. 429)

Nous allons le voir, « la structure est tout » dans l'approche de *Paradise Now* par Morin, une pièce qu'il a montée, si ce n'est par « opportunisme », du moins par opportunité, lorsque Philippe Quesne lui proposa de travailler à une création à l'occasion du Festival Mondes Possibles organisé du 7 avril au 31 mai 2018 au centre dramatique national Nanterre-Amandiers qui « célébr[ait] à sa manière le 50e anniversaire de mai 68, invitant des créations dont le point commun [était] de défricher des territoires utopiques » (« Présentation : Festival Mondes Possibles »). Morin, qui lorsqu'il prit la direction du Point du Jour avait envisagé de penser un programme autour des « pièces qui avaient pu marquer Avignon », réagit à l'invitation de Quesne en proposant *Paradise Now*, non pas parce que l'esthétique et l'idéologie de la troupe américaine lui était proche mais parce que l'œuvre, qui raisonnait avec son projet avignonnais, était pour lui emblématique de 1968 (Jouve & Morin, E2018)[22] :

> Avant de commencer le travail, j'avais des méfiances envers le Living de par le côté baba cool, la nudité, la drogue, le *peace and love*, leurs revendications intenables dont j'avais tendance à me défier ; le look de Julian Beck, son côté un peu gourou/shaman, pour moi, c'était très superficiel. Je peux être attiré par le superficiel mais là, ce look hippie ne m'attirait pas, et puis même la notion de communauté qui est une dimension importante du théâtre ne m'a jamais intéressé… Donc a priori le Living « non » mais, *Paradise Now* c'était l'image de 68 et une pièce qui a eu des répercussions à Avignon et en cela, ça m'intéressait […]. J'aime bien me lancer dans des entreprises, avec des a priori sinon négatifs, avec des signes un peu faibles et du coup construire au contact du travail ma relation avec l'œuvre ce qui fait que j'ai pas de discours a priori, ou du moins que je n'ai pas de discours a priori dans l'œuvre, c'est en la pratiquant que quelque chose se dégage ; c'est-à-dire que je ne vais pas

22 Dans le cadre de ce projet avignonnais, Gwenaël Morin monta *Les Molière de Vitez* inspirée des pièces dirigées par Antoine Vitez en 1978 au Festival d'Avignon.

> chercher dans l'œuvre quelque chose que je chercherai par ailleurs, je ne vais pas chercher de confirmation, j'essaie d'être le plus innocent possible par rapport à l'œuvre. (*ibid.*)

Ce n'est donc pas parce qu'il était un admirateur du Living Theatre à qui il aurait souhaité rendre hommage que Morin se lança dans l'aventure *Paradise Now* mais juste parce qu'il avait fait le constat de son caractère emblématique vis-à-vis de 1968. *A posteriori*, en travaillant sur l'œuvre, Morin s'est rendu compte « que la pièce dépassait l'anecdotique, que c'était une vraie pièce de théâtre, puissante et forte » (*ibid.*). La proposition du metteur en scène français, intitulée *Re-Paradise*, se présente comme une retranscription, par les comédiens eux-mêmes, du texte, du script de la pièce tel qu'il fut livré par Judith Malina et Julian Beck. Avant la découverte de ce qu'il nomme une « partition » dont il ne connaissait pas l'existence, Morin ne savait pas comment envisager sa création[23]. Le script lui permit d'initier le travail de reconstitution textuelle, ce qui est l'une des spécificités de son théâtre. La démarche de Morin consistait à jouer le script au plateau, c'est-à-dire à guider les comédiens de façon à ce qu'ils fassent ce qui est écrit en matière d'action physique et de parole. L'approche de Morin pourrait être qualifiée de « transcription scénique » du texte ; texte qu'il ne cherche pas à interpréter, à réécrire à la manière d'un auteur, mais à livrer de façon brute, afin de faire vivre aux spectateurs l'expérience de ce texte sans ambages, de lui donner corps sans l'intellectualiser. « Moi, je ne suis pas auteur de théâtre, donc je ne veux pas faire croire que je le suis », explique le metteur en scène, « je parle de choses qui existent déjà et j'essaie de refaire l'expérience » (*ibid.*). L'importance de l'expérience organique au plateau, pour les comédiens et les spectateurs ; rappelle la philosophie du Living Theatre, cependant, l'ancrage dans l'ici-et-maintenant de l'action physique ou verbale diffère de la vision de la troupe américaine, dans la mesure où Morin n'essaie pas de lever les frontières entre fiction et réalité : « [C]e

23 Gwenaël Morin découvrit l'existence du script par le truchement de Clara Hédouin à qui il avait initialement confié les recherches sur *Paradise Now*. Préalablement, Christian Biet, professeur à l'Université de Nanterre, avait mit Hédouin en contact avec moi-même et je lui avais alors présenté le script. Lors de notre entretien, Morin qui n'avait pas souhaité me rencontrer durant la création de *Re-Paradise*, me confia « c'est un peu vous qui avez initié ce truc là, en fait ; c'est vous qui, d'une certaine manière, avait appuyé sur le bouton "start". » (Jouve & Morin, E2018.)

qui est produit sur ce plateau-là est de l'art, en fait, et il faut avoir conscience du fait de ce qui est en représentation et la vraie vie ». Puis il ajoute : « [C]'est pas la vraie vie ; c'est pas parce que deux acteurs se roulent une pelle qu'ils sont attirés l'un vers l'autre, c'est un baiser de théâtre » (*ibid.*). Cette dernière remarque découle de l'analyse de Morin quant à la gestion de la participation des spectateurs qui, comme le Living à son époque, s'est avérée en 2018 problématique car le metteur en scène nota des comportements « idiots », ce qui rappelle la remarque de Malina qui fut déçue de l'implication du public à l'occasion de la première de *Mysteries and Smaller Pieces*. Pour Morin, l'incapacité de certains membres du public et de certains comédiens à réagir de façon juste lors des improvisations est liée à cette confusion entre vie et fiction, une confusion revendiquée par le Living mais problématique aux yeux de Morin qui géra la difficulté face à l'implication des membres du public en réduisant tout simplement les temps d'interactions. La pièce originale (de plus de 4h) était donc réduite à environ 1h30 sur le plateau des Amandiers : une réduction qui rend compte, non seulement du fait que la participation du public reste toujours un pari que le Living Theatre semble avoir en parti relevé (si ce n'est totalement, comme évoqué dans le deuxième chapitre), mais aussi du fait que l'intérêt de Morin ne portait pas sur les « creux » du texte, ces moments de « théâtre libre », où la communion entre individus pouvait avoir lieu, mais bien sur ses reliefs, ce qui était *prévu* textuellement. Il est intéressant de noter que, si les créations de Morin sont en général gratuites pour les spectateurs au Théâtre du Point du Jour, le metteur en scène, qui aurait souhaité ne pas faire payer *Re-Paradise* aux Amandiers, dut malgré tout s'y résoudre pour des raisons légales. En effet, en faisant payer l'entrée, expliqua-t-il, le théâtre se couvrait contre tout recours de la part du public, qui aurait pu se plaindre de tel ou tel aspect de la présentation, et notamment de l'invitation à participer : cet aspect souligne à quel point la relation entre public et artistes reste complexe, voire même se complique, comme la mise en place de précautions légales le démontrent. Le script de Beck et Malina fut littéralement un cadeau pour Morin qui s'inquiétait de devoir engager une grande partie de son budget afin de couvrir les droits d'auteurs mais ce texte, dont la découverte fut déjà un grand étonnement (et un grand soulagement), lui réservait une autre surprise dans la mesure où il n'eut pas de droits d'auteur à payer :

> Et je ne savais pas comment faire la distribution notamment pour des raisons financières car il fallait payer des droits et je commençais à flipper car les Américains, sur ça, ils sont super chiants. Puis, je tombe sur la fameuse phrase (et j'ai vu ça tard, en fait) : « [C]e livre est libre de droit », et là, génial ! Ça n'existe pas normalement ! On a travaillé avec un avocat de l'édition et il n'avait jamais vu ça et du coup, il nous a semblé que la manière la plus juste de rendre hommage à cette chose-là c'était que l'on ait au moins autant d'acteurs qu'il y avait eu d'auteurs en fait. C'était une création collective, ils étaient 36, je me suis dit qu'il fallait qu'on recrute 36 acteurs. (Jouve & Morin, E2018)

En paratexte de la pièce publiée chez Vintage Books en 1971, Beck et Malina avaient rajouté la mention suivante :

> La pièce *Le Paradis Maintenant* n'est pas une propriété privée :
> Il n'y a pas de droit à payer :
> Elle est gratuite :
> Pour toute communauté qui veut la jouer. (Malina & Beck [trad. Rooke], 2018, p. 1)

Anticapitalistes, les membres de la compagnie partageaient leur œuvre gratuitement et pour remercier symboliquement la troupe de ce geste Morin proposa alors une distribution similaire à la distribution originale. Sur les trente-six comédiens, certains avaient déjà travaillé avec Morin, d'autres avaient joué dans des pièces de Quesne (dans l'idée d'un « jumelage avec Philippe » [Jouve & Morin, E2018]), et d'autres venaient d'horizons différents. Le casting eut lieu à l'occasion d'un atelier de deux jours qui visait à recruter les comédiens principalement selon un principe « d'autodétermination » dans la mesure où le présupposé était que les personnes qui ne se sentaient pas en phase avec le travail (notamment parce que la problématique de la nudité leur était trop complexe) se désengageraient elles-mêmes. Une fois l'équipe composée, le travail consista en une lecture du texte par Morin qui ne souhaitait pas que les comédiens aient directement accès au script :

> En fait, les premières fois que l'on a répété, chaque jour, je lisais un échelon et je leur demandais de juste écouter et de faire ce que je leur proposais sans prendre de notes pour qu'ils se laissent imprégner, et je leur relisais si jamais et leur proposais de me poser des questions non pas sur les fondements dramaturgiques mais seulement sur ce qui est proposé de faire. Donc j'énonçais et je ne rentrais pas dans le matériel non pas dramaturgique mais les sortes de justifications spirituelles ou idéologiques qui sont un peu floues… Comme

> c'est une proposition spirituelle très complexe, si on commençait à mettre le *Yi Jing*, la Kabbale, les chakras entre nous, on allait au contraire de cette envie d'être vierge de tout discours car chacun allait proposer ses interprétations (« moi qui suis juif, quand il dit ça, il veut dire ça… », « moi, qui suis allé en Inde, je comprends ça… »). Donc, j'ai filtré l'information (il y a écrit « ils se réunissent, ils font un cercle »…) et j'ai livré ce qu'ils faisaient et ce qu'ils disaient. À un moment donné, j'ai commencé à donner les mobiles politiques et putain…dans l'équipe, il y a des anticommunistes et ça produisait des effets complètement débiles, des espèces de débats pourris sans intérêt, et du coup, j'ai arrêté de délivrer ces infos. (Jouve & Morin, E2018)

L'explication de Morin concernant la direction des comédiens fait écho à l'analyse de Clara Hédouin. Le metteur en scène évite en effet les détours et veut aller droit au but, c'est-à-dire au texte qui constitue donc le « squelette » du travail. Le texte que l'on joue est pour Morin celui qui renvoie aux actions visuelles concrètes et aux répliques. Les pourquoi des actes physiques ou de paroles, c'est-à-dire l'idéologie qui sous-tend *Paradise Now*, ou le comment de la réalisation de ces actes, à savoir donc les spiritualités convoquées dans la pièce pour se mettre en condition, n'intéressent pas Morin qui a donc présenté au public la « structure » de l'œuvre originale. *Re-Paradise* est une reconstitution scénique du « squelette » original mais pas de la substantifique moelle de l'œuvre, qui a perdu sa dimension politique et spirituelle. Dans sa note d'intention, Morin écrit :

> Je voudrais réactiver le plus littéralement possible les formes anciennes contenues dans *Paradise Now* et mesurer le cas échéant ce qu'elles produisent encore ou ne produisent plus aujourd'hui. Le Paradis est l'image d'un monde sans violence. *Paradise Now* demande ce monde « maintenant ». À l'instar des tragédies grecques antiques, cette pièce vise à produire un effet cathartique en proposant des rites théâtraux pour s'émanciper de la violence. (Morin, 2017, n.p.)

En mettant le texte au centre du processus de création, Morin met en effet « littéralement » en scène la structure interne de l'œuvre. Cette structure s'articule autour du principe du rituel, et, en cela, sa mise en scène est une sorte de « livre *pop-up* » d'où surgissent, sous nos yeux, les éléments fondateurs du script que le metteur en scène nomme « formes anciennes ». Du fait de sa forme réduite et de l'importance que Morin attache à la fiction (*versus* la vie), mais aussi en raison de sa méfiance vis-à-vis de la spiritualité, la violence reste au stade de la représentation.

La *catharsis* n'est pas artaudienne : le public n'a pas le temps de faire l'expérience de la douleur et l'observe se déployer, suspect ou curieux, avec distance, là où la tragédie demande une identification avec la fiction. La *catharsis* annoncée ne semble donc pas vraiment possible mais *Re-Paradise* est l'occasion pour le public de s'interroger sur les éléments constitutifs de la structure originale (les corps nus, l'interaction avec le public, la rupture avec la fable, l'abstraction, etc.) et d'éprouver en quoi ce travail de 1968 reste structurellement (puisque tel est le propos de Morin) toujours aussi original ou, au contraire, semble d'un autre temps. Le défi de Morin de proposer aux spectateurs de considérer pour eux-mêmes ce que la structure de *Paradise Now* « produi[t] encore et ne produi[t] plus » semble alors relevé.

Si Michiel Vandevelde, artiste en résidence au Kaaitheater jusqu'en 2021, n'attendit pas 2019 pour commémorer les cinquante ans de *Paradise Now*, à Bruxelles, au Théâtre 140, où la troupe se produisit du 10 au 13 décembre 1969, c'est bien parce que les représentations avignonnaises ont marqué les européens. Comme l'explique le chorégraphe, le contexte politique de 1968 donna alors toute sa dimension à l'œuvre qui, dans la capitale belge, n'aurait « pas du tout marché » car elle ne provoqua que des « remous médiatiques » et ne suscita que très peu l'intérêt du public. 1968 (et non 1969) est alors perçue par Vandevelde comme l'année emblématique de *Paradise Now* ; œuvre qu'il découvrit pour sa part en 2011, dans la cadre de sa formation à PARTS fondée sur la pratique artistique d'Anne Teresa De Keersmaeker :

> J'ai rencontré le matériel vidéo originel de *Paradise Now*, il y a sept ans, je crois, dans un cours d'histoire du théâtre à PARTS. À cette époque-là, j'étais très impliqué dans le militantisme. C'était en 2011, ici à Bruxelles, et j'étais impliqué dans beaucoup d'actions militantes. *Paradise Now* était une forme qui n'existait plus artistiquement et politiquement, une forme que l'on ne voit plus aujourd'hui non plus, qui est démodée pour beaucoup de monde mais moi, je trouve qu'il y a quelque chose de très fort dans ce matériel et j'étais très attiré par l'énergie qui s'en dégageait. Depuis cette découverte, je me suis dit : « Un jour, je veux faire quelque chose avec cette sorte d'énergie dans une de mes pièces. » Je viens d'une formation où l'on apprend l'esthétique de Teresa [*sic*] De Keersmaeker : cette distance, c'est contemplatif, c'est très beau mais c'est très sobre. Donc, j'ai vraiment grandi dans cette esthétique épurée et de voir le Living Theatre, qui est quelque chose de très différent, m'a beaucoup étonné. J'étais vraiment attiré par cette énergie, par l'immédiateté du matériel. (Jouve & Vandevelde, E2018)

La vidéo fut donc au centre du processus artistique de *Paradise Now (1968-2018)*, présentée au Kaaitheater les 12 et 13 mai 2018, avant une tournée en Belgique, au Pays-Bas et en Allemagne[24]. Si les institutions françaises et belges ne sont pas strictement comparables, nous pouvons toutefois qualifier le Kaaitheater d'*institution publique*, à l'instar des Amandiers, dans la mesure où ce lieu est subventionné par les autorités flamandes et la région de Bruxelles-Capitale. Le titre de la pièce, qui fut défini avant le processus de création, était annonciateur de la volonté du chorégraphe de replacer l'œuvre dans le contexte du cinquantenaire. La pièce propose une traversée d'un demi-siècle d'histoire et est construite comme un diptyque : la première partie de la pièce est constituée de la reproduction d'une série d'images ayant marqué chacune des années de 2018 jusqu'à 1968. Ces cinquante images (du mouvement de « *pussy hats* » contre Donald Trump en 2017, au *tsunami* sur les rives de l'océan indien en 2004, aux personnages de Rose et Jack, à la proue du Titanic dans le film de James Cameron en 1997, à la catastrophe nucléaire de Tchernobyl en 1986, au portrait des fondateurs de Microsoft en 1978, à Woodstock en 1969) sont présentées comme des tableaux vivants incarnés par les danseurs et sont parfois accompagnées d'une légende projetée sur le mur du fond[25]. L'année 1968 est symbolisée par la reproduction par les danseurs d'un montage de 25 minutes de la fameuse vidéo de *Paradise Now* qui interpella Vandevelde en 2011 : le chorégraphe sélectionna à partir de la version courte (45 min) de *Paradise Now. The Living Theatre in Amerika* en ligne sur *UbuWeb*, ce qui représentait pour lui des images clés et graphiquement remarquables de la pièce du Living Theatre (la vision de la découverte du pôle Nord, la scène des victimes et des

24 *Paradise Now (1968-2018)* fut présentée les 12 et 13 : mai au Kaaitheater (Bruxelles). Durée : 1h20. Spectacle de Michiel Vandevelde (production Fabuleus). Avec Zulaa Antheunis, Sarah Bekambo, Jarko Bosmans, Bavo Buys, Wara Chavarria, Judith Engelen, Abigail Gypens, Lore Mertens, Anton Rys, Margot Timmermans, Bo Van Meervenne, Esra Verboven, Aron Wouters. – Le spectacle fut ensuite rejoué dans différentes villes. Mai 2018 : STUK, Leuven/Kunstenfestivaldesarts, Bruxelles/Vooruit, Ghent ; août-septembre 2018 : Tanz im August, Berlin ; octobre 2018 : De Studio, Antwerp/STUK, Leuven/CC Westrand, Dilbeek/De Brakke Grond, Amsterdam ; novembre 2018 : Politik im Freien Theater, Müncher Kammerspiele, Munich/Jonge Harten, Groningen ; avril 2019 : Donau festival, Krems/Tweetakt festival, Utrecht ; juin 2019 : Schaxpir festival, Linz ; septembre 2019 : Theaterfestival, Gent ; octobre 2019 : Kaaitheater, Bruxelles ; novembre 2019 : Tanzhaus NRW, Dusseldorf.

25 La sélection des 50 images est accessible sur la page de la compagnie « *Paradise Now (1968-2018)* : 50 Beelden. »

boureaux, le rite du voyage mystérieux, etc.). L'évocation se termine sur la scène de la Révolution permanente qui est cette fois verbale : comme sur la vidéo, les danseurs exhortent (en anglais) le public à changer le monde (« *Change the world !* » ; « *Make it work !* »). Puis au début de la seconde partie, le rythme, déjà soutenu, s'accélère et, comme si les aiguilles du temps s'emballaient, les danseurs reproduisent à nouveau *Paradise Now* et toutes les images, non pas à rebours cette fois-ci, mais de 1969 à aujourd'hui en 7 minutes (là où il avait mis environ 50 minutes dans la première partie). Après la mise en tableau de 2017, une rupture de rythme est introduite : tout se ralentit et les danseurs proposent alors la scène du « RITE DU RAPPORT UNIVERSEL » puis, la lumière diminue et dans le noir, les danseurs adressent une série d'assertions sur l'avenir. Le travail sur la chronologie d'abord analeptique puis proleptique apparut dans un deuxième temps de la création ; la dimension commémorative s'est d'abord traduite par le choix des danseurs. Si certains s'étonnaient qu'il ne travaille pas avec des « gens de 70 ans qui avaient vécu 68 », Michiel Vandevelde voulait lui collaborer avec de « jeunes corps », des corps qui n'avaient pas traversé ces cinquante ans d'histoire, des corps qui représentaient l'avenir (*ibid.*). L'audition initiale, qui était sous forme d'atelier, comptait préalablement 120 participants mais il ne retint que treize personnes alors âgées de 13 à 23 ans au début de l'aventure en août 2017. Ces jeunes gens n'avaient pas de formation en danse contemporaine mais en théâtre ou hip-hop pour la majorité. Cet élan vers la jeunesse est lié à « l'aspect politique très direct que l'on ne voit plus aujourd'hui » et qui est, pour Vandevelde, constitutif de *Paradise Now*. Si le chorégraphe définit sa position envers le théâtre révolutionnaire de « très ambigu[*ë*] » (« j'espère que le théâtre peut avoir une vertu révolutionnaire mais en même temps je n'y crois pas vraiment »), le théâtre est pour lui « l'espace des idées » et du « partage d'idées ». Ainsi, avec *Paradise Now (1968-2018)*, il ne cherchait pas à changer la face du monde mais retenait de ses prédécesseurs le principe de la pièce comme voyage qui serait initiatique d'abord pour les jeunes danseurs :

> Dans *Paradise Now* c'était, comme ils le disent eux-mêmes, le processus qui était important pas vraiment le résultat, c'est le voyage qu'ils faisaient vers l'anarchisme qui importait. Ici, je ne pense pas que je fais un voyage vers l'anarchisme. Moi, je suis pour l'anarchisme mais je ne peux pas impliquer les gens qui travaillent avec moi. Je pense qu'ils ont fait un voyage d'émancipation

> pendant le processus. Quand je vois quand on a commencé, je leur demandais « qu'est-ce qui te préoccupe au niveau politique ? » et ils disaient « ah, je ne sais pas, rien, nous sommes très confortables dans nos vies, on espère que ça va rester comme ça ». Mais maintenant quand je les entends parler, ils ont vraiment grandi dans leurs idées. Donc c'est plutôt pédagogique, je pense, et pour moi, c'est très important cette partie de la création. Je ne me vois pas comme un professeur, c'est très différent, mais il y a un aspect pédagogique au niveau de la conscience de l'histoire et des idées politiques et aussi des choses très simples comme « comment être sur la scène », « comment balancer ton énergie pendant 1h20 », « comment trouver de la liberté et prendre du plaisir dans un cadre fixe (celui de la chorégraphie) ». (*ibid.*)

La dimension politique de l'œuvre de Vandevelde se situe donc principalement dans le processus de création. Les témoignages des danseurs à l'occasion d'un bord de scène semblent confirmer que certains d'entre-eux aient, en effet, effectué ce voyage puisqu'ils faisaient état de leur conscientisation non seulement des événements qui avaient marqué l'histoire mondiale mais également de leurs désirs pour le futur (Bord de scène, *Paradise Now (1968-2018)*, 2018, n.p.). Ce processus, que l'on ne peut qualifier d'idéologique car il n'est pas porté par des principes sociopolitiques définis mais qu'il conviendrait d'appeler initiatique puisqu'il semble faire évoluer les jeunes du statut d'enfant dans le sens étymologique d'*infans*, « qui ne parle pas » (et n'a donc pas d'avis) à celui d'*adultus*, celui « qui a grandi » (et pose alors un regard sur le monde), rappelle la notion de rite de passage qui est centrale dans *Paradise Now*. Michiel Vandevelde revient donc aux fondements ritualistes de la pièce originale en déplaçant le discours du politique révolutionnaire militant originel au politique pédagogique citoyen. La dynamique du rituel est fondée sur un principe d'imitation-incarnation ce que le chorégraphe nomme « la méthode des copies ». Des écrans sont situés au-devant de la scène pour que les artistes au plateau puissent reproduire les images puis la vidéo qui sont projetées sur les écrans. Les danseurs commencent par imiter l'image sur l'écran puis au fur et à mesure des répétitions, et à mesure que le spectacle avance, les danseurs vont incarner l'image. L'imitation concerne la première partie « à rebours » du spectacle : les danseurs prennent le temps de reproduire avec exactitude les images afin de les « projeter » au public. Cette idée est venue au chorégraphe lorsqu'il s'est aperçu qu'il projetait des présupposés sur ses jeunes danseurs :

> Au début, lorsque je discutais avec les jeunes et leur demandais ce qui les intéressait, j'étais très déçu de leurs réponses parce qu'ils étaient si *soft* et si confortables. Puis, j'ai réalisé qu'en fait, je projetais beaucoup d'idées et de désirs sur ces jeunes et après je me suis dit que ce n'était pas seulement moi mais que beaucoup de gens fonctionnent comme ça et en général, les gens projettent beaucoup de choses sur les personnes plus jeunes qu'eux et donc c'est là que l'idée de projeter est née, l'idée de projeter mes idées sur leur corps, de projeter des images d'histoire sur leur corps, de projeter ce matériel du Living Theatre sur leur corps. (Jouve & Vandevelde, E2018)

La projection était donc double : tout d'abord, Michiel Vandelvelde projetait mentalement des images historiques sur les danseurs qu'il pensait complètement distancés de l'histoire, puis les jeunes artistes projetaient physiquement ces événements d'antan à destination du spectateur. Cette double projection les dépossédait en quelque sorte de leur corps qui n'était alors qu'un support. Par le rite de passage, les danseurs se réapproprient leur physicalité et s'émancipent du regard extérieur pour s'approprier l'image. Le processus d'incarnation est relatif à la seconde partie et s'obtient lorsque le rythme devient plus intense à partir de l'année 1968. Le processus de répétition, le fait de faire (2018-1968), puis de refaire (1968-2018), à un rythme effréné, fait sauter certaines résistances chez l'artiste qui, selon l'une des danseuses, rentre dans un état de « transe sous contrôle » puisqu'il faut continuer l'enchaînement écrit par le chorégraphe (Bord de scène, *Paradise Now (1968-2018)*, 2018, n.p.) : ils finissent alors à ne faire qu'un avec ces images historiques et donc à incarner l'histoire dans le présent, et ainsi selon la définition d'Henri Bergson, à incarner la mémoire (1965, p. 81). La devise artistique de Vandelvelde ici est, en anglais dans le texte, « *fake it until you make it* » car pour lui, l'imitation est un procédé d'apprentissage qui mène jusqu'à l'émancipation (Jouve & Vandevelde, E2018) : « [A]près avoir fait semblant d'être l'image », dit-il, « vous comprenez ce qu'est l'image » et vous êtes alors en mesure d'endosser, de prendre à votre charge ce passé, de vous en sentir responsable (Bord de scène, *Paradise Now [1968-2018]*, 2018, n.p.). La première et la seconde parties opposent deux formes de rapport au passé mais aussi deux esthétiques : une esthétique contemporaine, distancée et propre, correspondant à sa formation et une esthétique caractéristique du XXe siècle qui est plus vivante et qui « implique le spectateur » (Jouve & Vandevelde, E2018). Si la dimension politique de *Paradise Now (1968-2018)* est pédagogique du point de vue de la création, elle l'est également du point de vue de la réception. « Le recours à *Paradise Now* », explique Vendevelde, « nous permet de nous interroger non pas sur comment nous voyons le futur à partir du présent mais comment nous regardons le passé du présent afin d'apprendre quelque chose pour le futur » (Bord de scène, *Paradise Now [1968-2018]*, n.p.). L'exhortation finale de la première partie « *Change the world !* » fait référence à la « société capitaliste de Bruxelles ». Le chorégraphe semble avoir suivi les conseils de Beck et Malina qui proposaient dans le script de la pièce d'adapter les répliques au lieu de représentation. Cette référence à la « société capitaliste de Bruxelles » rend la barrière entre l'espace théâtral et l'espace de vie floue puisque l'ici-et-maintenant se confondent : en effet, l'action scénique se passe à Bruxelles, là où se trouvent les spectateurs, et si la « société capitaliste » du plateau renvoie à 1968, force est de constater qu'en 2018, la société est restée capitaliste. La superposition du passé et du présent, du plateau et de l'auditorium appelle le spectateur à penser le passé pour repenser le futur et se questionner sur les raisons qui font que la société n'est aujourd'hui pas le Paradis dont le Living Theatre avait rêvé. Ce télescopage du passé et du présent est également opéré lorsque les danseurs viennent jusque dans la salle et appellent à mettre un terme à nos inhibitions, dont sexuelles (et certains danseurs, majeurs et désireux de le faire se dénudent alors)[26]. Nous pouvons nous demander, à l'instar de l'un des membres du public présent au bord de scène du 12 mai 2018, si la dimension pédagogique désirée n'est pas émoussée par les répliques finales délivrées par les danseurs dans le noir : « [J]e veux parler de mon propre désespoir. [...] Mon désespoir naît d'une compréhension intellectualisée de l'échec » ; « le courage de la désolation » ; « nous devons abandonner toute forme d'espoir : la machine mondiale est hors de contrôle » (Bord de scène, *Paradise Now [1968-2018]*, n.p.)[27]. Selon le chorégraphe, ce passage rend

26 La fin de l'inhibition physique est directement performée par des danseurs qui se déshabillent alors qu'ils escaladent les rangées où sont assis les spectateurs. Le chorégraphe précise que s'il a mis en scène un effeuillage progressif en demandant aux danseurs de se débarrasser de certaines pièces de leur costume car il souhaitait que la peau devienne visible, il ne leur a pas demandé de révéler leurs parties intimes mais que certains l'ont fait spontanément.

27 Trad. A.D. & E.J. – « *I want to talk about my despair. [...] My despair is based on an intellectual understanding of failure* » ; « *the courage of hopelessness* » ; « *we must abandon hope : the global machine is out of control.* »

compte de la différence contextuelle entre 1968 et 2018. À l'occasion d'une rencontre avec Richard Schechner organisée par le Kaaitheater, le 17 octobre 2017, Michiel Vandelvelde a retenu que, selon l'Américain, 1968 était caractérisée par cet espoir naïf que le monde allait changer alors qu'aujourd'hui, la déception domine. « À l'époque, il y avait de l'espoir ; on pouvait encore imaginer l'avenir, alors qu'aujourd'hui imaginer le futur est devenu quasi impossible » : pour le chorégraphe, cependant, ce désespoir ambiant représenté sur scène est contrebalancé par l'énergie déployée par les danseurs pendant l'heure trente de spectacle. Cette énergie qui avait frappé, en 2011, le jeune spectateur de la captation de *Paradise Now*, le chorégraphe s'en est inspiré non pas pour la reproduire hors contexte mais pour l'adapter à notre époque afin que le public de 2018 s'en empare pour lui, la transcender et tirer des leçons du passé. Si nous pouvons nous interroger sur l'efficacité de la dernière scène qui, en effet peut faire sombrer encore plus les spectateurs dans le désespoir et potentiellement l'inaction, nous ne pouvons nier que l'énergie des jeunes danseurs est en effet communicative.

Paradis Maintenant de l'élève metteur en scène Ferdinand Flame fut un des deux projets d'école présentés au Studio Grüber par le Groupe 44 du Théâtre National de Strasbourg, dans le cadre de l'Autre Saison du 6 au 9 juin 2018[28]. Le sous-titre de ce travail est : « Un spectacle documentaire ». On se souvient de la citation de Peter Weiss qui, dans « Notes sur le théâtre documentaire », écrivait : « [L]e théâtre documentaire prend parti. Un grand nombre de ses thèmes ont pour seul épilogue une condamnation » (1968, p. 12). Cette réflexion de celui qui est considéré comme étant à l'origine du théâtre documentaire nous amène à nous interroger sur la portée polémique de *Paradis Maintenant :* que condamne Flame par le biais de ce spectacle ? Afin de répondre à cette question que soulève d'emblée le sous-titre (appelant ainsi les

28 *Paradis maintenant. Un spectacle documentaire* fut présenté du 6 au 9 juin au studio Grüber du Théâtre National de Strasbourg. Durée : 1h05. Spectacle de Ferdinand Flame. Dramaturgie Hugo Soubise. Avec Océane Cairaty, Romain Gneouchev, Elphège Kongombe, Mélody Pini, Ferdinand Régent-Chappey, Claire Toubin (et Houédo Dieu-Donné Parfait Dossa qui ne put pas accompagner ses camarades jusqu'au plateau suite à un accident). Scénographie : Aliénor Durand. Costumes : Estelle Deniaud. Régie générale et plateau : Vincent Dupuy. Lumière : Germain Fourvel. Son : Enzo Patruno Oster. La promotion 44 du TNS présentait, en juin 2018, deux projets : celui de Flame et la pièce *Eddy* dirigée par l'élève metteur en scène Eddy D'Aranjo et inspirée d'*En finir avec Eddy Bellegueule (2014)* et d'*Histoire de la violence (2016)* d'Édouard Louis.

spectateurs à adopter une attitude critique vis-à-vis de ce qui va être présenté), un détour par le travail préparatoire semble important car il éclaire la proposition finale du Groupe 44. Pour leur deuxième année de formation, les élèves de l'École supérieure d'art dramatique du TNS[29] proposent, en demi-groupe, une mise en scène d'une forme longue de leur choix, sans consigne spécifique si ce n'est celle de présenter un projet commun. Ferdinand Flame décida d'embarquer son équipe dans un travail autour du Living Theatre car il était particulièrement intéressé par « les questions » de Julian Beck, série d'interrogations sur le théâtre et la société que l'artiste consigna dans son ouvrage, *La Vie du théâtre* (1978). « Questions. 1963 », qui a particulièrement retenu l'attention de l'élève metteur en scène, compte 102 questions de « Quelle est la différence entre les questions et les réponses ? » à « Est-il important d'aller au théâtre ? », « As-tu rencontré la joie au théâtre / dans la rue ? », « Le théâtre est-il un chemin pour apprendre ce que tu ne sais pas ? » à « Penses-tu qu'il faille mentir pour vivre dans ce monde ? », « Qu'est-ce qui est utile ? », pour conclure par « Comment faire du théâtre quand nous ne connaissons aucune réponse quand nous avons seulement quelques vagues idées de comment poser la question ? » (Beck, 1978, p. 32-38). Cette dernière interrogation peut, *a posteriori*, être considérée comme le fil rouge de la création strasbourgeoise : au cours de son processus de création, Flame n'a eu de cesse d'interroger sa propre pratique et sa création, ce qui peut être interprété comme une mise en abyme de ses questionnements d'artistes soumis au public afin qu'à leur tour, les spectateurs se posent la question du pouvoir du théâtre et de leur propre responsabilité. Le titre, *Paradis Maintenant*, fut arrêté très tôt et, en dépit des différentes tournures que prit le projet au cours de son évolution, il ne s'est jamais vraiment agi de rejouer *Paradise Now*, mais de partir de l'utopie théâtrale du Living Theatre pour considérer le rapport entre théâtre et politique. Concrètement, la piste de travail initial était un diptyque dont la première partie était fondée sur la reproduction au plateau d'un montage vidéo de la « période européenne du Living », notamment composée : d'un entretien de 1962 des cofondateurs de la troupe ; d'une captation du Living à Avignon ; d'un extrait du documentaire *Les Chemins perdus* (1967) de Philippe

29 École nationale de formation professionnelle sous la tutelle du ministère de la Culture et de la Communication.

Garrel ; de témoignages de spectateurs de *Paradise Now* retranscrits dans l'ouvrage de Lebel (1969) ; de la déclaration en onze points de la troupe justifiant son départ du Festival ; et de la retranscription de Lebel, « Entretiens avec les étudiants du mouvement du 17 mai à Genève », où des militants suisses remettaient en question la possibilité de faire la révolution par le théâtre (Jouve & Lebel, E2018). Ce dernier document visait à ne pas tomber dans le « dogmatisme » selon Ferdinand Flame car il venait en contrepoint pour remettre en question l'entreprise des Américains et éviter ainsi de faire un spectacle qui ferait une apologie aveugle de leur démarche. L'approche documentaire est évidente en raison du recours à des documents historiques non fictionnels. Les comédiens, qui commencèrent à travailler à la fin du mois d'avril 2018, avaient pour consigne de reproduire « les intonations de voix, les spécificités physiques » des personnalités à l'écran. Après avoir souhaité dédier la seconde partie à la corporalité, « à l'envie de faire quelque chose de très corporel, de très performé, d'assumer cette prolongation du théâtre qui a été en partie initié par le Living en Europe avec le happening, la performance », Flame et son dramaturge, Hugo Soubise, prirent une direction plus textuelle mais aussi plus politique en s'orientant sur « l'idée du montage d'un autre texte de théâtre qui [était] *La Mort d'Empédocle* » de Friedrich Hölderlin. Après avoir lu, dans les *Cahiers du Cinéma*, une interprétation de Jean-Marie Straub qui définissait le texte comme « une sorte d'utopie communiste », les deux jeunes artistes décidèrent de faire de l'œuvre « une forme d'utopie radicale » à mettre en regard « avec tout le trajet du Living », tout en revenant à une forme esthétique plus poétique et moins physique. Cette idée de revenir à un texte théâtral formellement traditionnel était motivée par le contexte même de production de la pièce à savoir le TNS comme l'expliquent Soubise et Flame :

HUGO SOUBISE. – On est pas mal travaillés par la grosse contradiction interne de ce projet qui est que si on voulait réellement être fidèle à notre sujet qui est le Living Theatre, on créerait pas un truc dans une école supérieure de l'envergure du TNS et c'est pour ça aussi que l'on est très prudent avec la prolongation du projet du Living parce que l'on estime que si on était réellement sincères avec cette prolongation on ne créerait pas dans les murs du TNS avec les moyens du TNS.

FERDINAND FLAME. – Et avec le mouvement qui a démarré dans les rues, on ne serait pas vraiment dans le TNS si on était dans la prolongation de la radicalité du Living Theatre.

> H.S. – On essaie aussi de veiller sur notre santé mentale et de ne pas se laisser happer par les contradictions, et l'une des réponses que l'on trouve avec Hölderlin c'est que cela nous permet de rebasculer sur une matière un peu plus classique que l'on a à disposition dans une institution. Donc c'est une manière de repenser les outils que l'on a au sein d'une institution pour réfléchir sur la notion de radicalité. (Jouve, Flame & Soubise, E2018)

Cette remarque est centrale pour cerner le travail autour de *Paradis Maintenant*. Le metteur en scène et le dramaturge se sont débattus avec ce qu'ils définissent comme « la contradiction interne » du projet. Là où les fondateurs de la troupe américaine résolvaient leurs propres contradictions en affirmant à l'Odéon qu'ils étaient, comme Barrault, « esclaves de l'État » et que s'ils ne se mettaient pas en grève et confirmaient leur participation au Festival d'Avignon c'est parce que jouer était leur militantisme, l'apprenti metteur en scène et le dramaturge cherchaient à articuler leur intérêt pour un théâtre révolutionnaire anarchiste sans pour autant renier leur ancrage dans l'institution publique (Beck, 1969b, p. 163). Cette posture est d'autant plus louable que la prise en charge de l'articulation du paradigme radicalité/institution est complexe à aborder. Le travail en diptyque fut abandonné après de multiples ajustements, non seulement esthétiques et idéologiques, mais aussi pratiques, suite à la blessure de l'un des comédiens qui dû abandonner le projet. *Paradis Maintenant. Un spectacle documentaire*, présenté en juin 2018, ne ressemblait plus au prototype hypothétique du mois d'avril : la forme avait changé infléchissant le fond. Le diptyque laissa place à un triptyque. Les quinze premières minutes de l'ouverture consistent en une projection des « Questions. 1963 » de Beck. Cette entrée en matière pose le spectacle d'emblée comme un « théâtre de la réflexion », un théâtre qui place le spectateur dans une position de participant actif du point de vue intellectuel car il est amené à tenter de répondre aux interrogations projetées. Cette introduction est aussi un clin d'œil à la formation du TNS et à son directeur, Stanislas Nordey, qui est l'un des rares de sa génération à s'intéresser au Living Theatre et à s'y référer dans ses enseignements[30] :

> Ce n'est pas tant l'esthétique du Living qui m'intéressait mais c'est la pensée, le regard sur le théâtre et aussi l'écriture car je trouve que *La Vie du théâtre*

30 En 2012, Nordey créa le spectacle *Living !* avec les élèves du Théâtre National de Bretagne.

> est magnifiquement bien écrit. Lorsqu'un petit peu plus tard j'ai commencé à diriger l'école du Théâtre National de Bretagne, je faisais lire les textes du Living aux élèves. Je le fais toujours d'ailleurs. Le passage que je leur fais toujours lire en premier est : « C'est en colère que nous avons commencé 68 ». Cet extrait de « Méditation II. 1963 » de *La Vie du théâtre* nous permet de nous interroger sur les origines de notre engagement théâtral, ce qui est fondamental pour de jeunes acteurs. On se demande d'où vient le théâtre, comment on commence à se lancer dans le théâtre, qu'est-ce que c'est le début, le commencement de cette aventure qui est la nôtre. Et puis, il y a aussi toute la question de l'argent, toute la question de l'institution, des questions qui sont aussi importantes à se poser lorsque l'on se lance dans le métier de comédien. Je me posais moi-même ces questions lorsque j'étais un jeune homme qui était au bord d'entrer dans l'institution et qui, en même temps, n'était pas profondément fait pour l'institution. (Nordey dans Jouve, 2018a, p. 209)

En optant pour « Questions. 1963 » et non « Méditation II. 1963 », Flame fit un petit pas de côté par rapport au directeur de la structure où il est élève, comme pour affirmer sa personnalité, tout en rendant hommage à sa formation et en inscrivant l'anarchisme théâtral de Beck au sein d'une structure policée et hiérarchisée. Une fois les questions projetées, une porte dans le mur du fond s'ouvre et une comédienne arrive au plateau pour proposer un extrait de la *Société du spectacle* de Guy Debord, puis elle repart pour laisser place à une autre comédienne qui, elle, portera un texte de Steven Ben Israel dans lequel il dénonce le théâtre conventionnel et chante les louanges du théâtre du Living qui « cherche à faire un art plus grand que la vie ». La troisième partie de la pièce met en scène six comédiens assis à une table. Après un résumé du contexte de la prise de parole, les comédiens rejouent la scène où des étudiants de Genève prennent à partie le Living Theatre dont ils dénoncent la démarche artistique qu'ils jugent inefficace, voire dangereuse, car elle amuse les bourgeois plutôt qu'elle ne libère le peuple. Des répliques furent ajoutées à la transcription originale « Entretiens avec les étudiants du mouvement du 17 mai de Génève » (Lebel, 1969, p. 197-202). Une réminiscence du projet initial affleure lorsque l'un des personnages déclare que : « [L]e but de la révolution, c'est l'utopie communiste » et ajoute « comme Holderlin : *Jeder sei wie alle*, que chacun soit comme tous ». La scène est jouée de façon statique. Si les comédiens se lèvent parfois pour prendre la parole alors que les autres restent assis à la table, l'économie de mouvements est maximale et ce passage ressemble ainsi à un lent enchaînement de tableaux vivants. La diction des comédiens est très articulée. De longs silences s'intercalent entre les répliques pour les faire résonner dans tout le théâtre. L'entretien avec les étudiants du mouvement du 17 mai de Genève est tronqué : la dernière phrase d'un militant suisse sur la révolution est remplacée par une citation de Beck :

> Nous avions perdu de vue ce que nous signifions. Nous avions même douté de notre force – le théâtre est comme un bateau, pas plus grand – mais nous avons trouvé : notre simple vue terrifie les masques néoconservateurs de la mort, ils ne voulaient rien de nous. Ils m'ont rendu le pouvoir de la rage. Je ne fais que commencer. Je ne fais que commencer. (Flame & Soubise, 2018, p. 8)

À la suite de cette évocation du doute, de la rage et de la force de croire encore aux vertus politiques du théâtre, le mur du fond s'ouvre laissant apparaître un second espace désigné comme le « Paradis » en néons blancs. Puis ; les comédiens emportent la table et disparaissent derrière le mur et dans l'ouverture de la porte, du côté du « Paradis », deux personnages font exploser des canons à confettis qui se dispersent dans la salle. Tout disparaît ensuite. *Paradise Now. Un spectacle documentaire* semble bien loin du *Paradise Now* de 1968, dans la mesure où il rompt totalement avec l'esthétique Living Theatre qui n'est même pas évoquée tout en interrogeant la possibilité de faire du théâtre un outil politique, du moins au sein d'une institution. À la question posée en ouverture concernant l'objet de la dénonciation de ce spectacle, il n'est pas aisé de répondre car, à l'image des questions en prologue, ce spectacle métathéâtral soulève plus de questions qu'il n'apporte de réponses, ce qui fait l'une des originalités de cette pièce documentaire. La mise en scène de la transcription que fit Lebel de l'échange avec les étudiants de Genève remet en question l'entreprise théâtro-révolutionnaire du Living Theatre présentée comme vaine, voire dangereuse, et donc condamnable. Le dernier texte porté par les comédiens donnant voix à Julian Beck semble néanmoins rendre hommage, si ce n'est au succès de la compagnie américaine, du moins à son endurance. Ces lignes du cofondateur de la troupe furent rédigées le 15 février 1984 : quatorze ans après les événements de 68, l'animateur du Living Theatre poursuivait son entreprise inexorablement. Essayer encore et toujours de croire en un théâtre politique en dépit des incertitudes semble être l'une des conclusions de ce spectacle sans didactisme, qui n'impose pas de réponses aux spectateurs et se termine là où il a commencé, comme la scénographie qui se déconstruit pour revenir à cet espace neutre qu'est la boîte noire du plateau nu du début l'induit. Finir là où le spectacle a commencé, là où *tout* a commencé, c'est offrir aux artistes et spectateurs l'opportunité de « commencer », pour revenir à Beck, à nouveau, de *re*commencer autrement, et peut-être ailleurs, à l'extérieur des murs de l'institution pour tenter de proposer un autre théâtre. L'importance portée à l'intellect, plutôt qu'aux émotions, du fait de l'intrusion de textes projetés et le style de jeu distancé, rappelle évidemment l'approche brechtienne. Le corps qui fascinait tant Flame au début de son entreprise fut occulté. Ce retrait de la corporalité était à la fois organique et émotionnel : le jeu très figé des comédiens qui articulent leur texte, plutôt qu'ils ne l'incarnent, rend le processus d'identification impossible pour les membres du public, empêchant ainsi toute *catharsis* émotionnelle moderne (à la manière des pièces réalistes et non antiques), ou *catharsis* organique (à la manière de la peste artaudienne). Le recours à la distanciation au niveau du jeu, la sobriété de la scénographie et l'intemporalité des costumes invitent les spectateurs, non pas à se purger de leurs passions ou à se purifier des maux sociétaux qui les aliènent, mais à réfléchir sur les sujets abordés au-delà des événements historiques représentés qui ne sont que des supports à des questions plus générales sur l'art et la politique aujourd'hui. Cette invitation à la réflexion diffère cependant de l'approche Brechtienne dans la mesure où elle n'est pas explicite quant à la conclusion de l'analyse qui pourrait être suggérée au spectateur. Si Flame ne renie pas son parti pris brechtien, il posait lors d'un entretien le 12 juillet 2018 un regard critique sur son spectacle :

> Je suis content de ce travail mais je suis conscient que c'est un spectacle qui n'est pas fini ; on est pas allés là où je voulais aller. Avec le recul, je trouve que ça manque de chair, de quelque chose de plus instinctif. Pour moi, et c'est dû à une suite d'événements, on est restés un peu trop sages. Alors, je ne dis pas ça parce qu'il faut être super punk. Pour moi, ça manquait peut-être d'un tout petit truc, un tout petit détail à un moment donné qui aurait rendu le spectacle moins cynique, un peu moins défaitiste. Je me suis trouvé très cynique au final par rapport à ce que ça renvoyait. Ce spectacle vient convoquer cette discussion passée qui est une discussion qui explique qu'en fait le geste politique est quand même relativement impossible au théâtre ce avec quoi je ne suis pas foncièrement d'accord, d'ailleurs. C'est un peu ça qui moi m'a déçu mais après c'est un premier gros spectacle… (Jouve & Flame, E2018)

Ce retour sur son propre travail peut être qualifié de sévère et témoigne de l'honnêteté de la démarche de cet apprenti metteur en scène qui ne cherche pas à justifier coûte que coûte le résultat de sa création mais plutôt à être au plus juste par rapport à sa recherche d'un compromis entre radicalité et institution. Ironiquement, le doute du jeune artiste français rappelle celui de l'Américain qui « dout[a] de la force [du Living] ». Suite à ce « premier gros spectacle », Flame poursuit son exploration de la mise en scène et sa réflexion sur ce qu'il est possible de faire en tant qu'artiste au sein d'un théâtre, entre quatre murs, pour changer les choses, la vie : Ferdinand Flame et ses camarades élèves artistes ne font « que commencer ».

Dans les trois exemples étudiés, *Paradise Now* peut être considérée comme un prétexte à l'exploration du passé pour parler du présent. Le terme de « prétexte » est double : tout d'abord, l'anniversaire de 1968 fut l'occasion (l'« opportuniste » opportunité pour reprendre l'expression de Morin) de faire un spectacle au sein d'institutions qui commémoraient ainsi les cinquante ans de l'événement historique ; ensuite, la pièce de la compagnie américaine fut, sous sa forme théâtrale (notamment captée par la caméra) ou écrite (grâce à la transcription de Beck et Malina), la matière première, le support préalable à la création d'un autre texte, un post-texte, qui est ici l'écriture au plateau de trois créations originales et donc différentes de l'originelle, comme l'indique le choix des trois titres qui citent l'intitulé historique sans pour autant le conserver. *Re-Paradise*, *Paradise Now (1968-2018)* et *Paradis maintenant. Un spectacle documentaire* sont des *reenactments* de *Paradise Now* mais dans la mesure où le terme sous-entend la possibilité d'un écart plutôt que d'une reproduction stricte. Comme le rappelle Anne Bénichou, le préfixe *re-* du terme anglais, qu'Aline Caillet traduit par « reconstitution jouée », « indique aussi bien "le retour à un état antérieur" », « "un renforcement" ou "la répétition d'une action" » qu'« "un changement de direction" » (Bénichou, 2016-2017, n.p.). Les trois œuvres contemporaines sont « des formes de recréation, de reconstitution, de reprise et d'autres formes de réactivation vivante d'œuvres performatives du passé, d'événements historiques ou de phénomènes culturels », en lien avec le Living Theatre mais ces réactivations de *Paradise Now* (pour Morin et Vandevelde) ou d'événements en lien avec *Paradise Now* (pour Flame) dépassent en effet la forme première qui est donc le prétexte à des « changement[s] de direction » (*ibid.*). Le spectacle aux Amandiers pourrait être qualifié de « *reenactment* textuel », dans la mesure où Morin ravive le script, la partition écrite de Beck et Malina, non pas pour revenir au spectacle d'origine, mais pour livrer le texte brut au public afin de témoigner de son importance dans l'histoire du théâtre. Le directeur du Point du Jour va « au-delà » de *Paradise Now* car son matériel de base est un document postérieur au spectacle mais il ne cherche pas à inventer une autre forme à partir du texte contrairement au chorégraphe flamand pour qui l'œuvre avignonnaise reproduite dans sa version mimétique accélérée est l'un des éléments structurels du spectacle qui convoque plusieurs autres matériaux. Le *reenactment* de *Paradise Now* au sein de *Paradise Now (1968-2018)* peut être lui qualifié de « corporel » en raison du travail autour des corps des danseurs qui projettent avant d'incarner les images de la vidéo. Enfin, Ferdinand Flame propose un reenactment historique dans le sens de reproduction « d'événements historiques » plutôt que « réactivation vivante d'[une] œuvr[e] performativ[e] du passé ». La création de 1968 n'est présentée qu'en filigrane, par évocations, mais elle n'est pas rejouée au plateau. Flame reconstitue les pensées, les événements des années 1960 en lien avec *Paradise Now* sans chercher à les rejouer avec fidélité, puisqu'il modifie les sources originales, ou avec authenticité comme le choix esthétique distancié le prouve. Les metteurs en scène ont répondu à l'appel de Beck en créant « d'autres formes de théâtre » (Beck dans Lebel 1969, p. 262), des *reenactments* de *Paradise Now* qui s'inspirent de l'œuvre du Living Theatre pour mieux s'en éloigner. Le théâtre, ou plutôt « les théâtres », tant les approches de Morin, Vandevelde et Flame sont différentes, ne rentrent pas dans la catégorie des « Théâtres qui veulent changer le monde… mais qui n'y arrivent pas » imaginée par les personnages de Cotinaut et Davis. En effet, ces trois metteurs en scène de trois générations successives ne cherchent pas à transformer la société avec leur art mais se saisissent de *Paradise Now* pour proposer une réflexion sur l'art et/ou la politique. Morin ne propose pas de discours politique, Vandevelde est politique, dans le sens de pédagogique, et Flame s'intéresse au théâtre révolutionnaire mais seulement pour l'interroger, non pour faire la révolution avec *Paradis Maintenant*[31]. Si seul Morin envisage une interaction physique

31 Concernant la proposition de Morin, Camille Mayer déploie la problématique de la non-politisation dans sa critique « *Reparadise Now* de Gwenael Morin ou la dépolitisation d'un spectacle historiquement subversif » (2019, n.p.).

avec les spectateurs, elle ne tend pas à la communion organique entre les membres du public et de la compagnie, une modalité de réception qui est également étrangère à Vandevelde et Flame pour qui l'intellect prime. En émoussant le tranchant politique du Living Theatre et en reniant la possibilité de la création d'une communauté de participants, les productions de 2018 donneraient-elles à comprendre que *Paradise Now* aurait perdu son aura ? Walter Benjamin différencie la reproductibilité technique à la tradition, dans *L'Œuvre d'art à l'époque de sa reproductibilité technique* (1936). Si, « en principe, l'œuvre d'art a toujours été reproductible », à l'heure où la photographie et le cinéma prenaient de plus en plus de place dans le paysage artistique, le philosophe notait le danger de la perte de l'aura de l'œuvre d'art (2016, p. 97) : « [C]e qui s'étiole de l'œuvre d'art à l'époque de sa reproductibilité technique, c'est son aura », écrit-il (*ibid.*, p. 161). « La technique de reproduction [...] détache l'objet reproduit du cadre de la tradition », là où « l'unicité de l'œuvre d'art coïncide avec son intégration dans la continuité de la tradition » (*ibid.*, p. 163 et 210). Pour Benjamin, la tradition vivifie l'œuvre originale en l'intégrant dans l'ici-et-maintenant d'un nouveau contexte, une immédiateté contextuelle qui est le propre de l'authenticité qui fait défaut à la reproduction technique : « [E]ncore manque-t-il à la reproduction la plus parfaite une chose : le hic et nunc [l'ici-et-maintenant] de l'œuvre d'art (l'unicité de son existence au lieu où elle se trouve) » (*ibid.*, p. 130). La reproductibilité imparfaite propre à la tradition assure la persistance de l'aura :

> À dire vrai, cette tradition elle-même est quelque chose de totalement vivant, d'extraordinairement changeant. Une statue antique de Vénus, par exemple, se trouvait dans un autre contexte de tradition chez les Grecs, qui lui vouaient un culte, et chez les clercs du Moyen Âge, qui voyaient en elle une idole maléfique. Pourtant, ce qui se présente de la même façon aux deux, c'est son unicité, en d'autres termes : son aura. Le mode originaire d'intégration de l'œuvre d'art dans le domaine de la tradition trouvait son expression dans le culte. Les œuvres d'art les plus anciennes, nous le savons, sont nées pour servir un rituel, d'abord magique, puis religieux. Il est alors d'une importance décisive que ce mode d'existence auratique de l'œuvre d'art ne soit jamais totalement détaché de sa fonction rituelle. (*ibid.*, p. 210)

Par le truchement de la stratégie du *reenactment*, c'est-à-dire de la réappropriation de l'œuvre dans l'ici-et-maintenant subjectif des metteurs en scène, chacune des pièces de 2018 présente une unicité propre : si la création avignonnaise est le point de départ de chacune des pièces, l'œuvre du Living n'est jamais strictement reproduite mais au contraire donne lieu à des interprétations différentes. Ces variations de *Paradise Now* signifieraient donc que la pièce fait désormais partie de la tradition ou, dans le vocable théâtral, du *répertoire*. Dans son article, « L'impermanence est-elle soluble dans le répertoire ? », Frédéric Maurin démontre dans quelle mesure il est possible de dire « qu'un spectacle, à l'image d'une pièce du répertoire dramatique qui s'émancipe de son auteur, peut échapper à son metteur en scène et s'autonomiser, se recréer, "se voue[r] à la pure passivité de l'être" » (2013, p. 76). Nous pouvons dire que les commémorations, et donc réappropriations de *Paradise Now* en 2018 au sein d'institutions publiques culturelles, ont introduit l'œuvre emblématique du Living Theatre dans le répertoire, du moins en France et en Belgique. Une telle intronisation dans le giron de la culture officielle peut être perçue comme une provocation face à l'idéologie des Américains qui tentèrent de mettre fin à leurs contradictions, après la tournée de *Paradise Now*, en poursuivant leur aventure au Brésil au plus près des populations et loin des théâtres. Reprogrammer *Paradise Now* en 2018, dans des centres culturels similaires au Festival d'Avignon d'où ils sont partis, est-ce trahir le Living Theatre et est-ce une façon d'inhumer à jamais les lucioles du passé dans les entrailles d'un présent apolitisé ? Il est difficile, semble-t-il, d'apporter une réponse objective à cette question et après avoir tenté de mettre notre subjectivité à distance, nous prenons ici le parti, parti nourri d'espoir par crainte et lassitude de défaitisme, d'avancer à nouveau l'argument du devoir de mémoire comme rempart à l'extinction de ces lueurs révolutionnaires. Si comme l'écrit tout justement Olivier Neveux, « se satisfaire de réciter que le théâtre est "par essence politique", assurer que le "théâtre est politique ou il n'est pas théâtre", produit chaque fois le même effet : évincer la politique » (2019, p. 10), au sens fort du terme, il est cependant possible de voir dans certaines démarches de thématisation de la politique (c'est-à-dire l'évocation théâtrale de sujets politiques plutôt que la prise en charge par l'artiste d'un discours militant pour exhorter le public à agir contre les injustices), des prolongements possibles vers un théâtre de l'action politique. Faire rentrer *Paradise Now* dans la tradition, c'est ritualiser l'œuvre, comme l'explique Benjamin, et donc revenir aux fondamentaux ritualistes au cœur de la pièce. Le rituel n'est pas ici « magique » ou « religieux », il n'est même pas politique au sens de *militant*, mais politique dans l'une de ses acceptions les plus générales, dans le sens de *citoyen*. Faire de *Paradise Now* une pièce du répertoire, c'est donner la possibilité aux artistes, aux spectateurs, aux citoyens de, tout d'abord, connaître l'œuvre et, ensuite, de la faire sienne. Si les appropriations de 2018 sont politiquement timides, elles ont le mérite de transmettre la mémoire d'une tentative révolutionnaire par l'art. Les tables rondes et autres bords de scène qui accompagnaient les représentations furent l'occasion de débattre sur l'entreprise du Living Theatre et de faire connaître (si ce n'est de « démocratiser » puisque les théâtres publics restent malgré eux des espaces de l'entre-soi) cette compagnie qui est largement méconnue du grand public et de nombre de jeunes apprentis artistes qui, lors de leur formation, n'entendent pas parler du Living Theatre, comme nous avons pu nous en apercevoir. Ouvrir à nouveau les théâtres publics au Living Theatre par le biais du *reenactment*, même le plus sage, c'est faire la paix avec un héritage qui fut rejeté par toute une génération, comme l'avance Stanislas Nordey (Nordey dans Jouve, 2018a, p. 206). Ouvrir à nouveau les théâtres publics au Living Theatre est une façon de léguer ce que George Steiner nomme « l'erreur de l'utopie » et de pouvoir espérer, qu'un jour, des artistes se saisiront du propos de la troupe pour imaginer « d'autres formes de théâtre », aussi subversives, afin que les lucioles brillent avec la même intensité aux marges de la norme, dans les espaces hétérotopiques de digression où les utopies deviennent des réalités[32].

Si 1968 fut le temps des hétérotopies, le temps où les rêves politiques ou/et artistiques de la jeunesse virent s'incarner le temps de la prise de l'Odéon ou des représentations de *Paradise Now* au cloître des Carmes, les années qui suivirent furent marquées par un essoufflement des valeurs anarchiques et pacifiques portées par le Living Theatre. Alors que les

32 Lors d'un entretien avec Laure Adler, George Steiner évoque l'échec de sa génération « qui n'a pas su léguer à ses jeunes l'erreur de l'espoir ». Selon le critique littéraire et philosophe, la jeunesse actuelle est apolitique car confrontée à « l'anomie », « ennui de l'âme », contrairement à ses aînées qui ont, eux, pu croire en l'utopie donnant ainsi un élan à leurs initiatives. Héritiers de l'échec des nobles idéaux et ainsi privés de l'expérience préalable à ces échecs, (ce qu'il nomme « l'erreur de l'utopie »), les jeunes ont perdu le sens de l'engagement (Adler, 2015, n.p.).

répercussions sociétales de juillet 68 ne furent pas révolutionnaires, l'on ne peut nier que le monde théâtral évolua, lui. La création avignonnaise s'apparenta à un véritable rite de passage pour la compagnie américaine elle-même qui se transforma et se radicalisa après sa tournée aux USA et le départ de certains de ses membres pour le Brésil. La mutation du Living Theatre est illustrative de la dimension performative de la performance que fut *Paradise Now* et donc de l'articulation entre le personnel (les membres de la compagnie) et le politique (le collectif), puisque les comédiens traversèrent une expérience inédite qui leur fit prendre conscience de la direction qu'ils souhaitaient donner à leur art ; art dont la dimension hétérotopique devint encore plus assumée suite à leur décision de jouer gratuitement pour les plus démunis. La portée hétérotopique se traduisit également par le développement croissant du « *Off* » : « *Off-Off*-Broadway » à New York et Festival « *Off* » à Avignon, deux phénomènes antérieurs à 68 mais qui s'accentuèrent dans son sillage. Ce développement de la marge, vis-à-vis des institutions financières aux USA et de l'institution municipale dans la Cité des Papes, n'est pas la marque de la progression d'un théâtre militant, qui perdit de la vigueur dans les années 1970 avant de réapparaître dans les années 1990, mais d'une émancipation de plus en plus marquée vis-à-vis d'un centre dont les principes de sélection étaient, d'une part, de plus en plus stricts (et il fallait alors trouver des alternatives pour survivre), et, d'autre part, remis en question (et il fallait donc le contrer). En dépit du scepticisme des fondateurs du Living Theatre pour qui 1969 marqua la fin de la culture, cette extension de modèles marginaux montre la capacité de résistance des artistes face aux machines institutionnelles. Cependant, et le paradoxe de 2018 mérite réflexion, il faut noter que, cinquante ans après les événements de juillet 68, la marge n'a pas pris en charge de raviver les étincelles de ses aïeuls marginaux et c'est le centre, le théâtre public financé par l'État, qui dirigea les projecteurs sur *Paradise Now*. Ainsi, en 2018, les lucioles du passé passèrent sous les feux de la rampe des commémorations de l'appareil : si la lumière de la médiation institutionnelle émoussa le radicalisme de leur entreprise par effet de surexposition, il ne faut pour autant pas nier qu'elle permit néanmoins de réveiller une mémoire moribonde. Ce paradoxe, cette institutionnalisation mémorielle des hétérotopies d'antan peut être interprété comme une volonté de revendiquer juillet 68 en tant que une victoire de l'État sur l'anarchie, victoire qui peut être justifiée par le maintien du Festival d'Avignon cinquante ans après les événements mais qui est altérée par un désinvestissement de l'État vis-à-vis de la chose culturelle que la commémoration viendrait cependant réactiver. À l'image de *Paradise Now*, « *travail d'espoir, de joie* » (Living Theatre, 1968, n.p.), comme le qualifiait Beck, et à l'invitation de Didi-Huberman, envisageons ces divers *reenactements* comme autant de survivances d'une tradition politique, non pas dans le sens militant du Living Theatre (puisque ni Morin, ni Flame, ni Vandevelde ne prétendent vouloir révolutionner la société avec leur théâtre), mais du moins dans le sens de *public*, avec des espaces financés qui proposent à leurs spectateurs un répertoire faisant rentrer juillet 68 dans la grande Histoire.

CONCLUSION

Paradis Now : de l'autre côté du miroir

> Le miroir où, avant que tu penses, apparaît ta pensée.
> DANTE, *La Divine Comédie* (1472), « Le Paradis », chant 15.

« Le théâtre est un miroir du monde. Nous allons nettoyer ce miroir », déclarait Julian Beck, dans sa présentation de la compagnie, « A History of the Living Theatre », rédigée en 1959[1]. Si pour William Shakespeare, faisant d'Hamlet son porte-parole, le théâtre a « pour objet d'être le miroir de la nature, de montrer à la vertu ses propres traits, à l'infamie sa propre image, et à chaque âge, à chaque transformation du temps, sa figure et son empreinte », l'art théâtral avait pour la troupe américaine une fonction révolutionnaire puisqu'il visait, non pas à imiter la nature, mais à déformer son reflet afin de réformer la réalité (Shakespeare, 1865, p. 280). Théâtre des marges s'étant façonné à contre-courant de l'esthétique et des pratiques de Broadway, la compagnie, portée par le contexte sociopolitique de l'époque, ne fut jamais aussi près de son objectif qu'en juillet 1968 : avec Paradise Now, le Living Theatre fit de son utopie révolutionnaire une réalité, un Paradis terrestre. Les Carmes d'Avignon devinrent, du fait de la nature de ses occupants et de la création qu'ils y présentaient, un lieu hétérotopique, un « contre-emplacement [...] dessin[é] dans l'institution » que représente la Mairie d'Avignon (Foucault, 1984, n.p.). Espace de déviation, c'est-à-dire lieu de perdition pour les plus conservateurs qui voyaient en le phalanstère américain un groupe de désœuvrés, ou lieu d'incarcération pour la troupe qui dénonçait l'emprisonnement du théâtre, le cloître devint l'incarnation

1 Trad. A.D. & E.J. – « *The theatre is a mirror of the world. We would clean the mirror.* »

de menaces paradoxales : celle de la révolution pacifique pour les uns et des traditions aliénantes pour les autres. Si les élans dionysiaques de cette « pièce de réponses » (qui, par la mise en place d'un voyage ritualiste initiatique, ou rite de passage, propre aux hétérotopies de crises, cherchait à transformer les spectateurs actifs en Hommes Premiers) n'étaient, *a priori*, pas en contradiction avec les forces apolliniennes représentées par l'équipe de Vilar qui avait invité la troupe, ces deux conceptions de l'art et de la politique finirent, si ce n'est par s'opposer, du moins par rentrer en conflit. Et Avignon devint le théâtre d'une noble tragédie où les idéaux de l'anarchisme et du service public se matérialisèrent avec une intensité paroxystique. La sortie définitive de la troupe et des Carmes et du Festival fit du cloître, non pas l'emblème d'une dystopie (de l'échec du théâtre populaire à protéger ses artistes contre la censure ou de celui du théâtre révolutionnaire à libérer la société de l'autorité), mais confirma le statut liminal, hétérotopique de ce lieu qui, une fois déserté par ses occupants, symbolisa plus que jamais ce « devenir-utopie » puisqu'il avait laissé entrevoir un accès au Paradis et donc aux idéaux populaires et révolutionnaires de Vilar et des Beck. L'interdiction par la Mairie peut être paradoxalement interprétée comme la preuve du succès relatif de *Paradise Now*. En censurant la création, l'institution démontra le potentiel séditieux de la pièce et le caractère véritablement révolutionnaire du Paradis théâtral du Living Theatre. Le rêve populaire de Vilar, quant à lui, se poursuivit et le cloître des Carmes continua à accueillir des troupes après 1968, sous sa direction et jusqu'à nos jours. Nous pouvons nous demander si 2018 n'enterra pas à jamais la force subversive du Living Theatre, lorsque des théâtres publics proposèrent, sous la direction de Gwenaël Morin, Michiel Vandevelde et Ferdinand Flame, des mises en scène revisitées de *Paradise Now* dont la dimension politique, c'est-à-dire révolutionnaire et donc militante, fut perdue. En dépit de la surexposition commémorative qui ramena au centre de la scène ce théâtre de la marge aux dépens de sa nature séditieuse, l'évocation de juillet 68 a, au moins, le mérite d'avoir été envisagée. Il fallut attendre cinquante ans pour que la mémoire du Living Theatre fût ravivée. Si ces commémorations ne sont pas à la hauteur des idéaux pasoliniens, dans la mesure où elles semblent institutionnaliser les lumières du contre-pouvoir, elles ont toutefois existé et, d'une certaine façon, ont enfin fait entrer l'épisode avignonnais dans l'Histoire. Paradoxalement, si les feux de la rampe des théâtres publics émoussent la radicalité des propos originaux de la pièce que ni Morin, ni Vandevelde, ni Flame ne souhaitaient s'approprier, ces *reenactements* de *Paradise Now* permettent néanmoins de rallumer la flamme des lucioles que l'on avait presque oubliées et peuvent laisser ainsi entrevoir (ou du moins espérer) un avenir pour ces révolutionnaires du passé qui pourraient alors inspirer une nouvelle génération d'artistes que l'on pourrait qualifier de « publics ». En effet, la réactivation de la mémoire, même si elle est édulcorée, pourrait être pensée comme une première étape pour régénérer le politique au sein de l'institution publique française. Le conditionnel est évidemment de mise : incertains, les destins du politique (ou militant) et du public apparaissent néanmoins de plus en plus liés. Les récents mouvements citoyens font rimer « rébellion » avec « conservation » (du service public) et des artistes se saisiront, peut-être, de ce dialogisme pour monter des spectacles contestant l'État sur les plateaux de ses propres institutions.

Cet ouvrage met en avant le rapport difficile entre politique, dans le sens de militant donc, et institution. Jean Vilar souhaitait révolutionner son Festival en l'ouvrant à la jeunesse dès 1967, et l'invitation du Living Theatre témoigne de son désir d'ouverture. Cependant, la révolution restait formelle pour le directeur car résultant d'une évolution des formes à l'intérieur d'un cadre moral et économique prédéfinit et immuable. Pour les Américains, l'évolution de la forme théâtrale tendait à une mutation de la société même, appelant ainsi à faire exploser le cadre. L'institution qu'était le Festival d'Avignon ne pouvait pas entamer de révolution politique au risque de se voir disparaître en perdant le soutien de la Mairie, colonne vertébrale de la structure culturelle. Il est ainsi difficile, semble-t-il, pour des festivals ou théâtres publics dépendants de l'État (ou de ses tutelles qui les financent) de remettre en question frontalement la politique officielle en présentant des spectacles engagés qui mettraient les politiques en place au défit ou, même, de rejoindre des mouvements syndicaux, comme les positions prises par les directeurs d'Avignon qui succédèrent à Vilar et qui furent confrontés aux grèves des intermittents du spectacle le montrent également. Pourtant, et c'est là qu'est le paradoxe, les théâtres sont des espaces de réflexion (à la fois de représentation du monde, à l'image du miroir, et d'analyse) et invitent ainsi les spectateurs à questionner notre société. Afin de lever ce paradoxe, les directeurs de structures tendraient alors à thématiser le politique, comme Olivier Neveux en rend compte dans *Contre le théâtre politique*, et comme les commémorations de 2018 semblent le confirmer. Ce phénomène de politisation du théâtre, dans le sens de thématisation de la politique par le théâtre « à condition de ne rien désordonner ni perturber », peut être perçu comme un héritage de juillet 68 (Neveux, 2019, p. 11). Comme s'ils avaient tiré les conclusions de l'expérience de leur aîné, Vilar, les directeurs de structures publiques évitent de risquer d'inviter des troupes remettant possiblement en question le cadre qui sous-tend l'institution, tout en souhaitant afficher un certain engagement dans la vie civique et en proposant donc des programmations qui reviennent sur les maux sociaux, non pas pour les combattre, mais pour les exposer comme *problématisables* (plutôt que problématiques). Cela signifierait-il que le théâtre révolutionnaire, en tant que genre théâtral, en tant que théâtre qui se pense comme un outil de réformation sociale, ne serait plus ? Le théâtre de lutte est toujours d'actualité et les héritiers du Living Theatre sont bien vivants. Cependant, à l'image de la légendaire troupe américaine depuis son départ d'Avignon, ces compagnies sont peu visibles car elles ne se produisent pas dans des lieux de représentations classiques et sont sorties du circuit traditionnel de création-production. Nous pourrions citer comme exemple le Living Theatre lui-même qui existe toujours depuis la disparition des fondateurs et qui crée aujourd'hui des performances de rues et anime des stages autour de sujets d'actualité[2]. Les performances du groupe militant britannique *Reclaim the Streets !* qui propose des actions directes pour mener « des révolutions au niveau local et international afin de transcender les modèles sociétaux autoritaires » (« *global and local [...] revolution[s] to transcend hierarchical and authoritatrian society* », Reclaim the Streets !, s.d.), ou encore *BP or Not BP*, un groupe d'artistes activistes qui s'invitent dans des lieux publics sponsorisés par des compagnies pétrolières afin de dénoncer les abus de ces firmes, sont d'autres exemples attestant que le théâtre militant reste bien vivant. La rue est l'espace de prédilection de ces formes théâtrales révolutionnaires qui vont à la rencontre d'un « non-public », non pas dans le sens donné par les signataires de la Déclaration de Villeurbanne (puisqu'il s'agissait en juin 68 de faire entrer dans l'enceinte du théâtre

2 Comme cela fut le cas avec la question de la représentativité au lendemain de l'élection de Donald Trump lors du « *Know Your Rites. An American Tour* » qui se tint durant l'été 2016 ou encore « *Venus & Mars. A European Tour* » sur les droits des réfugiés.

des personnes n'ayant pas accès à la culture), mais dans celui de « personnes extérieures au théâtre » (moins par difficultés d'accès que parce qu'elles constituent un groupe de citoyens dans le domaine public ouvert et non un groupe de spectateurs consignés à l'espace théâtral). L'enjeu du théâtre révolutionnaire contemporain semble consister à amener le citoyen du domaine public vers le théâtre (élan centripète, de l'extérieur vers le lieu théâtral) et non l'inverse, comme dans *Paradise Now* où les membres d'un public préconstitué sortaient dans la rue (élan centrifuge, du foyer théâtral vers l'extérieur). L'inversion du paradigme peut être perçue comme significative de l'hermétisme des théâtres publics actuels vis-à-vis du théâtre révolutionnaire d'antan à qui les portes sont fermées depuis ce qui fut perçu comme la malheureuse expérience de Vilar. Si les lieux de représentation subventionnés reçoivent des pièces militantes qui portent la parole de populations invisibilisées[3], elles sont du côté du théâtre documentaire qui appelle à une prise de conscience chez le spectateur plutôt qu'à une véritable transformation de l'ici-et-maintenant citoyen, de l'espace public au-delà des frontières balisées de l'espace de représentation.

La transformation de l'ici-et-maintenant est une caractéristique de la performance dans son rapport à l'intime et au politique. Le théâtre révolutionnaire est avant tout une performance qui articule la parole agissante, qui transforme les individus, et le performatif qui agit sur l'environnement de l'individu. L'étude de *Paradise Now* (qui met en avant des procédés que l'on retrouve dans les performances actuelles du Living ou de celles de *Reclaim the Streets* ou *BP or Not BP*) rend compte de l'interdépendance du politique et de l'intime, dans ce genre théâtral qu'est la performance, dans la mesure où les métamorphoses de l'ici-et-maintenant sont à la fois personnelles et collectives et qu'elles ne peuvent opérer que conjointement. En effet, le contexte politique initial est fondamental : comme l'expliquait Julian Beck, le mouvement de 1968 apportait le substrat nécessaire à « la réussite de [leur] travail » (1969b, p. 162). L'environnement social est donc primordial dans le processus

3 Pour reprendre l'exemple du Festival d'Avignon : *Les Cauchemars du gecko* (2009) de Jean-Luc Raharimanana et Thierry Bedard sur les anciens colonisés malgaches ; *81 avenue Victor Hugo* (2015) d'Olivier Coulon-Jablonka accompagné de Barbara Métais-Chastanier et Camille Plagnet sur les sans-papiers ; *Trans (Més Enllà*, 2018) de Didier Ruiz sur les transsexuels.

de transformation intime du spectateur qui, déjà au fait des oppressions sociales, va vivre l'expérience théâtrale d'autant plus intensément qu'elle sera ancrée dans une réalité concrète. L'expérience de l'oppression réactivée par le voyage théâtral ou la sensation d'un bien-être régénérant appelle à une mutation de l'individu qui ne sortira pas indemne de sa traversée et sera ainsi amené à changer son rapport au monde. Ces changements du rapport à soi et au monde est évidemment théorique : les artistes mettent en place une série de stratégies visant à la mutation d'un « spectateur idéal ». Les performances rencontrent l'adhésion ou la réjection du public : la réception est en effet très contrastée, ce qui est une preuve de leur force subversive. Si le théâtre révolutionnaire, à l'instar de celui du Living Theatre, est avant tout lié à la performance, la performance peut ne pas être révolutionnaire. Nombre de celles-ci sont présentées dans des musées ou des théâtres et opèrent une transformation de soi et du collectif, non dans un but militant visant à réformer la société, mais dans un but existentiel visant à une expérience ontologique et sociologique qui soit transformatrice, dans la mesure où les limites du pensable sont transcendées. Cette rupture entre institution et révolution rejoint les remarques précédentes quant à la désertion du militantisme dans les lieux officiels. Ainsi, la performeuse Marina Abramović, dont le travail est programmé dans de prestigieux établissements à travers le monde, pousse les frontières de l'expérience du rapport à soi (en tant que spectateur ou qu'artiste) et à l'Autre (à l'artiste). Abramović ne se revendique d'aucune idéologie et sa performance n'est donc pas révolutionnaire[4]. Elle transforme la réalité intrasubjective et intersubjective du spectateur en le poussant à se confronter à ses propres démons en tant que voyeur, voire agresseur, afin de le contraindre à agir selon ses propres modalités révélant ainsi la nature profonde de l'être vis-à-vis d'autrui, vis-à-vis d'un Autre prêt à se laisser lacérer ou à se mutiler lui-même. Contrairement à *Paradise Now*, les œuvres de la célèbre artiste n'appellent pas à sortir des murs du lieu de représentation pour réformer la cité.

L'étude de *Paradise Now* dans son contexte de production originel permet donc de repenser les catégories que sont celles du théâtre révolutionnaire et de la performance et, à partir d'un exemple spécifique,

---

4 Marina Abramović nie, par exemple, être une féministe et si elle reconnaît que l'artiste peut avoir un rôle social, elle n'adhère pas à la notion de militantisme (voir Maloney, 2015, n.p. ; Kane, 2019, n.p.).

d'envisager ainsi de nouvelles approches dans l'appréhension de ces genres artistiques dans leur rapport au soi et au collectif (en tant que groupe d'individus ou qu'établissement public). S'inscrivant à la croisée de l'anglistique et des arts du spectacle, la double entrée esthétique et culturelle de Paradise Now *en Paradis. Une Histoire du Living Theatre à Avignon et après (1968/2018)* ancre la réflexion autour de la compagnie américaine dans une méditation plus large : celle du rôle de l'artiste dans la société et plus spécifiquement sa place dans l'institution. Cette place apparaît des plus complexes, voire même des plus ambigües. Juillet 68 est une illustration des tensions entre le politique, dans le sens de militant, et le politique, dans le sens de représentant de l'État. Les représentations finalement censurées de la création avignonnaise par la troupe américaine rendent compte de la menace qu'incarne l'artiste dont la démarche doit être contenue par les autorités pour des raisons qui peuvent être perçues comme légitimes (argument sécuritaire, par exemple) ou opportunistes (enjeux de réélection du maire, par exemple). Le processus d'institutionnalisation des hétérotopies révolutionnaires illustré par les commémorations de 1968 en 2018 est une invitation à questionner l'influence de l'artiste (mais aussi sa volonté d'influence) *aujourd'hui*, au XXIe siècle, dans le domaine public, d'abord en tant que lieu de représentations financé par l'État, puis en tant qu'espace citoyen partagé par-delà les théâtres et jusque dans la rue.

« Le théâtre est un miroir » que Julian Beck avait donc pour ambition de « nettoyer ». Le théâtre est cet espace de réflexion du monde tel que nous le voyons c'est-à-dire tel que nous l'interprétons. Il est cet espace de projections, de fantasmes et *Paradise Now* incarne ce fantasme d'un autre monde, qu'il soit le monde du futur pour les créateurs originels, ou le monde d'antan pour les artistes contemporains, dont certains, inspirés par l'évocation de ce souvenir chercheront peut-être à raviver. En créant les conditions pour la mise en place d'un lieu liminal représentant à la fois l'espoir d'un monde meilleur et le scandale d'un autre monde décomplexé, *Paradise Now* est un miroir dans le sens foucaldien du terme. Pour Michel Foucault, le miroir est lui aussi une hétérotopie, la concrétisation de « l'expérience mixte, mitoyenne », comme il l'écrit dans « Des espaces autres. Hétérotopies » :

> Le miroir, après tout, c'est une utopie, puisque c'est un lieu sans lieu. Dans le miroir, je me vois là où je ne suis pas, dans un espace irréel qui s'ouvre virtuellement derrière la surface, je suis là-bas, là où je ne suis pas, une sorte d'ombre [...] qui me permet de me regarder là où je suis absent – utopie du miroir. Mais c'est également une hétérotopie, dans la mesure où le miroir existe réellement, et où il a, sur la place que j'occupe, une sorte d'effet en retour ; c'est à partir du miroir que je me découvre absent à la place où je suis [...]. [L]e miroir fonctionne comme une hétérotopie en ce sens qu'il rend cette place que j'occupe au moment où je me regarde dans la glace, à la fois absolument réelle, en liaison avec tout l'espace qui l'entoure, et absolument irréelle, puisqu'elle est obligée, pour être perçue, de passer par ce point virtuel qui est là-bas. (Foucault, 1984, n.p.)

En 1968, le cloître des Carmes représenta ce miroir dans lequel se reflétaient les rêves et les peurs des contestataires, des conservateurs, des locaux, des artistes et des politiques. Il fut ce lieu réel où la représentation de *Paradise Now* se tint mais il est surtout devenu un lieu de fantasmes et de projections personnelles : les histoires que les témoins ont gardées en mémoire en disent finalement plus sur les individus qui se regardent dans ce miroir que sur l'événement lui-même. Les entretiens compilés dans *Avignon 1968 & le Living Theatre. Mémoires d'une révolution* (Jouve, 2018a) montrent en effet qu'il n'y a pas *une* vérité sur ce que les Carmes représentaient en 68 mais des vérités kaléidoscopiques filtrées par le prisme déformant de la subjectivité. Les appropriations de l'œuvre emblématique à l'occasion du cinquantenaire de 68 sont également révélatrices des intérêts propres de chacun des trois artistes, de leur interprétation du travail du Living Theatre et aussi de la vision de l'époque qui est la leur ; vision plus résolue, semble-t-il, que celle de leurs aïeux. « Miroir pour Narcisse », pour reprendre une expression du narrateur de *Chronique romanesque* (Vilar, 1971a, p. 215), *Paradise Now* finit par incarner notre propre vérité d'un mois de juillet 68 comme du monde qui lui a succédé, ainsi que notre propre vision du Paradis, que nous le croyions à jamais perdu ou que nous pensions pouvoir le retrouver.

BIBLIOGRAPHIE

OUVRAGES ET ARTICLES CITÉS OU CONSULTÉS

Adler Laure, et Alain Veinstein, 1987, *Avignon. 40 ans de Festival*, Paris Hachette.

Agence France Presse, 2017, « Macron envisage de commémorer les 50 ans de mai 68 », *Le Point*, 20 octobre 2017, www.lepoint.fr/societe/france-macron-envisage-de-marquer-les-50-ans-de-mai-68--20-10-2017-2166056_23.php (consulté le 03/02/2019).

Alighieri Dante, [1472] 1965, *La Divine Comédie*, Claude Ambroise, et Louise Cohen (éd.), trad. Louise Espinasse-Mongenet, Paris Les libraires associés.

Ambrogi Pascal-Raphaël, 2018, *Le Sens chrétien des mots. Noms propres et communs du catholicisme*, Paris Artège.

Anderson Chester, 1967, « Uncle Tim'$ Children », *Diggers.org : The Digger Archives*, 16 avril 1967, www.diggers.org/comco/ccpaps2b.html?fbclid=IwAR39RTxYjQLwzkn5L88OvYK8wf6JyD6F0wmWNVNxeTMkgq7qaE-dmHR4aK0 (consulté le 12/12/2018).

« Arrêté du Préfet du Gard, 18 juillet 1968 », 1968, Fonds Puaux, Chronologie du XXIIe Festival, Annexes I, Archives BNF, Maison Jean Vilar, Avignon, n.p.

Artaud Antonin, 2004, « Lettre de Rodez à Henri Parisot du 6 octobre 1945 », *Œuvres*, Évelyne Grossman (éd.), Paris Gallimard, p. 1017-1021.

Artaud Antonin, 1948, *Pour en finir avec le jugement de Dieu. Émission radiophonique enregistrée le 28 novembre 1947*, Paris K Éditeur.

Artaud Antonin, [1933] 1964a, « Le Théâtre et la Cruauté », *Le Théâtre et son double*, Paris Gallimard, p. 131-136.

Artaud Antonin, [1938] 1964b, « Le Théâtre de la cruauté », *Le Théâtre et son double*, Paris Gallimard, p. 137-155.

Artaud Antonin, [1934] 1964c, « Le Théâtre *et la Peste* », *Le Théâtre et son double*, Paris Gallimard, p. 21-47.

Artaud Antonin, [1936] 1964d, « Le Théâtre de Séraphin », *Le Théâtre et son double*, Paris Gallimard, p. 221-231.

Aslan Odette, 2009, *Paris, capitale mondiale du théâtre. Le Théâtre des Nations*, Paris CNRS Éditions.

Association Jean Vilar (éd.), 2003, *Jean Vilar par lui-même*, Avignon Association Jean Vilar.

Audier Serge, 2020, *La Pensée anti-68*, Paris La Découverte.

Austin John Langshaw, 1962, *How to Do Things with Words*, Oxford Clarendon.

Baillet Louis, s.d., « Rapport », Fonds Puaux, Chronologie du XXIIe Festival, Annexes I, Archives BNF, Maison Jean Vilar, Avignon, n.p.

Banham Martin (éd.), [1988] 1992, *The Cambridge Guide to Theatre*, New York Cambridge University Press.

Bantigny Ludivine, 2018a, « 1968, 1995, 2018 : Quand le peuple se soulève » (entretien filmé par Jean-Marc B.), 20 décembre 2018, https://blogs.mediapart.fr/jean-marc-b/blog/201218/1968-1995-2018-quand-le-peuple-se-souleve-avec-ludivine-bantigny (consulté le 15/02/2019).

Bantigny Ludivine, 2018b, *1968. De grands soirs en petits matins*, Paris Éditions du Seuil.

Bantigny Ludivine, 2018c, « 1968 : "Un spectre hante la planète" », *Histoire mondiale de la France*, Patrick Boucheron, Nicolas Delalande, Florian Mazel, Yann Potin, et Pierre Singaravélou (éd.), Paris Le Seuil, p. 697-701.

Banu Georges, 2018, « Juillet 1968… l'épreuve du feu », tapuscrit original publié dans une version révisée dans *Encart Télérama*, n° 3573, juillet 2018, p. 16-17.

La Bardonnie Mathilde, 1998, « L'âme du provocateur Living Theatre, expulsé du Festival en 1968, revient parler de révolution, d'un espoir nécessaire. Malina, l'Antigone éternelle. Judith Malina, le retour. Débat et projection, cinéma Utopia, samedi à 11 h », *Le Nouvel Observateur*, 18 juillet 1998, https://next.liberation.fr/culture/1998/07/18/festival-d-avignon-l-ame-du-provocateur-living-theatre-expulse-du-festival-en-1968-revient-parler-de_241907 (consulté le 12/01/2019).

Barnett David, 2009, *Rainer Werner Fassbinder and the German Theatre*, Cambridge Cambridge University Press.

Barrault Jean-Louis, 1968, « Lettre ouverte », *Le Figaro*, 24 mai 1968, n.p.

Barrault Jean-Louis, 2010a, *Souvenir pour demain*, Paris Éditions du Seuil.

Barrault Jean-Louis, 2010b, *Une Vie sur scène. Entretiens inédits avec Guy Dumur*, Paris Flammarion.

Beck Julian, 1959a, « Why the avant-garde ? », Living Theatre Records 1945-1991, T-Mss 1988-005, b. 18 f. 11, Lincoln Center for the Performing Arts, New York.

Beck Julian, 1959b, « Why Vanguard ? Value of Experimental Theatre Discussed », *New York Times*, 22 mars 1959, p. X1ff.

Beck Julian, 1964, « How to Close a Theatre », *The Tulane Drama Review*, n° 8, p. 180-190.

Beck Julian, 1965, « Thoughts on Theatre from Jail », *New York Times*, 21 février 1965, n.p.

Beck Julian, 1968a, « Lettre à Paul Puaux, 18 janvier 1968 », Fonds Puaux, Chronologie du XXIIe Festival, Annexes I, Archives BNF, Maison Jean Vilar, Avignon, n.p.

Beck Julian, 1968b, « Lettre à Paul Puaux, 1er mai 1968 », Fonds Puaux, Chronologie du XXIIe Festival, Annexes I, Archives BNF, Maison Jean Vilar, Avignon, n.p.

Beck Julian, [1964] 1969c, « Storming the Barricades », *The Brig* [1965], Kenneth H. Brown (éd.), New York Hill and Wang, p. 3-35.

Beck Julian, 1969a, « Déclaration, Avignon 68 », *Le Théâtre 1969.1. Théâtre Cahier Arrabal*, Fernando Arrabal (éd.), Paris Christian Bourgois, p. 223-225.

Beck Julian, 1969b, « Déclaration, Odéon 68 », *Le Théâtre 1969.1. Théâtre Cahier Arrabal*, Fernando Arrabal (éd.), Paris Christian Bourgois, p. 161-163.

Beck Julian, 1974, « Révolution et contre révolution », *Chants de la révolution*, trad. Pierre Joris, Paris 10 :18, p. 251-305.

Beck Julian, 1978, *La Vie du théâtre*, trad. Fanette et Albert Vander, Paris Gallimard.

Beck Julian, 1997, *Théandrique ou la possibilité de l'utopie dernières notes*, trad. Fanette Vander, Paris L'Harmattan.

Beck Julian, et Judith Malina, 1970, « Lettre à Jean Vilar, 8 juillet 1970 », The Living Theatre, Jean Vilar Complete, Beinecke Library, n.p.

Benedetto André, 1969, *Zone rouge, feux interdits. Pièce en cinq parties.* Honfleur Pierre Jean Oswald.

Benedetto André, 2010, *Urgent Crier*, Paris Le Temps des Cerises.

Bénichou Anne, 2016-2017, « Introduction. Le *reenactment* ou le répertoire en régime intermédial », *Intermédiarités/Intermediality*, n° 28-29, 2016-2017, n.p. https://doi.org/10.7202/1041075ar (consulté le 14/12/2018).

Benjamin Walter, [1936] 2016, *L'Œuvre d'art à l'époque de sa reproductibilité technique*, trad. Lionel Duvoy, Paris, Allia.

Bentley Eric, 1968, « *I Reject the Living Theatre* », *New York Times*, 20 octobre 1968, p. 35.

Bergson Henri, 1932, *Les Deux Sources de la morale et de la religion*, Paris PUF.

Bergson Henri, [1939] 1965, *Matière et Mémoire. Essai sur la relation du corps à l'esprit*, Paris PUF.

Biet Christian, et Christophe Triau, 2006, *Qu'est-ce que le théâtre ?* Paris Gallimard.

Biner Pierre, 1968, *Le Living Theatre*, Lausanne L'Âge d'Homme.

Blin Fanny, 2014, « Antigone ou les masques de la marginalité au cœur du pouvoir », *Les Chantiers de la création*, n° 7, https://doi.org/10.4000/lcc.702 (consulté le 15/10/2018).

Bloch Ernst, 1976, *Le Principe Espérance*, Paris Gallimard, 1976.
Bost Bernadette, et Joseph Danan, 2007, « L'Utopie de la performance », *Études théâtrales*, nº 38-39, p. 115-123.
Bourseiller Antoine, 2001, « Grands Entretiens en-scènes » (entretien filmé par Dominique Darzacq), https://entretiens.ina.fr/en-scenes/Bourseiller/antoine-bourseiller (consulté le 23/08/2018).
Bouyer Christian, 1968, *Odéon est ouvert*, Paris Debresse.
BP, « About », *History of BP*, www.historyofbp.org/about (consulté le 18/03/2019).
Bredeson Kate, 2019, *Occupying the Stage : The Theater of May '68*, Evanston Northwestern University Press.
Bregman Rutger, 2017, *Utopies réalistes*, trad. Jelia Amrali, Paris Éditions du Seuil.
Broca Sébastien, 2012, « Comment réhabiliter l'utopie ? Une lecture critique d'Ernst Bloch », *Philonsorbonne*, nº 6, 2012, https://doi.org/10.4000/philonsorbonne.374 (consulté le 11/02/2018).
Brook Peter, 1977, *L'Espace vide*, Paris Le Seuil.
Brook Peter, 2009, *Avec Grotowski*, Arles Actes Sud.
Brustein Robert, 1969a, « History Now (interview with the Living Theatre) », *Yale/Theatre*, nº 2, p. 18-29.
Brustein Robert, 1969b, « The Third Theatre Revisited », *New York Review of Book*, 13 février1969, p. 25-27.
Carlson Marvin A., 2018, *Performance : A Critical Introduction*, Abingdon Routledge.
De Certeau Michel, 1994, *La Prise de parole et autres récits politiques*, Paris Éditions du Seuil.
Chaikin Joseph, 2012, « Foreword », *The Presence of the Actor*, New York Theatre Communications Group, p. IX-XII.
Chemin Anne, 2018, « Serge Audier : Le discours anti-68 s'est radicalisé (entretien) », *Le Monde*, 15 mars 2018, www.lemonde.fr/idees/article/2018/03/15/serge-audier-le-discours-anti-68-s-est-radicalise_5271339_3232.html (consulté le 25/02/2019).
« Chronologie du XXIIe Festival », s.d., Fonds Puaux, Chronologie du XXIIe Festival. Archives BNF, Maison Jean Vilar, Avignon, n.p.
Clavel Maurice, 1995, « Deux Sétois sans un sou. À l'heure du premier festival », *Jean Vilar*, Jacques Téphany (éd.), Paris L'Herne, p. 34-36.
Cohn-Bendit Daniel, 2008, *Forget 68. Entretiens avec Stéphane Paoli et Jean Viard*, Paris Éditions de l'Aube.
Colli Giorgio, [1988] 2017, *Écrits sur Nietzsche*, trad. Patricia Farazzi, Paris Éditions de l'éclat.
« Conférences Savoirs Partagés », 2017, Diffusion des savoirs (Université Toulouse

– Jean Jaurès), 20 octobre 2017, www.univ-tlse2.fr/accueil/navigation/recherche/en-bref/conference-savoirs-partages-570121.kjsp?RH=04Recherche (consulté le 03/02/2019).

« Contrat entre Julian Beck et le Député-Maire d'Avignon, 21 mars 1968 », Fonds Puaux, Chronologie du XXIIe Festival, Annexes I, Archives BNF, Maison Jean Vilar, Avignon, n.p.

Copfermann Émile, 1972, *La Mise en crise théâtrale*, Paris François Maspero.

Corvin, Michel, 2009, *Dictionnaire encyclopédique du théâtre à travers le monde*, Paris Bordas.

Cotinaut Cyril, et Sébastien Davis, 2019, *Mai 68. Que sera le théâtre dans 50 ans ?*, copie de travail non définitive (pdf), Compagnie TACT.

Danan Joseph, 2013, *Entre théâtre et performance. La Question du texte*, Arles Actes Sud.

Daufresne Jean-Claude, 2004, *Théâtre de l'Odéon. Architecture, décors, musée*, Sprimont Mardaga.

DeKoven Marianne, 2004, *Utopia Limited : The Sixties and the Emergence of the Postmodern*, Durham Duke University Press (édition Kindle).

Deleuze Gilles, et Félix Guattari, 1975, *L'Anti-Œdipe. Capitalisme et Schizophrénie I*, Paris Éditions de Minuit.

Deleuze Gilles, et Félix Guattari, [1984] 2007, « Mai 68 n'a pas eu lieu. Gilles Deleuze et Félix Guattari reprennent la parole ensemble pour analyser 1984 à la lumière de 1968 », *Chimères*, vol. 64, n° 2, p. 23-24 (initialement publié dans *Nouvelles*).

Deleuze Gilles, et Félix Guattari, [1980] 2013, *Mille Plateaux. Capitalisme et Schizophrénie II*, Paris Éditions de Minuit (édition Kindle).

Dictionnaire du judaïsme, 1998, Paris, Encyclopaedia Universalis (édition Kindle).

Didi-Huberman Georges, [2009] 2015, *Survivance des lucioles*, Paris Éditions de Minuit (édition Kindle).

Dorsen Annie, 2015, « Annie Dorsen in Conversation with Judith Malina. "Poverty is no poverty, and no poverty is poetry" » *Performing Urgency*, n° 1, 2015, p. 78-91.

Dort Bernard, 1971, *Théâtre réel. Essais critiques (1967-1970)*, Paris Éditions du Seuil.

Dosse François, 2009, *Gilles Deleuze et Félix Guattari. Biographie croisée*, Paris La Découverte.

Doudet Sophie, 2018, « Préface », *Commémorer Mai 68*, Sophie Doudet (éd.), Paris Gallimard, p. 7-12.

Doueihi Milad, 2006, *Le Paradis terrestre. Mythes et philosophies*, Paris Éditions du Seuil.

Duffaut Henri, 1968, « Lettre à Julian Beck, 22 juillet », Fonds Puaux, Chronologie du XXIIe Festival, Annexes I, Archives BNF, Maison Jean Vilar, Maison Jean Vilar, Avignon, n.p.

Dumur Guy, 1968, « Satan à Avignon. Qualifiés "d'énergumènes en haillons" par la presse de droite, les acteurs du Living Theatre vont jouer à bureaux fermés », *Le Nouvel Observateur*, 22-28 juillet 1968, n.p.

Durand Dominique, et Marion Pochy, 2017, *Fenêtres-festivals d'Avignon. 1947-2017*, Saint-Étienne-du-Grès Dominique Durand.

Encyclopédie philosophique universelle (Volume I), 2000, Paris PUF.

« Enquête sondage dans les rues d'Avignon. Le "Living Theater" [*sic*] condamné sans appel ? », 1968, *Le Méridional*, 16 juin 1968, n.p.

Feenberg Andrew, et Jim Freedman, 2001, *When Poetry Ruled the Streets*, Albany State University of New York Press.

Felton-Dansky Miriam, 2015, « Borrowed Crowds : the Living Theatre's Contagious Revolution », *The Oxford Handbook of Dance and Theater*, Nadine George-Graves (éd.), Oxford Oxford University Press, p. 867-889.

Festival d'Avignon, 2003, « Rencontres d'Avignon, du 20 juillet au 31 juillet 1964 », *Jean Vilar par lui-même*, Association Jean Vilar (éd.), Avignon Association Jean Vilar, p. 277.

Flame Ferdinand, et Hugo Soubise (éd.), 2018, *Paradis Maintenant. Un spectacle* documentaire, copie de travail non définitive (Groupe 44, TNS).

Foucault Michel, [1967] 1984, « Des espaces autres. Hétérotopies » (Conférence au Cercle d'études architecturales [14 mars 1967]), *Architecture, Mouvement, Continuité*, n° 5, 1984, n.p., https://foucault.info/documents/heterotopia/foucault.heteroTopia.fr (consulté le 25/08/2018).

France Culture, 2013, « Soirée spéciale Living Theatre, en direct du Musée Calvet d'Avignon », Marguerite Gateau (réal.), 14 juillet 2013, www.franceculture.fr/emissions/fictions-theatre-et-cie/soiree-speciale-living-theatre-en-direct-du-musee-calvet-davignon (consulté le 02/02/2019).

France Culture, 2018, « 1968-2018 : 50 ans de Mai 68 », Marguerite Gateau (réal.), 1er janvier 2018, www.franceculture.fr/emissions/le-choix-de-la-redaction/le-choix-de-la-redaction-1-er-janvier-2018 (consulté le 02/02/2019).

Gelber Jack, 1986, « Julian Beck, Businessman », *The Drama Review*, vol. 30, n° 2, p. 6-29.

Genet Jean, 2000, « Comment jouer les Bonnes » [1947], *Les Bonnes*, Paris Gallimard, p. 7-11.

Gennep, Arnold van, 1924, *Les Rites de passage. Étude systématique des rites*, Paris Librairie Stock.

Gerard Fabien S., Kline, Jefferson, et Bruce Sklarew, 2000, *Bernardo Bertolucci : Interviews*, Jackson University Press of Mississippi.

Girard Joseph, 1958, *Évocation du vieil Avignon*, Paris Éditions de Minuit.

Giroud Françoise, 1958, *La Nouvelle Vague. Portraits de la jeunesse*, Paris Gallimard.

Gobille Boris, 2018, *Mai 68*, Paris La Découverte.

Gordon Mel, 2008, « Cruauté pratique », *Théâtre/Public*, vol. 190, n° 3, p. 18-19.

Gordone Charles, 1969, *No Place to Be Somebody : A Black Black-Comedy*, New York Broadway Play.

Graham-White Anthony, 1976, « "Ritual" in Contemporary Theatre and Criticism », *Educational Theatre Journal*, vol. 28, n° 3, p. 318-324.

Greenwald Michael L., Schultz, Roger, et R. Dario Pomo, 2001, *The Longman Anthology of Drama and Theater : A Global Perspective*, New York Longman.

The Guggenheim Museum, 2018, « On the Future of Art : "Art as a Form of Reality" by Herbert Marcuse, 1969 » (transcript), *guggenheim.org*, Reel-to-Reel collection, Guggenheim Museum Archives, www.guggenheim.org/wp-content/uploads/2018/08/9009675_01_AB_9009700_01-Art-as-a-Form-of-Reality.pdf (consulté le 15/02/2019).

Guillot Augustin, 2018, « Le Living Théâtre, toujours envie ? », *Libération*, 12 mai 2018, https://next.liberation.fr/theatre/2018/05/12/le-living-theatre-toujours-envie_1649586 (consulté le 13/05/2018).

Hédouin Clara, 2018, *La Tentation épique. Épique et épopée sur les scènes françaises (1989-2017)*, Thèse de doctorat sous la direction de Sophie Lucet, Université Rennes 2.

Houchin John H., 2009, *Censorship of the American Theatre in the Twentieth Century*, Cambridge Cambridge University Press.

I Ching or Book of Change, 2003, trad. Richard Wilhelm, London Penguin.

Innes Christopher, 1996, *Avant-Garde Theatre : 1892-1992*, London Routledge.

Iser Wolfgang, 1980, *The Act of Reading : A Theory of Aesthetic Response*, Baltimore John Hopkins University Press,

Jacquot Jean, 1970, « The Living Theatre », *Les Voix de la création théâtrale (Volume I)*, Jean Jacquot (éd.), Paris CNRS Éditions, p. 171-269.

James Norman, 1971, « The Living Theatre : Its Use of the Stage », *The Journal of Aesthetics and Art Criticism*, vol. 29, n° 4, p. 475-483, https://doi.org/10.2307/429192 (consulté le 19/07/2018).

Jeanneney Jean-Noël, et Pascal Ory, « Commémoration de l'écrivain antisémite Maurras : "Commémorer, ce n'est pas célébrer" », 28 janvier 2018, *Le Monde*, www.lemonde.fr/idees/article/2018/01/28/commemorer-ce-n-est-pas-celebrer_5248372_3232.html (consulté le 03/02/2019).

Jotterand Franck, 1970, *Le Nouveau Théâtre américain*, Paris Éditions du Seuil.

Jouve Émeline, 2018a, *Avignon 1968 & le Living Theatre. Mémoires d'une révolution (entretiens)*, Montpellier Deuxième Époque.

Jouve Émeline, 2018b, « The Living Theatre and the French 1968 Revolution : Of Political and Theatrical Crises », *E-rea*, vol. 15, n° 2, https://doi.org/10.4000/erea.6370 (consulté le 12 février 2018).

Jouve Émeline, 2018c, « "Of Theatre, Stories and Experiences" : Interview with Dennis Yueh-Yeh Li », *Miranda*, n° 17, n.p., https://doi.org/10.4000/miranda.13923 (consulté le 10/02/2018).

Jouve Émeline, 2019, « Le Cloître des Carmes, 1968 », *Les Carmes. Théâtre et patrimoine à Avignon*, Antonia Amo Sanchez, Sophie Gaillard, Marie Galéra, et Paul Payan (éd.), Avignon Éditions Universitaires d'Avignon, p. 85-99.

Jouve Émeline, 2020a, « *Mai, juin, juillet* et le Devenir-Révolution », *Hypothèses sur le théâtre, la politique, l'Europe, la philosophie avec Denis Guénoun*, Marc Escola, Martin Rueff, et Éric Eigenmann (éd.), Genève Métispresses.

Jouve Émeline, 2020b, « Staging the "Peaceable Revolution" : Henry David Thoreau and the Living Theatre », *"Live deep and suck all the marrow of Life" : H.D. Thoreau's Literary Legacy*, Eulalia Piñero et Laura Arce (éd.), Delaware Vernon Press, p. 81-101.

Jouve Émeline, 2023, « P.A.R.A.D.I.S.E N.O.W. : Le Living Theatre de Serge Pey, "enfant du Living Theatre" », *Serge Pey : un poète-chercheur en action*, Modesta Suarez, Christiane Fioupou, et Hector Calderon (éd.), Toulouse Ombú (à paraître).

Jung Carl Gustav, [1954] 1995, *Les Racines de la conscience. Études sur l'archétype*, trad. Yves Le Lay, Paris Buchet/Chastel.

Kane Ashleigh, 2019, « Marina Abramović on using VR and empathy to help save the world », *Dazed*, 15 mai 2019, www.dazeddigital.com/art-photography/article/44432/1/marina-abramovic-rising-is-using-vr-and-empathy-to-help-save-the-world (consulté le 18/06/2019).

Kaplan Leslie, 2018, *Mai 68, le chaos peut être un chantier. Conférence interrompue*, Paris P.O.L. Kenton Edna, 2004, *The Provincetown Ayers and the Playwrights' Theatre, 1915-1922*, Jefferson McFarland.

Kirby Michael, 1987, *A Formalist Theatre*, Philadelphia University of Pennsylvania Press.

Lamblard Jean-Marie, 2006, « Le Living Theatre au Festival d'Avignon », *Lettres d'Archipel* : *WebBlog*, 21 juillet 2006, https://lamblard.typepad.com/weblog/2006/07/living_theatre_.html (consulté le 10/10/2018).

Layerle Sébastien. *Caméras en lutte en mai 68*. Paris : Nouveau monde éditions, 2008.

Lebel Jean-Jacques, 1968a, « Le Festival d'Avignon et la culture bourgeoise. Lettre Ouverte de Jean-Jacques Lebel à Claude Roy », *Magazine Littéraire*, n° 23, p. 14-15.

Lebel Jean-Jacques, 1968b, *Procès du Festival d'Avignon. Supermarché de la culture*, Paris Belfond.

Lebel Jean-Jacques, 1969, *Entretiens avec le Living Theatre*, Paris Belfond.
« *Le Dauphiné Libéré* verse une pièce au dossier de l'affaire du Living », *Le Dauphiné Libéré*, 30 juillet 1968, n.p.
Lefebvre Henri, 1968, « L'Irruption de Nanterre au sommet », *L'Homme et la Société*, n° 8, p. 49-99.
Le Goff Jean-Pierre, 1998, *Mai 68, l'héritage impossible*, Paris La Découverte, p. 49-99.
Le Goff Jean-Pierre, [2011] 2017, *La Gauche à l'agonie, 1968-2017*, Paris Perrin (édition Kindle).
Legois Jean-Philippe, 2018, *Les Slogans de 68*, Paris Éditions First.
Lehmann Hans-Thies, 2002, *Le Théâtre Postdramatique*, trad. Philippe-Henri Ledru, Paris L'Arche.
Lévi-Strauss Claude, 1949, « L'efficacité symbolique », *Revue de l'histoire des religions*, vol. 135, n° 1, p. 5-27.
« Le "Living Theatre" : des anarchistes non violents qui dénoncent la civilisation et cherchent une société nouvelle », *Le Dauphiné libéré*, 17 juillet 1968, n.p.
Living Theatre, s.d.(a), « Déclaration du Living Theatre », Fonds Puaux, Chronologie du XXIIe Festival, Annexes I, Archives BNF, Maison Jean Vilar, Avignon, n.p.
Living Theatre, s.d.(b), « A History of the Living Theatre », The Living Theatre Records 1951-1991, Lincoln Center for the Performing Arts, n.p.
Living Theatre, 1959, « Theatre Managements Papers, 19th St. Theatre », The Living Theatre Records (1951-1991), Lincoln Center for the Performing Arts, New York, n.p.
Living Theatre, 1968, « Note d'intention de *Paradise Now*, 18 janvier 1968 », Fonds Puaux, Chronologie du XXIIe Festival, Annexes I, Archives BNF, Maison Jean Vilar, Avignon, n.p.
Living Theatre, 1969, « *Paradise Now* : Notes », *The Drama Review*, vol. 13, n° 3, p. 90-107.
Löwy Michael, et Robert Sayre, 1992, *Révolte et Mélancolie. Le Romantisme à contre-courant de la modernité*, Paris Payot.
Loyer Emmanuelle, 2008, *Mai 68 dans le texte*, Paris Complexe.
Loyer Emmanuelle, et Antoine de Baecque, 2016, *Histoire du festival d'Avignon*, Paris Gallimard.
Ludwig Quentin, 2012, *Le Grand Livre du bouddhisme*, Paris Eyrolles.
Lyotard Jean-François, 2013, *Le Différend*, Paris Éditions de Minuit.
Malina Judith, 1964, « Last Performance of the Living Theatre Invective », *Evergreen Review*, n° 8, p. 49-52.
Malina Judith, [1965] 1969, « Directing *The Brig* », *The Brig*, Kenneth H. Brown (éd.), New York Hill and Wang, p. 83-107.

Malina Judith, 1972, *The Enormous Despair : the Diary of Judith Malina, August 1968 to April 1969*, New York Random House.

Malina Judith, 1989, « Breaking and Creating Tradition : Politics and the Theatre, 1989 », *The Voices, New York Public Radio Program (radio program)*, The Living Theatre Records 1951-1991, Lincoln Center for the Performing Arts.

Malina Judith, 1998, « Judith Malina, le retour », *Gazette Cinéma Utopia / La Gezette de l'Utopia*, nº 183, p. 23.

Malina Judith, 2017, *L'Énorme Désespoir. Journal d'août 1968 à avril 1969*, trad. Fanette Vander, Paris L'Harmattan.

Malina Judith, et Julian Beck, 1971, *Paradise Now*, New York Vintage.

Malina Judith, et Julian Beck, 2019, *Paradise Now / Le Paradise Maintenant*, trad. Elsa Rooke, copie de travail non définitive (pdf.), Compagnie Gwenaël Morin.

Maloney Alli, 2015, « Marina Abramovic and the art of female sacrifice », *Women in the World*, 17 novembre 2015, https://womenintheworld.com/2015/11/17/marina-abramovic-and-the-art-of-female-sacrifice (consulté le 18/03/2019).

Marx Karl, 1852, *Le 18 Brumaire de Louis Bonaparte*, *Marxist.org*, www.marxists.org/francais/marx/works/1851/12/brum3.htm (consulté le 12/11/2018).

Maurin Frédéric, 2013, « L'impermanence est-elle soluble dans le répertoire ? », *L'Annuaire théâtral*, nº 53-54, p. 75-90.

Mayer Camille, 2019, « *Reparadise* de Gwenaël Morin ou la dépolitisation d'un spectacle historiquement subversif », *Miranda*, nº 18, https://doi.org/10.4000/miranda.18253 (consulté le 17/04/2019).

Mekas Jonas, 4 octobre 1962, « Movie Journal », *The Village Voice*, p. 10-11.

« 1 500 travailleurs ont défilé de la gare à la place de l'Horloge », *La Marseillaise*, 2 mai 1968, n.p.

« 1968 : Manifestations au Festival d'Avignon », 21 juillet 1968, 48", Archives INA, https://fresques.ina.fr/en-scenes/fiche-media/Scenes00117/1968-manifestations-au-festival-d-avignon.html (consulté le 13/10/2018).

More Thomas, [1516] 2013, *L'Utopie*, trad. Marie Delcourt, Bibebook (édition Kindle).

Morin Edgar, 1969, « Culture adolescente et révolte étudiante », *Annales. Économies, sociétés, civilisations*, vol. 24, nº 3, p. 765-776.

Morin Gwenaël, 2017, « *Re-Paradise.* Note d'intention », 22 septembre 2017, Festival Mondes Possibles, Théâtre Nanterre-Les Amandiers, Nanterre, https://nanterre-amandiers.com/cycles/mondes-possibles (consulté le 18/03/2019).

Munk Erika, 2007, « Only Connect : The Living Theatre and Its Audience », *Restaging the Sixties : Radical Theatres and Their Legacies*, James M. Harding et Cindy Rosenthal (éd.), Ann Arbor University of Michigan Press, p. 33-54.

Neff Renfreu, 1970, *Living Theatre : USA*, Indianapolis Bobbs-Merrill.

Negri Toni, 1990, « Le devenir révolutionnaire et les créations politiques (entretien avec Gilles Deleuze) », *Futur antérieur*, n° 1, Printemps 1990, n.p., www.multitudes.net/Le-devenir-revolutionnaire-et-les (consulté le 17/03/2018).

Neveux Olivier, 2007, *Théâtres en lutte. Le Théâtre militant en France des années 1960 à nos jours*, Paris La Découverte.

Neveux Olivier, 2013, *Politiques du spectateur. Les Enjeux du théâtre politique aujourd'hui*, Paris La Découverte.

Neveux Olivier, 2019, *Contre le théâtre politique*, Paris La Fabrique.

Nietzsche Friedrich, [1881] 1901, *Aurore. Réflexions sur les préjugés moraux*, trad. Henri Albert, Paris Mercure de France.

Nietzsche Friedrich, [1872] 1977, *La Naissance de la tragédie*, trad. Michel Haar, Philippe Lacoue-Labarthe et Jean-Luc Nancy (éd.), Paris Gallimard.

Nietzsche Friedrich, [1878] 1994, *Leçons sur Œdipe-Roi de Sophocle*, trad. Françoise Dastur et Michel Haar, La Versanne Encre Marine.

Nora Pierre, 1972, « L'Événement monstre », *Communications*, n° 18, p. 162-172.

Nora Pierre, 2018, « La Métamorphose de la commémoration », *Commémorer mai 68*, Sophie Doudet (éd.), Paris Gallimard, p. 15-39.

La Nouvelle Compagnie d'Avignon, 1968a, « Écriteau "Appel au meurtre" du 26 juin 1968 », Archives personnelles de Christian Bourgeois.

La Nouvelle Compagnie d'Avignon, 1968b « Tract du 18 juillet 1968 », Archives personnelles de Christian Bourgeois, n.p.

La Nouvelle Compagnie d'Avignon, 1968c, « Tribune Libre du 20 juillet 1968 », Archives personnelles de Christian Bourgeois, n.p.

La Nouvelle Compagnie d'Avignon, 1968d, « Tribune Libre du 27 juillet 1968 », Archives personnelles de Christian Bourgeois, n.p.

La Nouvelle Compagnie d'Avignon, 1971, *Travail théâtral*, Lausanne La Cité.

Le Nouvel Observateur, n° 187, 12-18 juin 1968.

Pacino, Alfredo James, s.d., « Al Pacino on the Living Theatre » (entretien filmé par le Living Theatre), 5'12, https://vimeo.com/19936848 (consulté le 10/02/2019).

« *Paradise Now* par le Living Theatre au Festival d'Avignon », 1968, *Le Méridional*, 26 juillet 1968, n.p.

« *Paradise Now* : des rêves auxquels il faut croire... », 1968, Fonds Vilar, Presse, Archives BNF, Maison Jean Vilar, Avignon.

Paradise Now (1968-2018), 2018, spectacle dirigé par Michiel Vandevelde, et Fabuleus, transcription des répliques du spectacle par Émeline Jouve, 12 mai 2018.

Pasolini Pier Paolo, 1990, « La Résistance et sa lumière » [1961], *Poésies 1943-1970*, trad. J. Guidi, Paris, Gallimard, p. 248.
Pasquier Marie-Claire, 1978, *Le Théâtre américain d'aujourd'hui*, Paris PUF.
Pelissero Marielle, 2016, *De l'underground à la superstructure. Émergence de la notion de performance dans le discours critique des pratiques théâtrales expérimentales (1963-1973)*, Thèse de doctorat sous la direction de Christian Biet, Université Paris Nanterre.
Pennec Blandine, et Henri Le Prieult, 2018, « *Paradise Now* : liens entre forme et sens, au service de l'exhortation du spectateur », *Études de stylistique anglaise*, n° 13, p. 113-138, https://doi.org/10.4000/esa.3290 (consulté le 10/12/2018).
Penner James, 2009, « The Living Theatre and Its Discontents : Excavating the Somatic Utopia of *Paradise Now* », *Ecumenica*, vol. 2, n° 1, p. 17-36.
Penner James, 2011, *Pinks, Pansies, and Punks : The Rhetoric of Masculinity in American Literary Culture*, Bloomington Indiana University Press.
Poirrier Philippe, 2002, « Le mythe de la décentralisation culturelle », *Connaissances des Arts*, n° 599, p. 16.
« Programme : L'Esprit de mai », 7 mai 2018, Théâtre de l'Odéon, n.p.
Puaux Paul, 1968, « Lettre à Julian Beck, 4 janvier 1968 », Fonds Puaux, Chronologie du XXIIe Festival, Annexes I, Archives BNF, Maison Jean Vilar, Avignon, n.p.
Rancière Jacques, 2008, *Le Spectateur émancipé*, Paris La Fabrique.
« Rassemblement place de l'Horloge », 1968, Fonds Puaux, Tracts Avignon 1968, Archives BNF, Maison Jean Vilar, Avignon, n.p.
Rappoport Édith, 1968, « *Paradise Now* : un cataclysme théâtral », 31 juillet 1968., *France Nouvelles*, n.p.
Rauch Marie-Ange, 2008, *Le Théâtre en France en 1968*, Paris Éditions de l'Amandier.
Ravignant Patrick, 1968, *La Prise de l'Odéon. L'Odéon est ouvert*, Paris Stock.
Reclaim the Streets !, s.d., « Home Page », http://rts.gn.apc.org (consulté le 18/03/2019).
Reich Wilhelm, [1932] 1972, *La Lutte sexuelle des jeunes*, trad. Jean-Marie Brohm, Paris François Maspero.
Ressi Michèle, 2011, *L'Histoire de France en 1000 citations (des origines à nos jours)*, Paris Eyrolles.
Richards Thomas, et Jerzy Grotowski, 1995, *Travailler avec Grotowski sur les actions physiques*, Arles Actes Sud.
Ricœur Paul, [1986] 2016, *L'Idéologie et l'Utopie*, trad. Myriam Revault d'Allonnes et Joël Roman, Paris Éditions du Seuil.
Ross Kristin, 2010, *Mai 68 et ses vies ultérieures*, Marseille Agone.

Rostagnon Aldo, 1970, *We, The Living Theatre*, New York Ballantine.

Roubine Jean-Jacques, 2014, *Introduction aux grandes théories du théâtre*, Paris Armand Collin.

Roux Jean-Pierre, s.d., « Les Incidents autour du XXIIe Festival d'Avignon », Fonds Puaux, Chronologie du XXIIe Festival, Annexes I, Archives BNF, Maison Jean Vilar, Avignon, n.p.

Salata Kris, 2017, *Unwritten Grotowski : Theory and Practice of the Encounter*, New York Routledge.

Sarrazac Jean-Pierre, 2009, *Critique du théâtre. De l'utopie au désenchantement*, Belval Circé.

Schechner Richard, 1969, « Containment is the Enemy (interview with the Living Theatre) », *The Drama Review*, vol. 13, n° 3, p. 24-44.

Schechner Richard, 1976, « From Ritual to Theatre and Back », *Ritual, Play, and Performance* : *Readings in the Social Sciences/Theatre*, Richard Schechner et Mady Schuman (éd.), New York The Seabury Press, p. 196-222.

Schechner, Richard, 1987, *Between Theater and Anthropology*, Philadelphia University of Pennsylvania Press.

Schechner Richard, 1988, *Performance Theory*, New York Routledge.

Schechner Richard, et Michiel Vandevelde, 2017, « *Paradise Now* (alors et maintenant) : à propos du théâtre révolutionnaire », Rencontre Kaaitheatre (Bruxelles), octobre 2017, www.kaaitheater.be/fr/articles/paradise-now-alors-et-maintenant-a-propos-du-th%C3%A9%C3%A2tre-r%C3%A9volutionnaire (consulté le 18/03/2019).

Shakespeare William, [1603] 1865, *Hamlet*, trad. Victor Hugo, *Œuvres complètes de William Shakespeare*, Paris Pagnerre, p. 201-371.

Sirinelli Jean-François, 2013, *Mai 68. L'Événement Janus*, Paris CNRS Éditions (édition Kindle).

« Soixante-huit », 20 octobre 2017, *soixantehuit.fr*, www.soixantehuit.fr (consulté le 03/02/2019).

Solomon Alisa, 2007, « Four Scenes of Theatrical Anarcho-Pacifism : A Living Legacy », *Restaging the Sixties : Radical Theatres and Their Legacies*, James M. Harding et Cindy Rosenthal (éd.), Ann Arbor University of Michigan Press, p. 56-74.

« Spectacles représentés en 1969 », s.d., *L'année 69*, Data BNF, https://data.bnf.fr/fr/date/1969/#performances (consulté le 23/02/2019).

Steiner George, 2015, Entretien radiophonique avec Laure Adler, « Hors Champ », *YouTube*, 14 décembre 2015, www.youtube.com/watch?v=VEazx5SBKAE (consulté le 15/03/2019).

Sullivan Mark, 2010, « Henri Thoreau in the American Art of the 1950s », *The Concord Saunterer*, n° 18, p. 68-89.

Talon-Hugon Carole, 2017, *Le Conflit des héritages. Avignon 2005*, Paris Acte Sud.
« Temps des cerises », Paroles de chants révolutionnaires – *LeMonde.fr*, https://paroles2chansons.lemonde.fr/paroles-chants-revolutionnaires/paroles-le-temps-des-cerises.html (consulté le 11/01/2018).
Théâtre Nanterre-Les Amandiers, 2018, « Présentation : Festival Mondes Possibles », https://nanterre-amandiers.com/cycles/mondes-possibles (consulté le 18/03/2019).
Théâtre 140 (service de presse), 1969, « Living Theatre, Retour d'Amérique : Le Living Theatre de New York » (décembre 1969), Bruxelles Archives du Théâtre 140.
Théâtre des Carmes, « Histoire », *TheatredesCarmes.org*, www.theatredescarmes.com (consulté le 11/01/2018).
Thoreau Henry David, [1849] 2007-2018, *Civil Disobedience*, *Thoreau-online.org*, www.thoreau-online.org/civil-disobedience.html (consulté le 25/08/2019).
Topp Marty, *Paradise Now : The Living Theatre in Amerika* [USA Tour], *UbuWeb Film*, Universal Mutant, 1969, 46'03, https://ubu.com/film/living_paradise.html (consulté le 18/09/2021).
Tournier Maurice, 2008, *Les Mots de mai 68*, Toulouse PUM.
Turner Victor, 1982, *From Ritual to Theatre*, New York PAJ Publications.
Tytell John, 1997, *The Living Theatre : Art, Exile, and Outrage*, London Methuen Drama.
Valier Jacques, 2014, *Brève histoire de la pensée économique d'Aristote à nos jours*, Paris Flammarion.
Vandevelde Michiel, et Fabuleus, « Paradise Now (1968-2018) : 50 Beelden », https://backstage.fabuleus.be/paradise-now/50-beelden (consulté le 18/03/2019).
Soubiron Pierre, 1968, « Vedette du Festival, le "Living Theatre" va-t-il tuer celui de 1969 ? » *Le Méridional*, 26 juin 1968, n.p.
Vendeville Stéphanette, 2008, *Le Living Theatre. De la toile à la scène, 1945-1985*, Paris L'Harmattan.
« Vilar, un an après 68 », 1969, *Théâtre d'aujourd'hui* (émission TV), Lucile De Guyencourt (prod.), 9 octobre 1969, Fonds Association de la maison Jean Vilar.
Vilar Jean, 1968a, « Déclaration du 20 juillet 1968, Ouverture des Assises du Théâtre », Fonds Puaux, Chronologie du XXIIe Festival, Annexes I, Archives BNF, Maison Jean Vilar, Avignon, n.p.
Vilar Jean, 1968b, « Discours du 21 juillet 1968 », Fonds Puaux, Chronologie du XXIIe Festival, Annexes I, Archives BNF, Maison Jean Vilar, Avignon, n.p.
Vilar Jean, 1969, « Bilan du XXIIe Festival », 14 mars 1969, Fonds Puaux, Chronologie du XXIIe Festival, Annexes I, Archives BNF, Maison Jean Vilar, Avignon, n.p.

Vilar Jean, 1971a, *Chronique romanesque*, Paris Grasset.
Vilar Jean, 1971b, *Jean Vilar mot pour mot*, Melly Touzoul et Jacques Téphany (éd.), Paris Théâtre Ouvert Stock.
Vilar Jean, 1975a, « Avignon et le travail », *Le Théâtre, service public*, dir. Armand Delcampe. Paris, Gallimard, p. 437-439.
Vilar Jean, 1975b, « Le XXIIe Festival d'Avignon (conférence de presse 1968) », *Le Théâtre, service public*, Armand Delcampe (éd.), Paris Gallimard, p. 485-493.
Vilar Jean, 1975c, « Le XXIIIe Festival d'Avignon (conférence de presse 1969) », *Le Théâtre, service public*, Armand Delcampe (éd.), Paris Gallimard, p. 494-500.
Vilar Jean, 1975d, « La tragédie grecque et la tragédie moderne, 1967 », *Le Théâtre, service public*, Armand Delcampe (éd.), Paris Gallimard, p. 97-108.
Vilar Jean, 1975e, « Le T.N.P. service public, 1953 », *Le Théâtre, service public*, Armand Delcampe (éd.), Paris Gallimard, p. 173.
Vilar Jean, [1968] 2003, « Lettre au ministre, 31 mai 1968 », *Jean Vilar par lui-même*, Association Jean Vilar (éd.), Avignon Association Jean Vilar, p. 291.
Ville d'Avignon (archives municipales), 2018, *On Refait le monde. Souvenirs de 1968 à Avignon*, catalogue d'exposition, Avignon De Rudder.
Volponi Edmond, 1988, *Alors, Camarade Vilar…*, Avignon PSP.
Vuillemin Jean-Claude, 2012, « Réflexions sur l'épistémè foucaldienne », *Cahiers philosophiques*, vol. 130, no. 3, p. 39-50.
Waaijman Kees, 2002, *Spirituality : Forms, Foundations, Methods*, Louvain Peeters.
Wehle Philippa, [1981] 1991, *Le Théâtre populaire selon Jean Vilar*, trad. Denis Gontard, Arles Actes Sud.
Weiss Peter, 1968, « Notes sur le théâtre documentaire », *Discours sur la genèse et le déroulement de la très longue guerre de libération du Vietnam illustrant la nécessité de la lutte armée des opprimés contre leurs oppresseurs ainsi que la volonté des États-Unis d'Amérique d'anéantir les fondements de la révolution*, trad. Jean Baudrillard, Paris Éditions du Seuil, p. 7-15.
Wilmeth Don B., et Tice L. Miller (éd.), 2009, *The Cambridge Guide to American Theatre*, Cambridge Cambridge University Press.
Woolf Virginia, [1976] 1985, *Moments of Being*, London Harves/HBJ Book.
Woolf Virginia, [1976] 1986, « Une Esquisse du passé », *Instants de vie*, trad. Colette-Marie Huet, Paris Livre de poche, p. 63-194.
« *Yi Jing* ou Livre des mutations », *Universalis.fr*, www.universalis.fr/encyclopedie/yi-jing-livre-des-mutations (consulté le 22/11/2018).

BORDS DE SCÈNE, ENTRETIENS ET TRANSCRIPTIONS

« L'Esprit de mai », transcription de la manifestation par Émeline Jouve, 7 mai 2018, Théâtre de l'Odéon, Paris.

Jouve Émeline, et Antoine de Baecque, entretien téléphonique, 25 octobre 2018.

Jouve Émeline, et Michel Crousillat-Drüke, entretien téléphonique, 30 octobre 2018.

Jouve Émeline, et Ferdinand Flame, entretien, Avignon, 12 juillet 2018.

Jouve Émeline, Flame, Ferdinand, et Hugo Soubise, entretien, Strasbourg, 24 avril 2018.

Jouve Émeline et Michel Mathieu, entretien, Toulouse, 9 avril 2018.

Jouve Émeline et Gwenaël Morin, entretien, Nanterre, 7 mai 2018.

Jouve Émeline, et Jean-Marc Peytavin, entretien, Toulouse, 11 avril 2018.

Jouve Émeline, et Melly Puaux, entretien téléphonique, 28 février 2017.

Jouve Émeline, et Hans Echnaton Schano (2018a), entretien électronique, 4 février 2018.

Jouve Émeline, et Hans Echnaton Schano (2018b), entretien, Toulouse, 13 avril 2018.

Jouve Émeline, et Hans Echnaton Schano (2018c), entretien, Toulouse, 14 avril 2018.

Jouve Émeline, et Jacques Téphany, entretien, Avignon, 17 décembre 2016.

Jouve Émeline, et Michiel Vandevelde, entretien, Bruxelles, 13 mai 2018.

Jouve Émeline, et Stéphanette Vendeville, entretien téléphonique, 26 septembre 2018.

Jouve Émeline, et Robert Vettoretti, entretien électronique, 20 janvier 2018.

Jouve Émeline, et Thomas Walker, entretien électronique, 10 septembre 2018.

Paradise Now (1968-2018), bord de scène, 12 mai 2018, Kaaitheater, Bruxelles.

INDEX DES NOMS PROPRES

INDEX DES THÈMES ET NOTIONS

TABLE DES MATIÈRES

IMPRIM'VERT®

Achevé d'imprimer par Corlet,
Condé-en-Normandie (Calvados),
en Septembre 2022
N° d'impression : 177870 - dépôt légal : Septembre 2022
Imprimé en France